服务保障法治化营商环境

企业合规全球视野
——合法性与有效性

Corporate Compliance on a Global Scale:
Legitimacy and Effectiveness

［意］斯特凡诺·马纳科达　［意］弗朗切斯科·森通泽　编

林竹静　詹可　译

上海人民出版社

防止企业不当行为，也没有对合规计划的实际成本和收益有清楚的了解。众所周知，企业合规是以公私伙伴关系为基础的，但这种关系具有模糊性和不对称性。一方面，它依赖于自我监管和企业自身对流程的承诺；另一方面，公共机构制定了合规计划的要求，并因此引入与此类计划失败相关的企业和个人责任形式。公共和私营部门的多个主体所采用的广泛的软法和硬法工具的存在，意味着企业合规的监管、评估和执行，必须是一个灵活和动态的过程。因此，这个主题涵盖了许多不同的问题：合规在提高道德水平方面的作用、合规对公司治理的影响、外部合法性、实施合规制度的成本、股东的作用和利益、合规法律激励的作用，以及合规背后的认知动态。

第二个一般性问题涉及如何或应该根据地理环境以及所涉及公司的类型和性质来制定公司合规计划。众所周知，企业合规的概念以及重要模型和实践起源于美国，并从美国开始在全球范围内普及，尽管与东道国当地的法律框架和文化存在显著差异。因此，研究合规模型是否能够以及如何从一个国家"移植"到另一个国家，或在不同的环境之间适用，似乎是一个紧迫的问题。根据所涉及实体的性质和规模，企业合规模型的发展方式存在明显且重大差异。根据其治理和所有权类型以及跨国范围，企业对合规表现出不同的态度和方法。

鉴于该主题的复杂性和多面性，本书采用多学科方法来研究公司合规的历史、定义、特征以及理论和实践的不同维度。本书的另一个目的是，调查当前有效的企业合规制度的合法性和有效性，同时展望新兴问题，例如企业利益相关者和司法系统在促进预防和强制补救活动方面所发挥的新作用。

在第一部分中，本书从法律角度探讨了合规的定义，同时也考虑到合规的历史和最新发展。因此，杰弗里·帕森斯·米勒（Geoffrey Parsons Miller）研究了企业合规的起源，并强调全球加强企业合规计划活动，背后的推动力源于美国行政法中合规作用的不断发展。加埃塔诺·普雷斯蒂（Gaetano Presti）阐述了在合规实践中可能采取的所有不同形式，涉及公司的刑事责任、银行或金融机构必须提供的具体合规职能，管理者为公司配备适当的组织结构的责任，以及管理者日益面临的各种形式的责任。与此同时，弗朗切斯科·森通泽（Francesco Centonze）认为，在某些情况下，合规性注定无法预防犯罪，并阐明

前　言

　　本书汇集了为期两年的关于企业合规和企业责任的前沿国际研究项目的 15 篇原创文章。该项目于 2018 年 5 月启动，由来自八所不同大学（米兰圣心天主教大学阿尔塔学院"费德里科·斯特拉"刑事司法研究中心、米兰州立大学、坎帕尼亚大学路易吉·万维泰利学院、纽约大学、乔治城大学、布宜诺斯艾利斯圣安德烈斯大学、卡斯蒂利亚-拉曼恰大学和罗汉普顿大学）的著名学者组成的国际团队参与，在国家预防和社会发展中心基金会（CNPDS）的协调下，在意大利忠利保险集团、爱迪生公司、意大利联合银行和 Fiera 基金会的支持下开展工作。该项目为建立一个关于企业合规的论坛提供了独特的机会，并形成了深入的见解和实用的建议。这项学术研究背后的主要思想是，企业合规是一个跨领域的主题，跨越法律和实践的不同领域，因此必须通过结合不同的专业技能、知识和经验来解决。该项目从两个假设开始：（1）企业合规是一种现象，尽管在实践领域已变得普遍，但从理论角度尚未得到充分系统化发展；（2）企业合规是一个模糊的概念，具有许多不同的应用和目的。

　　确定合规的共同理论基础所面临的挑战主要与企业合规的语义普遍性、多面性和不断变化的特征有关。事实上，企业合规至少可以被视为经济活动的监管机制、管理业务流程的自我监管工具以及预防和发现企业不当行为的刑事政策工具。因此，合规涉及公司治理，同时在企业责任模型中发挥着决定性作用，无论是在民事、行政还是刑事领域。

　　由于缺乏共同的理论背景，我们可能会提到一些正在辩论的核心关键问题。第一，没有明确的证据表明，企业合规是否以及在什么条件下能够有效发现和了合规的结构性限制。对于这些案件，例如高层管理人员或中小企业内部的犯罪行为，至关重要的是确定企业合规可以实际实现什么目标，并隔离需要采取更有效措施的异常行为。

本书的第二部分批判性地探讨了合规性的全球维度。正如斯特凡诺·马纳科达（Stefano Manacorda）所指出的，跨国企业在国际商业活动中面临着一个困境，因为它们需要决定是否适用母国或东道国的合规标准。不同的法律标准可能会产生过度合规或不合规的风险，从而导致经济损失或刑事制裁方面的高潜在成本。合规的跨国维度也是斯特凡诺·瓦伦特（Stefano Valente）贡献的重点，他从国际金融机构，特别是投资银行的具体角度，对这一问题进行了深入分析。合规在全球范围内迅速扩展，归因于美国法律的域外适用，全球合规的迅速扩展，引发了关于美国模式和实践为何以及如何被"引入"其他经济体、社会和法律环境的问题。从这个角度来看，吉列尔莫·豪尔赫（Guillermo Jorge）调查了拉丁美洲国家和企业如何处理企业责任与合规范式的移植问题，并特别聚焦反贿赂领域，众所周知该领域显示了将美国模式推广到其他司法管辖区的主要推动因素。

在当前关于企业合规的讨论中，不可能忽视利益相关者的作用和利益，这些利益相关者被认为是本质上参与风险识别和补救活动的各方。本书的第三部分对该主题进行了分析。马泰奥·雷西尼奥（Matteo Rescigno）探讨了企业社会责任在监管和自律层面的相关性，以及与公司董事在管理环境、社会和治理（ESG）事务中的职责，及其对利益相关者影响有关的新问题。斯特凡尼亚·贾瓦齐（Stefania Giavazzi）重点研究了合规在预防工作场所和环境安全犯罪方面造成初次和重复受害情况的作用。她的分析特别指出了采用健康、安全和环境（HSE）管理标准所带来的好处，这些标准如今专门用来处理受害者或潜在受害者的权利、需求和期望，并在全球范围内取得了令人印象深刻的协调成果。马可·帕尔米耶里（Marco Palmieri）分析了企业合规对第三方的潜在收益和成本，并强调企业在合规事务上的选择所产生的间接后果。

本书的第四部分探讨了一种最新且最有前景的合规方法，即行为方法。正如唐纳德·兰格沃特（Donald Langevoort）在他的章节中强调的那样，行为合规应被视为一种额外视角，而非合规系统设计的全新方法。行为方法与经典方法的不同之处在于，前者使用"复杂、现实的人类行为理论和预测，来代替通常引用的幼稚或不切实际的理论和预测"。兰格沃特（Langevoort）概述了行为合规的现状，并根据从一个国家或地区适用法律和行为规范的差异，分析了全球维度的合规差异。同样，朱塞佩·罗托洛（Giuseppe Rotolo）通过质疑如何将企业内部的个人选择行为引导至更守法的行为轨道，来研究公司合规的认知动态。尤其是，他的文章批判性地讨论了如何塑造整体监管框架，以及如何起草规范以促进合规性。米歇尔·莫扎雷利（Michele Mozzarelli）采用了类似的方法，他分析了数字创新，特别关注人工智能驱动的系统对金融科技领域公司内部组织的影响。

本书的最后一部分致力于对公共执法进行批判性分析，这一领域在近十年中正在经历重大且快速的变革。阿丹·涅托·马丁（Adán Nieto Martín）阐述了合规计划在制约公司方面的作用，将其与基于刑事制裁的传播价值，以及由此产生的企业合法性丧失的新惩罚方式联系起来。多纳托·沃扎（Donato Vozza）在比较视角下，调查了合规程序的自愿性和强制性特征。本章揭示了最近立法改革促进强制合规方面日益增长的趋势，并反思这种做法是否会对预防犯罪产生积极影响，或者相反效果，同时可能会产生增加社会成本和降低有效遵守法律的矛盾效应。最后，马可·科拉库奇（Marco Colacurci）阐述了企业刑事责任与合规之间应如何互动，使企业补救在制裁企业犯罪中发挥关键作用；除了一些重要问题外，还提供了考虑企业活动历时性的机会，并提出了根据公司"个性"对公司惩罚进行建模的框架。

因此，本书从不同的角度探讨了企业合规的复杂领域，并且在这本关于企业合规和企业责任创新的书中探讨了多种研究领域，为当前企业合规的趋势提供了重要的启示，同时指出了仍然存在争议的问题。在解决这些问题的过程中，本书提供了许多有价值的实践和概念建议，可供学术界、企业和公共当局有效采纳。

斯特凡诺·马纳科达（Stefano Manacorda）

弗朗切斯科·森通泽（Francesco Centonze）

致　谢

本书是关于公司合规和公司责任的国际研究项目的成果。如果没有许多机构的支持和一些杰出人士的奉献，不可能开展该项目。

作为编者，我们谨向该项目的利益相关者表示热烈的感谢，即意大利忠利保险集团（Assicurazioni Generali）、意大利联合银行（Ubi Banca）、意大利爱迪生能源公司（Edison SpA）和意大利米兰展览中心基金会（Fondazione Fiera），非常感谢它们提供资金赞助支持这项研究，同时确保了研究完全的科学独立性。此外，我们还要感谢阿根廷国家预防和社会发展中心基金会（CNPDS/ISPAC）主任卡米拉·贝利亚·迪阿根廷（Camilla Beria di Argentine）热情地同意承担这项工作。

这项研究于 2019 年 1 月开始，涉及一个由知名学者组成的国际团队的参与，包括美国纽约大学和乔治城大学，意大利米兰圣心天主教大学阿尔塔·斯库拉学院"费德里科·斯特拉"刑事司法研究中心、米兰州立大学、坎帕尼亚大学，英国罗汉普顿大学，及西班牙卡斯蒂利亚-拉曼恰大学。

如果没有阿根廷国家预防和社会发展中心基金会（CNPDS/ISPAC）秘书约翰娜·卡普蒂-马尔曼（Johanna Caputi-Mallmann）的宝贵支持，研究计划和目前的出版物永远不会面世，她以极大的耐心和能力协助了整个小组。我们还要衷心感谢本·杨（Ben Young）在审阅手稿时所做的认真工作。

最后，我们向我们的出版商施普林格（Springer）表示感谢。

贡献者

弗朗切斯科·森通泽 圣心天主教大学，意大利皮亚琴察

马可·科拉库奇 坎帕尼亚大学，意大利那不勒斯

斯特凡尼亚·贾瓦齐 圣心天主教大学，米兰校区，意大利米兰

吉列尔莫·豪尔赫 纽约大学，阿根廷布宜诺斯艾利斯；圣安德烈斯大学，阿根廷布宜诺斯艾利斯

唐纳德·C. 兰格沃特 乔治城大学，美国华盛顿特区

斯特凡诺·马纳科达 坎帕尼亚大学，意大利那不勒斯

阿丹·涅托·马丁 卡斯蒂利亚拉曼恰大学，西班牙卡斯蒂利亚拉曼恰，雷阿尔城

杰弗里·帕森斯·米勒 纽约大学法学院，美国纽约州纽约市

米歇尔·莫扎雷利 圣心天主教大学，米兰校区，意大利米兰

马可·帕尔米耶里 威尼斯卡福斯卡里大学，意大利威尼斯

加埃塔诺·普雷斯蒂 圣心天主教大学，米兰校区，意大利米兰

马泰奥·雷西尼奥 米兰州立大学，意大利米兰，拉斯塔塔莱

朱塞佩·罗托洛 萨兰托大学，意大利莱切

斯特凡诺·瓦伦特 英国伦敦德意志银行（UKI），欧洲、中东和非洲（德国除外）合规总监兼副主管

多纳托·沃扎 罗汉普顿大学法学院，英国

目　录

前言/1

致谢/1

贡献者/1

第一部分　企业合规的概念和演变

第1章　历史背景下的合规性/3

　　1.现代的合规/3

　　2.从审判到行政/5

　　3.合规回应/9

　　4.未决问题和最佳实践/17

　　5.结语/24

第2章　当我们谈论合规时我们在谈论什么/26

　　1.带有两个警告的合规性的初始定义/26

　　2.风险与合规之间的联系/28

　　3.合规性分类/33

　　4.合规是大型复杂企业的一个具体问题/35

　　5.董事的关键作用/36

　　6.对董事的激励措施/39

　　7.结语/41

第3章　不完美的科学：企业合规和共同监管的结构性限制/45

　　1.合规失败：晴天霹雳还是可预测的意外？/45

　　2.企业合规是一个复杂的规则制定过程：通往有效性的艰难路径/48

　　3.合规对有决定权的行为者预防犯罪行为的无效性/55

　　4.中小型企业无法预防犯罪/60

　　5.结语/62

1

第二部分　企业合规的全球维度

第4章　碎片化法律世界中跨国企业的刑事合规"困境"/69

　　1. 跨国公司的刑事责任和合规：关于缺乏超国家执法的初步说明/69

　　2. 合规在评估企业责任中的作用日益增加，跨国公司面临新的
　　　 "困境"/71

　　3. 跨国公司刑事合规的碎片化：不合规和过度合规的风险/74

　　4. 刑事合规的母国和东道国标准/77

　　5. 刑事合规的第三国标准和扩展的管辖范围/81

　　6. 刑事合规的公私国际标准/84

　　7. 结语/86

第5章　跨境提供投资服务：识别不断变化的监管风险和合规
　　　　策略/93

　　1. 引言/93

　　2. 跨境投资服务的监管框架/95

　　3. 合规职能在跨境监管风险管理中的作用/100

　　4. 其他职能的作用，特别是法律和内部审计，及其与合规职能的
　　　 相互作用/108

　　5. 结语/109

第6章　在拉丁美洲接受"企业合规"/115

　　1. 引言/115

　　2. 拉丁美洲企业责任与合规的主要特点/116

　　3. 新范式提出的商业和法律辩论/122

　　4. 通过高层腐败案件检验范式/131

　　5. 结语/134

第三部分　利益相关者和企业合规

第7章　利益相关者的权益和合规遵从/141

1. 从股东至上到利益相关者价值：企业社会责任（CSR），环境、
社会和公司治理（ESG），可持续发展和企业福利/141

2. 遵守 CSR、ESG 和可持续发展：尊重法律——人权保护的
案例/145

3. CSR、ESG 和可持续性：非财务报告、利益相关者利益和
合规性——欧洲经验：欧盟 2014/95/指令/149

4. 美国与欧盟的经验对比：非财务信息和风险管理/153

5. ESG 投资者、ESG 共享价值、拉里·芬克规则和怀疑论/155

6. 合规与责任：是否存在以及如何判断？开放标准和标准的作用/159

7. 结语/166

第8章 健康、安全和环境（HSE）管理系统下的合规管理与
危害处置/169

1. 企业暴力及其危害后果发生的不同背景/169

2. 适用健康、安全和环境管理系统的目的/174

3. HSE 管理系统与被害预防/182

第9章 企业合规的直接和间接影响/196

1. 概述/196

2. 直接利益/197

3. 间接利益/202

4. 合规成本/206

5. 新冠疫情时代的一些结论性证据/209

第四部分 行为和数字合规

第10章 全球行为合规/217

1. 概述/217

2. 合规预防/218

3. 行为合规：教育培训、宏观战略与具体方案/223

4. 基于信任与性善论的合规：行为合规的困境/231

5．全球视野中的行为合规/231

6．结语：对行为合规的部分采纳/235

第11章　合规的认知动力学与自律监管框架：关于犯罪预防策略
　　　　有效性的探索/240

1．合规困境/240

2．基于尊重（信任？）的合规/243

3．企业合规的两个规范层面/246

4．自律监管的四种模式/247

5．内部法规/252

6．结语/259

第12章　数字合规：算法透明度的案例/263

1．数字创新与合规/263

2．数字创新和新兴风险：人工智能和"黑匣子"算法/266

3．解释算法：实际趋势线/270

4．合规职能面临的新挑战/278

5．结语/281

第五部分　企业合规和法律实施

第13章　利益相关者的合规计划：从合法性管理到合法性/287

1．法人的合法性和刑事责任/287

2．作为去合法化手段的刑罚/289

3．作为企业社会责任目标的合法性管理/292

4．利益相关者利益的制度化与合规计划的意义/294

5．制裁制度和合法性/303

6．结语/306

第14章　探索反腐败领域的自愿和强制性合规计划/311

1．自愿和强制性反腐败合规计划/311

2．反腐败法如何影响合规计划的通过和实施：激励抑或义务？/313

3．强制、准自愿与自愿反腐败合规计划/322

4．激励自愿合规模式与强制合规模型之比较/324

5．强制合规能否更好地预防腐败？/327

6．结语/331

第15章　从自愿到"强制"：刑事法视野下的合规补救功能/339

1．加强补救挽损措施在确定"个人"企业刑事责任中的作用/339

2．企业合规的演变：从自愿到"强制"/342

3．和解作为企业犯罪案件解决方式推广应用的新近趋势/345

4．监管机构在监督企业补救挽损中的作用/349

5．补救性合规与企业重整：刑法视角下的若干结论性意见/355

索引/363

第一部分
企业合规的概念和演变

第 1 章　历史背景下的合规性

杰弗里·帕森斯·米勒

1. 现代的合规

　　合规职能包括组织为确保员工和代理人遵守适用的规则、法规或规范而采取的一系列措施（Miller，2018a）。合规问题的研究者倾向于将其区分为两个阶段。其中一个阶段有时也被称为"合规1.0"，现在正在逐渐消失，这个术语表明早期形式的合规既是初级的（像文学课程的初级阶段），又是有缺陷的，就像早期发布的有缺陷的软件。早期合规的特点是以簿记员或审计员的思维模式进行工作，他们把自己的工作定义为核对清单上的项目。早期合规工作者在设计他们检查的控制项目时没有发挥任何作用，他们在公司的战略管理中没有发言权，并且没有责任评估他们试图控制的风险的大小或动态质量。刻板印象将早期合规工作者描绘成薪酬不足、工作过度并且在组织内缺乏尊重的群体。我将上述这种形象称为"刻板印象"，是因为它具有卡通化的特点，不能公平地描述早期合规工作中许多人的职责和工作经验。但是，这种刻板印象在一定程度上也是现实的，因为合规确实涉及大量例行公事，并且相对于其他一些白领工作而言，合规工作者的地位相对较低。

　　标准叙述条款认为，这种旧版合规应该被新的、不同的合规方式所取代，即"合规2.0"，如果你愿意这样称呼的话。新的合规2.0仍然具有核对质量的功能，但在重要方面与"合规1.0"也有所不同。

3

　　首先，合规官已经成为一个被广泛认可的职业，要求具备专业知识和通过证书或学位所获得的高级培训经历。此外，还有一个行业协会，即全国合规专业人员协会，推动合规专业人员的地位提升，为他们的利益进行游说，并提供网络论坛的服务。

　　其次，公司内部的合规状况得到了提升。合规官的工资水平也有所增加。此外，合规部门的负责人获得了一个新的高级管理职位，即"首席合规官"。这个"首席"头衔表明他们是高级管理层的一员，精英中的精英。虽然不是所有合规部门的负责人都被称为首席合规官，但很多人都拥有这个头衔。现在的首席合规官通常向首席法务官或首席风险官汇报。一些首席合规官直接向首席执行官、董事会或董事会委员会汇报，许多首席合规官还享有与董事会成员私下协商的权力。

　　再次，合规官的工作职责也得到了扩展。现在，合规部门的职能不仅仅是核对检验和测试控制，他们越来越多地参与到具有敏捷工作环境的团队中，这个环境更注重人员和创造力，而不是过程和工具。他们根据评估结果执行风险评估、分配资源和测试控制等工作。他们还可以通过提供有关新业务战略或市场合规影响的建议来发挥咨询的作用。他们与监管机构建立联系，并代表公司进行合规事务的谈判。当然，并非所有合规部门都承担这些任务。许多小型公司仍然按照合规 1.0 的方式运作。但是，合规行业已经发生了变化，许多人认为这种趋势代表着对过时做法的有益改革。

　　现代合规的发展并非像雅典娜从宙斯的眉头上诞生一样简单，没有像牛顿或爱因斯坦那样的专家能够提供一个全面和精确的系统来理解合规的有效性和无效性。相反，现代合规职能是经过长期反复试验而逐渐形成的，人们试图找到切实可行的解决方案来应对企业和组织面临的问题。这一特点并非现代独有：从某种意义上说，所有合规制度都是通过经验积累而形成的。现代合规职能的独特之处在于，尽管仍然存在大量的试错，但现代方法强调"有意识的设计"，即运用内部控制的学习原则，将合规本身视为一个分析方法。因此，现代合规代表了自上而下策略和自下而上策略的融合，前者借鉴了概括和抽象的原则，后者则融入了从过去的成功和失败中汲取的教训。这些策略在一个既非抽象也非具体的中点相交：理论通过经验实践得到锤炼，经验则通过理论的指导得到调和。

2. 从审判到行政

现代合规职能在很大程度上是在普通法法系中演变的，也即美国的法律体系。要理解这一发展，必须考虑到它是在以 20 世纪早期经济状况为基础的美国法律呈更宏大趋势的背景下发展起来的。以前，美国的商业监管主要由法院负责执行一些法规，并通过适用普通法原则来控制工业公司的运营。在我其他的工作中，将其称为监管的司法模式（Miller，2020，第 160—161 页）。这种模式将政府和行业视为基本平等的当事人。政府由于其优势资源和对风险规避的抵抗力，往往处于更强势的地位，但原则上并不强于其试图控制的行业。在这种模式下，政府需要像其他诉讼当事人一样出庭，并根据适用的举证责任标准证明案件的事实。对组织的刑事执法并不常见，对已证实的违规行为的处罚通常采取罚款的形式，但也可能包括要求组织采取或不采取规定行为的禁令。

然而，随着工业化、大规模生产和供应链的扩展，这种司法模式在 19 世纪的最后几十年开始衰落。这一时期出现的新模式在 20 世纪得到了迅速发展，尤其是在进步时代（约 1900—1920 年）、新政时期（约 1933—1939 年）以及 1960 年的民权、环境和社会福利运动期间至今。这种发展具有以下五个关键特征。

第一，监管范围和复杂性大大增加，表现为法规和行政标准的增长以及普通法规则的取代。一个早期的里程碑是 1887 年的"州际商业法案"，该法案创建了美国第一个现代意义上的行政机构——州际商业委员会。该法案的颁布旨在规范州际铁路运输，这是当时繁荣的重要驱动力，也是社会危害的根源。进步时代采取了监管国家食品和药品供应、建立中央货币机构以及打击垄断和卡特尔的措施。20 世纪 30 年代大萧条时期涌现出重要的金融市场法规，包括 1933 年的《银行法》和 1933 年《证券法》、1934 年的《证券交易法》。20 世纪 60 年代及以后采取的措施包括 1963 年的《清洁空气法》《银行保密法》、1970 年的《清洁水法》、1972 年的《清洁水法》、1977 年的《反海外腐败法》、20 世纪 80

年代储蓄和贷款危机后的法规，以及 2002 年的《萨班斯—奥克斯利法案》（涉及公司治理）、2001 年的《美国爱国者法案》（解决对恐怖主义的担忧）和 2010 年的《多德—弗兰克法案》（应对 2007—2009 年全球金融危机）。

　　在某种意义上，第二个重大发展是第一个发展的自然结果。随着新的监管制度的发展，对其进行解释和应用是必要的。在司法模式下，这是法院的职责。在新政府初期，许多美国法官为维护这一传统权威进行了艰苦的斗争。1937 年，当时的罗斯福总统赢得了最高法院法官的多数支持，他们支持更激进的监管形式。行政机构开始采取以解释为幌子的规则，即便国会没有颁布，这些规则也具有法律效力和效果。反对者对广泛的规则制定权提出质疑，认为国会不应将立法职能委托给政府行政部门的机构。然而，推翻了行政国家许多其他障碍的浪潮使得这种"反授权学说"失效。尽管反对过度授权立法权的基本原则仍然是美国法律的特点，但几乎从未被用来取消行政行为。

　　从审判到行政转变的一个关键转折点是最高法院在 SEC 诉 Chenery Corp 案中的裁决。①在该案中，美国证券交易委员会（SEC）首先试图通过依赖司法先例来证明其监管行动的合理性，然而当这种努力失败时，它只是宣布自己正在根据自身的法定权力和专业知识采取相同的监管措施。最高法院批准了 SEC 的夺权行为，标志着法院在解释监管规定方面传统首要地位的结束。在随后的几年中，法院开始接受行政机构可以制定与根据公平原则或普通法制定的规则大不相同的行为准则。对司法权威的有效推翻在 1984 年的一个重要案例中得到具体体现，即雪佛龙诉自然资源保护委员会案，②该案宣布只要机构的结构合理，机构对其管理法规的解释就应优先于任何不一致的司法解释。正如后来的案例中所解释的那样，Chevron 原则甚至可以取代之前的司法解释。换句话说，行政机构有权否决法院对法定解释的事项，只要所涉事项在该机构的掌控范围内。这种对"说出法律是什么"的权力，即司法权力中最基本的权力之一的取代③并非没有受到挑战。近年来，保守派大法官偶尔抱怨司法权威在官僚权力面前

---

① SEC 诉 Chenery Corp.案，332 US 194（1947）。
② 雪佛龙诉自然资源保护委员会案，467 US 837（1984）。
③ 马伯里诉麦迪逊案，5 US 137（1803）。

边缘化。④但是，即使这些抱怨来自像美国首席大法官这样地位崇高的法官，也没有实质性地增加司法在解释监管规定方面的作用。

从审判到行政转变的第三个方面是行政机构在争端解决中的作用大大增强。在司法模式中，行政机构和实体与其他当事人一样，是诉讼的参与方，判决由法院执行。然而，随着新法规的增加，审判的工作负担对法院来说变得不可承受，因此这一模式变得行不通。法院面临三种选择：无法履行职责、成为声望受损的庞大官僚机构，或者将权力让给行政官员，法院选择了阻力最小的路径。法官们开始放弃他们的传统角色，越来越多地服从行政机构。国会设立了行政法庭，这些法庭有权裁决涉及合法权益和权利的争议，即使是私人当事人与行政机构之间的争议。

这些行政法庭引发了明显的正当程序问题。当一个人在指控他们的机构的法庭上接受审判时，他们如何期望得到公正的听证会呢？⑤此外，在某些情况下，机构的执法行动有效地阻止了任何司法审查，这是否与基本公平一致？尽管存在这些担忧，但行政法庭在美国一般都经受住了宪法审查的考验，前提是诉讼当事人得到了法院可提供的基本正当程序，并且这些法庭的法官不受政治压力的影响。然而，根据美国宪法的其他要求，行政法庭面临着额外的问题。例如，联邦法官只能通过弹劾来免职，并且在任期内不得减薪。但这些保护措施不适用于行政法官。如果这些人的任命没有受到适用于联邦法官的宪法要求的限制，他们如何能成为联邦审判官呢？同样，宪法赋予民事案件陪审团审判的权利，然而，在行政法庭审理的诉讼程序中，没有陪审团审判。联邦法官必须由总统任命并经参议院确认，但行政法官不是通过这些程序任命的。如果来自火星的访客回顾美国宪法后，可能会得出这样的结论：行政法庭的裁决制度完全不符合基本法原则。然而，通过从 19 世纪开始的各种司法手段和权宜之计，这种情况已经变得如此常态化，以至于美国很少有人考虑行政法庭是否符合宪法规范。

---

④　参见阿灵顿市诉 FCC 案，133 S. Ct. 1863（2013）（罗伯茨，CJ，反对）。

⑤　然而，法院对监管计划施加了一些限制，这些计划拒绝向被控违反其要求的当事人提供司法审查权。参见 Sackett 诉环境保护署案，132 S. Ct. 1367（2012）。

从审判到行政转变的第四个特点是检察机关和行政机关有权对违法行为进行处罚。在司法模式中，法官（或法官和陪审团共同）负责对被判定有罪的当事人进行处罚。而在行政模式中并非如此。行政机构通常自行设定民事处罚，通常很少或没有明确规定制裁的程度，并且很少或根本没有风险被法院事后推翻。宪法对处罚施加了一些限制：它们不能无合理关联地超出实施规则的目的；⑥它们不能过分到违反宪法第八修正案禁止过度罚款的规定；⑦它们必须基于对适用法规的合理解释；在刑事案件中，它们有权使陪审团排除合理怀疑，并确定是否存在将刑罚增加到法定最低限度以上的事实。⑧然而，这些限制只能为被控民事或刑事违法行为的被告提供轻微的安慰。

从审判到行政转变的第五个特点是执法官员通过威胁行使监管权力。由于执法官员实际上有能力实施难以控制的处罚，并且这些处罚在上诉时很少被撤销，因此一些评论人士认为，处于执法准线之下的组织发现自己处于一种被迫屈服和迎合执法官员的地位，就像中世纪朝臣在暴君脚下鞠躬和奉承一样。美国的执法官员毫不掩饰奖励那些讨好他们的人，惩罚那些不讨他们喜欢的人的意愿。助理检察长莱斯利·考德威尔（Leslie Caldwell）是这种无情执法策略的主要倡导者。在 2015 年的一次广为宣传的演讲中，她大肆吹嘘政府对法国巴黎银行（BNP Paribas）采取的惩罚行动，而该银行在被调查涉嫌洗钱和违反国际制裁的情况下拒绝与检察官合作。

拒绝合作的后果在与世界第四大银行法国巴黎银行（BNPP）达成的里程碑式刑事和解案件中显而易见。在 2004 年至 2012 年期间，BNPP 故意违反了"法律要求"，通过美国金融系统转移了超过 880 亿美元给受美国经济制裁的苏丹、伊朗和古巴的实体……BNPP 拒绝配合美国的调查。事实上，该银行拖延并夸大地断言某些信息被外国数据隐私法所禁止披露，从而阻碍了调查。BNPP 的固执态度阻碍了政府起诉负责人或附属银行的能力。最终，BNPP 承认犯有共谋罪，

---

⑥ 参见 Williamson v. Lee Optical of Oklahoma，348 US 483（1955）和 Usery v. Turner Elkhorn Mining Co.，428 US 1（1976）。

⑦ 参见 United States v. Bajakajian，524 US 321（1998）。

⑧ Apprendi 诉新泽西州案，530 US 466（2000）。

并同意支付超过 890 亿美元的创纪录罚款。该公司在公开详细陈述中承认了其不当行为，包括忽视了合规建议。BNPP 拒绝合作是该部门决定将其母公司定罪的关键因素（考德威尔，2015）。

考德威尔演讲的信息传达得十分明确：合作，我们将对你宽容；反抗，我们将毁了你。这种威胁的结果之一是，规范的定义变得模糊不清。执法者首先自己定义适用的规范，因为他们有能力对不按照他们期望行事的人造成无法承受之害，法律规则的有效范围成为政府说法的范围，而不是经过仔细考虑的法院判决。这对法治的潜在威胁显而易见。平心而论，美国政府官员通常不会越界，尽管他们肯定偶尔面临诱惑。然而，利用强制权力来歪曲法律的可能性一直是一个持续关注的问题。

政府施加巨大权力伤害的另一个结果是，即使是本应在法庭上裁决的执法程序，尤其是对组织的刑事起诉——20 世纪 70 年代和 80 年代在美国迅速发展——也很少成为司法程序的选项。组织根本承担不起对问题进行争辩的风险。因此，即使是在法庭上而不是在行政法庭上提起诉讼，实际上大多数情况下会通过行政方式解决——通过和解、同意令、延期起诉协议、辩诉交易或其他一些方式。此外，即使在这些案件中，法官在监督程序的公平性或确认结果是否符合公共利益方面也被有效排除在任何有意义的角色之外。面对延期起诉协议、民事同意令，甚至是辩诉交易，法院别无选择，只能在提出一些问题后签署文件。难怪一些法官感到他们已经沦为现代版查尔斯·狄更斯《圣诞颂歌》中令人伤心的受压迫的书记员鲍勃克拉奇特。

3. 合 规 回 应

上述各种发展是了解现代合规职能发展的关键背景。当然，在行政权力有限、司法控制执法的时代，合规并非缺席。但是组织可以以更加非正式的方式管理它们的合规活动，并且可以依靠司法程序来运作，而不是为了执法者而堆砌甲板。合规 1.0 是常态。

随着行政国家及其各种排列的发展，这种合规方式变得过时了。面对毁灭性处罚的可能性，组织认识到它们需要升级和专业化它们的合规职能，以降低员工或代理人的不当行为将它们卷入灾难的风险。因此，机构内的人们开始系统地思考如何最好地构建合规职能，以在更好地遵守法律规范和监管期望方面取得最佳结果。

与此同时，执法官员面临的工作量挑战类似于那些鼓励法官放弃其传统执法权力的挑战。面对有限的预算和巨大的责任，执法机构想方设法减少它们的工作量。谁比活动受到监管的机构更适合承担外包工作？毕竟这些机构最了解实际情况——它们的员工是否有违反规范的行为，以及鼓励合规的措施是否有效。受监管的公司还可以使用其政府监督者无法使用的奖惩制度：它们可以对不良行为进行扣薪或降级，或对良好行为发放奖金或给予晋升。如果发现违规行为，可以让它们免费工作，以作为获得优惠待遇的条件。对政府来说方便的是内部合规不受法律约束，包括宪法保护，这阻碍了执法者查看组织内部以发现不当行为的能力。在美国，如果检察官想要搜查某人的硬盘驱动器以寻找不当行为的证据，他通常需要一份由法官根据可能原因的宣誓书签署的搜查令。处于同一职位的私人雇主通常可以在晚上进入雇员的隔间，取出并复制硬盘，并在嫌疑人知道他们被监视之前将其归还。

在美国，对行政国家发展造成的压力的各种反应导致现代意义上的合规性增长，如上所述，这涉及有意识地将学习和知识应用于设计、控制和反对不当行为。在这种现代合规形式的发展过程中，最重要的里程碑之一是《银行保密法》（BSA）的合规部分。有关部分规定如下：

> 每个金融机构应建立反洗钱计划，至少包括：
>
> （A）内部政策、程序和控制的制定；
>
> （B）合规官的指定；
>
> （C）持续的员工培训计划；
>
> （D）用来测试程序的独立审核功能。[9]

---

[9] 《银行保密法》，31 USC §5318（h）。该条款于2001年被添加到联邦法律中，以通过法规直接对金融机构施加合规义务；本节的前身已授权财政部长创建合规计划，但既没有要求在没有监管的情况下创建此类计划，也没有阐明可接受的合规计划应采取的形式。

回顾这部法令，可以看出它是经验学习的结晶。经过多年的试验，可接受的 BSA 合规操作的四大支柱被确定为可以协同工作以有效促进遵守反洗钱规范的策略。

这些要素中的第一个——内部政策、程序和控制的制定——要求创建合规计划而不是合规职能。如上所述，所有组织都执行合规职能，但并非所有组织都主持合规计划。政策、程序和控制的概念所暗示的形式、结构和制度资源为以前可能以更随意的方式执行的使用提供了具体性、持久性和可靠性。第一个 BSA 要求隐形地嵌入了持续的学习过程。为响应这一要求，组织合规计划的机构将利用其内部知识以及从组织外部获得的经验教训设计一个运作良好的 BSA 计划，从而启动实验过程。观察机构采用的合规计划要素的监管机构可以使用这些观察结果反馈它们自己对合规有效和无效的理解，并且从许多金融机构那里收集信息后，可以更好地了解最佳实践，然后可以将其传达给受监管的公司，以帮助它们设计和改进自己的计划。BSA 合规的第一个要素的另一个有价值的功能是它对受监管公司施加的内部纪律。政策、程序和控制将会——或应该——被写下来，分布在整个组织中，并由内部审计进行测试和证明，从而为内部和监管机构提供更大的保证，即机构的合规计划正在正常运作。

BSA 的第二个要素——合规官的指定——在现代合规的发展中同样重要。BSA 的起草者根据经验认识到，尽管政策、程序和控制很有价值，但除非得到机构内某些人或多人的支持，否则它们仍然只是纸上谈兵。他们进一步认识到，仅仅将责任分配给个人，如果不多说的话，可能无法有效地激励他们积极执行任务。如果人们有多重义务，他们可能会优先考虑那些能为他们提供最多回报或如果不加以解决可能对他们造成最大伤害的义务。此外，如果授予一个人多个任务，则可能会产生交叉作用。例如，一家制药公司将遵守规范处方药销售的法律责任授予营销部门负责人是不明智的。营销主管自然希望尽可能多地销售药物，以增加他所在部门的利润（以及他的年终奖金）；但这种经济激励与合规需求背道而驰，合规要求不得销售未经监管机构批准的药物。BSA 要求通过强制指定具有"合规官"头衔的人员来解决这些问题。被指定为合规官的人有一个头衔，这个头衔在组织内是有意义的。同时，合规官的任命明确了责任并在组织内建立了问责制。即使指定的员工有其他角色——在较小的公司中情况如此——公司组织结构图中的头衔和职位也可以成为在工作中表现出色的有力诱因。⑩

　　BSA的第三项要求是建立持续的员工培训计划。对于随后的合规历史，这也被证明是一个富有成效的想法；实际上，大型机构的所有合规方案都将作为指导整体方案的一个组成部分。培训任务的明显功能是在每个员工和代理人内部创建一种小型合规机构。他们对自己应该做什么和不应该做什么有了更准确的认识，因此能够更好地监控自己和同事的行为，避免陷入不当行为。与其他要素一样，BSA培训任务既利用又鼓励学习的发展。它反映了从多年经验中获得的能力，即培训计划是对有效合规计划其他要素的有用补充；但它也要求受监管的公司有义务确定其自身培训方案的轮廓，因此强制要求进行一种形式的试验，从中可以吸取有用的一般经验教训，使合规方案在未来更加有效。

　　BSA特别要求培训计划是"持续的"。其明显的意图是防止僵化或自满——让忙于其他任务并在压力下工作的员工保持对违规指标的敏感度。持续培训的要求牵涉在随后几年关于最佳合规性的辩论中仍然突出的问题：合规性培训应多久更新一次；应该怎样做才能避免员工认为培训无聊或无用；培训如何结合法律、规范或惯例的新发展；等等。此外，就BSA而言，合规培训的任务还考虑到了监管领域的技术性质。经验表明，金融机构的洗钱活动可以通过代理、代码或加密信息以及不立即显示为非法掩护的复杂交易来进行。在这种情况下，仅仅依靠员工的本能判断是非对错是不够的，他们需要具备发现非法危险信号的能力，或者至少能够忠实地执行保证程序，使组织中具备必要意识的人员注意到这些危险信号。

　　BSA合规性的最后一个要素是独立审计职能的存在。这个想法被放在法定清单的最后，以强调它作为之前所有事情的备份的作用。尽管BSA不要求将此审计职能置于内部——这项任务可以由外部审计师执行，但几乎普遍的做法——至少对于大公司而言——是将责任留在内部。

　　BSA中采用的方法——提供一系列考虑因素，而不是寻求将它们统一成任

----

⑩　从这个意义上说，指定一名合规官的要求在组织层面呼应了孟德斯鸠、洛克和联邦党人文集作者的想法，他们控制机构内部的滥用职权最好通过建立和授权办公室来实现由雄心勃勃的人领导，他们的雄心壮志往往会阻碍他人的雄心壮志。

何综合原则，除了"良好公民"的分散概念——在随后的努力中被多次复制，以描述最佳实践合规计划。该方法是灵活的，因为列举的项目虽然比做正确事情的一般要求更具体，但仍然足够广泛，以涵盖适合组织的事实和情况的广泛战略。此外，这些列表不必然是排他性的；如果认为具有建设性和可行性，可以添加其他考虑因素。

在美国现代合规史上，与 BSA 同等重要的是联邦量刑委员会于 1991 年颁布的针对组织的《联邦量刑指南》。这些准则之所以重要，有几个原因：它们出现在现代合规性发展的早期；它们涉及对组织的刑事起诉，而这一事项已成为美国合规和执法的核心支柱；它们评估合规计划的有效性；它们将对组织合规活动的评估整合到量刑政策的一般问题中。

《联邦量刑指南》的基本目标与合规性略有相关。这些规定源于这样一种看法：联邦法院在对刑事犯罪设定惩罚时拥有过多的自由裁量权，并且对类似的犯罪判处的刑罚大相径庭。然而，合理化和制定统一的量刑政策必然涉及界定罪责程度。该准则承认组织不能完全控制其雇员和代理人。尽管组织已尽最大努力实现合规性，但始终存在员工或代理人为促进雇主利益而犯罪的风险。因此，《联邦量刑指南》承认，当一个组织努力防止员工和代理人的犯罪行为时，该组织的罪责较低，而当它未能对不当行为进行适当控制时，其罪责较高。

为了实施这一概念，如果发现违规组织保持了"有效"的合规和道德计划，则该指南允许大幅减轻刑罚。该要求包括三个想法：首先，组织必须制定合规和道德计划。从遵守法律的普遍精神以及用于监督和制裁不当行为的非正式措施的意义上讲，机构履行合规职能是不够的。从这个意义上说，该指南呼应了 BSA 的要求，即金融机构必须维护"内部政策、程序和控制"。其次，合规计划必须"有效"。通过将该计划的有效性作为一个关键考虑因素，指南注意到合规计划可能有无法正常运作的风险，即使它们在纸面上看起来不错。要获得量刑信用，组织的合规计划必须不仅仅是波将金村 *。最后，程序有效的要求隐含地

---

　* 译者注：波将金村（Potemkin village，俄语：Потёмкинские деревни），这个词原指用来骗人的村庄。1787 年，在叶卡捷琳娜二世因为俄土战争获胜而得到的克里米亚的出巡途中，格里戈里·波将金在第聂伯河两岸布置了可移动的村庄来欺骗女皇及随行的大使们。在现代政治和经济中，"波将金村"指专门用来给人虚假印象的建设和举措。

承认，即使是最好的合规程序也不会消除所有不当行为的风险（如果他们这样做了，那么该要求将毫无意义，因为没有必要减轻刑罚）。⑪

合规和道德计划何时有效？目前的指南提出了两个基本要求：组织必须"行使应有的预防和侦查犯罪行为的努力"，并且必须"以其他方式促进、鼓励道德行为和遵守法律的承诺的组织文化"（后一项与文化有关的要求是在2004年增加的）。该指南鼓励以下做法：（1）采用和实施行为标准、政策和程序；（2）由机构的管理机构进行监督，并指定一个人或一组人对合规性负有具体责任，为他们赋予足够的资源和适当的权力，并可以直接接触管理机构；（3）排除组织知道或应该知道的从事非法活动或其他不符合有效合规和道德计划的行为的个人的权力及职位；（4）有效的沟通和培训；（5）监督和审计，定期更新程序以及建立保密报告渠道；（6）对违法行为采取适当的执法和纪律处分，包括对未能预防或发现他人犯罪行为的处罚；（7）反映经验教训的应对措施和改进措施。⑫

联邦量刑委员会认识到，实施有效的合规计划虽然重要，但这并不是决定是否减轻刑罚的唯一考虑因素。缓解措施还取决于组织是否采取了三个关键步骤。首先，要获得满分，组织必须及时自我报告发现的违规行为。对不认罪的组织实施加重处罚的威胁可能与美国宪法第五修正案所体现的基本人权，即"任何人……不得在任何刑事案件中自证其罪"，存在紧张关系，尽管如此，美国法律普遍认为，如果组织不披露其违法行为，可能会受到更严厉的处罚。其次，该组织必须全力配合政府对涉嫌不当行为的任何调查，包括披露可能涉及的高级管理人员的身份。最后，组织必须对不当行为"承担责任"。"承担责任"的含义可能是一个解释问题；但通常这个问题是在和解谈判中处理的，在和解谈判中，被告和检察官就表达悔意或以其他方式承认该组织的不当行为的语言达成一致。

对现代合规的第三个重要贡献是《美国司法部司法手册》中规定的"联邦

---

⑪ USSG § 8B2.1（a）（"未能阻止或发现即时攻击并不一定意味着该计划在预防和侦查犯罪行为方面通常并不有效"）。

⑫ USSG § 8B2.1（b）.

起诉商业组织原则"。⑬与仅在判决或认罪后才生效的量刑指南不同,"联邦起诉商业组织原则"限制了检察官在提出指控时的自由裁量权和决议决定。出于多种原因,该文件对于美国的现代合规性至关重要。也许最重要的是它明确坚持起诉有罪的公司官员。⑭尽管司法部坚称它一直优先考虑个人的不当行为,但曾一度有一种感觉,即公司会设法阻止对个别不当行为者的起诉,因为有罪的官员仍在掌权。然而在今天,司法部很少会起诉一个机构,除非它也追查被指控对该机构的罪行负责的个人。

与量刑指南一样,美国司法部的"联邦起诉商业组织原则"包含对合规的良好行为的激励措施——在这种情况下,激励措施并不直接与组织可能受到的处罚挂钩,而是与指控决定、被指控的罪行以及庭外解决的标准挂钩。在这方面,对被告有利的关键因素是该组织是否披露了其不当行为、是否充分配合政府的调查,并充分补救其造成的任何损害。"联邦起诉商业组织原则"还考虑到许多面临刑事指控的组织十分关注的问题:刑事指控或定罪可能带来的附带后果,例如暂停或取消政府合同或联邦资助计划的资格。由于这些附带后果可能会影响无辜的当事人,例如员工、投资者、养老金领取者和客户,因此检察官有权在适当的情况下将这些影响降至最低。

"联邦起诉商业组织原则"试图巧妙地解决律师—委托人特权这一棘手的问题,但取得的成功或许有限。公司在面临严重不当行为的潜在指控时,通常会明智地坦白——披露它们所知道的有关组织内部不当行为的一切。然而,公司所了解的情况通常是通过律师或监督的内部调查获得的。律师与客户之间为促进合规调查而进行的沟通通常受到律师—委托人特权的保护,这是一项长期保护措施,在维护法治方面发挥着重要作用。鉴于公司如果不完全配合政府调查可能会受到严厉处罚,如果政府以全面披露作为宽大处理的条件,公司可能别无选择,只能披露律师与当事人之间的信息。在这种情况下,特权几乎毫无意义。在有组织的律师协会的反对下,司法部放弃了这一立场,即如果它认为律

---

⑬　美国司法部,司法手册§§ 9-28.000-9-28.1600,联邦起诉商业组织原则。
⑭　司法手册§9-28.210,关注个别不法行为者。

师和委托人之间的通信信息对其调查很重要，就可以并且会寻求律师与客户通信的信息。司法部的现行政策否认了侵犯特权的意图："公司无需放弃其律师—委托人特权或律师工作成果保护，就有资格获得合作信用。"⑮然而，在实践中，司法部并没有给出太多理由，因为它将律师—委托人特权狭义地定义为仅扩展到律师与委托人之间的通信。在司法部看来，内部调查中发现的事实不属于通信，因此检察官有权要求这些作为提供合作信贷的条件。⑯

在这个问题上，司法部的立场是以特权的标准定义为基础的，但却反映了有问题的社会政策。一方面，尽管司法部声称不会要求提供律师和委托人之间的信息，也不会拒绝给予未披露此类信息的合作组织以合作信用，但被告可以合理地预期，如果他们提供了律师与委托人之间的信息，检察官很可能会比不提供时对他们更有利。任何正式的政策都无法消除这种想法。此外，如果问题只涉及事实，司法部可以利用其现有的强大调查技术来发现信息。司法部坚持要求公司披露在律师主导的调查中发现的事实，这使得检察官可以搭乘他人劳动的便车。此外，司法部对内部调查所产生的事实的要求为公司不进行内部调查造成了不正当的动机，这样他们就不会了解到事实，然后不需要向政府披露。如果一家公司确实授权进行调查，它可能会将这项工作交给外部法律顾问负责，前提是律师可能会根据其发现的内容提出有关做什么的建议，但不会向客户透露基本事实。然而，这并不是一个解决问题的好办法，因为公司经理需要了解事实，而且政府可能会（尽管可能不会）传唤律师来获取相关信息（可以说这样的传唤会以信息受律师工作成果保护为由拒绝，但如果请求方证明有足够的需要，工作成果保护是可以被推翻的）。尽管存在上述顾虑，但司法部要求提供在内部调查中所发现的事实的政策现已确立，不太可能改变。

与《联邦量刑指南》一样，司法部的"联邦起诉商业组织原则"考虑了该组织是否维持了有效的合规计划。⑰此类计划的存在不足以成为拒绝起诉的理由，但可以作为宽大处理的考虑因素。司法部避免将有效合规的标准体现在一

---

⑮　司法手册§9-28.710-720。

⑯　司法手册§9-28.720。

⑰　司法手册§9-28.800，公司合规计划。

16

个清单或其他一套"公式化的要求"中，但确实确定了检察官要问的某些"基本问题"："公司的合规计划是否设计良好？该计划是否得到认真和善意的实施？公司的合规计划是否有效？"⑱尽管司法部声称要避免公式化的要求，但它指出的考虑因素与其他清单上的因素并无二致。下面列出了这些因素：（1）合规计划的全面性；（2）犯罪不当行为的范围和普遍性；（3）涉及的企业职工人数和级别；（4）不当行为的严重性、持续时间和频率；（5）公司采取的任何补救措施；（6）及时向政府披露任何不法行为；（7）公司董事是否对拟议的公司行为进行独立审查；（8）组织的内部审计职能是否在足以确保独立性和准确性的水平上进行；（9）董事是否建立了合理设计的信息和报告系统，以提供及时准确的信息。

4. 未决问题和最佳实践

尽管许多问题已得到解决，或至少已经形成最佳实践，但有关合规 2.0 的许多内容仍在不断变化。最后一节确定了在未来数年乃至数十年内可能会引起政策制定者、检察官、监管者和公司管理者注意的一些主要问题。这只是部分清单：我省略了一些看起来相对不那么重要的问题，也排除了毫无疑问会出现的其他问题。按照有效合规计划要素清单的风格，我以一种随意的方式介绍了这些问题，并没有试图找出将它们联系在一起的共同线索，只是因为它们都涉及合规的各个方面。

有效合规计划是否应该作为抗辩而非减刑因素？有几项考虑建议不承认有效合规的抗辩。第一，鉴于"纸质"合规计划很容易冒充真实计划，而且区分这两者也很困难，因此在某些情况下，提供有效抗辩可能会让不法行为人逍遥法外。第二，即使计划是有效的，某些制裁的风险，即使是降低的风险，也会鼓励组织确保其合规计划继续有效运行。第三，有效合规计划的存在并不影响组织对其雇员或代理人的不当行为负有严格责任的基本法律规则。第四，承认

---

⑱　司法手册 § 9-28.800，公司合规计划。

有效合规是一种抗辩理由，会强调有效和无效计划之间的区别，这超出了合理的范围，从某种意义上说，这种差异更像是一个连续统一体，而不是一个明确的分界线。第五，对有效的合规计划提供抗辩，往往会减少检察官的自由裁量权，使其在其他事项的谈判中将责任威胁作为讨价还价的筹码。第六，需要考虑活动水平的问题。如果一个组织知道自己制定了一个有效的合规计划，那么积极抗辩的结果就是将确实发生的合规违规行为的所有成本强加给公众，从而消除了该组织从事最佳而非过度的风险活动的动机（Miller，2018b）。

另外，不承认有效合规的抗辩是有代价的。如果一个组织已经尽其所能防止其代理人或雇员犯下不当行为，那么可以公平地说，该组织在道德上不应对他们的罪行负责。承认积极抗辩将符合这一道德判断。保留起诉组织的自由裁量权的另一好处是，缺乏抗辩理由可能将使检察官手中掌握过多权力，而检察官可能会出于不公平的目的滥用权力。尽管有这些相反的考虑，但美国的共识是不将有效的合规计划视为一种抗辩理由，这可能是出于上述原因的综合考虑（美国法学会的项目《组织的法律、合规和执法原则》也采取了这一立场，该项目于 2021 年 5 月获得批准）。然而，其他国家可能会持不同观点。

合规专员的作用

合规专员在组织中扮演着边缘角色。一方面，他们是员工，在某种程度上，他们是团队的一部分。他们甚至不是内部审计意义上的独立人员，内部审计应在测试、评估和补救方面行使自主的专业判断。合规专员与风险管理人员一起，占据一个既属于组织又独立于组织的模糊空间。

这种模糊的角色定位反映在合规部门在组织结构图中的位置不确定性上。首席合规官是否应该向高级管理人员报告？如果是这样的话，那个高级管理人员应该是谁？传统上，许多合规官向公司总法律顾问报告，理论上，合规部门最重要的任务是确保员工和代理人遵守法律要求。然而，出于以下几个原因，这个角色并不合适。首先，合规专员并不是企业的法律官员。虽然许多律师确实在合规部门工作，但担任合规主管并不要求是律师，并且许多合规工作本质上并不属于法律范畴。公司总法律顾问的经验和倾向可能并不适合监督与合规职能相关的一般监控、培训和测试工作。其次，合规专员需要一线员工的合作和坦诚的信息共享。公司律师有时会受到怀疑，因为他们喜欢告诉别人他们不能做什么，但在提高收益方面却没什么可提供的。对于法律部门的律师来说，这种"反对者"的角色可能是有用的，但对合规专员来说可能不太适合。最后，向总法律顾问提交报告，将合规工作定义为主要是法律工作，往往会削弱合规部门在战略决策或咨询方面的潜力。而在战略或咨询方面，合规方面的专业知识可以用于设计更有效的控制措施。

　　另一种选择是让合规主管向首席风险官报告。向首席风险官报告的做法承认了一个现实，即合规计划不是也不可能成为防止违规行为的万无一失的保护措施。相反，有效合规可以理解为对某种类型风险的最佳管理。由于合规是一项风险管理职能，因此将合规部门置于更广泛的负责控制和管理风险的组织单位内是合理的。然而，许多公司并没有正式设立风险管理部门。即使是那些设有风险管理部门的公司，合规性仍然是一个尴尬的问题。风险"偏好"的概念对于一般风险来说是有意义的，因为组织更愿意承担风险，直到预期损失的负面影响超过预期回报的收益。但没有人会说一个组织应该对违法行为有"偏好"。在采取适当的控制措施后，组织可能会接受违规的残余风险，但这种容忍绝不等同于批准或认可。

　　再一种选择是提升合规计划，让合规主管直接向首席执行官报告。这种策略的一个优点是，直接报告带来的地位提升往往会提高合规部门吸引其他部门人员合作的能力。直接向首席执行官报告还可以让合规专员有机会让公司领导意识到合规的重要性，展示"高层基调"的价值。然而，将合规专员与"最高管理层"成员平起平坐也有不利之处。企业首席执行官压力重重且忙碌。合规固然重要，但他们还要考虑许多其他问题。考虑到首席执行官的日程安排，合规专员可能会发现，如果他们向那些能够倾听和理解他们的关切、评估他们提出的战略决策的人汇报工作，他们就能发挥更大的影响力，工作效率也会更高。

　　最后一种选择是进一步提升合规部门主管的级别，让他只向组织的一名高管作行政汇报，且直接向董事会汇报。在这种情况下，合规部门如何履行职责的实质内容由董事会负责，而不是由组织中的任何高级主管负责。这种安排的优势在于，它与董事会建立了直接的沟通渠道，而且这种直接报告在组织内部具有威望；不利之处在于，董事会成员通常只将部分时间用于组织事务，他们忙于其他事务，并且可能缺乏对组织运作的详细了解，而这种了解是充分掌握合规官员的制约因素和关切事项所必需的。

上述讨论似乎没有结论，令人感到困扰，因为没有"最佳解决方案"，也没有明显的最佳实践。然而，这通常是一个涉及合规政策的微妙问题：我们所能做的就是确定相关的考虑因素，虽然它们无法对设计问题提供一个普遍适用的答案，但可以用来设计一种在组织的实际情况下起作用的安排。

董事会的合规管理

在董事会应如何解决合规问题上，同样存在一些模棱两可的考虑。某些考虑因素已经相当清晰。就像董事会有责任监督组织面临的其他战略问题一样，董事会也有责任监督组织对适用规则和规范的合规管理。这一责任中包括一项信托责任，即确保建立监督和报告制度，并根据不断变化的风险对这些制度进行更新。在特拉华州著名的 Caremark 案判决中，美国法律引入了这一责任。[19]此后，它逐渐成为董事会成员履行职责时必须遵守的重要指南之一。同样明确的是，即使合规部门的负责人向另一位高级管理人员报告，在必要时他们也需要向董事会或董事会的委员会提供信息和报告。许多公司提供"私人时间"的机会，合规主管可以在没有其他行政官员参与的情况下与董事会成员进行磋商。最后，负责合规的高级主管有责任向董事会尽可能清楚、简明地报告所有已知的重大违规行为和组织合规控制系统中的所有已知漏洞。

不太确定的是应向哪个董事会的机构进行报告。许多组织要求合规主管向董事会审计委员会负责。这种隶属关系的理论依据是，合规与内部审计一样，是一种内部控制职能，由审计委员会作为其传统职责的延伸进行适当处理。此外，许多审计委员会以及上市公司的审计委员会都完全由独立董事组成。审计委员会的独立性有助于确保合规主管在报告可能涉及高级管理人员的不当行为

---

[19] 关于 Caremark International Inc. Derivative Litigation，698 A. 2d 959（Del. Ch. 1996）。

时不会受到恐吓。缺点是，审计委员会通常由具备财务知识但缺乏合规专业知识的人员组成。此外，审计委员会可能会形成内部审计的思维定式，即更侧重于对已知流程的测试，而不是关注发现隐藏的不当行为或观察尚未发生的违规威胁。

一些组织要求合规主管向董事会风险委员会报告。这种方法既有上文提到的优点，也有缺点，即合规主管与组织内其他高级管理人员的隶属关系。向风险委员会报告的一个明显缺点是，许多组织没有正式的风险委员会，而那些有风险委员会的组织可能会利用这些委员会来履行专门职能，例如监督公司的资产负债表和流动性。

另一种选择是合规主管向全体董事会报告，这种策略的优点是能够集中组织最高权力机构的注意力于合规问题上，合规报告所需的时间可能不足以进行任何充分的审议，并且可能分散董事会对其他紧迫事项的注意力。一种适用于所有形式的董事会报告，尤其适用于向董事会委员会提交报告的方法是，安排不定期的"深入调查"，让董事会成员可以更全面地了解组织面临的合规风险以及用于控制这些风险的策略。

激励机制的作用

激励机制会对合规和其他领域的行为产生影响。因此，考虑如何改变组织中个人所面临的激励措施，以提高他们表现出合规行为的倾向是很有吸引力的。激励的一个明显来源是员工的薪酬。员工可能会因不良行为而受到通过降职减薪、不发奖金或收回之前发放的报酬等惩罚。要从经济上激励员工的合规行为有一定难度，部分原因是合规行为本应成为规范，因此，奖励员工本应该做的事情可能会削弱规范本身的力量。但是，公司可以通过晋升和奖励来激励员工特别关注合规行为，例如奖励他们举报在工作场所发现的他人违规行为（这种奖励通常应保密，以确保举报员工不会遭到报复）。

在激励机制方面，一个微妙的问题是合规专员的报酬。如果这些人的大部分收入来自与公司业绩挂钩的奖金或加薪，那么他们可能会失去一些发现正在发生的违反法律但同时也为组织赚取巨额利润的行为的动力。由于担心过分强调合规专员的盈利动机，一些组织仅根据薪酬来补偿合规人员。但单纯以工资为基础的薪酬并不太适合奖励出色的表现。

与此类似的问题也出现在组织外部的举报方面。联邦和州政府的一些机构实施了悬赏计划，以奖励举报其组织内不当行为的人，美国证券交易委员会和国税局就是典型的例子。在这些计划下，举报的奖励可能很丰厚，有时高达数百万美元。合规专员是否应获得举报奖金呢？一般来说，答案似乎是"不"。他们的工作是发现违规行为，因此当他们发现违规行为时，他们不会采取任何特殊行动。此外，由于他们是众所周知的合规监督者，当他们向组织的内部纪律机构举报某人时，他们不太可能被视为叛徒。相应地，用悬赏来补偿他们的举报风险也就不那么重要了。如果合规专员可以绕过内部程序，例行公事地向政府提供信息，他们就会严重破坏组织既定的合规管理体系。然而，虽然合规专员一般不应该获得举报人奖金，但如果他们如期履行了职责，向公司高层提供了明确的违规证据，却没有得到任何承认，也没有采取任何行动，则可以作为例外处理。在这种情况下，鼓励这些人员将他们的担忧转达给适当的政府官员，可能会推进公共政策的发展。

确定有效的合规性

如上所述，评估合规计划有效性的现有方法是采用清单。尽管清单有其用处，但也存在一些缺点。清单往往会随着时间的推移而不断增长，新项目被添加进来，但旧的项目很少会被删除，结果就形成了一个毫无章法的大杂烩，各种考虑因素相互重叠，没有任何中心焦点或主题，也没有权衡哪些因素相对于其他因素更重要。到了极限，这些清单开始变得像是一本无序的百科全书，类似于豪尔赫·路易斯·博尔赫斯在他的论文《约翰·威尔金斯的分析语言》中提到的虚构动物分类法。博尔赫斯的分类法包括各种奇怪的类别，如"训练有素的人""乳猪""美人鱼""发疯般颤抖的人""刚刚打破花瓶的人""用细骆驼毛画的人"等，甚至有"那些从远处看起来像苍蝇的人"和"那些包含在这个分类中的人"。显然，这份清单对动物的了解甚少。虽然列出有效合规计划的属性能提供更多的信息，但它们似乎也需要更加清晰和合理化。

迄今为止，合理化的任务尚未完成。不过，我们可以通过评估组织整体的合规支出来进行一个有用的开端，而不是评估现有清单中不可比较的特征。换句话说，我们可以问一个更简单的问题：在给定的支出水平下，合规预算应该有多大，资金的使用才是最优化的？我在 2017 年的一篇论文《有效合规计划的经济分析》（Miller，2018b）中提出了一个答案：作为第一近似值，有效的合规计划是一个理性的收益最大化组织在面临预期收益等于违规行为的社会成本时会采取的计划。这种方法要求组织内部承担其非法行为所带来的全部社会成本。如果这种方法能够以论文中所呈现的纯粹形式在现实世界中实施，那么其结果将是整体社会福利的最大化，因为组织在合规方面的支出将会与社会期望相当。

这个探讨与其说是一项现实行动的建议，不如说是一项思想实验，但它确实具有一定的实际意义。例如，它建议政府可以对企业自愿采用的政策和程序进行有益的审查，以此作为政府强制计划的指导。这一建议的理论依据是，即使企业在全球范围内没有得到充分的激励，它们仍然希望最大限度地提高所采用的程序的效率。这一建议不应引起争议，因为这正是政府在为有效合规计划制定要求或提供建议时所做的。同样，政府不应试图对有效计划进行微观管理，而应将重要的设计元素的选择权留给受监管公司。这一建议也没有争议，因为在大多数情况下，监管机构已经提供了相当大的灵活性，让组织可以在监管机构设立的宽松框架内设计自己的计划。法院通常应该尊重监管机构对组织合规计划有效性的判断，因为理论上监管机构比法院更了解这些问题。然而，这种尊重不应是绝对的。因为监管机构并不使用自己的资金，它们有动机通过要求更多的超出社会需求的合规支出来满足自身需求。因此，即使在尊重监管机构的同时，法院也应该仔细审查政府的论据，以确保监管期望并非不合理或不公平。

行为合规

合规关注组织中个人的行为，这个问题本来就很复杂。尽管经济奖惩在人们的行为中起到重要作用，但它并不是唯一的影响因素。人们喜欢被认可，不喜欢被公开羞辱。人们会对暗示作出反应：如果他们看到其他人以某种方式行事而没有受到惩罚或指责，他们很可能会失去一些对同样行为的抑制。上文提到的高层领导的态度也会影响人们的行为，因为人们通常会从组织领导者的态度和行为中获得指导。人们更倾向于捍卫他们已经拥有的东西，而不是采取行动去获得他们所没有的东西，这使得他们采取拒绝变革并保护现有的做法，即使这些做法会违反法律规定。人们容易受到"道德衰退"的影响，在这种情况下，对道德的微小妥协逐渐成为常态，并导致更大的妥协。组织的文化也非常重要：有些人会私下告诉你，他们的组织非常重视道德行为，而其他人则相反。尽管许多人尝试过衡量企业文化，但衡量企业文化却很困难；然而，几乎普遍认为，在许多组织中存在着一个不可阻挡的力量，推动人们走向或远离不良行为。

在过去的几十年中，研究人员、政府官员和合规官员一直致力于开发一种能更多地考虑这些行为因素的合规方法。唐纳德·兰格沃特教授一直是在这一领域中引领发展的法律学者，他将行为合规定义为"从对个人和组织行为的更广泛行为预测中得出的设计和管理"（参见，例如，Langevoort，2002；2017；2018）。兰格沃特呼吁更好地理解现代版的"神正论问题"——不是为什么好人会遭遇坏事，而是为什么好人会做坏事。兰格沃特在设计合规计划时借鉴了行为理论的经验，这一计划尚未完全付诸实施，但它为改善这一重要公共政策领域的管理带来了引人入胜的前景。

5. 结　　语

本章从美国法律实践和制度的角度考虑了组织合规在过去、现在和未来的发展。尽管现代形式的合规在美国经历了最早期的发展，但现在已成为一种全球现象。上述讨论认为，现代合规实践是公共政策两个方向的结合：一个是自下而上的，即政策制定者和组织从经验中吸取教训，并将其应用于未来合规战略的制定中；另一个是自上而下的，即政策制定者和组织将一般原则和想法运用到设计具体项目中。显示这种双重特征的主题应该成为本书的焦点，这也许是一个幸运的巧合，本书收录了受过民法自上而下方法训练的欧洲学者和受过普通法自下而上方法训练的美国学者的作品，这也许是一个令人高兴的巧合，因为两者的思维方式并不像初看起来那样不同，但在风格和内容上仍有差异。本书所反映的国际合作可能预示着未来在现代合规机构分析方面的工作。

参考文献

Borges, Jorge Luis. 1999. John Wilkins' Analytical Language. In *Selected Nonfictions*, ed. Eliot Weinberger, 229—232. New York: Penguin Books.

Caldwell, Assistant Attorney General Leslie R. 2015. Remarks at the Compliance Week Conference, May 19, 2015.

Langevoort, Donald C. 2002. Monitoring: the Behavioral Economics of Corporate Compliance with Law. *Columbia Business Law Review* 1: 71—118.

——. 2017. Cultures of Compliance. *American Criminal Law Review* 54: 933—977.

——. 2018. Behavioral Ethics, Behavioral Compliance, in Research Handbook on Corporate Crime and Financial Misdealing. In *Research Handbook on Corporate Crime and Financial Misdealing*, ed. Jennifer Arlen, 263—281. Cheltenham: Edward Elgar.

Miller, Geoffrey Parsons. 2018a. The Compliance Function: An Overview. In *The Oxford Handbook of Corporate Law and Governance*, ed. Jeffrey N. Gordon and Wolf-Georg Ringe, 981—1002. Oxford: Oxford University Press.

——. 2018b. An Economic Analysis of Effective Compliance Programs. In *Research Handbook on Corporate Crime and Financial Misdealing*, ed. Jennifer Arlen, 247—262. Cheltenham: Edward Elgar.

——. 2020. *The Law of Governance*, *Risk Management and Compliance*. 3rd ed. New York: Wolters Kluwer.

第 2 章　当我们谈论合规时我们在谈论什么

加埃塔诺·普雷斯蒂

1. 带有两个警告的合规性的初始定义

合规性是一个近年来使用量呈指数级增长的成功术语，部分原因是其可以被理解为具有不同含义，换句话说，因为其内涵是模糊的。为了避免误解并保持陈述的简洁，从功能上确定以下几个主概念的初始定义会很有帮助。

在企业和一般任何类型的集体组织的框架内，[①]合规可以定义为负责管理特定运营风险的一系列规则、程序、机构和办公室：因违反强制性规则（法律或法规）或自律规则（例如法规、行为准则、自律守则）而招致司法或行政制裁、重大经济损失或声誉损害的风险（参见意大利银行，2007 年；甚至更早，巴塞尔委员会，2005 年）。这是本文中使用术语"合规性"的基线含义。

这个定义不限于特定部门（特别是银行部门和所谓的巴塞尔第二支柱），而且非常重要，因为它能够提供一个初步的通用和统一的概念，通过这个概念我们可以解决概念模糊性的问题。合规本身并不等同于遵守法律或其他行为规则，而是一种用于防止违规的工具，从而减轻组织受到法律制裁的风险；还可以减

---

① 尽管我们可以谈论与任何类型的有组织机构有关的合规性，但在这些说明中，讨论将仅限于那些旨在开展营利性经济活动的机构，即企业。然而，提出的许多意见也可能适用于其他类型的实体。

轻非法行为的进一步后果或合法但被公众负面看待的行为的直接影响，因为该行为与组织所宣传的形象相矛盾，因此损害了组织的声誉。本文着重于合规职能，因此，除非另有说明，否则仅在上述含义范围内使用简明术语"合规"。

从不同的角度来看，可以说，一个机构的行为完全遵守法律及与其宣示的内容，合规本身并不一定是必要条件。恰恰相反，建立合规职能，即使是履行最高效率的职能，也不能绝对排除不当行为的可能性，因此也不能排除法律或声誉制裁的可能性；合规只是提供了降低风险的合理预期（COSO，2017）。正如将要看到的那样，合规职能也可能是由法律强加的，因此，缺乏合规本身可能就是违法行为，并使该实体受到制裁；但这是与（我在下文中标明的）"最终规则"不同级别的违规行为。无论由谁制定，无论是机构本身还是外部机构，合规规则都是旨在遵守最终规则的元规则（Benazzo，2020）。例如，禁止水污染或贿赂公职人员，或禁止损害第三方的规则是最终规则，而那些通过立法规定或机构自决提供保障措施以避免污染或腐败或有害行为的规则是元规则，其目的是预防与违反最终规则相关的法律风险。换句话说，我们必须始终牢记，遵守（最终）规则是一回事，而遵守元规则是另一回事。

因此，只有在预防与遵守法律的简单义务相比具有附加值的情况下，遵守法律才是正当的，因为法律本身涉及系统的所有主体。

除了上面讨论的之外，还有一个模糊歧义之处，使得对合规的讨论更加复杂：一种往往没有表达，有时甚至可能没有完全意识到的想法，即合规相当于更关心外部利益而不是实体自身利益，即利益相关者的利益。实际上，就其本身而言，合规对于机构的目的似乎是中立的：无论组织的目的是为其股东创造利润（所谓的企业目的的一元论概念），还是为社区创造公共利益（如非营利组织），或这些目的的混合（所谓企业目的的多元化概念或利益企业的情况），以及可能的其他目的，合规总是存在于一个功能性的机构中，以减少可能导致法律制裁或形象受损的违规风险。

然而，尽管概念上存在差异，但不可否认的是，合规和利益相关者保护之间存在显著相关性。一方面，合规通常对利益相关者有积极的作用，因为它降低了使机构受到法律或声誉制裁的风险，根据定义，总的来说它减轻了对第三方或社区造成损害的危险。另一方面，很明显，在其他条件相同的情况下，机构追求的目的越广泛或所涉及的支持者范围越大，合规就越需要加强，因为与其活动相关的法律和声誉风险更大。

在后一种意义上，应该指出，就企业而言，将企业目的扩展到股东价值之外，无论这取决于法律还是出于股东的意愿（例如，在美国和意大利的 B 类企业和法国的使命驱动型企业），根本不是合规问题的解决方案。相反，由于实体作出的承诺越多，法律制裁，尤其是声誉制裁的风险就越大，因此情况恶化。

在这些初步数据的基础上，出现的第一个问题是，与过去相比，当今世界更加关注违规行为的预防以及遭受制裁和损害形象的风险（参见 Miller，本书中的"历史背景下的合规性"一章）。更高层次的关注，举例来说，合规官越来越多地加入所谓的最高管理层的趋势就证明了这一点。通过授予他们首席合规官的头衔，他们处于企业管理层的最高层，通常直接向首席执行官报告。

在这方面，顾问和合规专员强调其积极作用，从而提升自己的能力不容忽视，但这当然不能被认为是决定性的方面。

2. 风险与合规之间的联系

为了确定上述事态发展的原因，有必要从合规的目的，即必须限制和管理的风险中寻求答案。当今国际社会中，简单的事后制裁的威慑功能已经不够。因此，有一个专门的预防机构是合适的。

因此，一开始就存在风险（制裁和声誉损失的风险），随后合规发展成为一种专门的风险管理形式（Cerrato，2019）。因此，可以说，合规是对风险增长的回应。

风险（管理）和合规之间的特征可以是法律本身、私人自治，或两者的结合。忽视这种起源的特征会进一步决定性地导致对该术语的使用和含义的歧义，并使商业经济学家和法学家之间，以及不同背景的法学家之间的对话变得更加困难。事实上，有些人认为合规只是另一项必须遵守的法律义务，另一些人则断言，合规从本质上说是法律规定的消除或减轻可能侵权行为的有害后果的防御性工具，还有一些人强调其作为参与创造可持续价值过程的工具的积极价值。

首先，很明显，从事着包含有危险活动或者对大局有重要价值活动的机构，而且甚至在此之前必须预防性地组织起来，以减少违规风险并避免受到制裁。对于为什么会从简单地禁止违反最终规则转变为有义务防止最终规则的原因可能是多种多样的，本文的目的不是对其进行分析审查。

例如，首先可以指出，事前预防（即避免损害的发生）总是比事后修复（即分配损害后果）更好，尤其是当实体无法确定是否能够对第三方受害者进行赔偿时，此时应将预防内部化。从这个角度来看，设立合规职能的义务与强制保险具有相似的动机，主要是为了减少负外部性。

其次，在全球范围内大规模生产商品和提供服务，很难识别和控制可能导致违反规则、操作标准以及道德和伦理原则的行为。此外，还存在持续损害的可能性，即单一违规或个别不相关因素的随机共存，可能对大量主体造成连续损害，最终对整个经济系统造成连续损害。在这方面，声誉制裁的风险可能具有普遍意义，因此并不总是伴随着违法行为，也可能伴随着应予以赔偿的损害或行政处罚，因而是遵守法律义务的来源。因为对于特定市场的正常运行，公众对在其中经营的参与者的信心很重要。

在法律规定的合规背景下，还需要考虑部分减轻公共权力机构的职能。将某种预防（尤其是发现违法行为）的权力下放给企业，事实上简化了公共部门的监督作用。在实施持续制裁的过程中，公共部门可以将其行动（以及向社区收取的相关费用）集中在违反规则之前的时刻和基本合规规则的规定上，集中在对组织如何实际应用和实施这些规则的控制上，以及在不遵守规则情况下的相关制裁。因此，大部分预防工作（和成本）直接转移到了企业，一方面至少预先内化了相关活动中固有的一部分风险，另一方面，由于企业对自身了解的优势，降低了系统收取的一般成本。

公共部门可以将其行动和向社区收取的相关费用集中在违反行为和提供基本合规规则之前，关于如何控制这些组织实际应用和实施规则，以及在不遵守的情况下的相关制裁。因此，大部分预防工作（和成本）直接转移到企业身上，一方面至少预先内化了相关活动的部分固有风险，另一方面减少了一般费用的

29

收取。由于企业比公共当局更了解自身，因此系统更能够利用企业的能力。

尽管合规的历史悠久（Miller，2014），但目前银行和金融部门明确是强制合规的起源和价值体现最为凸显的领域，尽管在其他领域（尤其是电信、能源、农业综合企业）也能发现强制合规的身影。此外，在所有经济活动中，许多领域呈现出法律规范越来越多的特点。

一般来说，隐私、工作安全、反洗钱、环境保护等领域对合规非常重要。一个极端且戏剧性的例子是流行病的预防。关于大企业，值得注意的是《法国商法典》引入的第 2017-399 号法案，在新的第 L225-102-4 条中规定了采用预警计划，其中包含为识别和预防环境和社会风险而采取的措施，不仅在企业及其子企业内部，而且贯穿整个供应链过程。

在某些情况下，即使没有法律义务，私人自治实体也自愿朝着合规的方向发展。需要强调的是，这并不是因为运营商受到利他意图和团结的激励，而是由于市场、产品和技术的演变，往往倾向于将曾经仅限于少数"坏苹果"效应的运营风险转化为生理和系统性风险。这意味着所有风险，即使是纯粹的声誉风险，也必须不断受到监测，以防止违反法律，甚至违反自我监管规则或最佳实践，因为这可能对企业的生存造成灾难性后果。

从这个角度来看，除了法律义务之外，维护机构的公众形象变得越来越重要。对于那些对"负责任的、可持续的和透明的管理"主题日益敏感的人（如意大利 B 类企业），以及专业投资者的要求（参见 2020 年 Larry Fink 的著名信件），以及最高管理层的类似声明（参见 2019 年美国商业圆桌会议声明），这些声明增加了声誉风险的重要性，特别是对于复杂的企业来说。[②]

因此，即使在以利润为导向的企业中，将违规风险（部分）自愿内部化，并不与个人利益取向相矛盾，而是考虑到中长期利润目标的可持续性。这是一种符合当前经济现实的选择［参见欧盟委员会行动计划 2018（EC 2018）；另见欧盟 2020］。

即使不考虑数字经济的世界（参见 Mozzarelli，本书"数字合规：算法透明

---

② 复杂的企业可以理解为那些利用公共资金经营和在受到严格公共监管的领域运营的企业。

度的案例"一章），也有许多例子可以说明这一假设。安达信案例就是一个典型例子。大家都知道，它的消失最终是由于安然事件造成的声誉损害。

日益增长的自愿合规的一个有关因素是法律制度本身，至少有三个方面。第一个问题是关于企业必须向市场提供的各种与其相关的资料信息量不断增加。特别是涉及欧洲框架，在非财务报表方面，通过应用《2014/95 指令》，上市企业在受监管市场中必须向公众披露（Fortunato 2019；KPMG 2018）。这些披露必须包含对其活动的社会和环境影响的评估数据，尽管这不是义务的直接来源，但无疑代表了声誉反馈和声誉风险的重要驱动力。关于披露、形象反馈和声誉风险之间相互作用的类似问题，实际上适用于所有面向公众的企业报告（除了那些关于会计、薪酬政策和企业治理的报告），这些报告不可避免地会对企业形象产生监测评价效果。

第二个可能导致自愿合规增加的法律因素涉及在不同的监管级别，特别是在机构和独立当局授权的级别上，详细的义务和禁令不断增加。这大大增加了可能的违规机会，从而增加了制裁和声誉损害的风险（见 Miller，"历史背景下的合规性"一章）。

还有一个值得一提的考虑因素是所谓的激励合规案例，例如企业刑事责任合规案例。简单来说，当适用"社会不可剥夺原则"时，不存在法律制裁的风险。（当然，除了可能的名誉损害外，刑事犯罪的民事责任除外。）一旦这个旧原则被废除，合规问题就出现了。应该指出的是，在将合规计划设想为法律义务或豁免，甚至作为量化制裁目的的简单减轻因素之前，合规就已经在概念上出现了。

事实上，如果企业，总的来说是机构，对为其利益或对其有利而实施的刑事犯罪负有责任并受到制裁，那么很明显，即使没有义务或动机，企业也会试图避免犯下此类罪行。根据严格的功利主义观点，如果制裁和声誉损失的风险加权大于合规成本，而合规成本因尽管合规但仍可能发生违规行为而增加，那么存在这种利益是合理的。

最后一个考虑有助于理解为什么在这个特定领域，立法机关通常不强制合规（尽管在某些司法管辖区发生过，如法国的经验），而是提供激励措施：要么通过豁免责任（如在意大利和英国），要么可能通过与检察官达成协议，或在任何情况下大幅减轻刑罚（如在美国；参见《联邦量刑指南》和联邦起诉商业组织原则）。尽管企业拥有足够的合规机构，并适当地建立和实施了合规，但在个别情况下，并不适合防止犯罪。

事实上，很明显，激励措施是在成本效益分析的层面上运作的，因为充分的合规可以节省制裁和声誉损失的成本，无论是对实际避免的犯罪，还是对尽管先前的合规职能是充分的（因此，可以定义为"不可避免"）但仍然发生的犯罪。

从这个角度来看，自愿但有激励的合规更接近于强制性合规：事实上，法律规定了在建立合规体系的情况下的正反馈。在强制性合规的情况下，实体的优势是不会因缺乏足够的合规职能而受到制裁，因为合规元法采用了最终规则的形式；相反，在自愿合规的情况下，包含一种奖励制度，即尽管存在充分的合规职能，但实施犯罪是因为对实体有利或为了实体的利益而实施的。

此外，这并不是使上述两种合规形式相似的唯一方面，也不是将激励性自愿合规与纯粹自愿合规区分开来的唯一特征。事实上，由于法律为适当的合规提供了积极的正反馈，这种合规制度的结构并不是完全自由裁量的。具体的职能结构始终由有关机构的监管自主权决定，尽管在不同情况下可能有所不同。然而，公共当局不仅确定了目标，还规定了基本特征（例如，组织结构图中企业的自主权，直接向董事报告，负责人的独立性和专业性、财务自主权等），这些特征必须满足才能被认为是充分的。

刑法中典型的激励合规模式已经取得了成功，并已扩展到其他领域。例如，根据意大利的经验，可以参考关于反垄断合规的规定（AGCM 2018；Ghezzi 2019）。虽然没有规定豁免，但规定了减少制裁，其基础是基于负担而非义务的模式，以及所谓的法定评级（稍后见本章末尾）。刑法模式的重要性及其对法律体系其他领域的输出是不可否认的。然而，将关于合规性的整个讨论缩限至此是一种视角上的错误，正如所看到的那样，合规性具有相当广泛的含义。同样，将合规性主题限制在金融系统的主题中，也是一种简化。

3. 合 规 性 分 类

因此，简而言之，根据其起源，合规可以分为三种不同类型。这些类型反映了将合规视为一项义务的观点，而不是作为避免责任的避风港或创造价值的工具：

1. 第一种类型是强制型合规，典型的领域包括银行和金融部门。在这些领域，法律要求运营商必须遵守合规规定。运营商在规定的一般原则范围内有一定的自由裁量权，可以选择最合适和最有效的组织解决方案来实现合规目标。这种类型的合规还包括横向强制合规，涉及特定问题，并要求所有或大多数运营商承担合规义务，例如隐私保护、职业安全、反洗钱和环境保护等。

2. 第二种类型是自愿激励型合规，法律没有强制要求经营者具备合规职能。但是法律规定，在风险变为现实时，可以给予奖励，如减轻或免除处罚。尽管可以认为风险已被充分控制，但仍会引起违规行为。

3. 最后一种类型是完全自愿的合规，企业自行决定为不遵守标准或规则（包括自我管理的标准或规则）的操作风险提供具体保护。这三种类型的合规起源反映了处理合规问题时的不同观点。

首先，主要问题是监管干预的相称性，担心企业不应承担过于繁重的义务，以减轻公众监督的压力。这可能导致将合规效率看作是比公共监督更为重要的论点被推翻，从而使成本简单地转嫁给私人实体。

在第二种情况下，主要问题是合规的有效性，尽管程度较低，但实际上它是存在的。在第一种情况下，防止合规被简化为一种形式主义的勾选框处理方式，其目的并不是防止犯罪，而是消除或减少制裁的后果，并通过镜像的方式确保事后偏见不会妨碍合规带来的豁免效果。

在第三种情况下，问题是在一元论观点下，合规如何与利润目的相关；或者在多元论中，合规如何与不同的企业目标相关联。

然而，除了这些重要的差异外，在我看来，还有一个方面可以将这些合规类型统一起来，并使我们能够提出一个统一的观点，尽管是在非常抽象的层面上。

尽管很明显，在后两种类型中，实体可以选择设立适当的合规职能，也可以选择不这样做，但同样明显的是，这涉及实体本身，而不涉及董事。董事有责任以勤勉的方式管理这些实体，正如意大利法律明确规定的那样（《意大利民法典》第2086条第2款），董事有义务建立与所开展的活动性质和规模相符的适当组织结构。这涉及评估设立适当合规职能的机会，并在必要时设立此类职能。尽管这不是董事的具体义务，但它属于其一般注意义务的框架。因此，例如，如果企业被责令赔偿损失，如果及时提供与事先已知风险相关的充分合规职能，则董事可能会因未能建立适当的组织结构而对公司造成的损害负有责任。

其次，通过反思欧盟、英国、法国等许多国家和地区的法律体系运作方式，也得出了相同的结论。这些法律体系通过以企业为目的进行创新（参见2019年《卢瓦尔—帕科特法案》之后的新《法国民法典》第1833条），或对董事职责进行创新（参见《英国企业法》第172条），通过创造长期价值、同时考虑利益相关者的利益，以实现可持续成功为目标的行政行动。事实上，很明显，即使这一过程可能不会影响股东利益的首要地位，也需要将董事的决策活动程序化，董事必须能够证明他们已经考虑了决策的长期风险或他们所管理的实体的外部各方所承担的风险。换句话说，他们必须证明他们的决策也基于前瞻性的合规体系。

因此，尽管根据合规的起源可以对其进行分类，但从管理企业的人（即董事）的角度来看，合规始终是一项义务。在强制合规的情况下，这是一种特定的有利于企业遵守法律义务的义务；在自愿合规的情况下，无论是否受到激励，董事对其管理的企业都有谨慎的注意义务。

在操作层面上，我们也可以观察到相同的趋势。回顾《特雷德韦委员会赞助的组织委员会内部控制综合框架》报告就足够了。该报告目前是2017年的第二版，在全球范围内得到广泛应用。该报告强调了建立内部控制系统的必要性（COSO，2017）。该系统的基本目标不仅在于管理效能、效率与可靠和及时的报告，还在于合规实体遵守的合规法律和其他规则。

同样明显的是，如果法律要求合规，那么在达到法律规定的预防阈值之前对合规进行投资是必要的，虽然这个阈值可能不一定是最佳的。在更一般的注意义务框架下，必然需要在成本和收益之间进行权衡。一开始，只有合规的直接成本是确定的，而用于合规的资源所带来的潜在利益，如减少索赔和声誉损失，是不确定的。

从董事的角度来看，平衡合规的成本和收益成为普遍的主题，涉及收益与追求利润目标或根据法律或股东意愿追求的其他目标之间的混合。这种关于强制合规的权衡问题只会出现在法律规定的最低水平之上，而法律规定的最低水平又是次优的。对于自愿合规，即使受到激励，也总是会出现这个问题。我们应该从两个角度来看待这个问题：我们应该思考什么是应然，即董事应该做什么；我们也要考虑实际存在的问题，即董事是否有适当的激励措施来真正追求最佳平衡。

4. 合规是大型复杂企业的一个具体问题

然而，在继续讨论之前，值得稍微多关注一下合规这个主题。尽管我只是在介绍两个方面的方法，但这样做是有用的。

让我们反思一下，各种形式的合规的共同点在于董事的注意义务，以及之前提到的一般风险预防和管理义务。因此，合规以及风险管理的任何职能，只有在由于所开展活动的规模或性质存在足够高的法律和声誉风险曝光率时才是有效的。这可以促使预先激励投资以减少相对危险。因此，可以得出一个结论，即合规在复杂的、可以说是去个性化的组织中发展有特定基础；在其他情况下，合规可能只是资源的低效使用。

实际上，从理论的角度来看，人们已经注意到，在股东和董事相同的公司中，合规的有效性是非常有限的，甚至不存在。这在中小型企业中是一个典型案例，因为在这种情况下，管理角色由那些通过为公司提供风险资本来投资其大部分资产的人扮演。合规可能因至少三个原因而效率低下：第一个原因，一方面，很简单，规模越小，意味着风险越小，因此预防的机会就越少。另一方面，这也是一些活动被中小企业放弃的主要原因，即那些与规模无关的、风险较大的活动（如银行和金融活动）。

第二个原因是，即使没有正式的合规制度，股东董事仍然面临法律和声誉制裁的风险。事实上，法律和声誉制裁可能会危及他们对公司进行的所有特定财务和专业投资，而没有任何多元化的选择。因此，可以推测，实际上，他们比董事和经理更倾向于考虑违规风险，尽管以一种不太正式的方式。

第三个原因是，当股东和董事重合时，合规本身无法对违规事件提供正反馈。在激励合规的情况下，这种重合导致事后偏见几乎是自动的，因为很难相信任何越轨行为都不是源于企业所有者的意愿；在自愿合规的情况下，由于同样的原因，合规不足以避免对企业形象造成的负面影响。

因此，合规问题对中小企业来说似乎是陌生的，与其说是因为计划不当，不如说是因为它的特定特征；此外，也找到了不同的解决方案。实际上，可以注意到，从原则上说，一方面，强制合规仅适用于具有一定规模和法律地位的企业，而不包括封闭的中小企业；另一方面，在自愿情况下，没有应用它的动机。

5. 董事的关键作用

董事作为复杂大型公司中的重要角色，其职责主要源自追求股东利益的传统职责。然而，随着时间的推移，这种职责发生了演变，进一步强调通过特定的组织形式来实现利润最大化，并尽可能降低违规风险，或者至少能够有意识地管理这些风险。换句话说，这种演变使得董事的职责从简单的遵守法律义务转变为积极保护机构免受法律和声誉制裁风险的义务。（在欧盟的层面上，这种职责还进一步发展为促进正面外部性的义务，而不仅仅是防止和减少负面外部性的义务。）③

---

③ 参见《欧盟委员会 2018 年行动计划》（EC 2018），"行动 10：促进可持续的公司治理和削弱资本市场的短期主义：1. 为了促进更有利于可持续投资的公司治理，到 2019 年第二季度，委员会将与相关利益相关者开展分析和咨询工作，以评估：（i）是否可能需要要求公司董事会制定和披露可持续发展战略，包括在整个供应链中进行适当的尽职调查，以及可衡量的可持续性目标；（ii）可能需要澄清董事为公司的长期利益行事的规则。2. 委员会邀请 ESMA 收集资本市场对企业施加过度短期压力的证据，并在必要时考虑在 2019 年第一季度之前根据这些证据采取进一步措施。更具体地说，委员会请 ESMA 收集有关资本市场过度短期主义的信息，包括：（i）资产管理公司的投资组合营业额和股权持有期；（ii）资本市场是否有任何做法会对实体经济造成不适当的短期压力"。

通过这种方式，可以从一个角度来理解合规的含义。这种角度不仅局限于某些领域、部门职能或特定的业务部门，而是涵盖整个社会组织。合规的结构必须以降低不合规风险的方式构建。此外，明显地，如果合规维度不再被视为一种审查制度，用来寻找害群之马或控制越轨行为，而是成为管理决策不可或缺的重要组成部分，那么合规维度就会获得真正的有效性。对于这个问题，必须采取综合观点，导致一个结论，合规一定程度上是每个业务计划和程序的必要组成部分。因此，我们现在必须始终通过采用风险预防的观点来支持这些内容。就像一个好的商业计划必须说明项目实施的资金来源一样，同样也必须提供必要的合规资金。

这里不是详细列出该董事的组织任务所需要的内容的地方，因为一旦进入一个不那么具有详细描述性或操作性的层面，它很快就会变成一系列无法统一的详细案例。这表明，首先，董事们必须根据开展活动的类型、运营方法以及产品和流程创新，绘制和量化与不合规风险相关的概率和可能影响。从这种风险评估中产生的责任，是建立一个适当的组织以防止不合规，或者至少减轻其影响（可能包括一个以独立、自主和专业为特征的特定企业结构，永久致力于该职能）；其次，监控其正常运行；最后，及时采取必要的纠正措施（组织或制裁）进行干预。在这种情况下，董事会与（首席）合规官之间的关系至关重要，无论是关于任命（根据最佳实践，董事会应该负责任命）还是关于后续关系。因为除了对（首席）合规官的分类外，还必须确保他与董事会进行直接对话。

因此，一旦风险评估确定存在重大不合规风险，董事的任务似乎是提供合规元规则，以制定禁令和义务，制定程序，准备专门用于该职能的机构，并指定负责人。这些规则本身也具有约束力，因为显然无法想象董事们自己可以不受合规约束。

然而，有时人们会注意到，在那些拥有强大首席执行官的公司中，即使是高度明确和复杂的合规架构在实践中也是无效的。这是因为那些首席执行官能够对公司的活动行使"完全和无条件的权力"，因此他们可以很容易地绕过这些权力或者与公司层级结构的较低级别勾结。

这一点强调了一个真实的方面，并且表明如果合规机构不在企业中实际运作，仅仅建立一个合规机构是不够的。合规机构的存在不仅依赖于规则（尽管规则是必不可少的），而且从根本上依赖于董事和高管的实际行为。

换句话说，如果只是简单地建立旨在避免对客户不公平商业行为的运营流程，这可能会使公司面临法律和声誉风险。如果职业发展实际上是根据个人卖家实现的业绩来确定的（最重要的是，员工认为是这样的），忽略任何可能的疏忽，尽管尚未转化为客户投诉，或者如果向员工明确表示重要的不是遵守规则最终的形式，而是避免被抓住，尽管合规元规则表面上得到了遵守，或者进一步而言，严格的员工规定被管理层松懈地执行。常言道，主人在其仆人面前一丝不挂，仆人比任何人都更了解主人真正的优点和缺点，而不是抽象的宣传，并且从中了解必须遵守的真正规则：不诚实的主人的管家只在形式上遵守规则，他知道，如果他违反某些规则而对主人有利，他会受到赞赏，这种赞赏也许是默许的，但仍然是有效的，也许管家会认为违反这些规则的行为是合法的，甚至是对自己不利的。类似的原则也适用于公司：行为即使不高于规则，也与规则处于同一水平，因为它在指导规则的解释和应用。如果它们发生冲突，结果不可避免地会"引人入迷"。

因此，董事的作用至关重要，不仅在于建立降低法律和声誉制裁风险的组织结构，更重要的是通过一致的行为发挥其具体有效性。正如一个重复出现的说法所指出的那样，董事可以被定义为边做边教。正确地授予他们广泛的自由裁量权，会成倍增加他们的行为对企业文化中控制环境的影响，无论影响是积极的还是消极的。因此，正如行为合规学者所强调的（Langevoort，2002；Langevoort，2017；van Rooij and Daniel Sokol，2020），结果不是简单地将其简化为静态考虑的规则和程序集合，而是意味着行为的持续动态交互。这种互动并不是与此问题相关的唯一互动，因为上述所有方面都只能通过最高管理层与其各级业务代表之间的有效对话来发挥作用。因此，合规性的一个基本先决条件是提供一个自下而上的强大且可靠的信息流网络，以确保评估、监测和提供作出以合规为导向的业务决策所需的信息，以及自上而下对于文化、方法论方面的信息，以实施合规职能及随后的纠正措施。

作为一个长期存在的复杂企业现实的见证人，我们可以注意到这些概况与

COSO 内部控制的五个综合组成部分是相吻合的：控制环境、风险评估、控制活动、信息和通信，以及监测活动（COSO，2017）。

然而，为了合理地保护企业免受法律制裁和形象损害的风险，所需的合规活动是昂贵的。与其他投资一样，这些成本包括金钱、资源和机会。不同之处在于，虽然成本可以立即感知，但未来可能的利益往往很难被注意到和量化，因为它们是反事实的。

这就引发了激励问题。

6. 对董事的激励措施

初步看来，在适当的行政结构内分配合规责任是董事的任务，从确定最有动力有效投资合规的主体角度来看，也是合理的。

根据传统观点，股东通过将他们的金融投资分散到多家企业来分散风险，受到有限责任的保护，也方便进行撤资。股东往往会在合规方面投资不足，因为这会导致可实现的利润减少，至少在短期内是如此。此外，由于股东不参与管理，他们对企业业务固有风险的了解也较少，通常很难将某些直接成本，如合规成本，与企业未来可能减少的法律和声誉风险的回报相比较。

相反，董事们最有能力对风险和处理风险的效率阈值（众所周知，这是很难定义的，见 Miller，2018）有专业的看法。

然而，在这方面，不应低估的是，根据具体情况，董事在合规方面投资的动机，可能存在过度投资或投资不足。事实上，只有这些因素的适当平衡才能产生最佳结果，而偏离平衡可能会以某种方式导致效率低下的结果。

董事过度投资的最重要动机是承担责任的风险，因为企业合规不足会使企业（并因此推而广之，其股东）面临法律制裁或名誉损失，如果董事在适当的时候对合规进行了足够的投资，这些制裁或声誉损失本可以避免。因此，风险在于过度谨慎和过度规避风险的董事可能会浪费社会资源，即放弃商业机会，以实现不成比例的合规。

这种风险可能被合规成本不容易向股东解释的考虑所平衡。因此，股东可能会对所取得的经济成果感到不满，因为过度谨慎的董事将较高的合规成本作为一种"两个枕头的成本"。股东可以对这种情况作出强烈反应，对"浪费"资源和机会的董事提出赔偿责任，或者以更温和的方式，在任期结束时不再聘任这些董事。

此外，股东对至少在短期内管理层盈利能力下降的不满，还取决于他们上述的个人激励措施，以及他们对企业不合规风险动态的了解程度降低。从长期来看，与相关成本不同，适当的合规机构的优势是反事实，不容易观察和量化，这种反事实可能会进一步加剧这种不满。

因此，存在的风险是，股东的压力不仅会平衡过度投资的趋势，甚至会通过诱使董事与股东的偏好保持一致，并就公司的中长期利益而言，在合规方面的投资少于客观有效的投资来扭转过度投资的趋势。

此外，当薪酬机制倾向于使董事的利益与股东的短期利益相一致时，董事的压力会变得更大；在这种情况下，除了上述因素外，我们还可以增加董事的期望，即不要通过增加合规费用来减少其薪酬的可变部分，这可能只会在未来他们不再负责时显示出作用。

尽管在这个问题上作出了重要的学术贡献（Miller，2018），但仍然没有共同的标准来衡量合规投资的效率，以及披露此事可能会产生自相矛盾的影响，而且正如研究所揭示的那样，这一问题变得更加复杂（Armor et al.，2020a、b）。事实上，甚至在产生风险遏制感知之前，提供有关合规投资的信息也会让目标受众感觉面临的风险比正常情况下要更多。因此，会对他们的行动产生令人沮丧的影响。

这些问题表明，激励董事在合规方面进行最佳投资的措施之一在于，面向如何在以股东价值短期最大化为导向的愿景，与面向长期价值创造为导向的愿景之间的对比［参见"欧盟委员会 2018 年行动计划"（EC，2018）；另见 EU，2020］。合规问题是其中一个部分，变得显而易见。

然而，这个问题比本文的目的要广泛得多，最终涉及主题"企业是为了什么？"中包含的问题（见 Tombari，2019；Hopt and Veil，2020）。然而，即使撇开这个话题不谈，对短期价值最大化的利益追求与中长期前景的利益追求之间无疑存在辩证关系。然而，将这种对立转化为股东和董事之间的对立是一种简化。一方面，有些股东对经济成功的可持续性比对眼前的成功更感兴趣（在这方面，请参阅上文提到的主要专业投资者关于 ESG 问题关键作用的声明，这些声明尚未得到一致行为的明确支持，参见 Coffee，2020），就像可能有董事倾向于短期主义一样。

7. 结　　语

从合规的角度来看，我们需要思考法律制度如何以最有效的方式指导企业的合规选择，以实现其依法服务的目标。这个问题涉及企业是追求股票价值最大化，还是满足利益相关者的利益，或者在某些情况下顺应股东的意愿（如 B-Corporations）。

在这方面，我认为可以从四个层级来理解：

一是薪酬规定。一方面，应尽可能取消仅基于短期财务业绩使用的可变薪酬的做法。另一方面，合规目标的实现应被包含在引发额外报酬的事件中。然而，由于合规的成功与否，不是通过短期内实施的措施来衡量，而是用没有违规的情况来衡量。因此，制度设计应该规定权利（或者更确切地说是义务，以避免不适当的自由裁量权），与行使诉讼权利相比，企业可以通过简化的机制（Armor et al.，2020a、b）获得报酬可变部分的返还（所谓的追回），前提是在付款后的一段时间内，未发现由于合规不足而导致的违规行为。欧洲法规（参见第二个《股东权利指令》，以及在此之前制定的大多数国家企业治理准则）已经在这方面进行了导向性规定，因此问题更关注如何实施这些措施，而不是是否实施这些措施。

二是就像刚才看到的，董事责任问题与薪酬问题相关。该问题是关于董事的合规决策是否以及在何种程度上受到商业判断规则安全港的保护。这个话题可能很吸引人，但它有成为唯名论讨论的风险。在任何情况下，审查董事做出的组织选择和合规性审查，涉及预先设计组织结构的勤勉性和合理性，以确保正确的信息基础，并核实相关选择是不是在基于现有信息，在没有利益冲突的情况下，经过适当评估作出的。建立完善的组织结构是一项具体而普遍的义务，而组织也涉及企业的管理。董事们面临着将可用资源投资于新业务还是投资于更强大组织的问题。这些都是可能导致商业判断规则应用的要素。

事实上，建立适当的组织结构的义务是一项具体而又普遍的义务，很明显，组织也涉及公司的管理。同样可以肯定的是，组织的选择是考虑到未来的，在充满不确定性和风险的情况下，董事们无论如何都面临着是否投资新业务的问题或更强大的组织中可用的资源。这些都是可能导致应用业务判断规则的所有元素。

值得注意的是，适当的组织结构，包括在合规方面，被置于采用纯人为行政决定的上游，以确保正确的信息基础，另外，在合规方面的过度投资，已经被股东罢免董事或在董事自然到期日不予确认的可能性自然抵消了。所有这些都表明，股东不能质疑任何过度的合规行为，然而，投资不足（甚至零投资）的选择却受到他们的谴责，尽管有上述警告，以避免运用后见之明的偏见。结果应该是对董事的激励达到更适当的平衡。

然而，将公司以外的各方向董事索赔责任的权利延伸似乎并不合适。这是一个最多只能在合规转向促进股东以外利益的积极义务时才能解决的问题；但是，如前所述，这是一个不同的主题，尽管与遵守的主题相关。毕竟，一旦法律体系以这种方式发展，董事的任命问题也应该处理，因为如果认为董事不仅要考虑利益相关者的利益，而且要积极促进利益相关者的利益，那么他们就没有理由被排除在选择公司经理的过程之外。

如果从合规的角度来看，立法规定不遵守法规的负面后果可能是适当的（例如，在强制遵守的情况下，追回或行政制裁）。

三是广告是另一个可以实施的手段。欧洲《2014/95 指令》要求一定规模的上市企业发布非财务信息报告，以了解其活动的发展、业绩、地位和影响，包括与环境、社会和员工事务、尊重人权、反腐败和贿赂事务有关的信息。"该报告应包含关于主要风险信息的披露，包括可能在相关领域对企业造成不利影响的业务关系、产品或服务，以及该企业如何管理这些风险。可以通过规定公开披露额外的法律风险，进一步探索这种方法，因为这可以降低投资信息披露悖论并引起对其他未被注意风险的关注。"

　　这种方法可以通过公开披露额外的法律风险来进一步探索，因为这可能导致降低上述提到的悖论的风险，即披露合规投资转变为对存在其他未被注意的风险的警告。相反，关于监测法律和声誉制裁风险的法定披露制度可以帮助为披露减轻制裁的努力提供积极价值。

　　四是最后但同样重要的是，可以进一步利用公共激励措施来促进合规。反垄断法和刑法等法律可以通过不仅排除或减少制裁，而且通过奖励的形式促进合规。例如，在意大利，存在合法性评级合同（参见 2012 年 3 月 24 日第 27 号法案颁布的 2012 年 1 月 24 日第 1 号指令第 5 条第 3 款，以及意大利反垄断局 2020 年 7 月 28 日的决议），允许在合法性方面（就利益而言，首先是防止不法行为）获得一定分数的公司在获得融资和招投标方面享受便利。这种制度中负责制定规则和评分的主体是反垄断机构，这表明合规机构必须特别注意确保仅从成本和效益角度评估合规的实用主义方法。将制裁视为一个简单的负面因素，与违规可能带来的利润进行比较，不应赋予竞争优势，而应受到严厉惩罚。

参考文献

Armour，John，Brandon Garrett，Jeffrey Gordon，and Geeyoung Min. 2020a. Board Compliance. *Minnesota Law Review* 104：1191ff.

Armour，John，Jeffrey Gordon，and Geeyoung Min. 2020b. Taking Compliance Seriously. *Yale Journal on Regulation* 37：1—66.

AGCM［Autorità Garante della Concorrenza e del Mercato］. 2018. *Linee Guida Sulla Compliance Antitrust*. Website of Autorità Garante della Concorrenza e del Mercato. https://www.agcm.it.

Bank of Italy. 2007. *Provvedimento del 10 luglio 2007*. www.bancaditalia.it.

Basel Committee［Basel Committee on Banking Supervision Compliance］. 2005. *Compliance and the Compliance Function in Banks*. https://www.bis.org/publ/bcbs113.htm.

Benazzo，Paolo. 2020. Organizzazione e gestione dell'impresa complessa：compliance，adeguatezza ed efficienza. E pluribus unum. *Rivista della Società*，1197.

Cerrato，Stefano A.，ed. 2019. *Impresa e Rischio：Profili Giuridici del Risk Management*. Torino：Giappichelli.

Coffee，John C. 2020. *The Future of Disclosure：ESG，Common Ownership，and Systematic Risk*. European Corporate Governance Institute［ECGI］Working Paper Series in Law 541/2020.

COSO［Committee of Sponsoring Organizations of the Treadway Commission］. 2017. *Enterprise Risk Management Integrating with Strategy and Performance*. COSO website. https://www.coso.org.

EC［European Commission］. 2018. *Action Plan：Financing Sustainable Growth*. COM（2018）97.

EU〔European Union〕. 2020. *Study on Directors' Duties and Sustainable Corporate Governance*, Final Report. Publications office of the EU.

Fink，Larry. 2020. *A Fundamental Reshaping of Finance*. BlackRock website. https://www.blackrock.com/us/individual/larry-fink-ceo-letter.

Fortunato，Sabino. 2019. L'informazione non-finanziaria nell' impresa socialmente responsabile. *Giur Communications* 1：415ff.

Ghezzi，Federico. 2019. Le linee guida sull'antitrust compliance，tra finalità educative e dissuasive ed incentivi ad una condotta 'eticamente corretta' dell'impresa. *Rivista della Società* 91.

Hopt，Klaus J.，and Rüdiger Veil. 2020. Gli stakeholders nel diritto azionario tedesco：il concetto e l'applicazione. Spunti comparatistici di diritto europeo e statunitense. *Rivista della Società* 64：921—955.

KPMG. 2018. Informativa extra finanziaria：da compliance a governance strategica dei rischi e delle opportunità. *Survey sull'applicazione del D.Lgs.* 254/2016.

Langevoort，Donald C. 2002. Monitoring：The Behavioral Economics of Corporate Compliance with Law. *Columbia Business Law Review* 71：74—118.

——. 2017. Cultures of Compliance. *American Criminal Law Review* 54：933—977. Miller，Geoffrey P. 2014. The Compliance Function：An Overview. New York University School of Law，*Law & Economics Research Paper series*，working paper no.14—36.

——. 2018. An Economic Analysis of Effective Compliance Programs. In *Research Handbook on Corporate Crime and Financial Misdealing*，ed. Jennifer Arlen，247—262. Cheltenham：Edward Elgar.

Rossi，Guido，ed. 2017. *La corporate Compliance：una nuova frontiera per il diritto*. Milano：Giuffré.

Tombari，Umberto. 2019. "*Poteri*" e "*interessi*" *nella grande impresa azionaria*. Giuffré Francis Lefebvre.

US Business Roundtable. 2019. *Business Roundtable Redefines the Purpose of a Corporation to Promote 'An Economy That Serves All Americans'*. Statement on the Purpose of a Corporation，19 August 2019. https://www.businessroundtable.org/business-roundtable-redefines-the-purpose-of-a-corporation-to-promote-an-economy-that-serves-all-americans.

van Rooij，Benjamin.，and D. Daniel Sokol. 2020. Compliance as the Interaction Between Rules and Behavior. *School of Law*，*University of California*，Irvine. Legal Studies Research Paper Series no. 2020—29. Introduction to Cambridge Handbook of Compliance，edited by B. Van Rooij and D. Daniel Sokol. Cambridge：Cambridge University Press，forthcoming 2021.

第 3 章　不完美的科学：企业合规和共同监管的结构性限制

弗朗切斯科·森通泽

1. 合规失败：晴天霹雳还是可预测的意外？

尽管企业在采用内部流程和规则以确保其员工不违反适用的法律法规方面投入了大量资源，但不当行为和合规失败的现象似乎并未得到遏制。事实上，金融操纵、会计欺诈、内幕交易、软件操纵、企业过失杀人、食品欺诈、腐败、环境破坏、企业侵犯人权和歧视等案件正在成倍增加。企业犯罪似乎是现代社会的"特种病"（van Erp，2018，第 36 页），同时，共同监管和合规管理计划不断遭遇失败。[1]

正如观察人士指出的那样，"鉴于企业在合规工作上投入的资金数额惊人，培训计划、热线电话和其他旨在防止和发现违反法律、法规和企业政策的行为的系统，企业违规行为的普遍存在尤其令人震惊"（Chen and Soltes，2018，第 116 页）。这里仅举最近众多引人注目例子中的一个，2020 年 6 月，30 家最大的德国上市企业 DAX 指数成员之一的 Wirecard AG 企业，在其承认资产负债表上可能不存在 19 亿欧元现金后申请破产，其首席执行官被捕（引自 Storbeck and

---

[1]　换句话说，"尽管花费了大量的时间、精力和财务来实施组织合规计划的结构改革和改进，但每年都会带来一个新的、更令人惊叹的例子，说明组织如何试图控制不当行为，但往往无法防止行业和公司内最广泛的合规失败"（Root Martinez，2020，第 251 页）。

Chazan，2020）。②

这里提出的问题是，合规失败是不是"可预见的意外"。如果合规失败不可预测，则是"意外事件"。"可预见的意外"是指"尽管事先了解预测事件及其后果所需的所有信息，但一个或一组事件仍会让个人或群体感到意外"（Bazerman and Watkins，2004，第1页）。它们是意料之外的事件，但仍然是可以预测的。后者是由于认知、组织和政治因素而无法检测、想象和预防的事件。可以采取多种措施来应对突发事件并限制其影响，但这些措施无法完全消除（Catino，2013，第77页）。

本文阐释了由于企业合规的结构性限制，合规失败属于第一组事件。如下文所述，某些可预见的意外因素使得当前旨在防止企业犯罪的合规模式不可避免地会失败。识别这些因素对于确定企业合规真正目标以及区分那些需要采取不同和更有效措施的违规行为至关重要。

本文的目的当然不是质疑私人内部控制的许多有益影响。尽管"我们缺乏评估合规计划是否真正减少潜在违规行为的指标"（Garrett and Mitchell，2020，第2页），但可以公平地说，企业合规的优点得到广泛认可（Miller，2020）。

首先，实施内部控制程序和制定一套量身定制的操作规则通常被认为是消除企业环境中违法行为的有效工具。合规职能"可以取代国家提供的大部分（尽管不是全部）执法活动"（Miller，2018b，第981页），尽管这些规则在多大程度上有效尚存在争议。

概言之，企业内部规则可以根据特定企业的具体需求和风险量身定制，并且可以在情况发生变化时轻松调整。此外，内部控制能够第一时间发现正在进行的违法行为。当发生违法行为时，企业可以追溯其根源并采取补救措施。正如詹妮弗·阿伦（Jennifer Arlen）所观察到的那样，"在日常运营过程中，企业已经收集并评估了有关其自身经营状态的大量信息"，并且它们"能够分析所获得的信息，因为它们拥有有关自身运营的专业知识"。有了这些知识，企业可以"识别存在犯罪机会的领域，并将正常活动同与犯罪行为相关的活动区分开来"。此外，

---

② 有关最近企业合规失败的回顾，请参阅 Armour et al.（2020）和 Root Martinez（2019）。

由于企业"清楚内部的权力链条"，以及"员工的品格"，企业有可能"事后干预以调查可疑的不法行为"并"确定应对犯罪负责的个人"（Arlen，2012，第 144 页）。

其次，总体而言，内部流程和规则使企业更容易防止违法行为、发现犯罪并揭示其原因。反过来，这为公共监管机构起诉和制裁违法者创造了更多机会。正如一些人类学家正确指出的那样，企业合规有助于在企业中营造遵纪守法的氛围（Sampson，2016）。事实上，企业已经认识到内部准则、章程和标准规范的必要性，以避免被起诉、制裁或提起诉讼，以及更普遍的负面宣传。正如史蒂文·桑普森（Steven Sampson）所指出的，"不道德的行为可能意味着对企业的巨额罚款，甚至对经理或高管来说意味着监禁。资本主义虽然仍然是无情和残酷的，但现在已经成为一种公开的道德经济，或者说是'道德化'的经济"（Sampson，2016，第 69 页）。

再次，需要内部流程来加强公众对市场的信任。现实情况是，当今时代缺乏确定性、保障和安全来源，而关于相互责任和义务的规则往往是混乱和临时的（Bauman，2006，第 27—28 页）。此外，正如迈克·鲍尔（Mike Power）所指出的那样，轰动的组织失败和金融丑闻挑战了我们面对不确定性的组织能力，并暗示着一个"失控"的世界。在这个世界中，失败可能是普遍存在的，"对于这些经验而言，有一个明显的作用和政治需要，以保持对控制和可管理性的认识"（Power，2007，第 3 页）。

在这个背景下，企业合规的兴起可以被视为对当代社会信任危机的回应之一。内部控制体系和企业合规已经成为对组织及其领导者信任的具体体现。内部控制体系已经成为监管认识论的核心，其中对信任的需求产生了相应的证据需求（Power，2007，第 39 页）。

换句话说，企业合规和相关的组织控制极大地有助于在金融操作者之间传播对全球经济的信任，并帮助将全球经济的不确定性控制在可接受的范围内。因此，它们是系统信任的传播者，即对市场经济及其规则有效运作的信任，有助于提高信任度（Mutti，2004，第 15 页）。

然而，正如前面所述，除了这些公认的优点之外，企业合规模式还展示出一些结构性限制，需要认识到这些限制，以便更好地了解通过共同监管可以实现什么，不能实现什么。

在本文中，我认为现有的合规模式的失败是一种可预见的意外，因为这些模式存在三个结构性限制。[3]首先，在规则制定方面，合规是一门不完善的科学，导致没有任何合规计划可以完全避免各种失败。由于缺乏确切的不当行为预测模型，并且无法消除所有越轨行为的风险，因此合规计划在预测和识别不当行为方面并不充分（第2节）。其次，本文阐明，从犯罪学的角度来看，合规计划存在第二个结构性限制，即合规无法阻止控制企业的个人进行非法行为。我认为，针对内部程序和规则的合规计划在预防我所称之为"决定性"行为者（即那些在组织内行使领导权并控制信息流的人）的犯罪方面是无效的（第3节）。最后，第三个限制源于应用合规模式的经济框架，而这些模式通常是为大型上市企业设计的，对于中小型企业来说并不适用（第4节）。

2. 企业合规是一个复杂的规则制定过程：通往有效性的艰难路径

在本节中，我将解释为什么企业内部预防结构的构建和实施是一个非常复杂的过程。正如我们将看到的，内部规则的效果和效率既需要确保组织的历史、经验和文化被纳入规范，又需要广泛的经验知识，使规则制定者能够预测和防止可能的不当行为。

企业合规包括预测组织中个人的潜在非法行为，以及他们对积极或消极激励体系的反应。企业合规的成功实现主要取决于内部正式规则对个人行为的影响，以及对违规行为的威慑。[4]

在共同监管体系中，公共监管机构设定法律要求、原则或后果，但将实现

---

③ 更普遍地说，关于"合规失败的根本原因"，请参阅 Root Martinez（2019）。
④ 合规的结构框架还包括以下内容：（1）高级领导层对任务的承诺，为整个组织树立正确的基调；（2）下放权力和分配任务资源给负有明确合规责任的主管；（3）全公司范围内对合规实质和程序进行教育和培训；（4）建立可疑活动报告的信息机制（例如举报程序）；（5）审计和监督策略，用于检测合规失败或风险；（6）进行内部调查、响应、纪律和补救措施，以便在问题发生时进行学习和调整（Langevoort，2017，第939页）。

这些目标的方法留给私人参与者。因此，企业的任务是制定和颁布具体的书面规则，以防止各自领域内的非法行为（Hodges，2015，第 468 页）。企业防止非法行为的主要工具是制定和应用规范，"任何合规计划的核心功能都是在企业内部制定积极的规范"（Haugh，2018，第 140 页）。

在这种情况下，公共监管机构通常是标准的来源，而不是规则的来源。尽管用 Schauer 的话来说，标准和规则之间的区别是"令人乏味的熟悉"（Schauer，2005，第 804 页），但在实践中仍然很难辨别。然而，明显的区别在于规则倾向于在行为发生之前识别和定义不法行为，而标准仅在行为发生后才被用于识别不法行为（Kaplow，1992，第 560 页；Posner，1997）。[⑤]因此，规则可以被理解为精确和明确的行为指令，其本质归因于决策者的选择。

对于企业合规，正如米勒所解释的那样，"由于企业具有不同的特征、历史和文化，任何试图在细微的层面上明确有效程序要素的尝试，都可能会产生糟糕的结果。没有监管机构或检察官比在那里度过职业生涯的现有管理人员更了解组织的内部运作"（Miller，2018a，第 26 页）。组织最适合监督和监管其成员的行为。因此，必须根据具体组织制定规则，填补正式标准和监管执行机制留下的空白。内部规则的设计应以有效预防和发现员工的不当行为为目标。然而，在实施有效的内部行为准则时遇到了一些特殊困难。如前所述，制定以及随时维护一套能够对个人和组织行为产生真正影响的规则，需要一个非常复杂的过程，其中每一步都充满不确定性和模糊性，并且可能会出错。

有效性的目标要求最大程度地遵循组织生活的现实，并发现越轨行为的起源。

这就是为什么为防止不当行为而采用的企业内部规范，与其他组织规则一样，也是"根据组织自身经验和他人经验进行推理的准则"，并作为"知识库"发挥着特别重要的作用。内部规则抓住"历史印记"，在组织学习过程中至关重要（March et al.，2000，第 198 页）。

---

⑤　波斯纳（Posner）指出："当立法机构制定一项规则时，会在某些行为之前规定该行为是否将受到惩罚。当立法机构颁布一项标准时，会授权法院在行为后决定该行为是否将受到惩罚。"（Posner，1997，第 101 页）

因此，为了试图影响个人行为，企业合规模型应该体现历史和认知，并作为"经验教训的记忆"。简而言之，正如我们将看到的，规则制定一方面需要经验知识的推动，另一方面也需要理论工具的支持。

起草企业内部行为准则和程序需要大量的准备工作，以确保将组织的历史、经验和文化纳入规则。规范和程序的制定不能要求遵循一个死板的自上而下的流程：人们普遍认为，需要依靠现实生活中的专业知识和从受监管特定组织中提取的经验数据。

此项任务需要对有关组织本身的历史、文化、当前规则和实践的经验数据进行深入的初步分析，以便识别、评估和定义企业风险状况。特别是，规则制定者需要审查组织的活动，并识别潜在的非法行为，以阻止其发生。

挖掘组织内部的过程可能很复杂，但这是至关重要的。正如兰道（Landau）很久以前指出的那样，"任何组织的结构都包含知识和应对措施。因此，它的设计是对其所要应对的任务环境的预期。显然，它是一个工具实体"（Landau，1973，第540页）。

然而，如前所述，内部规则的制定不仅需要对特定组织的结构进行调查。除此之外，组织的规则制定者必须具备坚实的理论知识基础，以评估特定实体不当行为的风险，并能够制定规则，以规避这些风险。对人类行为的经验概括应使规则制定者能够预测组织成员可能的不当行为，从而设计适当的政策和程序。

这些概括的背景非常广泛，包括行业和组织标准、规范、国际最佳实践、良好企业治理原则和既定道德标准，以及来自经济学、犯罪学和更广泛的行为科学的见解，同时还涉及人类行为问题的每一门学科，包括社会学、社会和文化人类学以及心理学领域。

虽然一部分风险评估过程，在某种程度上是受归纳和规律影响的，但另一部分也是由直接经验、直觉和预感得出的。因此，在某些情况下，该过程很大程度上涉及主观性。风险管理的最终结构和核心内部规则集反映了企业规则制定者如何看待他们面前的不同类型的证据，这些证据与适用于预测异常行为的概念方案有关。

正如将在以下部分中阐释的那样，不幸的是，由于缺乏已建立的不当行为预测模型，以及无法消除所有越轨行为风险，合规计划并不是预测和检测不当行为的完善工具。

2.1　作为不完善工具的合规计划

组织规则制定面临的主要问题是预测组织成员的异常行为所必需的概括和概念框架的不稳定性。

这一发现并不令人惊讶。研究者探索了"组织近视"概念，即组织在评估实际情况和可能演变时的能力有限（Catino，2013，第 3 页）。

在预测个人在组织环境中的行为时，很难获得可靠的经验总结、规律和人类行为的一般科学规律，"在组织理论和其他社会科学中，一个常见问题是缺乏类似物理学中的基本定律"（Catino，2013，第 64 页）。因此，私人内部监管机构不能依赖一致的指南、预防措施或有充实依据的组织科学。

这种不稳定性也是现有知识限制不法行为决策机制的原因之一，"建立一个全面详细的刑事决策模型需要很多理论和经验证据，还需要借鉴相关生物学和社会科学领域的知识"（Treiber，2017，第 106 页）。要更好地理解内部规范如何防止组织成员行为不当，还有很多工作要做。这就是为什么预防组织中的犯罪风险仍然是一个不成熟且研究不足的领域。因此，任何采用预防程序的决策都需要修改和更新。

尽管如此，正如兰格沃特所说，"快速增长的认知研究正在揭示错误行为发生的时间、方式和原因"（Langevoort，2018，第 2649 页）。研究人员强调合规相关行为的文化维度，敦促我们跳出个人思维，寻找合规或不遵守法律的驱动因素。可以肯定的是，所有这些使得与合规相关的预测变得更加偶然和混乱，尤其是因为没有简单的模型可供使用，而且研究仍在进行中。

换句话说，缺乏类似法律的社会规范和已创建的预测模型注定了合规计划的失败。虽然并非总是可用，但制定规则意味着对未来可能发生的事件提出假设。正如马丁·兰道（Martin Landau）所说，"政策和计划是假设。这是它们的本质，也是它们应该被对待的方式。它们是'如果—那么'形式的事实断言，其真实价值尚未确定。因此，它们属于未经证实的命题类别，不能被预先接受。计划本质上不是事实，因此有很高的概率会出错……"（Landau，1973，第 539 页）。

这种洞察力非常重要。合规计划实际上是理论上的假设，在组织环境中的应用可以理解为一种实验，试图验证企业内部规则中所包含的假设的实验。⑥在这个背景下，企业的政策和计划必然存在缺陷，要么是因为缺乏能够防止错误的必要知识，要么是因为要求监管机构运作的环境会不断发生不可预见的变化。换句话说，事先预防是有限的，只有通过实验才能证明已制定的合规计划的有效性。因此，任何推出的合规计划都将是有效的，否则将不会被应用。

人们普遍认为，监管者倾向于通过经验培养制定规则的技能和能力，"随着时间的推移，参与规则制定的个人会变得更好。他们学会如何识别规则中的问题，如何调动人们对问题的关注，如何组织支持变革的联盟"（March et al.，2000，第 75 页）。因此，我们可以推测，一个组织持续的时间越长，越轨行为被发现并导致新规则制定的可能性就越大。

总之，最终应用的规则不可避免地受到提供信息的可用知识和数据的不稳定性和不确定性的影响：正如唐纳德·兰格沃特（Donald Langevoort）所观察到的，"合规更像是一门艺术，而不是一门科学。没有理由相信大多数合规官员使用的是正式模型来预测行为。相反，他们会根据常识和经验作出直观的预测"。

在这方面，那些在缺乏足够经验基础和适当经验知识的情况下研究不确定性管理的调查组织具有指导意义。

根据克拉克（Clark，1999，第 2 页）的观点，在处理不确定情景时，组织必须根据未经验证的知识预测未来。在这种情况下，组织和专家可能会把巨大的不确定性转化为可接受的风险，使用"计划作为一种修辞的形式，旨在说服受众相信组织所说的合规工具。特别是，某些计划的工具效用太低，以至于被贴上了幻想文件的标签"。这些计划是"在减少组织不确定性方面具有政治效用的修辞工具"（Clark，1999，第 13 页）。这些文件"描述了想象未来真实能力以

---

⑥ 兰道还指出："一个精心制定的政策可以被视为一个理论的等效物。正如科学理论用于减少实证领域的'意外'价值一样，政策旨在规范工作环境。"（Landau，1973，第 539 页）

外的东西"，实际上并不适合处理负面事件。

采用幻想文档是一种合理的策略，即使这种能力是较为缺乏的，也可以让组织展示他们所谓的控制风险的能力。这种计划象征理性和控制，这些组织声称能够将不确定性转化为风险，但在安慰和交流层面上运作，不受现实的约束（Catino，2013，第 73 页）。

合规计划也是"修饰工具"和理性的象征，因为它们保证了不当行为可以被广泛预期和预防：它们作为遵守法律的努力的证明（Edelman，1992），但是不是预测和检测组织成员不当行为的完善工具。

2.2 完善企业合规的"低效率"

完美合规不仅无法实现，甚至可能效率低下。正如兰格沃特所说，最佳的合规水平是平衡成本和收益的水平。

如上所述，设计合规计划需要对组织成员的不当行为风险进行初步评估。根据这一评估，然后采取适当的规则和程序来防止不当行为。

合规计划设计者应该管理这些风险，尽管他们不能完全消除这些风险。管理风险意味着引导、控制和最大限度地减少其负面影响。合规领域不存在"零风险"。企业行为准则和内部规则当然不能指望通过迫使业务活动瘫痪，来消除不当行为的可能性。

事实上，应该考虑到，合规计划的经济成本通常也很高。这些成本首先包括直接货币成本，以及包括使用合规内部资源的"结构性"成本。同样重要的是"合法化的系统成本"，这与从企业中拿走的时间和资源有关，并被管理层用来应对官僚控制（Pfeffer，1994，第 336 页）。在许多不同的环境和领域中，任何合规机构都具有将组织生命周期缩短到制定规则、法规和标准操作程序的内在潜力。

合规活动也可能间接产生一些理论上可确定但难以量化的成本，比如，由于过于严格的规则对业务活动施加限制而导致的利润损失。例如，由于可能有违反企业内部规则的风险而导致未实施具有潜在盈利性的交易。

因此，不考虑成本和规则冗杂的合规是不可取的，这就是为什么内部规则的制定过程总是需要进行成本效益分析：在最大限度地减少不当行为风险的需要与规则、程序对组织业务的限制之间进行折衷和妥协。

因此，最困难的一步是遵守比例原则：应该在不给组织带来不合理成本的情况下实现预防目标。这意味着规则应该与风险相称，并与其预期监管的活动的性质相适应。在这里，监管机构可能会面临有效性/公平性的权衡。事实上，不相称的规则可能会产生重大的预防效果，但对组织来说可能会非常麻烦。

最后，合规计划是所进行的风险评估和组织内各种机构之间利益妥协的结果。这就是为什么一个声称"完美"并将风险降低到零的合规体系将是"无效的"，不符合比例原则，并可能使企业活动瘫痪。

如前所述，各组织实际上无法将不当行为的风险降低到零。不当行为的风险存在于组织的日常活动中，并且通过共享的合规程序，逐渐分散并有所残留，然后变得可以被接受。成本收益法要求接受根据比例原则将风险分摊为可容忍水平后的剩余风险。

总结而言，鉴于组织生活的复杂性、人类行为的多变性以及缺乏该领域的综合经验，只有少数几种非法行为是真正可以预见和预防的（Todd Haugh，2018，第135页）：

> 这意味着不一定要有典型的合规失败需要防范；可能有许多小型的企业合规或者大型的企业合规，偶尔也会有特大型企业，破坏重要的企业和社会价值。这也意味着，准确预测合规失败的概率和范围比目前所理解的要困难得多。与通常看待企业合规的方式不同，在一个由差异很小的常规结果组成的世界里，合规失败应该被视为高度不稳定。

结果是，企业合规是一门"不完美的科学"，那些负责制定合规规则的人永远无法取得完美的结果。"无论合规专员多么勤奋，合规实践都存在缺陷"（Bird and Park，2017，第290页）。

现在是时候分析另一个使合规具有结构性限制的因素了。我指的是关键决策者的权力与企业缺乏强有力的制衡机制。没有任何合规模型能够阻止不受守门人控制的顶级选手的非法行为。他们规避规则并作出投机取巧的决定，是一种无法通过合规工具进行管理的风险。

3. 合规对有决定权的行为者预防犯罪行为的无效性

从结构上来看，即使在严格高效的情况下，企业合规也无法完全防止控制企业权力的个人进行非法行为。

换句话说，即使是最有效的合规计划，也无法阻止"有决策权的参与者"的违法行为。在下文中，"有决策权的参与者"指的是在企业环境中享有权威、行使领导权并控制信息流的人，这些因素使得该人能够对组织及其决策过程产生决定性影响（Casiccia，2006，第 119 页）。

一个行为者的决策权并不仅仅取决于其正式地位或权力，甚至也不仅仅取决于他们对企业资本的控制。实际上，除了通常位于职权结构的顶层之外，有决策权的参与者还位于沟通体系的中间地带，因此处于信息、关系和职权链接网络的中心。因此，有决策权的参与者凭借其自身的作用，拥有宝贵的社会资本，并有可能成为滥用职权和实施侵权行为的同谋。

在股东分散的上市企业中，有决策权的参与者通常是首席执行官（CEO）。相比之下，在股权集中的情况下，有决策权的参与者很可能是控股股东，即使没有正式的董事职位，也能通过持有的控股股权对企业运营活动施加重大影响（Coffee，2006，第 78 页）。首先，我们关注上市企业的首席执行官，然后在接下来的篇幅里提供一些关于紧密控股企业的考虑因素。

首席执行官被认为"通常在其职业中享有很大的个人自由，很少或者根本没有控制权"（Gottschalk，2017，第 4 页）。与此同时，董事会被期望对首席执行官行使控制权，但他们很少开会，即使当他们开会时，通常也只是专注于业务事务。此外，首席执行官对企业高管任命的主导权确保这些高管将保持对首席执行官的亲近和忠诚。简而言之，"权力、影响力和自由是首席执行官的特征"（Gottschalk，2017，第 4 页）。

因此，首席执行官拥有巨大的权力，这些权力通常不受制约，尤其是企业董事会，通常被认为是首席执行官的主要控制者，"有压倒性的证据表明，大多数董事会都是被动的，由为自己的利益行使权力的首席执行官主导"（Dent，2008，第 1240 页）。[⑦]

　　董事会拥有控制甚至更换首席执行官的正式权力，但由于无法获得有关企业的信息，即首席执行官直接控制的信息，因此无法有效行使此类权力。也就是说，董事会来获取接收、管理这位首席执行官所需的信息，通常依赖于这位首席执行官本身。在大多数情况下，大企业的首席执行官会过滤所有提交给董事会的信息。因此，如果下属希望从董事会那里获取有关不当行为的信息，就必须举报首席执行官（Greenwood，2018，第 120 页）。

　　这就是为什么信息控制是决策者的基本权力来源。在这种情况下，首席执行官如何限制信息流向董事会？首先，首席执行官可以控制共享信息（即传播）的正式过程，例如很少或不一致地举行会议。其次，他们可以通过阻止其他高管与董事接触来垄断董事获取信息的权限。正如布朗所说，"只要他或她是董事中的唯一内部人士，首席执行官就仍然是董事会内部企业日常信息的唯一来源，并且能够影响董事会的决策权"（Brown，2015，第 175 页）。

　　因此，主导高管的问题是一个关键的治理问题，这个问题延伸到另一个"明显的顺从群体"，即下属官员。正如 Paredes 所说，"尽管总有例外，比如有影响力的首席运营官，但向 CEO 汇报的经理们应该平息他们的异议，或者至少不要大力推动对首席执行官的事后批评"（Paredes，2005，第 722 页）。

　　通过确保董事获得充分的信息，可以减轻当前由 CEO 主导的模式。然而，在董事会改革的政策辩论中，人们低估了这个问题的重要性（Sharpe，2013，第 1092 页）。[⑧]

　　然而，仅仅关注法定程序是一种短视的做法。事实上，CEO 和控股股东在

----

⑦　Hambrick 等人（2015）认为，当董事会成员缺乏独立性、专业知识、带宽和动力时，董事会就无法成为一个有效的监管机构。

⑧　作者指出："如果董事会没有适时获得正确的信息，就无法有效地监督管理层。尽管信息在董事会工作中流动的重要性不言而喻，但在学术界和政策界对董事会改革的讨论中，信息却意外地得到了较少的强调。"

组织内非正式行使的影响已经得到了广泛的调查。几项研究分析了 CEO 通过个人的"软"控制和他们与高管和董事的联系来影响组织决策过程的权力。

已经确定了两个建立这种联系的来源：先前的人际关系网络和约定。通过人际关系网络建立的联系基于高层管理人员和董事之间的共同教育、就业或社会联系；同时，基于指派的 CEO 联系"是通过在现任 CEO 任期内指派的企业高层领导（高层管理人员和董事）的比例来衡量的。这种联系增加了社会心理学家所说的'社会影响力'，它依赖于互惠、好感和社会共识的规范来塑造群体决策过程"（Khanna et al.，2015，第 1203 页）。[9]

研究还关注了现代商业企业中控股股东、执行董事和财务总监的非正式影响问题（Maitlis，2004，第 1275 页；Zajac and Westphal，1998，第 256 页）。这种影响力的一个相关来源是 CEO 被认为是具有魅力的领导者，具备非凡的品质、洞察力和全心投入工作的能力。马克斯·韦伯（Max Weber）在 1920 年强调了伟大领导者如何拥有他所谓的"魅力"：这是"个人人格的一种品质，凭借这种品质，他与普通人被区别开来，并被视为具有超自然、超凡或至少具有特殊能力或品质的个人。这些是普通人无法接触到的，但被视为神圣的起源或典范，在此基础上，有关个人被视为领导者"（Weber，1947，第 328 页）。因此，"魅力"可以解释为什么追随者会自发和深情地支持领导者，并对领导者作为特殊人物有强烈的信念（Khurana，2002，第 68 页）。[10]

然而，魅力型领导者带来的影响也源于决定组织内行为的机制。在有关 CEO 对董事会影响的研究中，米尔格拉姆观察到"一丝不苟地关注权威突发的奇想是一种高度适应性"和"对权威的高度适应性行为没有特别恶意的，反映

---

⑨　作者强调："当 CEO 任职期间任命更多的高级执行官时，CEO 的社会影响力会增加，因为 CEO 在招聘、提名和任命高级执行官方面起着重要作用。这些高级执行官更可能与 CEO 分享相似的信念和愿景，并且可能更加依赖于任命或晋升他们到现任职位的 CEO，而不是之前 CEO 任期内任命的高管。CEO 还倾向于通过直接或间接与提名委员会磋商的方式任命董事会成员。因此，在 CEO 任职期间招募的董事会成员可能也受到 CEO 的影响。"（Khanna 等，2015，第 1203 页）

⑩　根据 Khurana 的观点，公司越来越倾向于寻找首席执行官，他们首先具备魅力，其名气和个性的强大能够给分析师和公司媒体留下深刻印象。

了对权威的自然反应"（Milgram，1974，第135页）。[11]这是因为"权威往往被认为比个人更大。个人通常将权威视为一种非个人的力量，其指令超越单纯的人类愿望或欲望。对一些人来说，权力者被看作具有超人的性格"。因此，权威作为一种解释工具，赋予了特定社会情境以意义，即作为"情境要素获得连贯性的视角"。米尔格拉姆称，从一个角度来看，一种行为可能看起来是可憎的；从另一个角度来看，同样的行为可能是完全有道理的。人们有一种倾向，即接受合法权威提供的行为定义：即尽管执行该行为的是个体，但他允许权威定义其含义。正是这种对权威的意识形态的废除，构成了服从的主要认知基础。毕竟，如果世界或情境正如权威所定义的那样，那么一系列特定的行动就会在逻辑上得到支持。因此，权威与属下之间的关系不能被视为一种强制性人物迫使不情愿的下属采取行动的关系。由于个体接受了权威对情境的定义，他们会愿意采取行动（Milgram，1974，第134—135页）。

然而，对于"果断的参与者"来说，还有另一个重要的权力来源，即存在于他们的外部形象中，存在于公众对他们的看法中。领导者非常注重外部关系，积极维护自己的声誉，以创造信任的氛围，有利于谈判和交易。

在20世纪90年代初，大众媒体开始对商业领袖的作用给予前所未有的关注。从那时起，首席执行官们不再匿名，失去了传统上他们工作的自由裁量权，并且看到他们的公众知名度提高（Nadler and Heilpern，1998，第3页）。在这方面，学者们发现了一种日益增长的"商业名人文化"，源于现代名人文化和商业世界的融合，"在过去的半个世纪里，数字通信、全球化、大众媒体和广告，以及公众对商业事务的兴趣日益浓厚，共同使商业领袖成为明星……许多首席执行官已成为名人"（Sanchez-Abril，2011，第177页）。另一位作者将"标志性高管"称为"现代媒体和现代商业的附带现象，通常表现为商人、政治家和名人的诱人嵌合体"（Lin，2013，第367页）。总之，首席执行官作为权力集中和权威的标志性领导者，可以"像企业皇帝和皇后一样，在其统治期间对股东、董事和经理拥有至高无上的地位"（Lin，2013，第368页）。

---

[11]　关于Milgram所研究现象的持久性，可参考Haslam和Reicher（2017）。

权力、权威和领导的集中也是看门人无法检查决策者不当行为的核心原因（Coffee，2006）。后者在企业环境中的主导地位促进了看门人的猎取。因此，正如文献中所强调的那样，存在"一个令人担忧的企业治理问题，因为当问题显现时，通常在欺诈、非法活动或管理不善对企业及其股东造成损害之后"（Barklift，2011，第 611 页）。

因此，问题显而易见：对决策者的尊重程度以及对他们的权力缺乏强有力的制约使得任何合规计划在结构上都不足以防止他们的非法行为。换句话说，决策者规避规则并进行机会主义行为的决定是一种无法通过合规工具进行管理的风险。这进一步解释了为什么最近在美国或欧洲普遍存在的企业丑闻表明出来的是，非法行为往往可以追溯到高层管理人员作出的非法或违反适当治理规则的决策。同样，越来越多的学者发现，最严重的企业刑事案件与组织内部具有领导、权威和权力的人的行为之间存在联系。

也有人强调，权力集中在内部人士手中可能助长非法企业行为。这既适用于基于正式等级安排的结构性权力，也适用于基于股权的权力。例如，最近的一篇文章表明，"极端的失败更有可能是一小群人不道德或非法行为的结果，他们凭借自己的社会和组织网络造成了大量的不良行为，因此造成了伤害。这些人是企业合规的'少数权力'，是组织内能够通过培养、放大和传播不道德行为而导致重大合规失败的一小部分人"（Haugh，2018，第 136 页）。

保罗·邓恩分析了因财务报告造假而被定罪的企业样本的内部权力对行为的影响，同样发现"过度权力与非法企业行为具有正相关的联系。对于（研究的）样本，当权力集中在内部人员手中时，更有可能作出发布虚假财务报表的决定。内部人士通过控制高层管理团队和董事会来巩固他们的权力"（Dunn，2004，第 410 页）。[12]

另一项研究强调了 CEO 内部联系与犯罪学的相关性，阐明了 CEO 如何通

---

[12] 然后，邓恩解释道，内部人员"通过将关键管理职位留给自己来控制管理层。通过这种方式，他们调控了决策所需的信息流动。他们还通过持有的股权来控制董事会。通过拥有相对于其他董事的较大投票权，内部人员可以确保他们的意愿占上风。在这种情况下，可能会导致异常的决策制定，有意发布虚假的财务信息"。

过任命董事和高管来建立这种联系。研究者得出结论："基于预先任命的 CEO 的关联性，与企业欺诈的可能性呈正相关，而与欺诈被发现的可能性呈负相关。"这种情况的发生是因为，"基于预先任命的 CEO 联系可能会削弱预防企业不当行为和调查所需的制衡。高管层和董事会中制衡不足会滋生欺诈行为，使调查变得困难，并降低不当行为的预期成本"（Khanna et al.，2015，第 1203 页）。此外，"更大的关联性可能有助于 CEO 通过影响他人伪造或混淆内部记录来隐藏欺诈行为，从而使欺诈更难在法庭上被发现或证明，并通过迫使个人对 CEO 忠诚从而不揭露不当行为"（Khanna et al.，2015，第 1203 页）。此外，名人 CEO 通常认为规则是"为别人制定的"，因为他们认为自己是规则的创立者而不受规则约束，因此研究发现，他们更有可能面临刑事起诉或解雇（van Erp，2018，第 40 页）。

最近的研究还调查了 CEO 的性格特征与企业管理不善和欺诈之间的关系。这些研究声称，CEO 的性格可能是决定企业犯罪的因素之一。特别是，研究证明了"CEO 自恋与欺诈发生之间在统计上显著的正相关关系"（Rijsenbilt and Commandeur，2013，第 427 页；Jones，2017，第 740—741 页）。

最后，决定性参与者的病态行为通常与企业正式遵守企业治理规则有关。引用的一项研究分析了富国银行的银行丑闻，指出"尽管公众通常认为富国银行的合规计划按照所有可观的标准都是可靠的。虽然考虑到所发生的事情，这听起来可能很奇怪（甚至是异端的），然而，事实表明，根据公认的指标，它在很大程度上是有效的"（Haugh，2018，第 172 页）。因此，富国银行是一家正式遵守法律规定和企业治理规则的企业，但却犯下了前所未有的欺诈行为。这再次验证了"领导者可以完全遵守既定法律规范，但又滥用其传统权力谋取个人利益"的事实（Aguilera and Abhijeet，2008，第 445 页）。

4. 中小型企业无法预防犯罪

企业合规制度的第三个限制源于经济框架和一个事实，即合规通常被认为是与大型上市企业有关的，并希望能在这种背景下运行。这使得合规在中小企业中无效，而中小企业在某些国家中代表了商业背景的重要组成部分。

中小企业的特点是所有权和控制权的结合，治理通常由创始人负责，而创始人的资源（或其家族的资源）通常提供种子资本。这位创始人作为企业的主人，具有集中管理的权力。无论资金来源如何，所有权和控制权通常掌握在单一合伙人或者有限的合作伙伴群体手中。此外，此类企业的企业结构通常非常简单。

总结起来，中小企业的基本特点包括：（1）管理和所有权的集中化；（2）资金提供者直接管理；（3）组织结构简化。因此，决策过程在企业家身上集中，企业家主要凭借自己的直觉和经验来经营企业。因此，企业家在企业中扮演着关键角色，导致"企业家与企业之间的'共生'"的情况，甚至可以将个人的文化和生活方式注入企业组织中（Cortesi et al.，2004，第 32、35 页）。

这与最初设计自律性法规和合规计划的上市企业情况大相径庭。在这些上市企业中，所有权通常是分散的（分散在股东之间），并且与管理层分离，企业组织通常非常复杂。这类上市企业内部合规措施背后的逻辑很简单：鉴于股东与管理者之间的利益不对称，以及股东无法直接监督管理者，组织结构需要一定程度上控制管理者。

这种组织结构进一步使得企业能够与实施非法行为的人保持距离。企业即使从犯罪行为中获利，也可以通过证明已采取一切可能措施防止（或在任何情况下披露）任何违规行为来与管理层划清界限。然而，合规计划似乎对中小企业失去了效力。在此类企业的背景下，相同的组织结构和自我监管激励机制（"胡萝卜加大棒"机制）似乎设计不当，无法有效防止非法行为。

当所有权和治理结合在一起时，监督董事的行为确实是不可行的。正如詹妮弗·阿伦（Jennifer Arlen）所指出的，依靠旨在诱导企业为侦查或调查犯罪提供帮助的机制是没有用的，因为掌握控制权的所有者—管理者不会帮助自己定罪（Arlen，2012，第 158 页）。

即使在将治理委托给非所有者经理的极少数情况下，以控制为导向的组织结构也可能是徒劳的，因为中小企业是简化的组织，在这些组织中，可能会放弃正式程序，并采用基于日常运营需求更为迅捷的实践。此外，在任何情况下，无论正式的组织框架为何，中小企业的所有者通常都可以直接控制董事的行为。

这就解释了为什么在大多数情况下，中小企业采用的合规模式仅提供一种"防御"，且该模式通常是无效的。这些合规模式虽然在纸面上存在，并包含正式的程序，但在实际企业的非正式实践中往往被忽视。因此，这些合规模式不仅在防止非法行为方面无效，而且在最终的刑事诉讼中作为辩护也是无效的。

最后，需要牢记的是，对于那些具有所有权和管理权结合特征的实体的处罚，可能会对经理和所有者带来重要的一罪二审后果。换句话说，经理兼所有者可能会承受对其个人的判决和对实体施加的惩罚的负面后果（Nieto Martín，2008，第 110 页）。

5. 结　　语

本章分析了导致企业治理失败的三个内在结构限制，强调这些限制不可避免地影响了现有企业合规模式。

首先，风险评估和规则制定实践中固有的结构性限制会导致企业内部规则和控制机制无法检测所有形式的非法行为。这是因为复杂组织中的非法行为不一定以典型和可预测的方式发生，因此内部规则和控制并不能轻易处理。

由于参与规则制定的个人会随着时间的推移其技能变得更加成熟，企业必须不断提升组织学习的能力。企业必须高度重视组织学习，即"认知和行动的变化过程，一个在组织中根深蒂固并受组织影响的过程"（Cantino，2013，第160 页）。

从事"高可靠性组织理论"研究的学者解释说，组织应该努力预测问题点，但也应该密切关注调查、学习和行动能力，而无需事先知道将采取什么行动。因此，为了防止广泛的合规失败，组织培养快速学习、快速建立信任、及时参与学习、设想详细的后续步骤以及重组潜在相关的过去经验的片段至关重要（Weick and Sutcliffe，2015，第 94 页）。

这一点也很重要，因为意外事件之前通常会出现一系列微不足道的警告信号，可能表明组织内存在潜在的问题。为了避免合规失败，组织还应该寻找小的异常并对故障的早期迹象保持敏感。因此，"全神贯注于失败"是第一个具有高可靠性的组织原则，它抓住了"持续关注异常情况"的必要性，这些异常情况可能是系统中更大问题的征兆（Weick and Sutcliffe，2015，第 46 页）。

其次，正如之前所提到的，多项研究证明了 CEO 拥有巨大的权力，并经常在企业不当行为中扮演核心角色。对于那些掌控企业决策权的人来说，合规计划是无效的，因为他们在控制线之上运作。一方面，这意味着如果没有领导层的坚定支持和强大的组织价值观，合规管理体系很难防止越轨行为。另一方面，监管机构应更加务实地依靠企业合规来防止极端不当行为。因此，减少企业犯罪需要针对那些根据行为和组织因素（如工作任务、领导角色、将不当行为合理化的倾向以及社会和组织网络）作出不道德决策从而带来最大风险的个人（Haugh，2018，第 136 页）。

最后，我强调，由于中小企业的组织结构，企业合规不能指望在中小企业的框架内预防犯罪。

总之，现在应该清楚为什么内部控制程序的结构性限制使合规失败成为"可预见的意外"，而不是"晴天霹雳"。这一发现对于设计针对组织中不当行为的有效预防措施具有相当重要的意义。尽管受到结构性限制的影响，内部控制工具的增长和扩散不能总是将合规失败的风险降至最低，但在这种情况下，刑法和行政法提供的传统手段仍然是阻止企业不法行为的手段。

参考文献

Aguilera, R. V., and K. V. Abhijeet. 2008. The Dark Side of Authority: Antecedents, Mechanisms, and Outcomes of Organizational Corruption. *Journal of Business Ethics* 77. https://ink.library.smu.edu.sg/lkcsb_research/4902.

Arlen, J. 2012. Corporate Criminal Liability: Theory and Evidence. In *Research Handbook on the Economics of Criminal Law*, ed. A. Harel and N. Hylton. Northampton: Edward Elgar Publishing.

Armour, J., J. Gordon, and G. Min. 2020. Taking Compliance Seriously. *Yale Journal on Regulation* 37. https://digitalcommons.law.yale.edu/yjreg/vol37/iss1/1.

Barclift, Z. J. 2011. Corporate Governance and CEO Dominance. *Washburn Law Journal* 50: 611—634.

Bauman, Z. 2006. Liquid Fear. Cambridge: Polity Press.

Bazerman, M. H., and M. Watkins. 2004. Predictable Surprises. Boston: Harvard Business School.

Bird, R. C., and S. K. Park. 2017. Turning Corporate Compliance Into Competitive Advantage.

University of Pennsylvania Journal of Business Law 19 （2）：285—339. https：//scholarship.law.upenn. edu/jbl/vol19/iss2/2.

Brown, J. R. 2015. The Demythification of the Board of Directors. *American Business Law Journal* 52 （1）：131—200.

Casiccia, A. 2006. Democrazia e Vertigine Societaria：Le Avventure del Cittadino in una Società Proprietaria. Torino：Bollati Boringhieri.

Catino, M. 2013. Organizational Myopia：Problems of Rationality and Foresight in Organizations. Cambridge：Cambridge University Press.

Chen, H., and E. Soltes. 2018. Why Compliance Programs Fail and How to Fix Them. *Harvard Business Review* 92 （2）：116—125. https：//hbr.org/2018/03/why-compliance-programs-fail.

Clarke, L. 1999. Mission Improbable, Using Fantasy Documents to Tame Disaster. Chicago：The Chicago University Press.

Coffee, J. C., Jr. 2006. Gatekeepers：The Professions and Corporate Governance. Oxford：Oxford University Press.

Cortesi, A., F. Alberti, and C. Salvato. 2004. Le Piccole Imprese：Struttura, Gestione, Percorsi Evolutivi. Roma：Carocci editore.

Dent, G. W., Jr. 2008. Academics in Wonderland：The Team Production and Director Primacy Models of Corporate Governance. *Houston Law Review* 44 （5）：1213—1274. Available at：https：//core. ac.uk/download/pdf/214108155.pdf.

Dunn, P. 2004. The Impact of Insider Power on Fraudulent Financial Reporting. *Journal of Management* 30 （3）. https：//doi.org/10.1016/j.jm.2003.02.004.

Edelman, L. B. 1992. Legal Ambiguity and Symbolic Structures：Organizational Mediation of Civil Rights Law. *American Journal of Sociology* 97 （6）：1531—1576.

Garrett, B. L., and G. Mitchell. 2020. Testing Compliance. *Law and Contemporary Problems* 83. https：//ssrn.com/abstract＝3535913.

Gottschalk, P. 2017. CEOs and White-Collar Crime, A Convenience Perspective. Cham：Palgrave Macmillan.

Greenwood, D. J. H. 2018. Corporate Governance and Bankruptcy. *Brooklyn Journal of Corporate, Financial & Commercial Law* 13 （1）：99—143.

Hambrick, D. C., V. F. Misangyi, and C. A. Park. 2015. The Quad Model for Identifying a Corporate Director's Potential for Effective Monitoring：Toward a New Theory of Board Sufficiency. *American Management Review* 40 （3）：323—344.

Haslam, S. A., and S. D. Reicher. 2017. 50 Years of 'Obedience to Authority'：From Blind Conformity to Engaged Followership. *Annual Review of Law and Social Science* 13 （1）：59—78.

Haugh, Todd. 2018. The Power Few of Corporate Compliance. *Georgia Law Review* 53 （1）：129—196.

Hodges, C. 2015. Law and Corporate Behaviour：Integrating Theories of Regulation, Enforcement, Compliance and Ethics. Oxford/Portland：Hart Publishing.

Jones, R. M. 2017. The Irrational Actor in the CEO Suite：Implications for Corporate Governance. *The Delaware Journal of Corporate Law* 41 （3）：713—762. https：//lawdigitalcommons.bc.edu/lsfp/1085/.

Kaplow, L. 1992. Rules Versus Standards：An Economic Analysis. *Duke Law Journal* 42：557—629.

Khanna，V.，E. H. Kim，and Y. Lu. 2015. CEO Connectedness and Corporate Fraud. *Journal of Finance* 70 (3)：1203—1252.

Khurana，R. 2002. *Searching for a Corporate Savior：The Irrational Quest for Charismatic CEOs*. Princeton：Princeton University Press.

Landau，M. 1973. On the Concept of a Self-Correcting Organization. *Public Administration Review* 33 (6)：533—542.

Langevoort，D. C. 2002. Monitoring：The Behavioral Economics of Corporate Compliance with Law. Columbia Business Law Review：71.

Langevoort，Donald C. 2017. Cultures of Compliance. *American Criminal Law Review* 54：933—977.

Langevoort，D. C. 2021. Global Behavioral Compliance … is the chapter 10 of this volume.

——. 2018. Behavioral Ethics，Behavioral Compliance. In *Research Handbook on Corporate Crime and Financial Misdealing*，ed. Jennifer Arlen，263—281. Cheltenham：Edward Elgar.

Lin，T. C. W. 2013. The Corporate Governance of Iconic Executives. *Notre Dame Law Review* 87：351—382. https：//scholarship.law.nd.edu/ndlr/vol87/iss1/7/.

Maitlis，S. 2004. Taking it from the Top：How CEOs Influence (and Fail to Influence) their Boards. *Organization Studies* 25 (8)：1275—1311.

March，J. G.，M. Schulz，and X. Zhou. 2000. *The Dynamics of Rules：Change in Written Organizational Codes*. Redwood City：Stanford University Press.

Milgram，S. 1974. *Obedience to Authority：An Experimental View*. New York：Harper.

Miller，G. P. 2018a. An Economic Analysis of Effective Compliance Programs. In *Research Handbook on Corporate Crime and Financial Misdealing*，ed. J. Arlen. Northampton：Edward Elgar Publishing.

——. 2018b. The Compliance Function：An Overview. In *The Oxford Handbook of Corporate Law and Governance*，ed. J. N. Gordon and W. G. Ringe. Oxford：Oxford University Press.

——. 2020. *The Law of Governance，Risk Management and Compliance*. New York：Wolters Kluwer.

Mutti，A. 2004. The Resiliency of Systemic Trust. *Economic-Sociology European Electronic Newsletter* 6 (1)：13—19.

Nadler，D.，and J. D. Heilpern. 1998. The CEO in the Context of Discontinuous Change. In *Navigating Change：How CEOs，Top Teams，and Boards Steer Transformation*，ed. D. C. Hambrick，D. A. Nadler，and M. L. Tushman. Boston：Harvard Business School Press.

Nieto Martín，A. 2008. *La responsabilidad penal de las personas jurídicas：un modelo legislativo*. Madrid：Iustel.

Paredes，T. A. 2005. Too Much Pay，Too Much Deference：Behavioral Corporate Finance，CEOs，and Corporate Governance. *Florida State University Law Review* 32 (2)：673—762.

Pfeffer，J. 1994. The Costs of Legalization：The Hidden Dangers of Increasingly Formalized Control. In *The Legalistic Organization*，ed. S. Sitkin and R. Bies. Thousand Oaks：Sage Pubns.

Posner，Eric A. 1997. Standards，Rules，and Social Norms. *Harvard Journal of Law and Public Policy* 21：101—117.

Power，M. 2007. *Organized Uncertainty：Designing a World of Risk Management*. Oxford：Oxford University Press.

Rijsenbilt，A.，and H. Commandeur. 2013. Narcissus Enters the Courtroom：CEO Narcissism and Fraud. *Journal of Business Ethics* 117 (2)：413—429.

Root Martinez，V. 2019. The Compliance Process. *Indiana Law Journal* 94：203—251.

——. 2020. Complex Compliance Investigations. *Columbia Law Review* 120 （2）：249—307.

Sampson，S. 2016. The 'Right Way'：Moral Capitalism and the Emergence of the Corporate Ethics and Compliance Officer. *Journal of Business Anthropology*，Special Issue 3，Spring.

Sanchez Abril，P. 2011. The Evolution of Business Celebrity in American Law and Society. *American Business Law Journal* 48：177—225.

Schauer，F. 2005. The Tyranny of Choice and the Rulification of Standards. *Journal of Contemporary Legal Issues* 14：803—814.

Sharpe，N. F. 2013. Informational Autonomy in The Boardroom. *University of Illinois Law Review* 2013 （3）：1089—1130.

Storbeck，O.，and G. Chazan. 2020. Wirecard Scandal Leaves German Regulators Under Fire. *FT. com*，23 June 2020. https://www.ft.com/content/f62f7f56-3d45-492c-ae88-172948d21eb8.

Treiber，K. 2017. Biosocial Criminologyand Models of Criminal Decision Making. In *The Oxford Handbooks in Criminology and Criminal Justice：The Oxford Handbook of Offender Decision Making*，ed. W. Bernasco，J. L. van Gelder，and H. Elffers，87—120. Oxford：Oxford University Press.

van Erp，J. 2018. The Organization of Corporate Crime：Introduction to Special Issue of Administrative Sciences. *Administrative Sciences* 8：36.

Weber，M. 1947. *The Theory of Social and Economic Organization*. New York：The Free Press.

Weick，K. E.，and K. M. Sutcliffe. 2015. *Managing the Unexpected：Sustained Performance in Complex World*. 3rd ed. Hoboken：John Wiley and Sons，Inc.

Zajac，J.，and J. D. Westphal. 1998. Toward a Behavioural Theory of the CEO-Board Relationship. In *Navigating Change：How CEOs，Top teams，and Boards Steer Transformation*，ed. D. C. Hambrick，D. A. Nadler，and M. L. Tushman. Boston：Harvard Business School Press.

第二部分
企业合规的全球维度

第 4 章　碎片化法律世界中跨国企业的刑事合规"困境"

斯特凡诺·马纳科达

1. 跨国公司的刑事责任和合规：
关于缺乏超国家执法的初步说明

自 20 世纪 70 年代以来，犯罪学研究越来越强调跨国公司（MNC 或 MNE）的行为对人类健康和环境带来的威胁。[①]从刑法的角度来看，通常以集团形式构成的跨国公司能够从事超越个别国家领土边界的非法行为，并产生巨大的负面影响（Delmas-Marty and Tiedemann，1979；从犯罪学的角度来看，Barak，2017）。众所周知，这个议题（问题）最初是在侵犯人权的背景下提出的（Ruggie，2013）：大规模的环境违法行为、自然资源的掠夺以及发展中国家对工人的剥削被广泛引用为这些大型跨国经济实体的犯罪行为的例子，甚至还有与独裁政权严重侵犯人权的合谋（Amman，2001；Kaleck and Saage-Maaß，2010；Basualdo et al.，2021）。随着时间的推移，越来越多的犯罪类型，尤其是跨境逃税

[①]　让人惊讶的是，跨国企业在法律上没有准确且普遍接受的定义。根据经济合作与发展组织（OECD）的跨国企业指南，跨国企业通常由多个国家设立的公司或其他实体组成，并且相互联系，以便它们可以采取多种方式进行操作，以协调业务。虽然这些实体中的一个或多个可能对其他实体的活动产生重大影响，但它们在企业内的自主程度可能因跨国企业而异（Ruggie，2018，第318页；关于法律框架，请参见 Wallace，2002；有关定义，请参见 Mayrhofer and Prange，2015）。

或洗钱等经济犯罪，已被添加到跨国集团实施的非法行为目录中。

近几十年来，关于跨国公司的问题超越了法律环境，引发了更广泛的辩论。在这种法律环境下，"社会犯罪者不受惩罚"的原则成为一个比较普遍的标准，旨在将企业行为纳入刑事法律范畴（关于公司刑事责任的历史演变，请参见 Wells，2001；Laufer，2006）。逐渐地，全球的企业刑事责任制度发展起来（除了少数例外），为公司从事非法行为的情况提供了一种主要解决方案，因为缺乏直接适用于公司的惩罚措施，无论公司规模大小（关于国际和比较法律框架，请参见 Pieth and Ivory，2011；Fiorella，2012；Giudicelli-Delage et al.，2013；Brodowsky et al.，2014）。

然而，在如此引人注目的法律改革浪潮之后，问题的另一面仍未得到解决。刑法应该如何应对这类实体呢？这些实体通常拥有超过主权国家国内生产总值的营业额，雇用着数以万计的员工，在全球各地从事生产、销售和购买商品与服务，并明确以最大化利润和最小化损失为目标。它们可能会利用市场上劳动者权益和环境保护水平的不平等等因素。这种情况造成的有罪不罚差距既是市场扭曲，也是法律扭曲，削弱了狭隘的刑法资源的有效利用。

对于跨国公司带来的法律挑战，相关分析主要集中在非刑事角度，同时考虑商法（Blumberg，1990，1996）和国际法方法，包括企业社会责任的概念（CatáBacker，2005；关于利益相关者的利益和合规性，请参见本书中的 Rescigno 一章）。近年来，相关讨论聚焦于发展一个全球层面上的跨国公司责任框架（Hopt and Teubner，1985；最近的是 Beckers，2015），并出现了一项关于跨国公司全球行为准则的提案（Rahim，2019）。

然而，这种讨论的局限性在于低估了从刑法的角度来看，跨国公司具体法律分析的必要性。必须通过研究跨国公司的组织特点、犯罪学特征和法律特征来解决对跨国公司采取不适当的法律惩罚措施的风险。

在这种情况下，对跨国公司进行超国家刑事执法的"梦想"，已经成为多位学者深入研究过的问题，但从未成为现实。任何试图引入针对企业刑事责任制度的尝试，即使是对最严重的罪行，也会遇到《设立国际刑事法院（国际刑院）规约》所引起的为人们熟知的限制，该规约仍然体现了使个人仅对文本明确包含的严重罪行负责的古老原则（《设立国际刑事法院（国际刑院）规约》第 25 条第 1 款："法院根据本法对自然人拥有管辖权"）。尽管有一些理论立场要求对公司进行种族灭绝、危害人类罪和战争罪的审判以及一些相关的历史先例（Jessberger，2010），但是在国际层面，并没有设立能够解决此类现象的检察官和法官（Weigend，2008；Nerlich，2010；VanDerWilt，2013；Ambos，2018）。非政府组织最近提出的一些倡议没有产生具体结果，这些倡议提请国际刑事法院注意严重违反《国际人道主义法》的行为，这些行为构成战争罪，特别是在冲突地区犯下的战争罪，据称意味着跨国公司最高管理层负有刑事责任。对于提供实地使用的武器和技术援助的企业来说尤其如此，这些公司的作为和不作为行为已提交给国际刑事法院检察官审查（Bryk and Saage-Maaß，2019；Bryk and Schliemann 2019；Ambos，2020）。同样，在最近提议引入"生态灭绝罪"的理论分析中，也没有导致任何实际后果，至少就在国际层面，建立一个新的司法机构而言是这样（Neyret，2015）。同样，在打击金融犯罪方面，尝试建立超国家执法机构，例如欧洲检察官办公室（EPPO），其活动于 2020 年底开始，没有为在国际层面上裁定公司刑事责任留下任何空间（Bachmaier Winter，2018）。

　　企业涉及严重侵犯人权的行为，从刑法的角度来看，主要是在个人层面进行裁判（Manacordaetal，2017），而对跨国公司实施大规模违法行为的惩罚，基本上落在掌握国家秩序的法律肩上。

2. 合规在评估企业责任中的作用日益增加，跨国公司面临新的"困境"

　　为了正确地提出问题，并强调司法系统在处理跨国公司非法行为时面临的困难，必须再增加一层复杂性，即关于公司刑事责任制度与公司合规计划的相互联系。这一表述指的是"组织努力确保员工和与公司相关的其他人不违反适用的准则、规则或规范"（Miller，2014，第 1 页；另见本书"历史背景下的合规性"一章）。更宽泛地说，"公司合规计划""公司合规政策"和"公司行为准则"是用来描述正式的，通常是书面的道德、法律或政策声明（或它们的某种组合），界定一类或多类公司员工的义务（关于这些条款，参见 Walsh and Pyrich，1995，第 645 页）。

从更近距离的视角来看，合规计划是一个更详细的框架，由内部实质性规则（即行为规则和禁令）、程序（规范内部和外部公司活动中的决策过程）、协议（涉及信息流、举报规则等）和控制机构（建立风险职能：风险经理、内部审计、合规官等）组成，旨在履行法律职责并最大限度地减少该组织内部整体非法行为的风险（Manacorda et al.，2014；Rossi，2017）。

从理论的角度来看，企业合规的核心是公私合作伙伴关系，有不同的术语，如元监管或共同监管（参见 Black，2001；Parker，2002；Parker and Grabosky，1995；Nieto-Martín，2015；Fisse and Braithwaite，1993）。更准确地说，合规计划是所谓的强制自我监管现象的一种范式表达，这种范式的分析使我们更好地理解相关问题（Braithwaite，1982；另见 Manacorda，2014）。

一方面，这种范式表达意味着合规规则是由公司自主制定的，是新兴的私人监管维度之一，即使在传统上由公共行为者主导的领域也是如此。原则上，每家公司都应建立一套适合其结构、组织和活动的内部规则，并主要基于以风险为基础的方法（有关关键概述，请参阅 Miller，2017a；有关替代理论，请参见 Tyler，2014 和 2018；Langevoort，2018；Garrett and Mitchell，2020；另见本书"全球行为合规"一章）。从历史上看，起点是采用道德准则，其中包含私营公司声明，将在其内部组织和活动中遵守的基本原则（问责制、透明度、合法性等）："从上而下的态度"和声誉问题是这些工具的主要特点。

另一方面，对外部执法的参照，清楚地表明了公共权力方面提出的要求的重要性。这种自律的规范活动受到了公司注册地法律规定的限制，公司必须遵守的标准很大程度上由国家监管机构高度确定，有时是义务性的（例如，在反洗钱领域），通常更多地作为一种有广泛解释余地的"要求"（例如，在反腐败政策领域）。这使得自律与其说是一种自发的态度，不如说是私人机构为最大限度地降低组织内非法行为的风险，并在非法行为发生时利益最大化所作的组织和程序性努力。

在刑法方面尤其如此，刑法越来越成为法学学者学术研究的主题。无论考察哪种法律制度，企业合规都代表了评估刑事或准刑事责任的一个至关重要的因素。有时会考虑其有效性，以确定适用的适当制裁：众所周知，美国《联邦量刑指南》赋予合规计划这一功能（Coffee，1990；Huff，1996）。有时，这是公司必须满足的条件，以便进入"放弃起诉"的机制，尤其是在贿赂案件中更为明显（OECD，2019；Seide and Makinwa，2020）。

　　有时，一套有效的合规体系可以"保护"公司免受刑事责任，这基于正确采用合规计划被视为公司没有任何组织过失的假设（Tiedemann，1988；Laufer，1996；Paliero and Piergallini，2006；Gruner，2007）。实际上，综合各方态度，广义上考虑的合规计划，可以在任何单一法律体系中扮演所有这些角色。基于委托责任的公司刑事责任模型，以及基于组织过错的公司刑事责任模型，尽管在理论上存在重要差异，但都承认合规计划在归责公司犯罪行为并确定适用刑罚的过程中起着决定性作用。反之，在减轻或排除制裁方面也是如此（Nieto-Martín，2014）。在这种情况下，出现了所谓的企业犯罪合规的概念，其性质纯粹是描述性的，因为它依赖于组织规则追求的目标，即预防犯罪（Sieber，2008；Nieto-Martín，2015）。

　　尽管从一般意义上来说，情况似乎很清楚而且很明确，但审视跨国企业时可能会突出几个问题。首先，由于全球化进程与缺乏相应的跨国制衡机构相关，跨国企业在没有相应的跨国反制力量的情况下采取行动（Catá-Backer，2005；Supiot and Delmas-Marty，2015）。跨国公司被广泛认为，经济实力可以使它们成为塑造法律标准的参与者，影响它们被要求遵守的规则的内容。此外，由于跨国企业通常能够在预算范围内消解负面影响，并将负担转嫁给股东和利益相关者（工人、消费者），所以跨国公司往往不会将不合规的金融制裁视为真正的威胁。近年来，对犯有严重经济违法行为的金融或工业私营机构处以数十亿美元罚款的例子，虽然引起了相关实体内部治理结构的广泛改革，但并没有真正影响它们的存在（最近关于一些案例的介绍，见 Sun-Beale，2009）。

　　在这种情况下，出现了一个基于跨国公司基本结构的困境，因为它们遵循这一领域的经典口号——"全球化思考，本土化行动"（Morand and Rayman-Bacchus，2006）。处理跨国公司的活动时，出现的第一个问题是它们的地域范围，因为它们在全球范围内经营。通过全球化进程，它们可以在不同国家开展经营活动，并为其合法总部、投资地、生产地或税收居住地找到最方便的选择。尽管目标相同，但跨国公司内部的不同组成元素，在地域维度上运作时会受到碎片化的影响。

一方面，出于组织和经济原因，这给采用和落实统一的合规标准带来了压力，这些标准适用于其经营所在的任何单一地理和物理区域，即任何子公司、供应商或第三方，无论其行为所在的司法管辖区如何。这促使跨国公司有必要或有机会，为属于企业集团的任何实体制定一套共同的合规标准，超越任何单一法律秩序的具体细节，并超越主权国家的边界。

另一方面，与其活动相关的监管标准以及合规计划在执法层面的特定重点差异很大，因国家而异，因此对特殊主义的需求更强烈。为了遵守法律规定，并在发生非法行为时避免承担责任，跨国企业必须确保其组织的每一部分，尤其是任何子公司、分支机构等，充分尊重驻在国当地的法律合规标准。

总的来说，跨国公司面临的"困境"可以概括为：如果制定一套单一的国际合规标准即"全球合规标准"，则可以最大限度地提高效率，但必须面对比较水平上碎片化的法律标准世界，从而使自己面临违反当地法规的高风险。相反，通过调整其内部规则、程序和控制机制，以适应其经营所在的任何单一驻在国当地现实，因此优先考虑"当地合规"，跨国企业最大限度地减少了违法风险，但可能会极大地影响其效率，这与创建监管和组织良好的管理结构愿景相矛盾，并最终有可能削弱其作为跨国实体的本质。

无论采用这两种解决方案中的哪一种，这种困境都会带来不可接受的后果。然而，必须对这种简单对立的观点提出质疑，因为事情比这种表述所暗示的要复杂得多。

3. 跨国公司刑事合规的碎片化：不合规和过度合规的风险

评估跨国公司在解决困境时应采取的正确态度，必须避免两个主要缺点。
一方面，不要仅满足不同立法规定的最低要求，因为跨国公司的活动范围需要更严格的内部合规制度（"合规不足"）。这可能是因为企业希望通过采用简单且表面上有效的方法来处理复杂的内部合规制度，从而节省风险分析、内部程序和控制的成本。这种态度可能是因为忽视多个司法管辖区的风险，或者因为实现不同法律平衡是困难的。我们需要确保采取的合规措施不只是表面上的 "装饰"（Laufer，1999；Krawiec，2003；NietoMartin，2012）。事实上，当跨国企业只是给人留下努力合规的印象，而不是真正预防非法行为时，就会发生这种情况。

另一方面，需要避免的相反风险可以定义为 "过度合规" 的努力。尽管过度合规的概念在法学学术讨论中尚未得到详细探讨，至少在一般公司合规方面如此，但在环境保护和反垄断领域可能找到一些相关参考（参见 Arora and Gangopadhyay，1995；Wu and Wirkkala，2009）。根据查普曼（Chapman）的观点，"在任何公司责任制度中，核心问题之一是如何避免对给定的适当注意标准过于谨慎。公司责任背景下的真正困难可能是，侵权法导致公司过度谨慎，尤其是如果责任制度强调员工的个人责任"。因此，"如果被告过于关注可能发生的事故，因此在行为上过于谨慎，就会出现问题。这就是过度合规的问题"（Chapman，1996，第 1681、1683 页）。因此，对于旨在实施充分合规体系的跨国公司而言，将风险降到最低可能会导致内部活动过度官僚化，既不方便也不有效。值得注意的是，根据观察，对于提高合规性的要求越来越高，给公司带来了无法接受的后果。[2]

因此，需要制定一些基本原则，以指导跨国公司寻找适当解决方案。这不仅是一种理论练习，而且可能是一种在实践中实际执行的有用工具。

为了准确地概括问题，值得注意的是，合规既是一种关系，也是一个动态过程。对于合规性的衡量必须考虑与公司必须遵守的法律法规相关的目标的充分性，以防止非法行为并避免制裁的负面后果。合规性不是二元对立的，而是根据公司在内部努力方面与法律秩序产生的期望之间的对应程度来衡量。简单

---

[2] "这里值得问的是，为什么公共部门的支出如此关注街头执法，而企业自行监管的硬性和软性成本却越来越多地由企业自己承担，这在现在已经失去了平衡"（Laufer，2018，第 395 页）。

来说，可以分为低、中、高三个级别。实际上，决定公司打算履行的合规程度的选择取决于许多因素，包括财务资源的可用性、企业文化、治理结构的集中或分散，以及公司的风险偏好。

同时，合规是一个动态、互动的过程，其目的是实现组织的自我完善，而不仅仅是维持现状。即使是最合规的实体也需要时间来制定、采用和实施内部程序和控制。此外，由于公司必须考虑的法律和监管框架是一个"动态目标"，例如，在数量限定的法律体系中，触发企业刑事责任的犯罪行为数量逐步扩大，同时内部组织结构的变化也对责任风险产生重大影响。随着时间的推移，这些因素可能导致重新定义公司计划满足的合规程度，因为所追求的结果是不断变化的。

这些要素经常被忽视，尤其是当人们认为合规计划仅用于事后评估和裁定（宣判）时。从刑法的角度来看，法官一旦注意到企业的犯罪行为，就会通过追溯案件的方式，来衡量公司在犯罪时是否合规。因此，对企业刑事责任的裁定与判断企业是否有充分合规措施来防止过失犯罪行为之间存在相似性，并且都面临着"事后偏见"的风险（Teichman，2014；Forti，2018）。[3]从事后的角度来看，风险是任何企业一旦被追究刑事犯罪责任，其采用的合规制度几乎总是被认为不充分，因为企业被认为本可以采取更多措施来防止违法行为，犯罪事实的发生则被视为企业内部规则存在不足的证明。

跨国公司面临的合规困境由于处理的法律场景的数量和多样性而变得更加复杂，进一步强调了合规不足和过度合规的风险。即使是愿意合作的实体，真诚地寻求全面履行其法律义务，也面临着一个支离破碎、不协调的法律规范和监管环境，看起来就像一个无法拼接的拼图。在这种情况下，可能会做出既在效率方面适得其反又从法律角度看过度的努力，超出跨国企业的实际需求。

合规不足和过度合规可能会限制企业必须遵守的框架，但并不能提供任何合规指导，以说明如何在结合企业所面临的不同立法规范或定义其内容时取得适当的平衡。因此，分析必须考虑到这些因素。首先要考虑的是法律对"本国"

---

③ 尽管也可以强调许多差异，在实践中，特别是在"恢复性依从性"方面，得到广泛认可（Braithwaite，2002；Spalding，2015）。

和"东道国"的适用要求。然而，这并不能穷尽确定应遵守的适当合规标准的法律框架，因为某些领域还涉及国际法和第三国的域外立法。

4. 刑事合规的母国和东道国标准

如前文所述，有几个因素有助于在大企业集团内采用一套单一的合规标准，然后无论其在哪里经营，都可以统一应用这些标准。然而，法律的特殊性导致了一套更加分散的合规规则。

在制定内部刑事合规计划时，需要在"全球"和"本地"之间取得平衡，并且需要考虑与刑事法相关的特定法律问题，这不仅取决于组织和经济机会，还取决于其他因素。需要注意的是，以下评论仅适用于公司可酌情选择的情况，并不适用于"强制性"合规要求，例如与金融机构反洗钱相关的要求（关于自愿概念、准自愿和强制合规，请参见本书的"探索反腐败领域的自愿和强制性合规计划"一章）。确定适当的标准是一项艰巨的任务，鉴于法律环境的复杂性和此领域此前缺乏分析，以下内容必须被理解为一组基本指导原则，而不是严格的标准。

因此，解决的问题涉及跨国公司在制定其内部刑事合规计划的内容时必须考虑的法律标准。需要记住，这些标准旨在防止企业内部的非法行为，并尽可能保护企业免受相关责任的负面后果。

一方面，简单地选择最强力的规则，或者"堆叠"不同的法律标准以制定最高标准，似乎是正确的解决方案。然而，这样的努力很容易使公司过度合规，使其相对于竞争对手处于不利地位，并导致高度官僚化，同时还可能在某些领域面临与这种方式相伴而行的概念上的困难。另一方面，公司将自身限制在最低要求，并根据其运营地的法律体系采用集团合规性，可能不符合道义要求，更重要的是，从制裁的角度看，可能使企业面临高风险，陷入不可接受的不合规状态。

为了找到解决方案，首先需要解决的问题是如何在"母国"和"东道国"的法律标准之间取得平衡。这里使用的"母国"指的是母公司注册地所在的司法管辖区，"东道国"指的是跨国公司通过在其他地方设立的实体进行运营的任何地方，例如完全或部分控制的子公司、分支机构或代表处。即使是在面对这种最基本的选择时（很快就会显示其局限性，参见第 5 节和第 6 节），跨国企业仍然面临一个困境。是将其合规规则体系"输出"到其他国家，还是选择使适用于母公司的一套内部合规规则也适用于当地规则，这些规则的数量因跨国公司的结构而异。因此，跨国企业需要处理的不仅仅是一对选项，而是 N 对选项，其中 N 是适用于其外国实体所在司法管辖区的数量，有时可能是几十个。

换句话说，需要考虑的问题是，与适用于母公司的法律相比，是否还需要考虑适用于位于其他国家的子公司的合规标准，或者应该优先考虑"当地标准"？或者两者的结合是最佳选择？在作出这种选择时，应该根据何种准则进行？正如我们将看到的，这种论述可能适用于合规计划的各个方面：实质规则、程序、协议和控制机构。[④]

最近，美国司法部明确承认了外国法律的重要性，并指出："检察官应该考虑合规计划的某些方面是否会受到外国法律的影响。如果一家公司声称其以特定方式构建其合规计划或已根据外国法律要求作出合规决策，检察官应该询问该公司对外国法律结论的依据，以及该公司如何解决在遵守外国法律的同时维持其合规计划的完整性和有效性的问题。"（美国司法部，2020，第 19n2 页）

为了建立正确的平衡，跨国企业需要比较其在适用于母公司的法律下必须遵守的规定和适用于其控制的外国实体的规定。这种比较法分析代表了初步的审查，尽管这无疑是一项复杂的任务，并且应该受到"功能等效性"的基本概念的指导。这要求将阈值设置得比需要遵守相同规则的要求更低，因为在比较水平上很少存在相同的规则（Pieth，2000）。

当东道国的法律体系设定了较低的标准时，是否将母公司的刑事合规标准"输出"到该地区就成为一个问题。这个问题可能会因跨国公司经营业务的分散而矛盾加剧，其母公司通常位于美国、欧洲或某些亚洲国家或地区，而其子公司则设在政治和经济方面相对不发达或"薄弱"的司法管辖区。在这种情况下，子公司可能在工作安全标准较不严格、环境保护水平较低或税收制度更优惠的

---

④ 经合组织强调了这个问题，指出"原则适用于企业集团，尽管子公司的董事会根据其注册地的法律可能要承担义务。合规和管控体系应尽可能扩展到这些子公司。此外，董事会对治理的监督包括持续审查内部结构，以确保整个集团的管理层问责制明确"（OECD，2011，第 9 段）。

地区设立。结果可能是，基于东道国希望通过为外国公司提供有利条件来吸引投资，或者基于寻求法律上的漏洞，无论是法律上还是事实上，目的主要是使跨国公司或其代理机构免责。在这种情况下，跨国企业可能会倾向于降低与其外国实体相关的合规标准，仅考虑适用于子公司所在地的法律，并给自己在海外留有更大的回旋余地。然而，这会给集团带来声誉风险，更重要的是，可能会对企业的责任产生影响。

当然，在相同的框架下，问题也可以反过来，引导我们考虑相反的情景，即当东道国的法律体系设定了更高的合规标准时该如何应对。例如，如果母公司成立于腐败犯罪定义不如外国严格的司法管辖区，则可能会出现这种情况。在这种情况下，比较分析的结果与上述情况不同，因为东道国的标准比母国的标准提出了更严格的要求。在这种情况下，跨国公司可能愿意将其母公司必须遵守的较低标准"输出"，而不是要求当地公司适用驻在国的法律要求。

如前所述，作出正确的选择不能仅基于机会主义的条件，即考虑采用最低要求以节约成本，或者基于实现全球合规系统在业务上的有效性，而应该从法律的角度正确界定。

从国内管辖角度来看，上述所有比较分析的努力似乎是徒劳的。属于该企业的任何实体只需要满足其注册地法律框架规定的法律要求。然而，对于跨国公司而言，至少有两个法律因素使得该情况变得复杂。

首先，跨国企业不应低估在某些情况下，本国刑法立法可能确立了治外法权，使得即使是可归因于外国子公司的违法行为，在母国范围内可能会受到起诉和裁决，特别是如果犯罪者（例如外国子公司的董事）或受害人具有母国国籍，或者如果所收集的证据使得在母国管辖范围内进行调查和后续程序更加便利。这伴随着一些法律规定对属地管辖范围的扩大趋势：即使只有一小部分犯罪行为，或者根本没有犯罪相关的预备行为发生在母国，也可以被认定为在母国存在公司犯罪，这在高度集中的集团公司中很容易出现。这种趋势不仅在美国司法管辖范围外明显扩展，典型的例子是《反海外腐败法》（FCPA）（当母公司位于美国而子公司位于国外时），而且也在其他国家中可以观察到类似的现象，例如在意大利（Mongillo，2016）。

其次，有必要仔细审查避免对母公司造成不良后果的必要性，尤其是在避免承担刑事或准刑事责任方面。原则上，在大多数国内法律制度中，对完全或部分控制子公司的实体而言，可能不会因为可以归咎于子公司的犯罪行为而受到起诉和判决。特别是，如果法人个体适用于刑事责任的基本原则，过失原则和个人责任原则可以阻止母公司自动对子公司内的任何违法行为承担责任。然而，如果母公司明显参与犯罪行为，即使采用这种更严格、更趋向于保护被告的法律方法，母公司仍可能承担责任。根据不同国家的法律环境，这种情况可能是由于主动参与犯罪行为或疏忽控制造成的，尤其是在控股公司与子公司之间存在所谓的联合董事会的情况下。

在考虑合规规则的具体内容时，这些指引还需要进一步详细说明。特别是，虽然上述基本原则可以很容易地与实质性规则，即行为规则和禁令相关联地运作，但在涉及协议、程序和控制方面时，具体内容将变得更具争议性。

从实质性规则的角度来看，一个典型的例子是：在设立控股公司的国家或地区，所谓的疏通费会受到刑事处罚并引发公司刑事责任。如果外国子公司经营所适用的法律未将此类"轻微腐败"纳入贿赂罪的实质范围内，跨国公司应如何处理？跨国企业是否应该将同样的禁令扩大到任何董事、任何经理和任何员工，而无论他们在何处开展业务，或者应该局限在当地法律所规定的基本要求范围内？过去，在所谓的疏通费方面曾出现过这样的问题，因为在某些法域，便利费是不受惩罚的。⑤

对于举报，其实是个程序问题，我们必须首先承认，从比较层面看，这一领域的监管存在很大差异，美国（Baer，2016—2017）和欧洲（Turksen，2018）的监管程度都在不断加强。我们可能会问，跨国企业是否应该考虑到其主要经营地立法所确立的更高标准，在其外国子公司创建一个报告系统，或者更应该通过适用于其各个法域的立法，来选择差异化的解决方法。我们可能会认为，根据每个法律体系的具体原理，在这种情况下会出现合规程序的碎片化，例如，

---

⑤ 例如，在日本的法律规定中，根据经济产业省等发布的指南，"为加快日常行政服务而支付的小额疏通费"被视为不是"不正当商业优势"（经合组织，2007，第 48 页）。然而，如今在经合组织的压力下，这个例外和其他一些例外都已被推翻。

考虑到在某些体系中举报人权利受到更强有力的保护，如关于匿名、禁止解雇、有罪不罚等问题。

关于控制机构，可以从意大利的经验中抽象出一个例子。其中确立和规范公司刑事责任的《第 231 号法令》明确要求公司在其合规方案中设置一个监督机构（"Organismo di vigilanza"），这是一个负责确保公司规则和程序正确运作的内部控制自治机构，即所谓的"组织管理模式"（Valenzano，2019）。在明知其他司法管辖区没有提出相同要求的情况下，意大利跨国企业是否有义务在其海外的每个子公司内设立相同的机构呢？在实践中，我们发现，根据"功能对等原则"，可以在子公司内部建立类似但不完全相同的机构，这是一种"混合"解决方案，前提是它们在自治方面满足一定规模和机构的独立性要求。

总结上述初步结果，可以提出两种基本情景。首先，当比较表明母国的法律约束高于东道国时，通常情况是母公司位于法律制度严格的工业化国家，而子公司位于制度不太严格的国家，一个一致的方案是，建议将母公司的合规标准扩展到位于国外的所有实体。这是为了提高公司内部对价值观的普遍尊重，并保护子公司和母公司免于在所在国承担刑事责任的最佳方式。在这种情况下，简单地满足东道国规定的较低水平的合规性是一种冒险的做法，因为它不能保护母公司免于在其合法的主要经营地的司法管辖区内，与其外国子公司都要承担责任。

其次，当对跨国公司进行初步比较分析时，得出相反的结果，由于发展中国家合规压力上升，以及子公司（例如金融分支机构）所在司法管辖区的多元化，原则上当地法律标准优先，将这些较低的当地法律标准扩展到受到较低法律压力的母公司是没有意义的。

5. 刑事合规的第三国标准和扩展的管辖范围

跨国公司必须采用跨国标准来评估刑事合规，不能仅通过比较母公司和子公司各自经营所在司法管辖区内适用的法律规范来评估。合规标准同样是由于"第三国"（即没有子公司所在地但在国际舞台上特别强大的国家）颁布的某些刑事立法的广泛影响而产生的。对于跨国公司来说，应对这套法律标准意味着更复杂的合规水平。

合规计划越来越需要涵盖和尊重这类第三国立法，特别是关于反腐败战略的规定。这些规范正在稳步扩大，受到全球范围内追求"公平竞争环境"目标的推动（参见 Manacorda et al.，2014）。

最显著的例子当然是美国的 FCPA。实际上，FCPA 对外国实体的适用是基于对与美国司法管辖区联系的广泛解释。因此，FCPA 适用于注册证券、总部设在美国或主要在美国开展业务的企业，以及任何由公司实施的违法行为，即使部分行为发生在美国领土内（参见 Lowell Brown，1998；Podgor，2002；Garrett，2011；Schaefer，2019；Davis，2019）。过去 20 年来，美国在 FCPA 的执法事务中的全球化性质得到了全球层面新政治团体的支持，这为美国强有力的域外执法检察战略奠定了基础（Brewster and Buell，2017）。

同样，英国的《2010 反贿赂法》和法国的《萨宾二世法案》（Loi Sapin II）也为与这些司法管辖区有某种联系的公司制定了规则。特别是，根据英国《2010 反贿赂法》第 12 条，如果公司在英国成立或注册，或在英国开展部分业务，那么如果该商业组织未能防止贿赂，就构成了与该法规定相关的犯罪行为，无论构成犯罪行为的一部分或不作为发生在英国还是其他地方，或者犯罪是由相关人员犯下的（Alldridge，2012）。基于此，司法部于 2011 年发布了《2010 反贿赂法指南》，其中涵盖了商业组织可以制定的程序，以防止与其相关的人行贿。严重欺诈办公室也发布了《检察官联合指南》，规定了董事决定是否根据该法案提起诉讼的方法。

法国的《萨宾二世法案》规定，如果贿赂和交易犯罪是在国外由法国人或常住居民在法国领土上的人，或在法国领土上开展全部或部分经济活动的人犯下的，该立法在任何情况下都适用。这项立法得到了国家反腐败机构 2019 年发布的指导方针的补充（D'Ambrosio，2019）。

这些具有域外影响力的第三国法律规范施加压力的一个具体结果是，跨国公司试图通过在签订合同时采用包括美国和英国法要求的"反腐败条款"来更广泛地保护自己。近期认为，反腐败合同条款被视为一种替代方式，可以有效地转移责任风险，使之仍然由从事不当行为的代理人承担，前提是此类条款的结构合理，并整合到更大的合规计划中（Boles，2019）。

在不同领域中，单方面制定的最令人印象深刻的合规规则之一是与经济制裁有关的规则。这是一个新兴问题，源于一些主要国家的全球影响力。多年来，由于经济制裁可能对工业和金融机构产生压倒性影响，这个问题变得越来越重要，尤其是金融机构。无论金融机构在哪里设立，都容易受到美国财政部外国资产控制办公室（OFAC）所拥有的惊人制裁力所困扰（Ortblad，2008）。美国当局通过总统命令等方式制定一些禁令，提供了指定外国政府、团体、实体和个人名单的清单。被列入其中，特别是被列为所谓的"特别指定国民和被封锁个人"（SDN）之一，已经超过数千条。这些禁令适用于任何"美国国民"，这是一个非常广泛的概念，也包括暂时在美国境内的外国个人，并已逐步扩大到其他非美国实体和个人。特别是，OFAC 控制下的一些制裁制度，如涉及伊朗的制裁，明确禁止外国实体与目标国家建立业务关系（Meyer，2009）。这些制裁禁令对第三方参与的活动定义模糊，而上市、退市和许可程序受到国家安全原因的支配，很难在严格的法律框架内进行规范。违反这些禁令的相关实体将被纳入制裁机制，其后果超过了大多数公司根据其国内刑法承担的风险，其中一个威胁是禁止犯罪者使用美元清算系统（Abely，2019），这对绝大多数金融机构来说相当于"死刑"，并且在发现恶意行为的情况下还会进行刑事起诉。

以上介绍的机制是跨国公司必须考虑的一个关键问题，无论它们合法居住地位于何处。即使是在美国部分经营或拥有美国国籍的管理人员，或者甚至与美国毫无关系，一旦落入"二级管辖"范围，这种风险就会直接出现。此外，在任何需要与金融机构建立关系的情况下，也会间接产生风险。OFAC 合规规则渗透到绝大多数金融机构的内部反洗钱程序中，无论其建立在哪个国家的金融机构中；还反映在合同采用的"OFAC 条款"中。

在这个框架内，关键问题是要求跨国公司遵守的合规要求。正如最近所述：

OFAC 强烈鼓励受美国管辖的组织，以及在美国开展业务或与美国开展业务的外国实体、美国人或使用美国原产商品或服务的外国实体，采用基于风险的方法，通过制定、实施和定期更新制裁合规计划（SCP），来遵守制裁规定。

虽然每个基于风险的 SCP 都会根据各种因素而有所差异，包括公司的规模和复杂程度、产品和服务、客户和交易对手及其地理位置等，但是每个程序都应该基于并包含至少五个合规组件进行合规性预测：（1）管理层承诺；（2）风险评估；（3）内部控制；（4）检测、审核；（5）培训。（美国 OFAC，2019）

在全球范围内实施此类单方面制定的合规规则极具争议性，因为它们基于某些国家的单方面经济实力，并且通常被视为一种超越其领土范围的全球经济定向手段。同时还授予执法机构能够实施非常规金融制裁能力所带来的好处。此外，这一制度是多国企业需要解决的重大挑战，因为它们已经面临着母国和东道国法律标准之间的"戏剧性"选择。目前在学术讨论中，出现了进一步的因素，可能使其任务日益复杂化。

6. 刑事合规的公私国际标准

跨国公司还需考虑国际标准和法规，这代表了刑事合规领域的一个新兴维度。这些标准在公司的合规决策中产生了重要影响，尽管它们的软硬度可变。虽然这一现象过于复杂，无法在此进行全面审查，但仍需要描述其对跨国公司合规性的影响。

一方面，许多私营机构和组织正在制定标准，以规范对跨国公司业务有重大影响的风险领域。一个主要的例子是 ISO 标准，这是一套范围广泛的技术规则，旨在协调全球规则和程序，为公司提供"资质"。

ISO 37001 是反腐败标准，公司可以选择自愿采用该标准，特别是通过建立一个由认可的私营实体进行外部审核的自主审计程序来加强内部审计过程。虽然 ISO 37001 标准在促进强化合规规则方面获得了一定的国际声誉，但是也有人批评其有效性，而且国家执法机构往往会忽视该标准（Murphy，2019）。⑥

---

⑥ 重要的是，该研究从教育领域中已知的"学位购买综合征"（DPS）理论的角度出发，突出了准备和获得 ISO 证书过程的象征意义。Boiral（2012）指出，"DPS"是指普遍存在的影响，尤其是关于准备和参加考试的过程，许多学生更偏爱于获得文凭而非学习所代表的知识。

其他准则也由国际公共机构发布，但是原因与上一段中强调的不同，并且与发布国的"帝国主义"野心没有明显联系，而是涉及对受保护利益的普遍承认。大多数国际准则都是软法的表述，其"软性"程度可能因制定标准的权威机构以及该软法在国内法规体系中的可转换程度而有所不同。一个典型的例子是经合组织，在过去的时间内，它发布了一套针对公司，特别是跨国公司的指导方针（OECD，1976，最后更新于 2011）；关于内部控制、合规和道德（OECD，2010）；以及尽职调查（OECD，2018）。尽管这些指南没有强制约束力，但它们已纳入地方层面适用的一套法规中，例如美国司法部关于合规计划评估的指南，该指南明确回顾了经合组织的主要工具（美国司法部，2020，第 19n1 页）。

国际或跨国硬法规则也正在制定过程中。这种趋势在人权领域中尤为明显。跨国企业被迫对其子公司的违规行为负责的问题越来越受到关注（Kirshner，2012；Skinner，2015）。主要目的是防止跨国企业利用当地资源损害工人和环境。

就民事责任的形式而言，美国法院一直以来都是保护非美国个人免受任何地方侵犯人权行为侵害的强有力工具，其中包括那些由公司实施的侵权行为，至少从 20 世纪 90 年代开始如此（Fletcher，2008）。最近，一些国家开始承认由于供应链缺乏控制而导致的民事责任形式。最重要的例子是《2015 英国现代奴隶制法案》（Weatherburn，2016）和《2017 法国"警惕义务"法案》（Parance，2017）。然而，这些法律并未规定对不合规公司的处罚。

在国际层面，目前正在大力推动加强母公司对工人剥削的控制责任，以及对全球供应链中的实际受益人承担责任的问题（参见欧盟委员会，2020；Ruggie，2021）。在这一领域，第三方尽职调查正在发挥越来越重要的作用，为全球供应链中的实际受益人承担责任铺平了道路。

在经济犯罪领域，由于世界银行集团（WBG）和其他多边开发银行的制裁力量不断增强，国际行为主体正在制定一套新的合规规则（Manacorda and Grasso，2018）。简单来说，从事世界银行集团资助的活动的公司，可能因为涉及腐败、欺诈、胁迫、串通、妨碍五种"可制裁行为"而被追究责任。基本的制裁措施是有条件的停业，这将使得受制裁方在一定时间内无法获得世界银行集团的融资，而受制裁方只有在满足某些条件，例如实施合规计划，才能解除制裁。采用和实施符合 WBG 要求的诚信合规计划是结束停业、有条件非停业或提前终止已有停业的主要条件。

7. 结　语

即使它们设法在合规不足和过度合规的双重危险之间找到方向，要求跨国公司以适当和平衡的方式设计其自己的一套合规规则、程序和控制措施也极具挑战性。

在这方面，一个结合了母国和东道国因素的理论框架被提出，作为一项基本要求，特别是在企业刑事责任方面，将有效性和法律推理结合在一起。在某些非法行为方面，已经逐步制定了第三国或公法和私法国际标准，这是一个不断发展的挑战。

以上概述的指导标准是基于对比法律标准的初步审查，我们建议通过"功能等价性"的角度来阅读。基于事前进行的比较评估的混合解决方案，提供了一种可能的方式来应对我们强调的挑战，尽管为跨国公司建立适当的刑事合规体系，在实践中仍然是一项微妙的工作。

今天的分析表明，在强大的公司之间存在一种进步趋势，即遵守本国或国际层面制定的较高的法律标准，而不是固守地方层面提供的较低标准。这不仅适用于通过东道国子公司运营的跨国集团，也适用于跨国公司与当地公司开展业务的情况。然而，这种趋势并不普遍存在，特别是在涉及合规规则的程序和机构维度时，存在很多例外情况。

在碎片化的法律世界中，跨国公司的刑事合规"困境"，远非一个毫无解决方案神秘话题，经过进一步探索，我们发现这是一个才刚刚开始探索的高度复杂的问题。

参考文献

Abely, C. 2019. Causing a Sanctions Violation with U. S. Dollars: Differences in Regulatory Language Across OFAC Sanctions Programs. *The Georgia Journal of International and Comparative Law* 48（1）：29—83.

Agence Nationale Anticorruption. 2019. *Guide pratique：La fonction conformité anticorruption dans l'entreprise*. Website of Agence Française Anticorruption. https：//www. agence-francaise-anticorruption. gouv.fr.

Alldridge，P. 2012. The U. K. Bribery Act："The Caffeinated Younger Sibling of the FCPA". *Ohio State Law Journal* 73（5）：1181—1216.

Amann，D. M. 2001. Capital Punishment：Corporate Criminal Liability for Gross Violations of Human Rights. *Hastings International and Comparative Law Review* 24（3）：327—337.

Ambos，K. 2018. International Economic Criminal Law：The Foundations of Companies' Criminal Responsibility Under International Law. *Criminal Law Forum* 29：499—566.

——. 2020. *Complicity in War Crimes Through （Legal） Arms Supplies*? EJIL：Talk! Blog of the European Journal of International Law，20 January. https：//www.ejiltalk.org/complicity-in-war-crimes-through-legal-arms-supplies/.

Arora，S.，and S. Gangopadhyay. 1995. Toward a Theoretical Model of Voluntary Overcompliance. *The Journal of Economic Behavior and Organization* 28：289—309.

Bachmaier Winter，L.，ed. 2018. *The European Public Prosecutor's Office：The Challenges Ahead*. Cham：Springer.

Baer，M. 2016—2017. Reconceptualizing the Whistleblower's Dilemma. *UCDL Review* 50：2215—2280.

Barak，G. 2017. *Unchecked Corporate Power：Why the Crimes of Multinational Corporations Are Routinized Away and What We Can Do About It*. London：Routledge.

Basualdo，V.，H. Berghoff，and B. Bucheli，eds. 2021. *Big Business and Dictatorships in Latin America：A Transnational History of Profits and Repression*. London：Palgrave Macmillan.

Beckers，A. 2015. *Enforcing Corporate Social Responsibility Codes：On Global Self-Regulation and National Private Law*. Oxford：Hart Publishing.

Black，J. 2001. Decentring Regulation：Understanding the Role of Regulation and Self-Regulation in a "Post-regulatory World". *Current Legal Problems* 54（1）：103—146.

Blumberg，P. I. 1990. The Corporate Entity in an Era of Multinational Corporations. *Delaware Journal of Corporate Law* 15（20）：283—375.

——. 1996. The Increasing Recognition of Enterprise Principles in Determining Parent and Subsidiary Corporation Liabilities. *Connecticut Law Review* 28：295—346.

Boiral，O. 2012. ISO Certificates as Organizational Degrees? Beyond the Rational Myths of the Certification Process. *Organization Studies* 33（5—6）：633ff.

Boles，J. R. 2019. The Contract as Anti-corruption Platform for the Global Corporate Sector. *University of Pennsylvania Journal of Business Law* 21：807—842.

Braithwaite，J. 1982. Enforced Self-Regulation：A New Strategy for Corporate Crime Control. *The Michigan Law Review* 80（June）：1466—1507.

——. 2002. *Restorative Justice and Responsive Regulation*. New York：Oxford University Press.

Brewster，R.，and S. W. Buell. 2017. The Market for Global Anticorruption Enforcement. *Law and Contemporary Problems* 80：194—214.

Brodowsky，D.，M. Espinoza de los Monteros de la Parra，K. Tiedemann，and J. Vogel，eds. 2014. *Regulating Corporate Criminal Liability*. Cham：Springer.

Bryk，L.，and M. Saage-Maa? 2019. Individual Criminal Liability for Arms Exports Under the ICC

Statute: A Case Study of Arms Exports from Europe to Saudi-Led Coalition Members Used in the War in Yemen. *Journal of International Criminal Justice* 5: 1117ff.

Bryk, L., and C. Schliemann. 2019. *Arms Trade and Corporate Responsibility: Liability, Litigation and Legislative Reform*. Bonn: Friedrich-Ebert-Stiftung.

Catá Backer, L. 2005. Multinational Corporations, Transnational Law: The United Nations' Norms on the Responsibilities of Transnational Corporations as a Harbinger of Corporate Social Responsibility in International Law. *The Columbia Human Rights Law Review* 37: 101—192.

Chapman, B. 1996. Corporate Tort Liability and the Problem of Overcompliance. *The Southern California Law Review* 69: 1679—1703.

Coffee, J. C., Jr. 1990. "Carrot and Stick" Sentencing: Structuring Incentives for Organizational Defendants. *Federal Sentencing Reporter* 3: 126—129.

D'Ambrosio, L. 2019. L'implication des acteurs privés dans la lutte contre la corruption: un bilan en demi-teinte de la Loi Sapin 2. *Revue de science criminelle et de droit pénal comparé* 1 (1): 1—24.

Davis, K. 2019. *Between Impunity and Imperialism: The Regulation of Transnational Bribery*. New York: Oxford University Press.

Delmas-Marty, M., and K. Tiedemann. 1979. *La criminalité, le droit pénal et les multinationales*. JCP 12900.

European Commission. 2020. *Study on Due Diligence Requirements Through the Supply Chain*. Final Report. Website of the publications office of the European Union.

Fiorella, A., ed. 2012. *Corporate Criminal Liability and Compliance Programs—Vol. I, Liability "Ex Crimine" of Legal Entities in Member States*. Naples: Jovene.

Fisse, B., and J. Braithwaite. 1993. *Corporations, Crime and Accountability*. New York: Cambridge University Press.

Fletcher, G. P. 2008. *Tort Liability for Human Rights Abuses*. New York: Hart Publishing.

Forti, G. 2018. Spunti per un'analisi criminologica della materia penale economica. In *Itinerari di diritto penale dell'economia*, ed. R. Borsari. Padua: Padova University Press.

Garrett, B. L. 2011. Globalized Corporate Prosecutions. *Virginia Law Review* 97 (8): 1775—1875.

Garrett, B. L., and G. Mitchell. 2020. *Testing Compliance*. Duke Law School Public Law & Legal Theory Series No. 2020—14, Law and Contemporary Problems, 10 February. https://papers.ssrn.com/sol3/papers.cfm?abstractid=3535913.

Giudicelli-Delage, G., S. Manacorda, and J. Tricot, eds. 2013. *La responsabilité pénale des personnes morales: perspectives européennes et internationales*. Paris: Société de Législation Comparée.

Gruner, R. S. 2007. Preventive Fault and Corporate Criminal Liability: Transforming Corporate Organizations into Private Policing Entities. In *International Handbook of White-Collar and Corporate Crime*, ed. H. N. Pontell and G. Geis. New York: Springer.

Hopt, K. J., and G. Teubner, eds. 1985. *Corporate Governance and Directors' Liabilities. Legal, Economic and Sociological Analyses on Corporate Social Responsibility*. Florence: De Gruyter.

Huff, K. B. 1996. The Role of Corporate Compliance Programs in Determining Corporate Criminal Liability: A Suggested Approach. *The Columbia Law Review* 5: 1252—1298.

Jessberger, F. 2010. On the Origins of Individual Criminal Responsibility Under International Law for Business Activity: IG Farben on Trial. *Journal of International Criminal Justice* 8 (3): 783—802.

Kaleck, W., and M. Saage-Maaß 2010. Corporate Accountability for Human Rights Violations

Amounting to International Crimes: The Status Quo and its Challenges. *Journal of International Criminal Justice* 8（3）: 699—956.

Kirshner, J. A. 2012. Why Is the U. S. Abdicating the Policing of Multinational Corporations to Europe? Extrater ritoriality, Sovereignty, and the Alien Tort Statute. *The Berkeley Journal of International Law* 30: 259—302.

Krawiec, K. D. 2003. Cosmetic Compliance and the Failure of Negotiated Governance. *Washington University Law Quarterly* 81: 487—544.

Langevoort, D. 2018. Behavioral Ethics, Behavioral Compliance. In *Research Handbook on Corporate Crime and Financial Misdealing*, ed. Jennifer Arlen, 263—281. Northampton: Edward Elgar.

Laufer, W. S. 1996. Corporate Culpability and the Limits of Law. *Business Ethics Quarterly* 3: 311ff.

——. 1999. Corporate Liability, Risk Shifting, and the Paradox of Compliance. *The Vanderbilt Law Review* 52: 1343—1420.

——. 2006. *Corporate Bodies and Guilty Minds: The Failure of Corporate Criminal Liability*. Chicago: Chicago University Press.

——. 2018. A Very Special Regulatory Milestone. *The University of Pennsylvania Journal of Business Law* 20: 392—428.

Lowell Brown, H. 1998. Parent-Subsidiary Liability Under the Foreign Corrupt Practices Act. *The Baylor Law Review* 50: 29—30.

Manacorda, S. 2014. Towards an Anti-Bribery Compliance Model: Methods and Strategies for a "Hybrid Normativity". In *Preventing Corporate Corruption: The Anti-Bribery Compliance Model*, ed. S. Manacorda, G. Forti, and F. Centonze, 3—30. Cham: Springer.

Manacorda, S., and C. Grasso. 2018. *Fighting Fraud and Corruption at the World Bank: A Critical Analysis of the Sanctions System*. Cham: Springer.

Manacorda, S., G. Forti, and F. Centonze, eds. 2014. *Preventing Corporate Corruption: The Anti-Bribery Compliance Model*. Cham: Springer.

Manacorda, S., A. Marletta, and G. Vanacore. 2017. Individual Liability For Business Involvement in International Crimes. *Revue Internationale de Droit Pénal* 88（1）: 377.

Mayrhofer, U., and C. Prange. 2015. Multinational Corporations（MNEs）and Enterprises（MNEs）. In *Wiley Encyclopedia of Management*, vol. 6. International Management.

Meyer, J. A. 2009. Second Thoughts on Secondary Sanctions. *University of Pennsylvania Journal of International Law* 30（3）: 905—967.

Miller, G. P. 2014. *The Compliance Function: An Overview*. NYU Law and Economics Research Paper No. 14—36.

——. 2017a. Compliance: Past, Present and Future. *University of Toledo Law Review* 48（3）: 437—452.

Miller, J. G. 2017b. Organizational Liability for Environmental Crimes. In *Elgar Encyclopedia of Environmental Law: Volume IV, Compliance and Enforcement of Environmental Law*, ed. M. Faure. Cheltenham: Edward Elgar.

Mongillo, V. 2016. La repressione della corruzione internazionale: costanti criminologiche e questioni applicative. *Diritto penale e processo* 10: 1320ff.

Morand, M., and L. Rayman-Bacchus. 2006. Think Global, Act Local: Corporate Social Responsibility Management in Multinational Companies. *Social Responsibility Journal* 2 (3/4): 261—272.

Murphy, J. E. 2019. *The ISO 37001 Anti-corruption Compliance Program Standard: What's Good, What's Bad, and Why It Matters*, 14 January. https://ssrn.com/abstract = 3315737.

Nerlich, V. 2010. Core Crimes and Transnational Business Corporations. *Journal of International Criminal Justice* 8 (3): 895—908.

Neyret, L., ed. 2015. *Des écocrimes à l'écocide: le droit pénal au secours de l'environnement*. Brussels: Bruylant.

Nieto Martín, A. 2012. Cosmetic Use and Lack of Precision in Compliance Programs: Any Solution? *Eucrim* 3: 124—127.

——. 2014. Compliance Programs and Criminal Law Responses: A Comparative Analysis. In *Preventing Corporate Corruption: The Anti-Bribery Compliance Model*, ed. S. Manacorda, G. Forti, and F. Centonze, 333—362. Cham: Springer.

——, ed. 2015. *Manual de cumplemiento penal en la empresa*. Valencia: Tirant Lo Blanch. OECD. 2007. *Implementing the OECD Anti-bribery Convention: Report on Japan 2007*. OECD website.

——. 2010. *Good Practice Guidance on Internal Controls, Ethics, and Compliance*. OECD website.

——. 2011. *Guidelines for Multinational Enterprises*. 2011 update. OECD website.

——. 2018. *Due Diligence Guidance for Responsible Business Conduct*. OECD website.

——. 2019. *Resolving Foreign Bribery Cases with Non-trial Resolutions: Settlements and Non-trial Agreements by Parties to the Anti-Bribery Convention*. OECD website.

Ortblad, V. 2008. Criminal Prosecution in Sheep's Clothing: The Punitive Effects of OFAC Freezing Sanctions. *The Journal of Criminal Law and Criminology* 98 (4): 1439—1466.

Paliero, C. E., and C. Piergallini. 2006. La colpa di organizzazione. *Responsabilità amministrativa società enti* 2239: 167—178.

Parance, B. 2017. La consécration législative du devoir de vigilance des sociétés mères et des entreprises donneuses d'ordre. *Gazette du Palais* 15: 16ff.

Parker, C. 2002. *The Open Corporation: Effective Self-Regulation and Democracy*. Cambridge: Cambridge University Press.

Parker, C., and P. N. Grabosky. 1995. Using Non-governmental Resources to Foster Regulatory Compliance. *Governance* 8: 527ff.

Pieth, M. 2000. 'Funktionale Aequivalenz': Praktische Rechtsvergleichung und internationale Harmonisierung von Wirtschaftsstrafrecht. *Zeitschrift für Schweizerisches Recht* 119: 477ff.

Pieth, M., and R. Ivory, eds. 2011. *Corporate Criminal Liability: Emergence, Convergence and Risk*. Cham: Springer.

Podgor, E. S. 2002. Defensive Territoriality: A New Paradigm for the Prosecution of Extraterritorial Business Crimes. *The Georgia Journal of International and Comparative Law* 31 (1): 1—30.

Rahim, M., ed. 2019. *Code of Conduct on Transnational Corporations: Challenges and Opportunities*. Cham: Springer.

Ramasastry, A. 2002. Corporate Complicity: From Nuremberg to Rangoon: An Examination of Forced Labor Cases and Their Impact on the Liability of Multinational Corporations. *The Berkeley Journal of International Law* 20 (1): 91.

Rossi, G., ed. 2017. *Corporate compliance: una nuova frontiera per il diritto?* Milan: Giuffrè. Ruggie, J. G. 2013. *Just Business: Multinational Corporations and Human Rights*. New York: W. W. Norton

& Company.

——. 2018. Multinationals as Global Institution: Power, Authority and Relative Autonomy. *Regulation & Governance* 12 (3): 317—333.

——. 2021. *European Commission Initiative on Mandatory Human Rights Due Diligence and Directors' Duties*. John F. Kennedy School of Government. https://media.business-humanrights.org/media/documents/EUmHRDDpaperJohnRuggie.pdf.

Schaefer, M. E. 2019. Should a Parent Company Be Liable for the Misdeeds of its Subsidiary? Agency Theories Under the Foreign Corrupt Practices Act. *New York University Law Review* 94 (6): 1654ff.

Sieber, U. 2008. Compliance-Programme im Unternehmensstrafrecht. Ein neues Konzept zur Kontrolle von Wirtschaftskriminalität. In *Strafrecht und Wirtschaftsstrafrecht. Dogmatik, Rechtsvergleich, Rechtstatsachen. Festschrift für Klaus Tiedemann zum 70*, ed. U. Sieber et al. Geburtstag. Köln: Carl Heymanns Verlag.

Skinner, G. 2015. Rethinking Limited Liability of Parent Corporations for Foreign Subsidiaries' Violations of International Human Rights Law. *Washington and Lee Law Review* 72: 1769—1864.

Søeide, T., and A. Makinwa. 2020. *Negotiated Settlements in Bribery Cases: A Principled Approach*. Cheltenham: Edward Elgar.

Spalding, A. 2015. Restorative Justice for Multinational Corporations. *Ohio State Law Journal* 76: 357—408.

Stewart, J. G. 2010. *Corporate War Crimes: Prosecuting Pillage of Natural Resources*. New York: Open Society Foundations.

Sun Beale, S. 2009. A Response to the Critics of Corporate Criminal Liability. *The American Criminal Law Review* 46: 1481—1505.

Supiot, A., and M. Delmas-Marty, eds. 2015. *Prendre la responsabilité au sérieux*. Paris: PUF.

Teichman, D. 2014. The Hindsight Bias and the Law in Hindsight. In *The Oxford Handbook of Behavioural Economics and the Law*, ed. E. Zamir and D. Teichman. Oxford: Oxford University Press.

Thompson, R. B. 1983. United States Jurisdiction Over Foreign Subsidiaries: Corporate and International Law Aspects. *Law and Policy in International Business* 15: 319—363.

Tiedemann, K. 1988. Die Bebußung von Unternehmen nach dem 2. Gesetz zur Bekäpfung der Wirtschaftskriminalit. *NJW*, 1169—1672.

Turksen, U. 2018. The Criminalisation and Protection of Whistleblowers in the EU's Counter-Financial Crime Framework. In *White Collar Crime: A Comparative Perspective*, ed. K. Ligeti and S. Tosza, 333—367. Oxford: Hart Publishing.

Tyler, T. 2014. Reducing Corporate Criminality: The Role of Values. *The American Criminal Law Review* 51 (1): 267—291.

——. 2018. Psychology and the Deterrence of Corporate Crime. In *Research Handbook on Corporate and Financial Misdealing*, ed. J. Arlen, 11—39. Northampton: Edward Elgar.

US Department of Justice. 2020. *Evaluation of Corporate Compliance Programs*. Website of US Department of Justice Criminal Division. https://www.justice.gov/criminal-fraud/page/file/937501/download.

US OFAC [Department of the Treasury's Office of Foreign Assets Control]. 2019. *A Framework for OFAC Compliance Commitments*. Website of the US Department of the Treasury. https://home.treasury.gov/system/files/126/framework_ofac_cc.pdf.

Valenzano，A. 2019. *L'illecito dell'ente da reato per l'omessa o insufficiente vigilanza*. *Tra modelli preventivi e omesso impedimento del reato*. Naples：Jovene.

Van Der Wilt，H. 2013. Corporate Criminal Responsibility for International Crimes：Exploring the Possibilities. *Chinese Journal of International Law* 12（1）：43—77.

Wallace，C. D. 2002. *The Multinational Enterprise and Legal Control：Host State Sovereignty in an Era of Economic Globalization*. 2nd ed. New York：Cambridge University Press.

Walsh，C. J.，and A. Pyrich. 1995. Corporate Compliance Programs as a Defense to Criminal Liability：Can a Corporation Save Its Soul. *The Rutgers Law Review* 47：605—666.

Weatherburn，A. 2016. Using an Integrated Human Rights-Based Approach to Address Modern Slavery：The UK Experience. *European Human Rights Law Review* 2：184—194.

Weigend，T. 2008. Societas delinquere non potest? A German Perspective. *Journal of International Criminal Justice* 6：927—945.

Wells，C. 2001. *Corporations and Criminal Responsibility*. 2nd ed. Oxford：Oxford University Press.

Wu，J.，and T. M. Wirkkala. 2009. Firms' Motivations for Environmental Overcompliance. *Review of Law & Economics* 5（1）：399—433.

第 5 章　跨境提供投资服务：识别不断变化的监管风险和合规策略

斯特凡诺·瓦伦特

1. 引　言

资本市场对全球的影响力与当地国家或至少是区域性的金融服务监管范围之间存在紧张关系，这在产业界和监管界广为人知（例如，Delfas，2020；高盛全球市场研究所，2009）。

在这种背景下，国际监管和监督实践的协调通常被认为是整合全球金融市场的重要基石，尽管在实践中并不经常成功（FSB，2019；Verdier，2011）。特别值得注意的是，国际层面的监管举措主要是为了应对 2007—2008 年全球金融危机（GFC），通常侧重于在各国监管机构之间通过自愿性协议实现国际标准的协调（Armor et al.，2016；Brummer and Smallcomb，2015；Verdier，2011）。随着时间的推移，这些努力使得管理金融市场的整体监管框架变得越来越全面和稳健。然而，它们并没有消除其所有结构上的失调，并且在某些情况下，令人遗憾地创造了新的失调（Quarles，2020；FSB，2019）。不同国家之间监管要求的差异可能会阻碍金融中介机构提供跨境服务的能力，限制国际资本流动，并最终导致国际资本市场的分裂（FSB，2019；IOSCO，2019；

Giancarlo, 2018; 行业普遍持有这种观点, 例如 FIA, 2019; ISDA, 2015、2019; IIF, 2019b)。

国际金融机构处于这种紧张关系的中心, 其中受影响最大的是全球银行 (IIF, 2019a; Oliver Wyman, 2019)。① 作为国际资本流动的主要中介机构之一 (FSB, 2020; 世界银行, 2018), 全球银行为多个司法管辖区的客户提供服务, 为他们提供一套全面的金融和投资服务 (世界银行, 2018; Armor 等, 2016; Cetorelli 等, 2012; Chadha 等, 1999)。为此, 全球银行实施了复杂的国际组织结构。这些通常包括: 在公司结构层面, 有在不同司法管辖区成立 (通常是授权) 的分支机构和子公司网络 (Caparusso et al., 2019; 世界银行, 2018; Armor 等, 2016); 在内部职能层面上, 涉及不同国家和地区的客户, 包括广泛出差、管理来自多个地点金融风险的银行家, 以及销售和交易人员 (Armor et al., 2016; 德勤, 2015; Duhon, 2012)。

在追求国际影响力的商业模式中, 如何协调监管要求和组织结构是一个艰巨的任务, 这要求全球银行在其管辖范围内运营时, 评估和管理不遵守外国规则的风险。本章将重点分析在批发证券和衍生品市场背景下提供的投资服务合规问题, 并从行为监管的角度审视, 根据采用的具体监管策略来规范外国实体向其国内提供跨境投资服务的不同司法管辖区决定, 这种风险的存在和程度肯定会有所不同 (IOSCO, 2015、2019; FSB, 2019)。

全球银行如何在提供全球投资服务的同时管理跨境合规风险? 本章将论证回答这个问题的一个最重要因素是实施全球合规计划, 其中合规职能 (也称为 "合规部门") 发挥着关键作用。按照 "三道防线" (也称为 "3 LoD") 模型的标准描述, 合规性是第二道防线 (也称为 "2rd LoD") 功能, 负责协助第一道防线 (也称为 "1st LoD"), 即公司努力遵守所有适用法律和法规。本章将深入

---

① 就本章而言, 全球银行的概念包括从传统贷款模式演变而来的银行实体, 其收入来自多个与证券化或其他资本市场活动有关的其他来源, 被认为是庞大而复杂的, 并且跨境开展业务。在这方面, 它肯定共享许多用于识别全球银行系统重要性的指标, 即银行的规模、其相互关联性、其提供的服务是否缺乏现成的替代品或金融机构基础设施、其全球跨司法管辖区的活动及其复杂性等要素, 正如巴塞尔银行监管委员会 (也称为 "BCBS") 所确定的那样 (BCBS 2018)。

探讨为什么合规计划对于减轻跨境合规风险至关重要，并详细说明合规部门应扮演的角色以及它们需要具备什么条件才能增加价值。通过这样做，本章将阐明在全球开展业务时，合规对于全球银行抵御跨境监管风险方面的至关重要性。

本章的其余部分结构如下：第 2 节将描述包括全球银行在内的国际金融中介机构运作的监管框架。具体而言，将重点关注不同国家为规范跨境投资服务而采取的不同监管策略，以及这些策略如何影响全球银行跨境合规风险的性质和形式。第 3 节将重点介绍作为全球银行内部控制系统一部分的合规职能在管理这种风险中的作用。首先，将阐述全球银行在设计其内部控制系统时采用的主要原则，以及合规部门在其中的职责。然后，将阐释为什么合规计划对于减轻跨境合规风险至关重要，并列出其需要满足的条件，以达到理想的增值效果。第 4 节将讨论其他控制职能部门，主要是法律和内部审计职能部门，在管理跨境合规风险方面的作用，以及它们如何与合规部门协调。第 5 节将作出总结。

2. 跨境投资服务的监管框架

2.1　证券及衍生品市场跨境行为监管的三种范式

传统上，经济理论认为国际资本流动是经济增长的重要驱动力。在没有跨境限制的情况下，资本可以自由跨境流动，在风险调整的基础上在多个国家寻找更有效的配置。相反，国际资本流动使得一个国家能够凭借比其国内储蓄更多的资本来满足其国内投资需求。理论上，当这种情况发生时，投资需求将成为国内经济增长的重要因素（O'Rourke and Williamson，2011；最近与监管政策相关，Bailey，2017）。[2]不同类型的金融中介机构使得资本能够跨境流动，并且根据它们的目标和组织设置以不同的方式实现。可以说，全球银行是其中最重要的机构之一（FSB，2020；世界银行，2018）。

全球银行以多种方式实现资本跨境流动。尤其是在批发证券或衍生品市场

---

[2]　学术文献已经界定了与国际资本流动相关的许多其他好处以及一些相关风险（世界银行，2018）。

的背景下，全球银行通常提供投资服务，并根据被视为提供此类服务的司法管辖区的法律进行受监管的活动。虽然此类受监管活动的名称和适用范围可能有所不同，但不同司法管辖区为应对在其管辖范围内提供投资服务的外国参与者而采取的监管策略具有一些共同点。

正如重要的国际报告所指出的那样，国家和地区的监管机构通常采用以下三种主要方式来监管跨境投资服务的提供：国民待遇方式，在此基础上加上一套适当的固定豁免或认可规范，以及通行证制度（IOSCO，2015）。

2.2 国民待遇方式

大多数司法管辖区以国民待遇方式作为起点。如果一家公司希望进入海外市场开展投资服务，则可能需要获得该市场相关监管机构的授权，并遵守许多不同的要求（IOSCO，2015）。从监管和监督的角度来看，国民待遇方式创造了一个公平的竞争环境，使得当地投资者无需担心监管制度和对他们所销售产品以及从不同机构获得的服务的监督存在潜在差异（IOSCO，2015；Brummer，2011）。然而，国民待遇方式对于外国投资服务提供商来说也带来了一系列问题，包括成本较高。特别是，外国实体必须遵守重复的规则和监管惯例（IOSCO，2015）。这实际上在国境间设置了资本跨境流动的障碍。为了平衡投资者保护问题与国际资本流动的利益，各国通常通过引入某些豁免来缓解国民待遇立场，这些豁免通常针对批发市场中的活动（IOSCO，2015；Jackson，2015），例如美国 1934 年《证券交易法》第 15a-6 条规则③或英国的"境外人士豁免"规则。④

对于在多个国家开展业务的全球投资银行，国民待遇方式是其跨境合规风险的主要来源。特别是，这种风险的形式是需要遵守多个东道国司法管辖区不同的本地法律和法规，这些法律和法规适用于银行决定向客户在其本国管辖范

---

③　在满足其条件的范围内，第 15a-6 条规定允许希望在美国从事与某些特定类别（通常是大型和复杂的）投资者相关的有限数量的活动的外国经纪自营商免于在美国证券交易委员会注册。有关概述，请参阅 Greene 等人，2017。

④　根据英国金融服务和市场法规定的 2000 年《金融服务和市场法规》第 72 条，"境外人士豁免"将"境外人士"定义为在英国之外从事某些受监管活动，或者在某些情况下，他们被排除在该法规的授权要求之外。

围内提供的服务和活动。此外，尽管此类要求通常仅限于全球银行打算在客户的本国管辖范围内提供的服务和活动，但在某些情况下，接触当地投资者的行为会触发对客户域外活动的监管要求，从而使得服务提供商需要适用于在客户本国管辖范围外开展活动的实体（Brummer，2011）。⑤正如前面所述，国家监管要求通常对国民待遇方式或其在境外的适用提供豁免。然而，对于在多个国家提供投资服务的全球银行来说，依然存在一定程度的不确定性。⑥不同国家存在不同的豁免情况，对内部金融服务的表现形式也可能不同，因此整体协调变得复杂且存在风险。国民待遇方式的局限性逐渐导致对跨境金融监管的第二种构想方法的一些尝试：认可。

2.3　认可

跨境监管中的认可概念是多方面的。在国际金融监管的背景下，认可通常采取由特定司法管辖区的相关监管机构以通过决定的形式，由特定司法管辖区的相关监管机构根据其对外国司法管辖区某一特定活动的监管和监督实践的质量和有效性的评估，将其视为等同于或替代其自身的活动（IOSCO，2015；Verdier，2011）。通过认可决定，外国金融中介机构只需遵守其本国相关活动的规则，即可进入已通过认可决定的司法管辖区，并豁免东道国的其他适用要求（Verdier，2011）。认可可能是单方面的，在某些司法管辖区被认定为是等同的，或者也可能是相互的（IOSCO，2015）。在单方面认可或等同的情况下，司法管辖区允许外国司法管辖区授权的供应商在其境内提供跨境活动（IOSCO，2015）。该决定通常以某些关键要素为前提，例如加强两国之间的监管合作以及

---

⑤　2010 年《多德—弗兰克华尔街改革和消费者保护法案》（以及 SEC 和 CFTC 的相关实施条例）对场外衍生品实施的规则中包含的域外规定，以及欧洲议会和欧洲理事会 2012 年 7 月 4 日关于场外衍生品的《（EU）第 648/2012 号条例》中，中央对手方和交易储存库的相应规则，特别是第 4 条第（1）款（a）（v）项。有关摘要，请参阅 Coffee，2014，Greene and Potiha，2012、2013。这绝不是唯一的情况，因为鉴于金融市场的全球性质、监管范围以及许多金融中介机构的跨境组织，摩擦会经常有意或无意地出现。关于全球金融监管中治外法权的概念及其原因，请参阅 Lehmann，2017 和 Coffee，2014。

⑥　只需看看 1934 年《证券交易法》第 15a—6 条规则所需的大量指导和解释，以及 SEC 关于此问题的几封"不采取行动"信件就可以得出结论（Greene et al.，2017）。

对外国监管制度的满意评估（IOSCO，2015）。[7]与单方认可不同，相互认可决定是由两个或多个监管机构共同制定的，根据这些规定，它们同意将彼此视为对某种投资服务或活动的自身授权和运营要求的"认可"（IOSCO，2015；Verdier，2011）。[8]尽管单边认可和相互认可在概念上有所不同，但它们有一个重要的共同点。[9]具体而言，国民待遇使得外国中介机构有权通过遵守与其本国行为者相同的法规进入东道国，而在认可范式下，外国中介机构可以在遵守本国规则的同时在东道国提供金融服务（IOSCO，2015；Verdier，2011）。

全球银行和国际金融中介机构受益于单边或相互认可制度的实施，因为它们减少了重叠和重复的监管合规要求。然而，这些规范要求的落实可能面临时间、稳定性和范围的限制，无论是针对客户类型还是涵盖的服务类型（Moloney，2017；Norton Rose Fulbright，2017；IOSCO，2015；Verdier，2011）。

2.4　通行证

为了克服与单边或相互认可制度相关的限制，出现了更广泛紧密的跨境监管合作形式，即通行证。在金融服务领域，通行证安排允许在一个国家获得授权的个人或其母国在作为通行证协议成员的其他国家（即东道国）的领土内提供金融和投资服务（IOSCO，2015）。通行证制度可以被视为一种更严格的认可形式。一方面，它通常需要一套共同的制度来管理通行证制度的持续运作

---

⑦　提供单方面认可的能力通常存在于欧洲法规中，并被确定为等同。关于投资服务，相关参考资料是欧洲议会和理事会 2014 年 5 月 15 日关于金融工具市场的第 600/2014 号条例（EU）第 46 条和第 47 条，并修订了第 648/2012 号（EU）条例。有关欧洲金融服务等效方法的详细信息，请参阅欧盟委员会 2019、Wymeersch 2018、Busch and Louisse 2017、Moloney 2017。

⑧　金融服务领域相互认可的一个重要例子可能是，2008 年 5 月美国证券交易委员会与澳大利亚当局签署的相互承认协议，尽管可能更多地是因为其概念上而不是实际意义的。虽然该协议没有产生许多人希望的实际影响，但它确实是迈向"第二代替代合规"概念的重要概念基石，美国证券交易委员会和美国商品期货交易委员会（CFCT）后来将采用这一概念来减轻与衍生品监管相关的一些条款的出境和域外影响，包含在 2010 年《多德—弗兰克华尔街改革和消费者保护法案》中。有关全面清晰的概述和必要的附加参考，请参阅 Jackson 2015。

⑨　在某些情况下，实际上很难区分相互认可和单方认可。这取决于认可方实际上是否在协调各自权力的行使，这种协调可能是行使其权力的先决条件（欧盟委员会和 CFTC，2017）。

（Verdier，2011）；另一方面，成员国之间有一套共同的或逐渐协调的规则和监管实践（IOSCO，2015）。[10]

通行证制度安排有利于全球银行，因为它有助于减少重复的管控和监管。然而，这些安排并非完全没有风险。全球银行采用集团公司结构，包括在不同司法管辖区授权注册成立的分支机构和子公司网络。这可能导致适用于该分支机构的东道国规则在某些方面可能不同于适用于全球银行所在地授权国的规则；甚至在规章制度相同的情况下，不同监管机构的监管做法也可能有所不同（Wymeersch，2019；德勤，2019）。

此外，在一些情况下，作为通行证协议的一部分，授权的活动可能有所不同，因此可能需要一种形式的"补充"许可，[11]或者投资服务的履行可能会触发东道国对分支机构的本地规则的适用。[12]

2.5 不同跨境监管模式对全球银行的影响

前文中讨论的三种监管策略描绘了跨境监管的复杂性和多样性。全球银行面临的困难在于，它们需要在可能采用不同监管策略的司法管辖区内开展业务，同时需要管理和处理不同合规模型之间的相互作用，包括在进入司法管辖区和经营过程中可能发生的法律变化或监管实践转变。为了避免效率低下和不必要的风险，全球银行需要在整个全球组织中采取协调有效的方式来应对这些挑战（Bird and Park，2017；Malloy，2002）。全球银行如何在大型全球组织的背景下，管理监管过程的复杂性、多样性、相互作用和变化？要回答这个问题，需要分析全球银行建立内部控制系统所依据的原则和方法。下一节将阐述合规在

---

⑩ 欧洲议会和理事会 2014 年 5 月 15 日关于金融工具市场并修订《2002/92/EC 指令》和《2011/61 指令》（MiFID II）的《2014/65/EU 指令》，给出了金融服务通行的一个突出例子。根据 MiFID II 第 34 条和第 35 条，在其本国获得授权的投资公司可以在任何其他成员国的领土上自由提供它们已获得授权的投资服务，无论是跨境还是通过设立分支机构。有关概述，请参阅 Moloney，2016。

⑪ 例如，在英国，在某些情况下，MiFID II 所设想的投资服务和活动的范围比 FSMA 2000 要求授权的受监管活动范围窄。详见第 13A 章第 7 节《英国金融行为监管局手册》监管资料集的补充许可。

⑫ 例如，英国高级经理和认证制度（Henry 2020）。

这方面可以发挥的重要作用。

3. 合规职能在跨境监管风险管理中的作用

3.1 金融机构内部控制体系结构简要概述：三道防线

虽然国际银行机构的公司治理结构可以采用不同的形式，但普遍认为董事会对机构的战略管理和监督负有最终责任，包括在一定程度的限制下，可能因司法管辖区的差异而有所变化，并遵守适用的法律法规（Miller，2017、2018；EBA，2017；BCBS，2005、2015）。为实现这一目标，董事会的任务通常是建立与机构规模和业务模式相称的内部控制框架（EBA，2017；BCBS，2005、2011、2015）。在这种情况下，内部控制应定义为"由实体董事会、管理层和其他人员实施的过程，旨在为实现与运营、报告和合规相关的目标提供合理保证"（特雷德韦委员会赞助组织委员会，2013，第 3 页）；关于该定义在金融机构和公司中的应用，请参阅 Miller，2017、2018。董事会通常通过设定战略方向并将其实施委托给公司高级管理层来履行这一职责（Miller，2020）。

在金融服务行业内，内部控制系统的组织通常遵循三道防线模型的原则（Miller，2017，2018；BCBS，2011）。该模型的起源不明确，而且不是法定的，但是在一般金融业，特别是银行业中却得到广泛采用（Davies and Zhivitskaya，2018；FCA，2017；BCBS，2014）。该模型自 2013 年以来已由国际审计师协会（IIA）正式确定。从 2014 年开始，3 LoD 模型已被货币监理署采用。毫无疑问，3 LoD 体系并不关注企业的治理结构，而是侧重于企业业务组织运营层面采用的内部控制系统（Miller，2018；Arndorfer and Minto，2015）。

在当前版本中，3 LoD 系统将包括遵守适用法律法规在内的风险管理和控制的不同职责分配给三道不同的防线，分别是第一道防线（1st LoD）、第二道防线（2nd LoD）以及第三道防线（3rd LoD）（IIA，2013）。

第一道防线（1st LoD）由前端办公室组成，即由负责交易、结构化、销售、客户关系和其他客户管理活动的运营员工和其管理的员工组成，执行交易、结构、销售、客户关系和其他客户管理活动（Davies and Zhivitskaya，2018；

Miller，2018；Arndorfer and Minto，2015；货币监理署，2014）。通过对负责机构日常业务活动的人员赋予初始合规和控制职责，该模型强调第一道防线的目标，不仅是增加公司的收入，而且要符合机构的政策和控制要求，并最终符合董事会设定的风险承受能力（Miller，2020；Arndorfer and Minto，2015）。第二道防线（2nd LoD）涵盖了提供咨询、执行控制和监视活动的公司内部职能和部门（Davies and Zhivitskaya，2018；Miller，2018；Arndorfer and Minto，2015）。第二道防线包括合规、法律、财务、人力资源和风险管理等职能（Davies and Zhivitskaya，2018；Miller，2020；Arndorfer and Minto，2015）。最后，第三道防线（3rd LoD）由内部审计职能代表。其任务是审查第一道防线和第二道防线，并向高级管理层和董事会提供独立保证，以确保防线的有效运作，即符合各自的政策、程序和风险偏好（Davies and Zhivitskaya，2018；Miller，2020；Arndorfer and Minto，2015）。

3.2　合规在三道防线模型中的作用

合规是第二道防线的职能，在多个司法管辖区的法律或监管指南等文件中，是金融中介机构（AFME and EY，2018；IOSCO，2006）和银行机构（FCA，2017；EBA，2017；BCBS，2005、2008）所必需的。合规职能的职责，可能因不同的司法管辖区和机构而有所差异。这些责任可以以不同的方式进行概念化，但最终都源于第一道防线，并需要为机构遵守适用的法律法规提供建议和支持，无论是通过直接行动还是对下属员工进行监督活动（SIA，2005）。考虑到本章的最终目标，总结合规活动，可以分为五个主要领域：咨询活动、培训、合规风险评估、监控、测试和报告以及其他法定或集中的合规职能（例如履行反洗钱职责、监管联络、控制室职能、许可和注册等）（ESMA，2020；IOSCO，2006；BCBS，2005；行业中的 AFME and EY，2018；SIFMA，2013；SIA，2005）。

在 3 LoD 框架内，合规咨询活动通常包括合规部门向创收员工和高级管理人员提供建议和指导，以履行他们按照法律和相关指南的要求遵守的义务，无论是通过直接行动，还是对下属员工进行监督活动。咨询活动可以采取不同的形式，并受到合规和法律职能等其他控制职能之间职责划分的影响。在这种情况下，合规部门提供的建议可以是口头或书面形式，并与一般事项或个别事件相关。在一般事项的背景下，例如新监管要求的实施，合规活动可以包括起草内部政策和程序，[13]或对第一道防线希望建立的控制措施的设计和实施发表意见。对于特定事件，例如推出新产品、进入新市场或执行交易，合规的建议通常包括关于这些举措是否符合内部政策以及适用的监管要求的意见。

通常分配给合规的第二项职责与提供培训有关。培训可以采用不同的形式，从面对面的培训到基于计算机的培训，并涵盖不同的主题，包括现有政策或法规，以及与前端办公室关联的重要庭审案例或行政罚款等。

另一个关键的合规任务是进行合规风险评估。定期进行合规风险评估旨在识别和衡量与机构开展业务相关的任何合规风险。通过进行定期风险评估，合规职能能够全面而及时地了解公司的合规风险、政策和控制措施的合理性，以及任何未解决风险的重要性。这使得董事会、第一道防线职能和合规能够采取战略性的观点来处理机构的合规风险，并决定是否符合机构的风险承受能力，并在不符合时制定策略以将其纳入限制范围内。

监控、测试和报告活动也经常分配给合规职能部门。监控和测试活动包括根据适用的合规政策和程序定期审查机构内特定的业务活动或经营单位。在大型组织中，监控和测试活动通常根据年度测试计划进行，该计划可以根据定期合规风险评估的结果或与特定业务部门相关的合规问题来制定和更新。合规测试和监控活动的结果应根据事先达成的协议向合规职能部门、第一道防线的高级管理层和董事会进行报告。

通常分配给合规的最后一组职责包括其他法定或集中的职能，但并非一定如此。这些职责可能是各种各样的，有时是程序性的，但对第一道防线的职能遵守适用的法律法规至关重要，例如，在未分配给第二道防线职能的组织中，履行反洗钱官员的职责、与金融监管机构的监管联络、控制室职能，以及履行

---

⑬　起草内部政策有时被列为一项单独的活动。在这方面，合规有效地将法规转化为更简单的内部政策，这些政策可以被没有特定技术培训但直接受此类规则影响的员工理解和应用。在执行这项任务时，有时与法律职能部门协调，合规需要考虑法规将如何在商业模式、客户类型和产品以及地理适用性方面适用并影响组织（Miller，2017）。

前端办公室工作人员的许可和注册要求等。

简单总结其作用的关键方面不足以解释合规如何在减轻跨境监管风险方面具有相关性。为了实现这个目标，了解合规运作方式的某些方面也很重要。

在这方面，首先需要观察的是第一道防线职能与合规在管理机构合规风险方面的角色和相关责任之间的概念性界限。如前所述，合规的责任可以被视为通过为第一道防线限定职责的部门提供建议和支持的一系列活动，旨在通过控制和监督工作，以及符合相关规定的行动，使第一道防线履行其按照法律法规的要求的责任（SIFMA，2013；SIA，2005）。然而，关键是要理解合规活动并不取代第一道防线高级管理层的角色和责任，这些高级管理层可能是董事会的一部分，也可能不是（SIFMA，2013；SIA，2005）。金融机构通过内部层级组织，赋予越来越高级的前端行政人员，直至高级管理层，越来越大的权力来指导和监督，并最终雇用、解雇或制裁其他一线限定职责人员，作为机构持续创收工作的一部分（SIFMA，2013；SIA，2005）。这种监督角色不仅限于纯商业或业务方面，还包括确保创收活动符合相关监管要求的责任。[14]换句话说，第一道防线负责决定采取特定业务行动方案的责任和奖励。这并不仅仅限于以创收方式衡量的积极或消极结果，也包括力求依法开展此类要求。然而，第一道防线人员并不总是具备足够的监管知识来解决与业务决策相关的合规风险。因此，合规部门的职责支持至关重要，例如提供专家建议、监控或培训等。然而，需要注意的是，合规的支持活动并不能转移第一道防线的主要责任，即根据适用的法律法规依法行事的责任（引用自 Miller，2018；Fanto，2014；SIFMA，2013；SIA，2005）。

第二个值得关注的方面是，合规采用基于风险的方法来履行职责，这与许多其他第二道防线限制的职责和职能一样。

---

[14]　例如，在欧盟，根据《欧盟委员会授权条例 2017/565》，其规定了公司高级管理层［定义见 MiFID II 第 4（36）条］的责任，即"确保公司遵守《2014/65/EU 指令》规定的义务"，与管理机构的责任［定义见 MiFID II 第 4（37）条］分开，管理机构必须定义、监督并负责"确保有效和审慎管理投资公司的治理计划的实施"。同样，货币监理署在其 2014 年的规定中指出："前端单位应负责，并由首席执行官和董事会负责，以适当评估和有效管理与其活动相关的所有风险。"

基于风险的方法的基本前提是，遵守或不遵守适用法律对金融机构来说是一种风险。因此，可以为其分配一种可能性或潜在影响，不管是在财务、声誉还是其他方面（Orozco，2020；Miller，2020）。根据这一假设，一个机构可以将风险纳入其支持业务模型的风险回报方程中，并决定在其中选择承受的风险水平（Nicolas and May，2017；Miller，2020）。当然，在外部监管机构及其股东的不断监督和挑战下，许多金融机构将其合规风险偏好设置为最低水平（美联储理事会，2008）。但是，将合规视为一种风险，并结合风险承受能力的概念框架，具有许多重要意义。首先，需要定期评估合规风险是否超过设定的风险承受能力阈值，然后通过改进控制、政策、培训、增加合规资源，或者在某些情况下通过停止特定业务项目的运营等来将其纳入风险承受能力范围。其次，即使风险承受能力被设定为零，合规风险仍然存在，并且不可避免地成为机构可持续商业模式的风险回报方程的一部分。这意味着机构的合规努力成本与回报之间存在持续的紧张关系（Davies and Zhivitskaya，2018；Bird and Park，2017；Langevoort，2002）。最后，从合规职能的日常运作来看，基于风险的方法贯穿于其所有职责的履行中。一方面，风险最高的业务部门将吸引最多的资源，例如提供最多合规建议的合规官员、最严格的监控和测试活动、最频繁的培训或最规范的政策。另一方面，在履行合规职责时，合规需要评估和考虑某些内部政策和政策的适用性，这需要根据法规的要求以及公司的风险承受能力来进行考虑。

概述了合规部门的作用、职责和运作方式之后，现在是时候回答一些关键问题了：为什么全球银行需要合规计划来管理跨境合规风险？作为这些安排的一部分，合规部门应该扮演什么角色和开展哪些活动才能使其发挥有效作用？

3.3 跨境合规风险管理的合规计划和合规需求

如前文所述，跨境合规风险具有监管的复杂性、多样性、相互作用和变化等特点。根据三道防线模型，第一道防线内的个人，尤其是高级管理人员，有义务在创收活动时遵守适用的规章制度，以及监督员工逐级向他们报告。并对向他们汇报的员工进行监督。然而，由于跨境合规风险是复杂的问题，需要专

业的技术知识来理解、评估和管理，因此这些任务更加困难。此外，跨境合规
风险的管理需要整个组织以整体和连贯的方式进行，以避免重叠和不一致导致
效率低下。最后，对于这种合规风险的应对，需要贯穿跨境业务活动的整个生
命周期。

为了满足这些需求，需要一个内部独立职能管理的合规计划，并包含某些
要素（美联储理事会，2008）。

3.4　合规作为第二道防线职能对跨境合规风险的作用

一个普遍接受的原则是，全球银行或更广泛的金融中介机构在多个司法管
辖区运营时，必须遵守其开展业务的所有国家或地区适用的法律和法规。随着
全球银行运营具有国际影响力的商业模式变得越来越重要，国际标准要求机构
确定适用的监管要求，并构建合规职能，以确保合规活动之间适当的协调，包
括问责制、定期审查和适当的内部报告（IOSCO，2006；BCBS，2005）。这些
一般原则的适用，必须根据全球银行打算提供其投资服务的国家所采取的具体
监管策略来决定。正如前文所述，不同的监管策略给全球银行带来不同的风险，
这些风险都必须考虑在内。此外，如果全球银行决定在多个司法管辖区开展业务
（通常是这种情况），则还必须评估不同司法管辖区的监管策略之间的相互作用。

正如前文所述，合规作为第二道防线的职能，并不决定机构是否应该开始
或继续在特定司法管辖区提供投资服务的最终权力。然而，它可以通过两种主
要方式为第二道防线和董事会提供有价值的支持：首先，在决定进入新的司法
管辖区时，合规部门应提供与该决定相关的监管风险评估，特别是关于其对组
织现有监管风险状况的潜在影响以及保持风险承受能力所需措施的评估。其次，
在作出初步决定后，合规部门有责任支持第一道防线，确保正在进行的跨境业
务运营按照风险承受能力范围内的惯例进行。

第一个方面可能是最复杂的，涉及大部分合规职责。首先，需要考虑东道
国司法管辖区的相关监管要求。这一步不仅需要对要求进行法律分析，还需要
清楚地了解银行所希望开展业务活动的类型和规模。作为商业惯例，投资服务
可以在纯粹的跨境条件下提供，前端工作人员定期前往相关国家或通过电子邮

件或电话与当地客户联系；也可以在纯粹跨境的背景下，在当地设立办事处或分支机构。所有这些业务决策都受到东道国法律的影响，并且在某些情况下可能是当地法律所要求的。这种影响的程度取决于相关国家采取的监管策略，其中较宽松的监管策略（如认可或通行证制度）通常比较保守的策略（如国民待遇）风险小。例如，一家欧洲银行可能会选择仅在纯跨境基础上与美国的大型复杂客户联系，只要它能够使用第 15-a-6 条的豁免规定；或者如果不符合豁免规定，但仍然有足够的理由来证明此决定的成本相关性，那么可能不得不设立并获得当地子公司的监管许可。在银行可能采取的所有风险防范措施的不同实际组合中，合规作为其中的一部分，应向第一道防线提供有关特定业务行动可能对组织监管状况产生的影响以及保持风险承受能力所需措施的评估。然后，该评估以及相关潜在成本必须由第一道防线（指高层管理人员）在具体业务案例中考虑。⑮

对于合规性评估，还有一些细节值得注意。特别是在创建当地分支机构或子公司时，因为可能需要当地合规人员，评估还应包括这些决策可能对合规职能结构产生何种组织影响的细节，如果是这种情况，则需要规划如何将此类人员纳入现有合规组织，并确保这些人员有报告渠道，以及如何与合规职能的其他部分协调（EBA，2017；IOSCO，2006；BCBS，2005）。另一个需要考虑的重点是如何以适应现有政策和控制环境，满足所在东道国司法管辖区的要求。⑯这可能涉及前端工作人员必须遵循修改后的国民待遇豁免规定所带来的限制，以避免由当地授权引发的持续义务，如最佳执行路径或客户披露要求。在这方面，合规部门通常将被要求起草相关的内部政策，以确保前端工作人员清楚和理解这些要求，并提供定期培训。但是，合规部门还必须评估与当地授权相关的义务与银行已经承担的义务是否相似或等同、更严格或更宽松，以及它们是

---

⑮　当涉及新产品和新举措时，如进入新的司法管辖区，合规部门应完成"对各种情况下，新活动产生的风险、机构风险管理和内部控制框架中的任何潜在缺陷，以及机构有效管理任何新风险的能力的客观评估"（EBA，2017，第 35 页）。

⑯　考虑到将某些行为定义为合规或非合规并不总是显而易见的，这一点尤其重要，因为它可能是公司与监管机构之间或管理层与员工之间的"谈判"的结果（Parker and Gilad，2011）。由于多个监管机构参与监督公司业务的不同部分，这种紧张关系可能会加剧。

否仅适用于银行运营的某些部分或全球范围，例如，如果它们具有域外适用性。这种评估在某些情况下可能是高度技术性的，需要合规部门采用基于风险的方法，以有效地确保基于风险的合规，可能需要在银行经营所在地的所有司法管辖区内适用某一司法管辖区更严格的规则。合规部门还将扩展其作用，起草内部政策，将外部法律法规的监管要求转化为易于理解和适用于不同司法管辖区员工的内部准则（Miller，2017）。

一旦作出初步决定，合规部门应支持第一道防线的职能，确保正在进行的跨境业务运营按照风险承受能力范围内的惯例进行。这项活动可能涉及之前讨论的所有合规部门的责任。合规部门可能需要就与跨境业务行动实施的政策或控制措施的持续应用相关的特定查询提供建议或回应。同时，可能需要更新或改进相关政策，并提供定期培训，以便前端员工了解这些政策。重要的是，作为整体测试计划的一部分，合规部门必须将定期测试应用于支持这些活动的相关业务部门，在整体风险评估中评估其持续业务中的跨境元素是否保持在风险承受能力范围内。最后，跨境业务的运营需要许多其他法定或集中的合规部门持续参与。正如前文所述，如果这些活动被分配给合规部门，则可能需要以下行动，以确保公司的国际业务有序进行：与来自世界各地金融监管机构的监管人员联系，涉及外国发行人发行上市金融工具或控制职能的客户位于外国司法管辖区，以及前端员工进入需要履行注册要求的外国司法管辖区时的集中许可和注册。

通过开展所有这些活动，合规部门使机构能够管理和减轻其跨境合规风险。值得注意的是，这个角色可以且应该超越简单的"内部守门人"角色，专注于监控和监视。通过适当行使风险评估、咨询和培训等职能，合规部门可以协助第一道防线职能，并使公司不仅能够实现并保持有效的合规状态，而且还能够在合规方面取得竞争优势（Bird and Park 2017；Rathz 2009）。在这方面，跨境合规风险具有一系列"理想"的特征，例如复杂性、多样性、相互作用和潜在变化。通过合规部门履行风险评估、咨询和培训的职能，公司能够提高员工个人和管理层在合规决策方面的能力（Bird and Park，2017）。基本上，通过促进"合规文化"（关于该概念的深入分析，请参阅 Langevoort，2017），合规部门能够为公司提供有关内部合规政策和控制措施的咨询和培训举措。此外，在适当的信息技术系统的帮助下，通过风险评估和咨询活动，合规部门能够有效识别、沟通和管理公司整体的跨境合规风险集合，以确保多个重叠的合规要求及其相关控制措施在风险承受能力范围内得到统一纳入（Bird and Park，2017）。

4. 其他职能的作用，特别是法律和内部审计，及其与合规职能的相互作用

合规部门与法律和内部审计等其他控制部门的合作对于减轻跨境合规风险非常重要。这种合作关系主要是根据全球银行三道防线（3 LoD）系统中这些部门的各自职责来确定的（IOSCO，2006；BCBS，2005）。

在全球银行的三道防线系统中，将法律和合规各自的责任确定为第二道防线的职能，多年来引起了一定程度的争议（Baxter，2019；Baxter and Chai，2016；DeStefano，2014）。在这种情况下，通常将法律职能视为负责法律风险，而合规职能则处理合规风险。法律风险被定义为对金融机构的运营或状况产生负面影响的可能性，而合规风险则是由未能遵守适用的法律、规则、法规或其他监管要求而导致的监管制裁、罚款、处罚或损失的风险（美联储理事会，2016；BCBS，2005）。这两种风险有一些重叠的地方，在日常实践中可能会引起一些关于法律法规解释或内部调查处理等活动的疑问（SIFMA，2013；SIA，2005）。相关指南通常允许全球银行在划定法律和合规之间关系的方式上具有一定的灵活性（BCBS，2005；EBA，2017；DeStefano，2014）。这使得不同机构可以自行决定如何划定法律和合规各自的责任边界，并实现两者之间的有效协调，这对于管理跨境合规风险非常重要。

尽管通常认为法律法规的解释需要进行法律判断，并且通常由法务部门负责（Baxter，2019），但合规在相关方面也发挥着重要作用（ESMA，2020；EBA，2017；McKinsey，2016；Fanto，2014；SIFMA，2013；SIA，2005）。[17]合规的咨

---

[17] 在英国，英国金融行为监管局的高级管理层安排、系统和控制资料手册中，明确提到合规部门的责任包括建议和协助负责开展受监管活动的相关人员遵守公司在监管制度下的义务。

询活动不应被视为法律咨询活动的替代品，而是作为一种补充。更具体地说，合规提供的建议应被视为合规部门在支持第一道防线职能方面的不同角色的一部分，通过提供建议的步骤来支持监督活动，以遵守适用的合规法律和标准。换句话说，在法律法规的解释方面，法律意见关注的是某种解释在法律上是否合理且可辩解，是否存在诉讼风险，以及是否在企业的法律风险承受能力范围内。而合规的解释与如何在机构的组织结构中实施对特定活动适用的监管要求的某种解读有关，以便根据公司的合规风险偏好对此类活动进行适当的控制和监督。这些建议涵盖了不同阶段的实施，例如与新法律的颁布或新产品的推出有关；也涉及正在进行的业务活动，例如某项政策的应用、某项利益冲突的相关性、对员工行为与内部预期行为和文化标准的评估、协助处理客户投诉或审查拟议交易等。跨境合规风险管理不应对此规则作出豁免。在第 2.4 节中描述的合规活动应与法务部门协调进行，可以由熟悉某个司法管辖区的内部法律人员协调，也可以由来自该司法管辖区以外的外部法律顾问协调，以确保在评估和实施活动开始之前，对当地适用规则的任何解释在法律上是合理的，并且符合机构的风险承受能力。

内部审计职能通常位于第三道防线内，负责审查第一道防线和第二道防线的运作效果。在跨境合规风险管理方面，内部审计将定期审查第一道防线合规、法律，以及和其他相关的第二道防线为减轻跨境合规风险而实施的系统、控制和安排。[18]由于风险评估和测试等活动的性质，内部审计和合规之间存在一些共同点，因此需要确立明确且记录完整的责任划分标准，以避免重叠和资源的无效使用（IOSCO，2006；BCBS，2005）。

5. 结　　语

本章描述了全球银行跨境合规风险的不同来源，并概述了这些机构在整个

---

[18]　在跨境活动的执行方面，税务影响通常是需要考虑的重要因素。内部审计对税务的审查可能成为减轻这种风险的关键。

组织中如何有效和协调地管理跨境合规风险。合规部门作为第二道防线的职能，在支持第一道防线通过咨询、培训、风险评估、监控、测试、报告和其他合规活动方面发挥着至关重要的作用。合规部门的角色既保留了"内部守门人"的传统特征，也可以提供额外的元素，使其更接近于履行推动健全跨境业务活动的职能，在某些情况下，还具有竞争优势。此外，还需要特别注意划定和协调合规与法律和内部审计的职责。希望这些观察结果不仅适用于全球银行这样的重要金融机构，也适用于其他类型的机构，并且在尊重相关原则的基础上加以区分，以促进国际资本的跨境流动业务和保护投资者的利益。

参考文献

AFME [Association for Financial Markets in Europe] and EY [Ernst & Young]. 2018. *The Scope and Evolution of Compliance*. https：//www.afme.eu/reports/publications/detail/afme-ey-the-scope-and-evolution-of-compliance.

Armour，John，Dan Awrey，Paul Davies，Luca Enriques，Jeffrey N. Gordon，Colin Mayer，and Jennifer Payne. 2016. *Principles of Financial Regulation*. Oxford：Oxford University Press.

Arndorfer，Isabella，and Andrea，Minto. 2015. *The "Four Lines of Defence Model" for Financial Institutions*. Occasional Paper no. 11，Financial Stability Institute. https：//www.bis.org/fsi/fsipapers11.pdf.

Bailey，Andrew. 2017. *Free Trade in Financial Services and Global Regulatory Standards：Friends Not Rivals*. Speech by Andrew Bailey, Chief Executive of the FCA，at the Economic Council Financial Markets Policy Conference，26 January 2017. https：//www.fca.org.uk/news/speeches/free-trade-financial-services-global-regulatory-standards-friends-not-rivals.

Baxter Jr.，Thomas C. 2019. *The Rise of Risk Management in Financial Institutions and a Potential Unintended Consequence—The Diminution of the Legal Function*. *Business Law Today*，2 April. https：//businesslawtoday.org/2019/04/rise-risk-management-financial-institutions-potential-unintended-consequence-diminution-legal-function/#_ftn12.

Baxter Jr.，Thomas C.，and Won B. Chai. 2016. Enterprise Risk Management：Where Is Legal and Compliance? *The Banking Law Journal* 133（1）：3—15.

BCBS [Basel Committee on Banking Supervision]. 2005. *Compliance and the Compliance Function in Banks*. https：//www.bis.org/publ/bcbs113.pdf.

——. 2008. *Implementation of Compliance Principles—A Survey*. https：//www.bis.org/publ/bcbs142.pdf.

——. 2011. *Principles for the Sound Management of Operational Risk*. https：//www.bis.org/publ/bcbs195.pdf.

——. 2014. *Review of the Principles for the Sound Management of Operational Risk*. https：//www.bis.org/publ/bcbs292.pdf.

——. 2015. *Guidelines—Corporate Governance Principles for Banks*. https：//www.bis.org/bcbs/publ/d328.pdf.

———. 2018. *Global Systemically Important Banks：Updated Assessment Methodology and the Higher Loss Absorbency Requirement*. https：//www.bis.org/bcbs/publ/d445.pdf.

Bird，Robert，and Stephen Kim Park. 2017. Turning Corporate Compliance into Competitive Advantage. *University of Pennsylvania Journal of Business Law* 19（2）：285—339.

Board of Governors of the Federal Reserve System. 2008（revised 2021）. *Compliance Risk Management Programs and Oversight at Large Banking Organizations with Complex Compliance Profiles*. https：// www.federalreserve.gov/boarddocs/srletters/2008/SR0808.htm.

———. 2016（revised 2021）. *Supervisory Guidance for Assessing Risk Management at Supervised Institutions with Total Consolidated Assets Less Than $50 Billion*. https：//www.federalreserve. gov/supervisionreg/srletters/SR1611a1.pdf.

Brummer，Chris. 2011. Territoriality as a Regulatory Technique：Notes from the Financial Crisis. *University of Cincinnati Law Review* 79（2）：499—526.

Brummer，Chris，and Matt Smallcomb. 2015. Institutional Design：The International Architecture. In *The Oxford Handbook of Financial Regulation*，ed. Niamh Moloney，Eilís Ferran，and Jennifer Payne，129—156. Oxford：Oxford University Press.

Busch，Danny，and Marije Loiusse. 2017. MiFID II/MiFIR Regime for Third-Country Firms. In *Regulation of the EU Financial Markets—MiFID II and MiFIR*，ed. Danny Busch and Guido Ferrarini，251—282. Oxford：Oxford University Press.

Caparusso，John C.，Yingyuan，Chen，Peter，Dattels，Rohit，Goel，and Paul，Hiebert. 2019. *Post-crisis Changes in Global Banks Business Models—A New Taxonomy*. Working Paper 19/295，International Monetary Fund. https：//www. imf. org/en/Publications/WP/Issues/2019/12/27/Post-Crisis-Changes-in-Global-Bank-Business-Models-A-New-Taxonomy-48877.

Cetorelli，Nicola，Benjamin H. Mandel，and Lindsay Mollineaux. 2012. The Evolution of Banks and Financial Intermediation：Framing the Analysis. *Economic Policy Review* 18（2）：1—12.

Chadha，Bankim，David Folkerts-Landau，Mervyn A. King，and Roberto G. Mendoza. 1999. The Evolving Role of Banks in International Capital Flows. In *International Capital Flows*，ed. Martin Feldstein，191—234. Chicago：Chicago University Press.

Coffee Jr.，John C. 2014. Extraterritorial Financial Regulation：Why E. T. Can't Come Home. *Cornell Law Review* 99（6）：1259—1302.

COSO［Committee of Sponsoring Organizations of the Treadway Commission］. 2013. *Internal Control—Integrated Framework*. https：//www. coso. org/Documents/990025P-Executive-Summary-final-may20.pdf.

Davies，Howard，and Maria Zhivitskaya. 2018. Three Lines of Defence：A Robust Organising Framework，or Just Lines in the Sand? *Global Policy* 9（1）：34—42.

Delfas，Nausicaa. 2020. *Global Regulation，Local Solutions*. Speech by Nausicaa Delfas，Director of International of the FCA，at the Bryan Cave Leighton Paisner Financial Regulation Emerging Themes Seminar，23 January 2020. https：//www.fca.org.uk/news/speeches/global-regulation-local-solutions.

Deloitte. 2015. *Global Bank Booking Models—Making a Success of Structural Reform*. https：//www2. deloitte. com/content/dam/Deloitte/cn/Documents/financial-services/deloitte-cn-gfsi-global-bank-booking-models-en-151015.pdf.

———. 2019. *MiFID II：Day 2*. Online Presentation. TECC Brussels，12 April 2019. https：//static1. squarespace. com/static/559fb5d6e4b0b8eb00f70a64/t/5cb06e19e4966b40310d5b9c/1555066471389/W12

111

++Veris.pdf.

De Stefano, Michele. 2014. Creating a Culture of Compliance: Why Departmentalization May Not Be the Answer. *Hastings Business Law Journal* 10 (1): 71—182.

Duhon, Terri. 2012. *How the Trading Floor Really Works*. Chichester: Wiley. EBA (European Banking Authority). 2017. *Guidelines on Internal Governance under Directive 2013/36/EU*. https://eba. europa. eu/sites/default/documents/files/documents/10180/1972987/eb859955-614a-4afb-bdcd-aaa6649 94889/Final% 20Guidelines% 20on% 20Internal% 20Governance% 20% 28EBA-GL-2017-11% 29. pdf? retry = 1.

ESMA [European Securities and Markets Authority]. 2020. *Guidelines on Certain Aspects of the MiFID Compliance Function Requirements*. https://www. esma. europa. eu/sites/default/files/library/es-ma35-36-1946_final_report_guidelines_on_certain_aspects_of_the_mifid_ii_compliance_function.pdf.

European Commission. 2019. *Communication from the Commission to the European Parliament, the Council, the European Central Bank, the European Economic and Social Committee and the Committee of the Regions: Equivalence in the Area of Financial Services*. https://eur-lex. europa.eu/resource.html?uri = cellar:989ca6f3-b1de-11e9-9d01-01aa75ed71a1.0001.02/DOC_1&format = PDF.

European Commission and CFTC [US Commodity Futures Trading Commission]. 2017. *Mutual Recognition of Derivatives Trading Venues: EU and US CFTC Joint Statements*. https://ec.europa.eu/info/publications/ec-us-cftc-derivatives_en.

Fanto, James A. 2014. Surveillant and Counselor: A Reorientation in Compliance for Broker-Dealers. *Brigham Young Law Review* 5: 1121—1183. FCA [Financial Conduct Authority]. 2017. *The Compliance Function in Wholesale Banks*. https://www.fca.org.uk/publications/multi-firm-reviews/compliance-function-wholesale-banks.

——. 2018. *Cross-Border Booking Arrangements*. https://www.fca.org.uk/publication/correspon-dence/dear-ceo-letter-cross-border-booking-arrangements.pdf.

FIA. 2019. *Mitigating the Risk of Market Fragmentation*. https://www.fia.org/sites/default/files/2020-05/FIA_WP_MItigating%20Risk_FINAL.pdf.

FSB [Financial Stability Board]. 2019. *Report on Market Fragmentation*. https://www.fsb.org/2019/06/fsb-report-on-market-fragmentation-2/.

——. 2020. *Global Monitoring Report on Non-Bank Financial Intermediation*. https://www.fsb.org/2020/12/global-monitoring-report-on-non-bank-financial-intermediation-2020/.

Giancarlo, Christopher J. 2018. *Cross-Border Swap Regulation 2.0: A Risk-Based Approach with Deference to Comparable Non-U. S. Regulation*. White Paper, US Commodity Futures Trading Commission. https://www.cftc.gov/sites/default/files/2018-10/Whitepaper_CBSR100118.pdf.

Goldman Sachs Global Markets Institute. 2009. *Local Rules, Global Markets*. https://www.goldmansachs.com/insights/archive/effect-reform-part-2.pdf.

Greene, Edward F., and Ilona Potiha. 2012. Examining the Extraterritorial Reach of Dodd-Frank's Volcker rule and Margin Rules for Uncleared Swaps: A Call for Regulatory Coordination and Cooperation. *Capital Markets Law Journal* 7 (3): 271—316.

——. 2013. Issues in the Extraterritorial Application of Dodd-Frank's Derivatives and Clearing Rules, the Impact on Global Markets and the Inevitability of Cross-Border and US Domestic Coordination. *Capital Markets Law Journal* 8 (4): 338—394.

Greene, Edward F., Alan L. Beller, Edward J. Rosen, Leslie N. Silverman, Daniel A. Braverman,

Sebastian R. Sperber，Nicolas Grabar，and Adam E. Fleisher，eds. 2017. *U. S. Regulation of the International Securities and Derivatives Markets*. New York：Wolters Kluwer.

Henry，Charlotte. 2020. The UK's Senior Managers，Certification and Conduct Regime. In *Brexit and Financial Regulation*，ed. Jonathan Herbst and Simon Lovegrove，227—242. Oxford：Oxford University Press.

IIA［Institute of Internal Auditors］. 2013. *Position Paper：The Three Lines of Defence in Effective Risk Management and Control*. https：//na. theiia. org/standards-guidance/Public%20Documents/PP%20The%20Three%20Lines%20of%20Defense%20in%20Effective%20Risk%20Management%20and%20Control.pdf.

IIF［Institute of International Finance］. 2019a. *The Value of Cross-Border Banking and the Cost of Fragmentation*. https：//www.iif.com/Portals/0/Files/content/Regulatory/11132019_iif_regulatory.pdf.

——. 2019b. *Addressing Market Fragmentation：The Need for Enhanced Regulatory Cooperation*. https：//www.iif.com/Portals/0/Files/IIF%20FSB%20Fragmentation%20Report.pdf.

IOSCO［International Organization of Securities Commissions］. 2006. *Compliance Function at Market Intermediaries*. https：//www.iosco.org/library/pubdocs/pdf/IOSCOPD214.pdf.

——. 2015. *IOSCO Task Force on Cross-Border Regulation：Final Report*. https：//www.iosco.org/library/pubdocs/pdf/IOSCOPD507.pdf.

——. 2019. *Market Fragmentation and Cross-Border Regulation—Report*. https：//www.iosco.org/library/pubdocs/pdf/IOSCOPD629.pdf.

ISDA［International Swaps and Derivatives Association］. 2015. *Cross-Border Fragmentation of Global OTC Derivatives：End of Year 2014 Update*. https：//www.isda.org/a/EVDDE/market-fragmentation-final.pdf.

——. 2019. *Regulatory Driven Market Fragmentation*. https：//www.isda.org/a/MlgME/Regulatory-Driven-Market-Fragmentation-January-2019.pdf.

Jackson，Howell E. 2015. Substituted Compliance：The Emergence，Challenges，and Evolution of a New Regulatory Paradigm. *Journal of Financial Regulation* 1（2）：169—205.

Langevoort，Donald C. 2002. Monitoring：The Behavioural Economics of Corporate Compliance with Law. *Columbia Business Law Review* 71：77—117.

——. 2017. Cultures of Compliance. *American Criminal Law Review* 54：933—977.

Lehmann，Matthias. 2017. Legal Fragmentation，Extraterritoriality and Uncertainty in Global Financial Regulation. *Oxford Journal of Legal Studies* 37（2）：406—434.

Malloy，Timothy F. 2002. Regulating by Incentives：Myths，Models，and Micromarkets. *Texas University Law Review* 80：531—606.

McKinsey. 2016. *A Best-Practice Model for Bank Compliance*. https：//www.mckinsey.com/business-functions/risk/our-insights/a-best-practice-model-for-bank-compliance.

Miller，Geoffrey P. 2017. Compliance：Past，Present and Future. *University of Toledo Law Review* 48（3）：437—452.

——. 2018. The Compliance Function：An Overview. In *The Oxford Handbook of Corporate Law and Governance*，ed. Jeffrey N. Gordon and Wolf-Georg Ringe，981—1002. Oxford：Oxford University Press.

——. 2020. *The Law of Governance，Risk Management，and Compliance*. New York：Wolters Kluwer.

Moloney，Niahm. 2016. *EU Securities and Financial Markets Regulation*. Oxford：Oxford University Press.

———. 2017. *Brexit, the EU and Its Investment Banker: Rethinking 'Equivalence' for the EU Capital Market*. LSE Law, Society and Economy Working Papers 5/2017. https://papers.ssrn.com/sol3/papers.cfm?abstract_id = 2929229.

Nicolas, Stephanie, and Paul V. May. 2017. Building an Effective Compliance Risk Assessment Programme for a Financial Institution. *Journal of Securities Operations & Custody* 9 (3): 215—224.

Norton Rose Fulbright. 2017. *Examining Regulatory Equivalence*. https://www.nortonrosefulbright.com/-/media/files/nrf/nrfweb/imported/regulatory-equivalence-paper.pdf?la = en&revision = 0f14b026-231a-4fe0-9c59-5aec60d27ac7.

O'Rourke, Kevin H., and Jeffrey G. Williamson. 2001. *Globalisation and History: The Evolution of a Nineteenth-Century Atlantic Economy*. Boston: MIT Press.

Office of the Comptroller of the Currency. 2014. *OCC Guidelines Establishing Heightened Standards for Certain Large Insured National Banks, Insured Federal Savings Associations, and Insured Federal Branches; Integration of Regulations; Final Rule*. https://www.occ.treas.gov/news-issuances/news-releases/2014/nr-occ-2014-117.html.

Oliver, Wyman. 2019. *Tackling Market Fragmentation in Global Banking*. https://www.oliverwyman.com/content/dam/oliver-wyman/v2/publications/2019/apr/Oliver_Wyman_paper_Tackling_Market_Fragmentation_in_Global_Banking.pdf.

Orozco, David. 2020. A Systems Theory of Compliance Law. *University of Pennsylvania Journal of Business Law* 22 (2): 244—302.

Parker, Christine, and Sharon Gilad. 2011. Internal Corporate Compliance Management Systems: Structure, Culture and Agency. In *Explaining Compliance: Business Responses to Regulation*, ed. Christine Parker and Vibeke Lehmann Nielsen, 170—197. Cheltenham: Edward Elgar Publishing.

Quarles, Randal K. 2020. *Letter to the G20 Finance Ministers and Central Bank Governors*. https://www.fsb.org/wp-content/uploads/P190220.pdf.

Rathz, James. 2009. Compliance as the Competitive Differentiator. *Duquesne Business Law Journal* 12 (1): 13—26.

SIA [Securities Industry Association]. 2005. *White Paper on the Role of Compliance*. https://www.sifma.org/resources/submissions/the-role-of-compliance/.

SIFMA [Securities Industry and Financial Markets Association]. 2013. *White Paper: The Evolving Role of Compliance*. https://www.sifma.org/resources/submissions/the-evolving-role-of-compliance/.

Verdier, Pierre-Hugues. 2011. Mutual Recognition in International Finance. *Harvard International Law Journal* 52 (1): 56—108.

World Bank. 2018. *Global Financial Development Report 2017/2018: Bankers without Borders*. http://hdl.handle.net/10986/28482.

Wymeersch, Eddy. 2018. Third-Country Equivalence and Access to the EU Financial Markets Including in Case of Brexit. *Journal of Financial Regulation* 4 (2): 209—275.

———. 2019. *Objectives of Financial Regulation and Their Implementation in the European Union*. European Banking Institute Working Paper Series 2019/36. https://papers.ssrn.com/sol3/papers.cfm?abstract_id = 3360540.

第6章 在拉丁美洲接受"企业合规"

吉列尔莫·豪尔赫

1. 引　言

在国际条约和跨国实践方面，围绕预防和起诉公司犯罪的模型出现了趋同，该模型基于（1）企业责任，无论是刑事、民事还是行政责任；（2）实施有效、相称和劝阻性的制裁；（3）个人责任和企业责任之间的独立性；（4）激励企业通过实施合规方案和内部控制来防止腐败；（5）鼓励个人和企业提供证据证明犯罪或追回犯罪所得，以换取制裁的宽大处理甚至豁免；（6）保护合作的个人和企业被告；（7）尽可能广泛的国际合作；（8）通过和解、延期或不起诉协议等，只要符合上述特征，则支持非诉解决方案（Davis，2019）。

直到最近，在拉丁美洲的法律体系中，实施这种执法模式所需的机构还是完全陌生的。企业不承担刑事责任，由犯罪行为引起的民事或行政责任，在很大程度上仍局限于书面文件。在拉丁美洲，不存在因实施预防措施、自我监管或在违法行为实施后与当局合作而获得企业信用的概念。事实上，在大多数国家，个人甚至没有合作的机会。以谈判和解、推迟起诉或放弃起诉等形式出现的非诉解决方案，在该地区也很罕见。如果存在这样的非诉解决方案，也是为了减轻过度繁忙的刑事司法系统对于审理轻微犯罪的压力而引入的，并不是作为一种获取犯罪分子有力证据的策略而引入的（Jorge，2019）。

在前所未有的改革中，拉丁美洲最大的经济体引入了企业责任制度，尽管有显著差异，但大部分特征都被纳入其中。拉丁美洲各经济体引入企业责任制度的时间分别是：智利，2009 年；巴西，2013 年至 2015 年；墨西哥，2016 年至 2017 年；哥伦比亚、阿根廷、秘鲁，2018 年。加入经合组织并遵守《经合组织关于打击在国际商业交易中贿赂外国公职人员的公约》（以下简称经合组织公约）是各国通过这些法律的重要推动力。

本章分析了企业责任、合规计划、内部调查和举报等法律制度，探讨在拉丁美洲的法律和制度环境中是如何被接受的。接下来，第 2 节研究拉丁美洲企业责任和合规的动机与主要特征。第 3 节将讨论新机构在拉丁美洲商业、合规和法律界引发的最突出的争论。最后，第 4 节简要探讨了与"大腐败"测试这一范式而非其他领域的企业犯罪所面临的一些挑战。第 5 节是总结。

2. 拉丁美洲企业责任与合规的主要特点

本节简要阐述了在引入企业责任改革之前，缺乏预防企业犯罪的激励措施的状态，以及改革背后的动机，并概述了阿根廷、巴西、哥伦比亚、智利、墨西哥、秘鲁等拉丁美洲六大经济体的突出制度。

2.1 革命性的转变

在过去十年中，一些拉丁美洲国家通过了法律，建立了企业责任和企业激励措施，以预防、自我监管或与执法部门合作补救某些犯罪行为。企业合规是这一模式的核心：企业被要求决定如何在内部预防、发现和纠正不法行为，并与监管机构和执法机构互动，如实施自我监管、合作、诉讼等行为。在拉丁美洲国家的法庭上，"充分合规"作为辩护或减轻处罚的因素，其概念尚未得到充分检验。除了反洗钱守门人外，合规工作并不是强制性的。因此，对合规的投资在很大程度上取决于商界对新规则将如何执行的看法（Miller，2018）。

在引入这些改革之前，企业责任被严格限制在刑事法范围之外，就像大多数遵循大陆法系的国家一样，它们通常通过赋予刑法优先权的未决诉讼规则来规范刑事和民事行为之间的关系。然而，低效的刑事诉讼程序通常导致源自犯罪行为的民事公司责任在很大程度上仍然局限于纸面账簿。

由于缺乏企业责任，公司没有投资预防犯罪行为的动力，除非犯罪行为对法人造成的损失超过了预防犯罪所需的投资。一个常见的例子是，实施内部控制以尽量减少职业欺诈。但即使在这种情况下，对于预防的投资通常也只有在公共危机需要恢复组织内部合法性时才会发生。

同样地，拉丁美洲也没有进行刑事指控谈判的文化。司法机构被视为公正的参与者，与宪法规定的辩护权一样，具有独立性，其目标不是将罪犯定罪，而是寻求真相。被告没有义务宣誓，也可以撒谎，因此从被告那里获得真相在概念上是不可能的（Langer，2004）。在这种文化背景下，立法并没有为自我监管不法行为设定激励措施。

诚然，在过去二十年中，拉丁美洲的刑事诉讼经历了从纠问式诉讼制度转向更具对抗性的制度。然而，尽管如此，这里仅列举一些允许控辩双方谈判的制度，即接受辩诉交易、延期起诉协议或简化审判，更多的是间接引入检察自由裁量权的一种方式，这是在大多数拉丁美洲诉讼中并不存在的制度（Langer，2009），并非采取获取针对犯罪分子的有力证据的策略。这些机制被贴上了以不寻常方式结束刑事诉讼的标签，突出了它们的特殊性，然而这些机制都没有为被告人揭示其他罪犯的信息设定激励措施。

在这样的背景下，企业披露对企业来说并不是一个有利的选择，超出了拉丁美洲法人所考虑的范围。披露等同于个人的纯粹刑事自白，以及法人的民事责任承担。刑事诉讼程序中的激励措施与保护高管免受起诉一致：它们是为了公司的利益行事；公司不承担（刑事）责任；只有对个人的刑事定罪才会引发企业的民事责任。

2.2　关于法律移植和本地化的初步争论

两个综合因素促使拉丁美洲政府鼓励引入企业责任改革：加入经合组织和应对国内腐败丑闻。

由于拉美政治在市场经济和国家主导经济的支持者之间继续高度分裂，"市场友好型"政府将加入经合组织视为将政策制定过程锚定在国际论坛上的一种手段，只为摆脱几十年悬而未决的经济冲击，并朝着更长期的市场民主的基本宏观经济制度共识迈进。对于许多决策者来说，遵守经合组织公约实际上只是这个更大的一揽子计划中的一小部分。

2009 年的智利和 2018 年的阿根廷、哥伦比亚和秘鲁属于这一类情况。智利在通过公司责任制度几个月后加入经合组织。哥伦比亚于 2020 年获得加入经合组织的资格。阿根廷和秘鲁分别在毛里西奥·马克里（2016—2020 年）和佩德罗·巴勃罗·库钦斯基（2016—2018 年）担任总统期间为成为经合组织正式成员做出了重大努力。这两个国家都得到了几个经合组织成员的支持，但都没有收到正式邀请。

自 1994 年以来，墨西哥一直是经合组织成员，其根据经合组织贿赂问题工作组的建议（2018 年墨西哥经合组织报告），于 2016 年 6 月采用企业刑事责任的制度，并于 2017 年 7 月通过了企业责任行政制度。然而，该法案的通过时间表明，政府正在对涉及前总统培尼亚·涅托（Peña Nieto）核心圈子的贿赂计划的瀑布式揭露作出回应。尽管竞选时做出了承诺，但培尼亚·涅托未能将这项改革纳入"墨西哥契约"，这是他在能源、电信、劳工、刑事诉讼领域和 2012 年上任之初启动的选举制度改革计划的平台。此后，在采访马丁内斯·科雷斯涉及总统本人的贿赂被揭露后，当地反腐败非政府组织强烈主张在 2016 年进行期待已久的反腐败改革。

同样，尽管经合组织打击贿赂工作组（WGB）在 2004 年、2007 年和 2010 年（巴西经合组织报告，2014）进行的评估中，巴西在压力越来越大的情况下收到了采用企业责任的建议，但巴西在 2013 年至 2015 年期间应用企业责任制度，似乎与内部应对腐败丑闻有关。那时，巴西的外交政策已经沉浸在金砖国家组织的实验中，①对加入经合组织的兴趣不大。然而，2012 年标志着巴西有权有势的犯罪分子免受惩罚的长期历史的转折点发生后，即门萨劳（Mensalao）

---

① BRICS（金砖国家）是用于描述五个主要新兴经济体经济合作的首字母缩略词：巴西、俄罗斯、印度、中国和南非。

丑闻（"每月大额贿赂"）案件的里程碑式定罪案后，紧接着爆发了"洗车行动"（Lava Jato）丑闻，其中揭露了巴西最著名的建筑和工程公司相互勾结，并与巴西国家石油公司（Petrobras）的官员串通，从国有石油巨头那里获得价值亿万元的合同。这些事件的结合，促使罗塞夫政府于 2013 年推出了《清洁公司法案》，并在 2015 年推出了实施的程序法，并对《犯罪组织法》和《反托拉斯法》进行了改革（马托斯·皮门塔，2019）。②

2016 年 12 月，参与"洗车行动"（Lava Jato）之一的公司 Odebrecht 向美国司法部披露，其在 15 年内向 12 个国家（其中 9 个在拉丁美洲，3 个在非洲）的最高当局支付了 7.88 亿美元的贿赂，以换取超过 100 份公共基础设施合同〔美国诉奥德布雷希特公司案（United States v. Odebrecht S. A.），刑事案卷号 16-CR-643（2016）〕。这些信息披露在该地区引发了数十起调查，涉及每个国家不同政治阵营的国家元首，以及该地区建筑和工程公司最主要的控股股东。5 年后，这些案件仍在多个司法管辖区继续展开，并在多个国家成为新规则的初步测试。在巴西奥德布雷希特公司案件披露后，阿根廷、秘鲁、哥伦比亚以及最近在墨西哥也发现了围绕公共基础设施领域的类似卡特尔（Jorge，2019）。

加入经合组织的愿望和对当地腐败丑闻的反应，都解释了为什么在拉丁美洲，这种执法范式最初与对腐败的政治回应高度相关，而不是更广泛地减少企业犯罪的策略。腐败一直是企业传播规划的核心，是培训员工和从业人员公开讨论的首选主题。巴西是一个明显的例外，该国的反垄断违法行为已由行政机构强制执行了十多年（IBRAC，2017），企业责任尚未扩展到法律的其他领域，例如环境犯罪、证券、税收或反垄断。

法律移植文献（Merryman，1981；Sacco，1991）从强加的角度解释了外国法律制度的应用，例如，通过殖民主义传播英国或法国的法律，或模仿选择适用法律或法律制度的国家，特别是当这些国家和法律制度具有一定的声誉时，

---

② 译者注："卡特尔"是根据一组商品或服务的生产者之间达成的正式协议而建立的组织，旨在控制供应或监管或操纵价格。卡特尔是一群像单一生产商一样共同行动的独立企业或国家，卡特尔成员可以就价格、行业总产量、市场份额、客户分配、领土分配、串通投标和利润分配等事项达成一致。

国家认为有益。模仿也被描绘成一种表明意图并增加声誉风险的方式，特别是对于国际行为者（Davis and Trebilcock，2008）。智利、阿根廷、哥伦比亚和秘鲁的改革进程，显然是通过向经合组织表明各自政府加入该组织的意愿来推动的。在大多数情况下，与 WGB 的互动也显示了强制性外交的实例，这些例子很可能被视为"强加"，智利应用刑事责任和阿根廷将责任扩展到第三方的行为就是这方面的例子。

至少在一段时间内，书面法律条文可能足以向某些选区和利益相关者发出正确的信号，即使实质内容或"实际情况"几乎没有变化（McCormack，2018）。正如迈克尔（2009，第 776 页）指出的那样，"［C］改变法律规则很容易，但也大多无效"。尽管最近在巴西、哥伦比亚、智利和秘鲁采取了大量的执法行动，以及最近在墨西哥进行的调查，但这些行动表明，拉丁美洲模式中这种复杂执法范式，在未来可能会发生变化和调整。一些国家已经提出了改革，但不会仅仅停留在书面上。

学者们还警告政策制定者，引进的法律制度与本地制定的法律制度相比存在潜在的弱点。有很多狭隘的技术官僚精英接受移植的例子，他们通常在国际上有很好的人脉，但在他们的祖国几乎没有当地的政治盟友。当"规则制定者和实际掌权者之间的分歧足够大时，支持进口制度背后的联盟很可能是薄弱的"（Brinks et al.，2019）。我们认为在拉丁美洲引入企业责任和合规辩护不会是这些案例之一。事实上，除哥伦比亚外，其他国家都已将该制度的范围扩大到惩治国内腐败，这有助于吸引当地政治参与者参与改革进程，允许商界、反腐败非政府组织和法律界，包括法官、检察官和私人律师等从业者进行真诚而深入的讨论。

最初对腐败问题的关注，在很大程度上引发了这些争论。由于检察机关和司法部门缺乏诚信，当地商界强烈反对引入企业对腐败负责任的措施。简单来说，他们担心这将增加检察官和法官勒索及教唆的机会，尤其是在执法模式中，强调"与当局合作"的自由裁量权。相比之下，地方的非政府组织和官方反腐败机构、代表国家出席经合组织的政府机构、总部设在经合组织成员国的跨国公司的子公司以及学术界，都主张在国内采纳企业责任和合规机制，以作为对腐败的额外回应。

这场争论还反映在责任标准中，即代理人责任和组织缺陷责任；责任是民事的、行政的还是刑事的；公司是否对第三方行为负责；以及可用的辩护和减轻因素。

智利、墨西哥和阿根廷引入了企业刑事责任。相比之下，秘鲁、哥伦比亚和巴西则只在行政和民事法律层面上强调企业责任和企业对合规投资的激励。尽管经合组织公约采用了"功能等同"的方法，允许各国选择它们喜欢的责任类型，只要制裁是相称的、威慑性的和有效的，但经合组织WGB在其监督过程中，仍推动了大多数拉丁美洲政府采用刑事责任的规定。

在这场辩论中，刑法教授和从业人员发挥了关键作用。其中一部分人反对企业刑事责任的概念，认为将刑法的主观原则应用于法律实体存在困难，比如故意、疏忽和过失。另一些人则认为，与当局合作发挥关键作用的范式，可能与最近在许多国家引入的对抗性刑事诉讼的发展不相容。他们认为，在制度薄弱和执法人员接受纠问制程序系统培训的背景下，合作激励措施可能很容易转化为违反无罪原则和保持沉默权以及强迫获得口供的情况。

无论是刑事责任还是非刑事责任制度，智利、墨西哥和秘鲁都建立了"基于过错"的制度，免除了实施"有效合规计划"的企业责任。相比之下，阿根廷和巴西建立了"严格责任"制度。基于过错的制度相对来说更容易符合刑法的传统原则，比如合法性或罪过原则，因为至少在表面上，它们明确了企业需要遵守什么来确定责任。出于这些原因，刑法教授提倡"基于过错"的制度。当地商业协会通常也支持这一制度，尽管出于不同的原因：他们倾向于不将责任豁免权置于检察自由裁量权的制度中，以减少滥用这种自由裁量权的可能性。

相比之下，一些反腐败非政府组织和政府机构主张严格责任制度，将员工和第三方的不法行为的责任归咎于公司。在阿根廷，这一立场与刑事责任相结合盛行；在巴西，这一立场与行政责任相结合盛行。虽然基于过错的制度中，合规计划的有效性转化为企业的全面辩护，但严格责任制度中的合规努力被与其他因素一起权衡。在阿根廷，只有当公司在调查之前自行报告不法行为并返还犯罪所得时，有效的合规计划才能免除公司的责任。在巴西，制定有效的合规计划，并与其他因素一起发挥作用，如涉事员工的层级位置、与当局合作及补救措施等，作为缓解或减轻责任的因素（Jorge，2019）。

拉美地区在立法上的多样性表明，这些争论在本地的接受程度很高。虽然受外国机构的影响，但拉美改革更多地呈现出不同程度的"模仿"，而不是"外国强加"的情况。

3. 新范式提出的商业和法律辩论

一旦采纳，新范式的机构需要适应现有的法律框架，特别是各个司法管辖区的法律和商业文化与实践。

虽然前几节总结的争论主要发生在政策制定者和利益相关者之间，但一旦这些法律通过，新的争论将在私营部门中产生，例如法律、合规和审计职能，以及合规官员与不同的执法机构之间。事实上，其中一些争论甚至是政策制定者原先没有预料到的，而一些在政策辩论中被忽视的问题，已经成为现有制度和新制度之间相当重要的不匹配问题。其中大多数尚未在法庭上接受司法审判。

3.1　投资于合规的商业激励措施：巴西的经验

正如前一节所述，在所有司法管辖区内，适当的合规计划都是减轻因素——在智利、哥伦比亚和秘鲁中起到全面防御作用，并且成为阿根廷逃避刑事和行政责任的条件之一。

合规计划对阿根廷和巴西几个州的政府承包商来说是强制性的，但在联邦一级则不是。此外，合规计划也受到几个司法管辖区证券监管机构发布的指南和公司治理准则的强烈鼓励。理论上，这应该会鼓励公司认真投资于"充分"的合规计划。

然而，合规投资通常是政府执法策略的一个组成部分（Miller，2018）。尽管大多数司法管辖区都制定了一般准则，但迄今为止，巴西是唯一一个真正评估该地区合规计划充分性的国家。

自2017年7月至2021年3月，巴西反腐败行政法的执行机构联邦审计总署

（CGU）签署了 12 份宽大处理协议。③大多数相关公司都参与了"洗车行动"案，在达成这些协议的同时，其中一些还与反垄断执法机构 CADE 签署了协议。同时，这些公司的高管在各自的刑事案件中认罪。

根据巴西法律，罚款可能在公司总收入的 0.1% 到 20% 之间，具体取决于案件的具体情况以及加重和减轻因素的作用。CGU 发布了一项行政决定，其中详细说明了如何计算对公司罚款的宽大处理。作为减轻处罚的因素，有效的合规计划可能会将罚款减少至公司总收入的 1% 至 4% 之间。

对 CGU 签署的 12 份宽大处理协议的审查表明，CGU 对合规计划进行了仔细评估。所有协议都要求公司改进它们的计划，并且在 12 份协议中，有 10 份规定了一名为期 2 到 3 年的监督员，以监督商定的补救措施的执行。此外，12 份协议中有 9 份确认了在不法行为发生时该计划的价值，因此根据指南减少了制裁。到目前为止，巴西政府已经通过这些宽大协议规定的罚款共收取了约 40 亿美元。

3.2   巴西以外：为新情境做准备

除了巴西，截至 2021 年 3 月，本章审查的其他司法管辖区都未对合规计划的质量或充分性进行评估。毫无疑问，合规官员和法律从业人员对此抱有希望。这个问题在会议上经常被讨论，也是与反腐败当局进行对话时不可避免的问题。一些政府发布了旨在提高期望值的指南。然而，在指南发布后，一些新政府上台的国家，如阿根廷、秘鲁和哥伦比亚，对政府如何应用指南感到好奇，尤其是在新政府本身仍受到腐败调查的国家，如阿根廷和秘鲁。

这些指南的发布者并非执法机构，因此，执法者在实践中对指南的重视程度仍有待观察。这种不确定性也阻止了法律顾问建议他们的客户"率先"测试该系统。

在等待"实验对象"测试该系统的同时，除巴西以外的大多数大型本地企业都在为新情境做准备。绝大多数企业正在建立合规部门，评估风险，发布行

---

③   译者注：联邦审计总署（Contraloria General de Union，CGU）是巴西联邦政府的机构，负责在行政部门范围内与保护公共利益有关的事务上向总统提供直接且及时的协助。

为准则、内部政策和程序，培训员工，有时还包括第三方，在合同关系中添加保护性条款，并提供广泛的匿名举报渠道。虽然公司在处理这一主题时可能存在一定程度的表面应对，但总的来说，公司认为合规不仅是一种短暂的趋势，而且已经成为现有公司治理的一个方面。最近的一项调查支持了这一观点，该调查显示，在样本中拥有 130 家拉美大型公司的情况下，超过 50% 的公司没有削减合规部门的预算，15% 的公司削减的预算不到 10%，15% 的公司减少的预算不到 20%。只有约 15% 的公司减少了 20% 以上的预算（IAE，2021）。同一项调查还显示，在过去 5 年中，公司一直在将其合规实践与国际标准保持一致。例如，虽然几年前，合规官通常向法律、人力资源或内部审计报告，但最近的一项调查显示，如今绝大多数拉丁美洲公司的合规职能都向董事会或审计委员会等部门报告。对于跨国公司的子公司，当地合规官通常向区域或全球合规部门报告，而这些部门又向董事会或审计委员会报告（IAE，2021）。这可能是对全球标准中关于提升该职能地位和独立性的回应。

同样，调查显示，虽然 53% 的受访公司在过去 3 年内每年进行一次风险评估，但仅有 33% 的公司在 2020 年进行了首次风险评估。这表明，在该地区，对合规方面的投入和资源承诺有了巨大增加。

尽管行为准则通常涉及范围广泛的实质性问题，但同一项调查表明，风险评估、内部政策和程序仍在很大程度上侧重于腐败和欺诈问题。对于金融机构来说，也侧重于洗钱问题。隐私问题正逐渐成为风险评估的范围，但大多数拉丁美洲公司尚未评估反托拉斯、商业和人权等其他实质性问题。

具有讽刺意味的是，尽管许多国家的腐败程度很高，但反腐败法律框架非常广泛，通常也非常严厉。这要求内部政策和程序符合一个通常复杂的管理公共道德的法律框架。这些规定中最突出的部分包括以下内容。

（1）公共采购。对基础设施部门近期腐败丑闻的政治回应之一是要求对公共采购实施强制性合规计划。这一规定促进了那些缺乏计划的公司进行表面合规，并在采购官员注意到这一新的强制性要求时，这些公司会跑去"购买"一个。但是，该规则也鼓励真正努力的企业举报那些不认真进行合规的企业，以此作为公平竞争的一种方式。

在阿根廷，因腐败罪被国内起诉、在国外因外国贿赂被定罪，或因违反反腐败行为而被世界银行或美洲开发银行取消资格的公司，"没有资格"与联邦政府签订合同。这是零容忍做法的一个很好范例，可能会将那些在此类事件之后认真投资、改变其企业文化的公司排除在外。

（2）疏通费和商业勒索。由于与腐败相关的犯罪没有最低门槛，各国没有制定针对"疏通费"的具体辩护制度，这是某些立法，例如 FCPA 中考虑的例外情况。然而，大多数司法管辖区已经发展了一种"无关紧要"原则，用于驳回侵犯私有财产犯罪中价值最低的案件。然而，在涉及影响公共行政的犯罪时，这种学说通常被严格限制，因为一些与腐败有关的犯罪就是这种情况。

因此，拉丁美洲合规官员通过适当记录索取小额现金的案例作出回应，这是许多拉丁美洲官僚机构中疏通费的另一种来源。虽然商业勒索不能作为辩护理由，但如果最终展开调查，公司证明它们没有通过付款获得任何不正当优势，而是被迫或被诱使为它们有权免费获得的东西付费，其可能会在法庭上胜诉。

（3）政治献金。促使拉丁美洲企业责任改革的许多丑闻都与政治融资有关。一些国家，如阿根廷、哥伦比亚和秘鲁等，允许法人提供政治捐款，既可以只用于政党建设，也可以用于政治竞选。金额通常非常有限，一些绝对禁止条件是常见的。例如，外国法人和政府承包商通常被禁止提供政治捐款。虽然新法律让公司对"拒绝"超出这些法律限制的要求有些许安慰，但合规官员正在花时间对捐赠接受者以及营销和广告承包商进行尽职调查，这在该地区通常被用来隐藏不正当的捐款。

（4）礼品、款待和旅行费用。拉丁美洲司法管辖区通常禁止各级公务员接受与其公职有关的礼物，除非出于礼貌或外交习俗，否则可能被视为零容忍问题的另一种表现。当在法人的执法、监管或监督机构任职或面临任何其他利益冲突的公职人员收到礼物时，该禁令是绝对禁止的。越来越多的公职人员也被要求登记收到的任何被允许接受的礼物。

合规计划对整个地区产生的影响之一是，这些法律规范体系的内容在商业界广泛传播。虽然这些规则仅针对贿赂的需求一方，即公职人员、政党官员或私人医疗保健专业人员，但对供应一方则保持沉默，因此企业高管、营销和销售人员以及其他典型的合规培训对象，以前从未听说过这些规则。其结果是，这些在大多数情况下纯粹停留在书本上的法规，现在在商业界接近公职人员时发挥着重要作用，因为它们有更多的工具来预测和应对不当索贿。

3.3 内部调查中的法律挑战

内部调查在拉丁美洲的法律框架中也是一个新鲜事物。所有司法管辖区都将内部调查作为合规计划的众多组成部分之一并纳入其中。因此，在立法辩论期间，其发展所涉及的法律复杂性几乎没有引起注意。

拉丁美洲的劳动力市场受到严格监管。即使在 20 世纪 90 年代经济自由化之后，劳工改革也比其他经济领域更加有限（Schneider，2013）。劳动法和劳动法庭通常非常尊重雇员，特别是在工会运动构成相关政治力量选民基础的国家，例如阿根廷、巴西和墨西哥。出于正当理由解雇员工需要满足非常高的证明标准，在某些国家或地区，甚至需要达到刑事定罪的程度，因此，即使有犯罪的可信证据，支付昂贵的遣散费也可能比长期的法律斗争更便宜。注意到工会运动的重要性和话题的敏感性，几项监管指南规定，在进行内部调查时，应适当尊重被调查者的权利。就阿根廷指南而言，这一规定明确包括"由相关劳动法详细规定的隐私权和尊严"的权利（反腐败办公室，2018）。在制定内部协议以进行内部调查时，许多公司会与工会代表进行讨论。

所有国家颁布的指南都建议，法人在公司高级管理层批准，并事先告知潜在目标人群的书面内部协议范围内进行内部调查。其中一些甚至更进一步，建议与被调查者签订书面协议。该指南还建议，内部调查协议应规范所收集信息的监管链，以及电子证据和证人访谈的处理等领域。虽然指南建议开展尊重目标对象权利的调查，但指南通常对如何解决、从公司和个人设备收集电子证据、在刑事诉讼中将雇员访谈作为证据，以及法庭程序中法律特权的价值等复杂领域中出现的冲突保持沉默。以下详细说明判例法和学说如何解释这些方面的问题，以及这些问题预计将如何演变。

（1）数据隐私。在进行内部调查时，一个不可避免的问题是雇主控制提供给员工的电子工具的权利与雇员的隐私权之间的紧张关系。争论的焦点是雇员对授权其执行工作的资源和设备的隐私期望、搜索公司电子邮件和即时通信工具的最低要求条件，以及其在公司和个人刑事诉讼中的后续使用。

在大多数拉丁美洲司法管辖区，一般标准是通信是私密的，因此没有法院命令是无法访问的。问题是，在企业电子邮件的情况下，这个结论是否可能存在细微差别，特别是当公司制定了限制电子邮件使用的特定政策时。

虽然每个国家或地区判例法都有其特定特征，但自从内部调查开始以来，这个议题尽管仍然还是很严格，但已经从一个非常严格的标准演变为一个更宽容的标准。从历史上看，法院的推理是，只要电子邮件受到只有员工知道的用户名和密码的保护，不管设备的所有者是谁，其中包含的数据就会受到宪法规定的隐私权的保护。一些判例法将雇员在承认《道德准则》时给予的弃权视为"附属条款"，其中同意并不是自由表达的。在过去的几年里，法院已经软化了这种观点，并慢慢认识到公司内部政策和程序的价值。

尽管每个司法管辖区都有一些细微差别，但是一般规则仍然是，雇主只能在例外情况下才能访问雇员的设备，需要同时满足三个条件：公司事先有明确授权其监督员工设备的规则；这些规则已明确告知雇员；雇员事前已同意访问该信息。换句话说，只有在雇员清楚地了解公司政策并同意雇主可以监控设备的情况下，才不会违反宪法规定的隐私权。

因此，未制定先前政策或未明确通知雇员的公司，不得诉诸电子邮件或消息审查，作为其调查的一部分。在制定此类政策时，最好的做法还包括调查人员访问提供给雇员的资源和设备需要满足的标准。此外，雇员必须认可存储在此类设备来源中的信息属于雇主，并且当有理由相信此类来源已被用于非法目的时，则不应期望隐私保护。秘鲁等一些国家的法院，在每次雇主想要进行电子邮件审查时，仍然需要雇员的明确授权。因此，员工在加入公司时签署的一般弃权书是不够的（Rebaza et al., 2020）。

巴西和哥伦比亚是这一规则的例外。在巴西，允许访问在公司设备中维护的员工通信。尽管如此，巴西数据保护立法预计将于 2021 年生效，该法被描述为使该国与主要地区的观点保持一致（Barroso Uelze et al., 2020）。在哥伦比亚，作为内部审计或调查的一部分，访问员工的公司电子邮件是合法的

（Alarcón Arias，2020）。

当内部调查需要从多个司法管辖区收集信息，或在多个司法管辖区之间传输信息时，如果允许审查的电子邮件搜索中包含的信息包括"个人数据"，则会出现一个单独的新问题。例如，如果由于电子邮件搜索而创建了数据库，例如包含个人数据，并且公司需要与外国交易伙伴共享此数据库，一些拉丁美洲司法管辖区可能会考虑将导出的信息视为"个人数据"的"跨境传输"。此类传输通常是受到限制的，如果接收数据所在司法管辖区的数据保护水平低于原始数据发送所在司法管辖区的数据保护水平，则传输不会发生。在一些国家或地区，类似的限制可能类推适用于对信息的"远程访问"。在某些司法管辖区，例如阿根廷和秘鲁，数据转让人和数据受让人的合同条款、具有约束力的企业规则或自我监管制度，可以替代接收方司法管辖区的低水平保护。

（2）访谈及其随后在刑事法庭上用作证据。拉丁美洲劳动法通常将与雇员面谈规定为雇主的特权和雇员的义务。虽然没有法定要求，但如果雇员缺乏专业的法律代表，劳动法庭不会接受面谈作为证据使用（Castex，2018）。

谈话一方记录的私人谈话通常被刑事法庭采纳为证据，只要该信息不是在恐吓、暴力、绑架或欺骗等剥夺自由意志的条件下获得的（Castex，2018）。

（3）法律特权。律师—委托人特权，源自所有拉丁美洲宪法中规定的辩护权和反对自证其罪的权利。侵犯律师—委托人保密特权通常也会被定为刑事犯罪，并且禁止法院命令提交证人或违反职业机密的文件。律师应拒绝就受保护的信息作证，扣押、发送或交付给辩护律师以供履行职责的文件，或以违反特权的方式引用律师作为刑事诉讼中的专家证人。同样，民商事程序规则允许证人拒绝回答会侵犯职业机密的问题。

因此，委托法律顾问领导内部调查对企业来说是一个重要的利好。然而，在另一种背景下，一些司法管辖区却对内部律师在这方面的独立性提出质疑。例如，在墨西哥，最高法院于 2017 年裁定，特权只能由外部律师援引（Sierra Laris，2020）。哥伦比亚法院也作出过类似裁判（Alarcón Arias，2020）。

应根据内部政策确定机密级别，在实施过程中，应确保对话或文档等相关信息被标记为特权。值得注意的是，该特权仅在合法的情况下适用，并不适用于会计师、审计师或顾问。在一些司法管辖区，例如智利，律师有义务放弃特权以避免或阻止犯罪。

3.4 企业举报与辩诉交易机构的竞争

作为合规计划的核心要素之一，所有立法都包括举报违反内部政策行为的内部渠道，向第三方开放并充分宣传。通常情况下，相同的政策可以保护举报人免受报复。在拉丁美洲，例如在美国，对于报告渠道应该是外部还是内部并没有明确的趋势。监管指南仅鼓励公司实施书面政策，允许匿名投诉，建立避免报复行为的机制，并保证向举报人提供法律顾问。

与其他地区类似，公司现在与政府竞争获取有关不法行为的信息。尽管除了对有组织犯罪的起诉，从经济上奖励举报人的做法尚未在该地区普及，但是许多反腐败和反垄断机构以及检察机关也建立了匿名举报渠道，为个别被告提供与当局合作的新的激励措施。因此，合规部门现在正在制定策略，以确保"脏衣服在家洗"，防止员工在公司外吹口哨预警。

3.5 企业对企业的合规与跨国私人监管的影响

打击公司犯罪的全球执法模式的一个重要组成部分是其治外法权范围，特别是在反洗钱和外国贿赂制度方面，治外法权是其各自全球执法战略的核心。

在拉丁美洲经营的跨国公司受到其潜在风险的激励，其合规标准对当地商业伙伴产生了重要影响。这种跨国私人监管的表达方式通常被称为企业对企业（B2B）合规。

为了衡量拉丁美洲在这方面的发展，埃切瓦里亚（Echevarría，2019）对巴西、智利、阿根廷和墨西哥的 228 家公司进行了调查。[④]当被问及实施合规措施的动机时，21% 的企业表示它们的动机完全是出于客户和业务合作伙伴的要求，31% 的企业表示它们的企业主要是受到当地法律激励措施的推动。其余一半的

---

④ 样本包括 61% 的雇员人数超过 250 人公司，26% 的雇员人数在 10 至 250 人之间的公司，13% 的雇员人数少于 10 人的公司。60% 的受访者没有与政府做任何生意。

受访企业回答说，动机是法律和商业伙伴的共同要求。有趣的是，结果并未反映出智利和巴西在调查之前已经制定了企业责任制度，而在阿根廷和墨西哥，此类法律仍在国会审议中。当被问及客户和业务合作伙伴是否要求它们实施具体的合规政策时，49%的受访企业给出了肯定的回答。在这里，墨西哥公司脱颖而出，其中60%的企业给出了肯定回答，反映了与美国公司的业务往来。

以下探讨了企业对企业合规性影响拉丁美洲合规措施实施的主要实例。

（1）融资。金融机构有义务对其客户的交易进行持续的尽职调查，目的是确保金融机构不被用作将犯罪所得引入金融系统的渠道。

金融机构也把这些进程应用于其贷款活动，这些活动占拉丁美洲收到的外国直接投资的很大一部分。随着大多数拉丁美洲国家最近颁布的公私伙伴关系法案，大多数基础设施项目都是私人融资的。该地区的其他重要工业部门，如农业综合企业，也依赖出口前融资。

这些规则为拉丁美洲的内部调查提供了一些推动力，特别是自2016年底，奥德布雷希特公司案件披露以来，以及由此开始的数十项刑事调查的背景下。

这些案例中提到的，在基础设施、能源、石油和天然气价值链中运营的企业，有相当数量企业是外国金融机构的借款人。而当涉及更新授信额度甚至延续商业关系时，许多金融机构要求其客户或客户的控股股东就其参与情况、企业采取的补救措施以及潜在的风险等情况提供解释。在许多情况下，这些解释都是根据内部调查规则制定的。对于许多本地企业高管来说，这是他们第一次经历内部调查。

（2）审计事务所。审计公司，尤其是跨国审计公司也显示出了类似的推动力。从历史上看，审计师将国际审计准则解释为只要这些事实不会对财务报表产生直接和重大影响，就不要求他们识别腐败或欺诈（Kassem and Higston，2016）。然而，巴西"洗车行动"丑闻引起的诉讼促使这种解释发生了转变。2015年，一群投资者对巴西国家石油公司（Petrobras）及其审计师以及其他被告提起集体诉讼［美国纽约南区地区法院。关于巴西国家石油公司证券诉讼，合并的第四次修订集体诉讼，案例号：14-cv-9662（JSR）］，指控他们违反美国证券法规。投资者声称以人为抬高的价格购买了巴西国家石油公司的股票，而这种情况是由于审计师过失，疏忽了巴西国家石油公司的大规模腐败丑闻而导致的。

双方在 2018 年达成的大规模和解，这成为外部审计师的转折点。从那时起，外部审计公司，尤其是所谓的四大会计师事务所，拒绝签署涉及腐败调查的公司的财务报表，除非"解释"通常以内部调查的形式出现，并帮助它们了解腐败的程度和潜在的财务突发事件。

（3）并购。本章所研究的国家或地区颁布的公司刑事责任法律，规定了合并、收购或其他形式的公司转型案件中的继承责任。（阿根廷法律，第 3 节第 27.401 条；巴西法律，第 4 节第 12.846 条；哥伦比亚法律，第 6 节第 1778 条；智利法律，第 18 节第 20.393 条；墨西哥《联邦诉讼法典》第 421 条；秘鲁法律，第 2 节第 30.424 条。）这些规则促使买方公司对目标公司进行详细的收购前尽职调查程序，特别是当买方是外国公司时。在确立继承责任的同时，立法并未为发现不法行为的买家提供明确的补救措施。如上所述，披露不法行为在拉丁美洲仍然是未知领域，因此发现目标公司不法行为的买家通常会尝试从交易价格中扣除补救成本，而不是向当局披露事实。

4. 通过高层腐败案件检验范式

理想情况下，无论制度是在国内设计的还是从国外借鉴的，推动这些制度的政策制定者都必须建立国内联盟，以确保新生制度能够在一段时间内得到执行并保持初期稳定性。利益相关者，包括监管者、执法者、检察官和法官、企业高管和员工以及民间社会行为者，需要足够的时间来了解新规则、协调行动，并调整他们的行为以适应新规则（Brinks et al.，2019 年）。

涉及多个国家的重大腐败案件却给这些新机构在法律界扎根提供了一个不太理想的场景，动员了许多社会力量并加剧了政治对抗。

当然，这些案件也影响了一些积极的事态发展。一个重要的例子是美国司法部与奥德布雷希特公司达成的认罪协议。奥德布雷希特公司同意将所有家族成员排除在集团所有公司的董事会和管理职能之外。

据笔者所知，这是拉丁美洲第一家迈出这一步的家族企业。在过去，当这些企业集团中的一家公司陷入财务困境时，常常会将家族利益从负债公司中分离出来，然后让它破产（Andonova and Losada，2017）。而奥德布雷希特公司案件似乎在尝试相反的做法：通过出售集团其他公司的权益来重组其他业务部门的债务，从而为建筑公司提供资金，以确保其能够支付制裁费用。奥德布雷希特公司还希望在认罪协议后采取的补救措施能够使其重返市场。其提交给巴西当局的重组文件证实了这一点。

然而，在其他司法管辖区，至少在阿根廷、哥伦比亚和秘鲁，采取了"零容忍"方式阻止了奥德布雷希特公司案件以及类似情况的其他公司竞标新项目。阿根廷刑事法院在 2017 年下令暂停了奥德布雷希特公司试图通过仲裁程序收回其对一个天然气管道项目的投资（Jorge，2019）。媒体还报道了哥伦比亚和秘鲁的仲裁裁决，否认奥德布雷希特公司有权收回之前对公共工程的投资。许多公司仍在观望奥德布雷希特公司是否能在"零容忍"方式的影响下幸存下来，以及政府是否能够设计机制，让公司为自己的不法行为付出代价，同时又不伤害员工和价值链成员等无辜方。

第二个例子来自美洲开发银行（IADB）。2018 年 4 月，阿根廷政府授予了价值约 60 亿美元的 6 个基础设施项目。这是该国政府首次授予的公私合作合同，因此备受政府关注。然而几个月后，所有获奖企业的控股股东都卷入了"笔记本丑闻"，该丑闻涉及一家大型建筑公司的卡特尔，在过去 12 年里他们行贿阿根廷最高当局以获取合同。结果，受援公司未能为这些项目争取到私人融资。为了保留这些基础设施计划，阿根廷政府与美洲开发银行共同建立了一个"诚信框架"，允许因为涉及腐败而受到刑事调查的公司继续竞标这些项目。该框架除了其他规定外，要求控股股东退出管理层，并在某些严重情况下要求借款人的股东出售或转让股票，或者控股股东可以将其股票置于受托人管理的信托中（只要受托人是公认的独立专业公司）（Jorge，2019）。

虽然这两个例子只是其中的一些案例，但它们都指出了企业责任对家族企业集团公司治理的间接影响：所有权和控制权的分离以及管理的专业化，这两者在该地区的家族企业中并不常见。然而，进行这些实验的公司尚未证明能够在零容忍方式的逆流中生存下来。

换句话说，高层腐败案件是促进过度执法联盟形成的土壤，这可能会使引入新制度的某些机构联盟失去合法性，或者至少将标准定得过高。

第一类争论的一个例子来自支持企业责任作为报复表达而非执行法律工具的支持者。他们建立了激励措施，以鼓励企业预防、调查、惩戒和补救不法行为，而这些职责过去是由国家保留的，其主要目的是促使他们执行法律。然而，拉丁美洲立法机构的辩论表明，人们对将这些职责转移到私营部门持怀疑态度，尤其是在涉及腐败的案件中。人们对合规计划的预防效果存有疑虑，并对企业信用被视为表面行为的做法持有固有的不信任态度。更糟糕的是，即使在充分合作之后，人们仍然有对公司实施严厉制裁的强烈要求。这些观点受到以下事实的高度影响——这些反腐败法律是在备受关注的案件正在发生的背景下讨论的。正如上一节所述，在某些国家或地区，这些辩论的结果导致了法律上的妥协，将这些关键问题推迟到司法和仲裁领域，这就需要由司法和仲裁机构决定合规计划的价值、合作的价值以及通过腐败获取的合同中的"罪责分配"。

在第二类争论中，我们将提到被指控腐败的政治领导人的支持者所发起的运动。在巴西、阿根廷、秘鲁、厄瓜多尔和墨西哥等国家，宽大处理协议被比作心理酷刑。这些国家的历史上曾经存在军事独裁和严重侵犯人权的问题，因此这是一个高度敏感的问题。在一些国家，这些运动已经升级，以至于将与这种执法范式相关的任何事情都视为"法律战"，即利用司法机构不公平地起诉进步的政治领导人，以作为将他们从政治中排除的非法手段。宽大处理协议在其他领域，如反垄断的国家如巴西，或有组织犯罪活动的国家如哥伦比亚、墨西哥和阿根廷，却没有受到类似的批评。

此外，新的范式似乎并未解决涉及控股股东参与不法行为的案件。合规架构的一个主要功能是减少大型组织内部信息流的不对称性，即集中信息以确保决策过程与公司的风险偏好保持一致。这一功能对于识别组织较低级别或分散业务单元中可能增加集团风险的不道德行为或不法行为模式非常有用。然而，当控股股东直接参与不法行为时，这些制度的重要性就减弱了：不仅没有减少信息的不对称，而且控股股东在决定是否应该配合调查时，面临内在的利益冲突，因为这样的决定直接涉及对自身的刑事起诉。在一些国家，这些特点也助长了一种观点，特别是在法律界之外的观点，即改革没有达到最初推动时所产生的期望。

毫无疑问，拉丁美洲在高层腐败案件曝光方面取得了前所未有的民主进步。我们只是想强调一个事实，即一些新引入的执法范式的机构在首次展示时就充满争议，并受到严厉批评，这主要是因为它们在极具争议的政治案件中首次进行了测试。

5. 结　语

在过去的十年中，拉丁美洲最大的经济体几乎一致地颁布了企业责任法，鼓励企业通过合规计划预防不法行为并与当局合作。这是为了实现成为经济合作与发展组织成员的雄心，或者是作为对国内腐败丑闻的政治回应等目的。

尽管这些情况对新范式产生了严重影响，但有明确的迹象表明该模式已经存在并将很快扩展到其他犯罪：智利最近修改了其立法，以包括其他企业犯罪；阿根廷正在讨论刑法改革，如果通过将会使该模式扩大到所有有利于法人的犯罪。同样，该地区的合规部门似乎也在慢慢准备解决除腐败外的其他实质性问题。

虽然从目前的趋势来看还为时过早，但中期来看，这些差异可能会导致不同国家或地区截然不同的结果，尤其是在那些将合规计划作为全面防御的国家和那些将与当局合作作为减轻或免除制裁的重要因素的国家之间。与后者相比，前一种模式似乎更适合采用表面化的合规方法。

本文所分析的不同争论的广度，仍然是一个深度不断变化的样本。该样本集中在一个以历史上对法律的尊重程度低和厌倦腐败的民间社会倡议的零容忍态度为特征的区域，并且其与有助于法人转变其企业责任文化的务实观点之间的紧张关系越来越深。

这些争论将在每个国家以不同的速度发展，这将取决于几个因素：国家立法机构内部的意识形态平衡；法律界对新规定的解读；在新规定下获得突出地位的行动者的合法性,如检察官和法院;以及各个社会中强大的被告组织的运动所获得的吸引力。从长远来看,预计新的企业责任制度将扎根于法律界,并帮助那些有政治意愿的政府更好地监管企业犯罪。

参考文献

Alarcón Arias,P. 2020. Columbia. In *The Practitioner's Guide to Global Investigations*,4th ed. Global Investigations website. https://globalinvestigationsreview. com/benchmarking/the-practitioner% E2% 80%99s-guide-to-global-investigations-fourth-edition/1212696/colombia.

Andonova,V.,and M. Losada-Otálora. 2017. *Multilatinas*:*Strategies for Internationalisation*. Cambridge:Cambridge University Press.

Barroso Uelze,H.,F. Noronha Ferenzini,and J. Gameiro. 2020. Brazil. In *The Practitioner's Guide to Global Investigations*,4th ed. Global Investigations website. https://globalinvestigationsreview.com/benchmarking/the-practitioner%E2%80%99s-guide-to-global-investigations-fourth-edition/1212692/brazil.

Brinks,D.,S. Levitsky,and M. Murillo. 2019. *Understanding Institutional Weakness*:*Power and Design in Latin American Institutions*. Cambridge:Cambridge University Press.

Castex,F.,ed. 2018. *Responsabilidad penal de la persona jurídica y compliance*. Buenos Aires:Astrea.

Davis,K. 2019. *Between Impunity and Imperialism*:*The Regulation of Transnational Foreign Bribery*. Oxford:Oxford University Press.

Davis,K. E.,and M. Trebilcock. 2008. The Relationship Between Law and Development:Optimists Versus Skeptics. *American Journal of Comparative Law* 56(4):895—946.

De Mattos Pimenta,R. 2019. Reformas Anticorrupcão e Arranjos Institucionais:O Caso dos *Acordos de Leniência*. PhD diss.,University of Sao Paulo,Faculty of Law.

Echevarría,Carolina Andrea. 2019. "La regulación privada transnacional como herramienta para combatir la corrupción en Latinoamérica entre el 2011 y el 2016," manuscript.

IBRAC. 2017. "Brazilian Antitrust Law(Law no. 12,529/11):5 years," preliminary version,April 2017. https://ibrac.org.br/UPLOADS/Livros/arquivos/Brazilian_Competition_Law_-_5_years_Preliminary_Version.pdf.

IAE. 2021. *Centro de Gobernabilidad y Transparencia*,*Encuesta Marzo 2021*. https://www. gobernabilidadytransparencia.com/wp-content/uploads/2016/08/Presentacion-encuesta-marzo2021.pdf.

Jorge,G. 2019. The Impact of Corporate Liability on Corruption in Latin America. *AJIL Unbound* 113:320—325. Published online by Cambridge University Press. https://doi.org/10.1017/aju.2019.57.

Kassem,R.,and A. Higson. 2016. External Auditors and Corporate Corruption:Implications for External Audit Regulators. *Current Issues in Auditing* 10(1):1—10. https://doi.org/10.2308/ciia-51391.

Langer,M. 2004. From Legal Transplants to Legal Translations:The Globalization of Plea Bargaining and the Americanization Thesis in Criminal Procedure. *Harvard International Law Journal* 45:1—64.

——. 2009. Revolución en el Proceso Penal Latinoamericano:Difusión de Ideas Legales desde la Periferia. *Revista de Derecho Procesal Penal-Número Extraordinario II*,*El Proceso Penal Adversarial* 53(Buenos Aires,Argentina).

McCormack,G. 2018. Why 'Doing Business' with the World Bank May Be Bad for You. *European*

Business Organization Law Review 19 (3): 649—676.

Merryman, J. H. 1981. On the Convergence (and Divergence) of the Civil Law and the Common Law. *Stanford Journal of International Law* 17 (2): 357—388.

Michaels, R. 2009. Comparative Law by Numbers? Legal Origins Thesis, Doing Business Reports, and the Silence of Traditional Comparative Law. *American Journal of Comparative Law* 57 (4): 765—795.

Miller, G. P. 2018. An Economic Analysis of Effective Compliance Programs. In *Research Handbook on Corporate Crime and Financial Misdealing*, ed. Jennifer Arlen, 247—262. Cheltenham: Edward Elgar.

Rebaza, A., A. Loli, H. Gadea, M. Zegarra, and S. Mattos. 2020. Peru. In *The Practitioner's Guide to Global Investigations*, 4th ed. Global Investigations website. https://globalinvestigationsreview.com/benchmarking/the-practitioner%E2%80%99s-guide-to-global-investigations-fourth-edition/1212707/peru.

Sacco, R. 1991. Legal Formants: A Dynamic Approach to Comparative Law (Installment II of II). *American Journal of Comparative Law* 39 (2): 343—401.

Schneider, B. R. 2013. *Hierarchical Capitalism in Latin America: Business, Labor, and the Challenges of Equitable Development*. Cambridge: Cambridge University Press.

Sierra Laris, D. 2020. Mexico. In *The Practitioner's Guide to Global Investigations, Fourth Edition*, 4th ed. Global Investigations website. https://globalinvestigationsreview.com/benchmarking/the-practitioner%E2%80%99s-guide-to-global-investigations-fourth-edition/1212704/mexico.

报告

Mexico OECD Report. 2018. Mexico: Phase 4 Report on Implementing of OECD Anti-Bribery Convention, 2 September. http://www.oecd.org/corruption/anti-bribery/OECD-Mexico-Phase-4-Report-ENG.pdf.

Brazil OECD Report. 2014. Brazil: Phase 3 Report on Implementing of OECD Anti-Bribery Convention, October 2014. http://www.oecd.org/daf/anti-bribery/Brazil-Phase-3-Report-EN.pdf.

Argentine Anticorruption Office. 2018. Guidelines for the Implementation of Integrity Programs. In Spanish. https://www.argentina.gob.ar/anticorrupcion/implementacion-programas-integridad.

判例法

Federal Supreme Court of Brazil. Acão Penal 470 Minas Gerais. 17 December 2012. https://www.conjur.com.br/dl/ap470.pdf.

United States v. Odebrecht S. A., Docket No. 16-CR-643. https://www.justice.gov/opa/press-release/file/919916/download.

Brazil General Comptroller's Office. List of Leniency Agreements. https://www.gov.br/cgu/pt-br/assuntos/responsabilizacao-de-empresas/lei-anticorrupcao/acordo-leniencia.

United States District Court Southern District of New York. In re: Petrobras Securities Litigation. Consolidated Fourth Amended Class Action Complaint. Case Docket No. 14-cv-9662 (JSR). http://securities.stanford.edu/filings-documents/1053/PBSP00_01/20151130_r01c_14CV09662.pdf.

访谈

Luis Danton Martinez Corres. Partner at Ritch Muller law firm，6 December 2019，on file with the author.

Claudia Ortega Forner. Anticorruption prosecutor，Chilean Anticorruption Prosecution Unit，December 2019，on file with the author.

第三部分
利益相关者和企业合规

第7章　利益相关者的权益和
合规遵从

马泰奥·雷西尼奥

1. 从股东至上到利益相关者价值：企业社会责任（CSR），环境、社会和公司治理（ESG），可持续发展和企业福利

考虑股东利益是与公司角色和职责相关的一个重要问题，即使在现代"股东至上"的情况下也是如此。在当前的实践中，这个问题表现为企业社会责任（CSR）理论的一个基本要素。用其中一个定义来描述该理论，即"企业对其社会影响负有责任"，这意味着企业应与股东紧密合作，制定一个流程，将社会、环境、道德、人权和消费者关注的问题整合到其商业运营和核心战略中（欧盟委员会，2011；Kristensen et al.，2019）。因此，这个定义本身确定了相当多的利益相关者。

近年来出现了两个问题。第一个问题涉及公司董事在环境、社会和治理（ESG）事务以及相关风险管理方面的职责。第二个问题涉及商业活动的"可持续性"，即（1）该活动对股东造成的长期影响的可持续性；（2）公司追求商业运营可持续发展的责任，特别是设定中长期利润目标的可持续性（Hall and Vlahov，2016；Borsa，2020）。特别是近年来，在环境和气候紧急情况引起的对ESG问题的关注压力下，那些与企业经营对这一紧急情况的影响特别相关的问题——如化石能源的使用——往往占据了大部分讨论的焦点，导致对所谓的社

会问题（如人权）的重视程度降低。CSR、ESG 和可持续性之间的联系导致它们有时被当作同义词。CSR 具有较长的历史，通常与社会、道德或利他主义问题联系在一起，因此通常被认为公司应该承担比法律要求更多的责任，如环境保护、劳工权益、人权、社区发展和反腐败等（Lim，2010；Pohlman，2019）。然而，近年来，ESG 和可持续性问题比 CSR 问题更常被考虑在内，特别是在它们对公司财务绩效以及业务风险管理和限制的影响方面。因此，机构投资者在作出选择时越来越重视公司对 CSR、ESG 和业务运营可持续性的关注。值得注意的是，金融市场提供了投资（道德基金）或融资（道德银行）选择，这些选择适用于认真有效地考虑业务运营对股东利益影响的公司。"受益"公司也属于此类（哈乔托 et al.，2018；霍尼曼，2014）：追求公司利润或价值最大化以外的目的，从而对股东利益的考虑，成为社会目的的一部分。美国在这方面的经验是众所周知的，欧洲也采取了类似的举措。例如，意大利的法案（第 28/12/2015 号法案）规定了社会福利公司和协会，即公司应"履行为一个或多个共同利益目标，并以对人民、社区、环境、文化和社会产品和活动、机构和协会的可持续和透明的方式负责任地经营"。法国最近引入了"有使命的公司"（société à mission）（L. 210-10：loi PACTE），这些公司在其公司章程中必须包含"存在的目的或理由"和"一个或多个社会和环境目标"，并将其活动放在这些目标的背景下进行（Schiller，2019）。在更广泛的层面上，有人主张我们需要改变对资本主义的看法，即"公司所有权不仅仅是财产，同时也是托管和代理"（Mayer，2020；英国学院，2019）。

与考虑股东利益的多元管理模式相关的两个方面是日益清晰的监管框架，这些框架涉及公司在 CSR、ESG 和可持续性方面的行为。这些规范来源的分类如下：

（1）源自公司的自愿选择。公司可以自愿选择考虑利益相关者的利益，在开展业务时采取行动。例如，公司可以制定道德准则，明确其承诺的公司在社会责任（CSR）、环境、社会和公司治理（ESG）或可持续性方面的行为；公司还可以宣布遵守国际机构制定的行为准则，无论是普遍性的准则（如经合组织跨国企业准则）还是更具体的规定（如国际劳工组织的工人权益规定）。在保护

142

利益相关者利益方面，证券交易市场制定的公司自律准则也是一个重要的制度来源，这些准则主要关注公司治理。例如，意大利证券交易所最新版本的公司治理准则鼓励董事追求"可持续的成功"，即"创造股东价值的同时，考虑与社会相关的其他利益相关者的利益"。这些自律准则的重要性得到了强调，因为在各种法律体系中，上市公司必须向市场披露其遵守的准则，并在不遵守时解释原因。

此外，法律也可以促使公司作出自愿选择。例如，通过允许公司在公司章程中提及经营目的而不仅仅是利润，法律可以鼓励公司作出选择。例如，最近的法国公司法改革允许公司在公司章程中包含关于"存在的原因或目的""构成公司遵守的原则，并根据这些原则进行资源分配以实现其经营活动"的条款。这种选择背后的动机明确与 CSR、ESG 和业务可持续性等主题有关（Schiller，2019，第 525 页）。

（2）介于软法和硬法之间的法律：非财务信息披露和董事考虑利益相关者利益的义务。除了自愿选择外，还存在一些规则，有时被定义为软法。这些规则基本上包括两个方面：公司（或大公司）披露与 CSR、ESG 及业务可持续性相关的非财务信息；董事具有考虑或多或少准确确定利益相关者利益的一般职责。

关于第一点，需要注意的是，此类信息披露义务的目的并不是将特定行为强加给董事，至少目的本身不是如此，而是向市场和第三方传达公司是否正在处理这些问题，以及如果正在处理，是如何处理的。然而，这些职责与董事的关联性及其对董事的影响似乎在增加。最重要的例子当然是欧盟 2014/95/EC 指令引入的上市公司和大型公司的非财务信息披露要求。该指令要求公司编制文件，涵盖环境、社会和员工问题，尊重人权和反腐败，以确保了解商业活动、绩效、成果和相关影响。受此披露要求约束的公司还必须说明其采用的政策及其结果，并确定非财务绩效的"基本指标"。委员会多年来不断丰富和具体化的指标，为公司提供一般和具体的指导但指南本身并不代表非财务信息准备方面的约束性规定（欧盟 2017/C215/01 和 2019/C209/01 指南）。此外，公司还必须说明其业务运营产生的主要风险，并说明如何寻求管理这些风险，包括其产品、服务、商业关系和相关的供应链。此外，如果公司能够提供理由，还可以选择不应用相关政策。

关于非财务信息披露，在欧洲共同体以外也存在广泛的争议。需要注意的是，除了类似于欧盟采用的信息披露规则外，美国的争议也开始转向是否需要规定"强制披露"，以及如果需要"强制披露"，是否需要具体规则，或者是否应该将制定规则的任务委托给美国证券交易委员会更为合适。正如我们将看到的，这种选择在确定非财务信息利用的目的上非常重要。关于董事除了考虑利害关系人利益外还必须考虑股东利益的规定，需要指出的是，近年来，这一原则已开始在重要的法律制度中得到实施，但在平衡股东和利益相关者利益的具体问题上仍存在不确定性。平衡这些利益涉及具体问题，似乎需要由董事来作出选择。因此，在理解这些规则意味着什么以及如何在股东利润和利益相关者利益之间取得平衡的问题上，存在着关键的挑战。

（3）源自硬法的规则：强加特定积极行为或信息义务的规则，并带有特定的制裁措施。不同的法律体系都制定了强制性规则（Lin，2012），例如受益公司规则，将追求共同利益和利润视为法定义务。违反这些义务将面临明确的制裁，包括赔偿，以保护消费者利益。对于提供关于追求共同利益的预定计划的信息，也有明确的规定，该计划假设其价值与金融信息的价值（包括在制裁方面）没有本质区别。

对于重要问题，也存在具体的强制性规定。例如，关于保护人权、防止强迫劳动等方面的规则。除了国际准则和原则（如国际劳工组织），一些法律条款规定公司，尤其是跨国公司，有责任对其供应链进行审查和控制，以确保没有供应商或分包商侵犯人权，并保障工人在商业活动中的权益。还有一项法律规定要求企业提供具体信息，以说明其为防止或避免此类侵权行为所采取的政策。

然而，不确定性并不仅限于此。一旦董事的职责和规则的来源确定，解释仍面临另一个重要难题，尤其是在公司遵守这些职责方面的解释。

最近，关于用于核查公司是否符合 CSR、ESG 和业务可持续性的各种职责或利益的参数的争论越来越多。测量对象的广泛定义与不同的衡量模型有关。举几个例子，这些模型涉及关于非财务信息披露的各种主题（如欧盟指南）、由私营实体（如 GBI、SASB、KK 等）实施的模型，有时也在国家或欧盟层面的法规中提及，以及针对某些类型公司的特定规定，这些规定决定公司是否被视为受益公司或能够保持这种"地位"的参数。

因此，虽然存在广泛的争论，但不能说我们正在处理统一的原则，即公司必须遵守适当的合规行为的原则。相反，涉及的利益、规则以及用于识别和衡量公司行为的参数的异质性，表明关于公司是否、何时以及如何遵守有关 CSR、ESG 或业务可持续性的规则和原则的问题没有一致的答案。答案在很大程度上取决于法律制度在面对商业活动对各种利益相关者的影响时所作的选择（或者说是没有选择）。由于许多重要原因，这种影响不仅涉及单个国家的公司的具体行为或特定国家法律，而且涉及经济全球化的一部分。可以举两个例子来说明这一点：一是对供应链的控制，将视为按照发达经济体标准运营并致力于保护生产国人权和工人权益的公司作为"最终用户"（无论这涉及真正的奴役、低薪工作、工时问题或工作环境健康保护）。二是污染、环境保护和气候问题，许多公司（在它们的报告中谨慎地强调它们对 CSR、ESG 和可持续性的关注）将焦点放在不符合这些问题并对环境和气候产生重大影响的国家，以此为自身和向它们分销产品的公司创造利润。

本文正是在这种复杂背景下对公司合规职能（及相关责任）的作用进行了分析。

2. 遵守 CSR、ESG 和可持续发展：尊重法律——人权保护的案例

在简单而传统的治理模式下，公司开展业务以获取利润并在股东之间分享；法律规定了公司在开展业务时必须遵守的规则。在这种模式下，各种利益相关者及其利益受到或应该受到法律保护，而不是受到公司的商誉或商业便利的保护，如果公司违反法律，他们将受到制裁，如果不违反法律，他们可以，或者更确切地说，是利益相关者的利益和合规性所必需的，只追求股东的利益。在民主制度中，考虑到所涉问题的相关性，确定必须在多大程度上以及以何种方

式保护利益相关者的利益免受商业活动的影响，这应该是任何严肃的选举程序的一部分。在此模型中，合规性以核实公司遵守法律法规并配备了适当的合规组织结构而告终。

一些学者认为，企业社会责任（CSR）、环境、社会和公司治理（ESG）以及可持续性问题只有在法律强制的情况下才有意义（有关不同方法的更多参考和综合，请参阅 Pollman，2019，第 6 页）；事实上，这些问题对股东和利益相关者来说应该是有好处的（Bebchuk and Tallarita，2020）；此外，正如一些常见的观点所指出的那样，即 CSR、ESG 或可持续性问题在法律规定中找不到义务来源的行为，并不少见（Pollman，2019，第 6 页）。当然，根据这种观点，合规仅仅意味着遵守公司总部所在地的法律规范，并相信公司的自愿选择，或者充其量是公司对信息义务或一般原则的遵守。

然而，在各种具体问题上，一些监管机构选择通过对企业施加特定行为负担来进行干预。尤其是这些法律规则在不同的国家以不同的方式呈现，旨在防止强迫劳动并确保工人的人权和基本自由。问题的相关性无需解释。值得强调的是，全球化和经济结构调整意味着发达经济体的公司，尤其是规模较大的公司，使用来自最基本人权受到损害国家生产的商品和服务来组织业务。在 CSR、ESG 和可持续性问题的定义中，系统地提到了尊重基本人权，从而尊重工人的权利。但是，我们在这里面临的不仅仅是遵守专门国际组织制定的道德准则或原则的一般表现；相反，这些是强制性规则，要求企业采取积极行动，以防止其控制的企业或其供应链中的企业使用实施强迫劳动或侵犯工人基本权利的供应商，并且这些规则规定要对不遵守规定的企业进行制裁。

最近的对利益相关者权益最重要的干预措施始于 2018 年。法国于 2017 年 3 月 27 日通过法案引入了这些干预措施。根据该法案，大型公司需准备监督计划，以监督其在法国境内和境外的业务运营情况，包括受其供应链约束的公司。监督计划的目标可能非常广泛，要求采取合理的监督措施，以识别风险并防止公司运营（无论是直接还是间接控制的）以及与公司有稳定关系的分包商或供应商的活动所导致的严重侵犯人权、基本自由、员工和环境健康安全问题。在最初的法案中，对违规行为的处罚非常严厉，规定最高可处以 1000 万欧元的罚款，如有损害，则可再加倍罚款。然而，由于法案未能清晰准确地定义"行为"和"损害"，这种制裁被宣布为违宪。现在，母公司在制定监管计划时，将对与违反法律规定的义务相关的损害承担赔偿责任，责任内容由法律明确规定（Duthilleul and de Jouvenel，2020）。

虽然法国模式是现有的最准确和具体的模式，但并不是孤立的个例。

在利益相关者权益方面，其他实施规制制度的国家有：（1）澳大利亚：该国于《现代奴隶制法案》生效时，内容与法国的法案相似，尽管没有设定具体的惩罚措施。（2）英国：2006 年通过了《现代奴隶制法案》，对超过一定规模（年营业额 3600 万英镑以上）的公司施加义务，要求其说明为防止强迫劳动或侵犯人权而采取的措施，并规定了营业额不确定时的罚款措施。（3）美国：特别是加利福尼亚州，根据《加州供应链透明度法案》，要求大公司（总收入超过 1 亿美元的公司）披露它们为消除供应链中的人口贩卖和强迫劳动所做的努力。加利福尼亚州检察官有权起诉违规的公司，公司也必须回答消费者的问题。

另外，加拿大最近引入了特殊规定。加拿大负责任企业监察员（CORE）可以审查调查与在国外开展业务活动的加拿大企业相关的侵犯人权行为，并在侵权行为发生时提出补救措施的建议，尽管 CORE 没有强制性权力。然而，为了保护遭受违规行为损害的加拿大公司的商业利益，该国可能会暂停国防服务。此外，美国禁止进口与强迫劳动有关的商品，进口公司必须认真审查其供应链，未能履行这些义务的公司将受到暂停进口的制裁。

值得注意的是，有关合规义务的法国经验表明，法国明确选择加强软法原则的价值，赋予其"法国法律效力"（force de loi en France）和"通过借喻间接方式适用"（par ricochet）。

在公司（尤其是大型跨国公司）设有分支机构、次级供应商或承包商的所有国家或地区，赋予法国法律效力和平等跳跃的权利（Duthilleul and de Jouvenel，2020，第 56 页）。

因此，人们意识到，在保护工人权利和人权方面，规范规定跨国公司的合规职能部门有法定义务采用某种组织结构，使公司能够根据法定要求制定并有效执行监管计划。不容忽视的是，这种选择当然不适用于在发达经济体中发生的违反工人保护规则的行为。不幸的是，尽管移民模式在发达经济体中重新启动或加剧了奴役形式，但无需根据利益相关者的利益来审查其非法性，因为根据相应的合规后果，这些行为完全违反了民法和刑法的规定。

这样做的目的是将发达经济体中跨国公司对其供应链行使的人权保护提升到硬法保护的水平。因此，无论多具体严格地概括，人权保护既不是把非财务信息托付给公司，也不是对公司声誉的便利评估。实际上，这些人权保护规则认为，作为全球供应链一部分的公司，其区域性和主观性改变无关紧要。因为这些公司生产的供应链通常会被准确地分散到基本人权被严重侵犯的国家。这种选择要求跨国公司采用旨在防止和制止供应链中可能发生的严重侵犯人权行为的组织模式，因为公司作为产品的买方，对客户或分包商能够拥有控制权。因此，在这种情况下，合规意味着公司必须对其供应链中涉及的公司的活动进行监管，以防止侵犯人权。

如果存在此类违规行为，或者如果公司无法核实和干预以消除违规侵犯人权、健康、安全或环境权利的风险，则法律规定的申请应该是给公司提供不通过其子公司或当地供应商或分包商开展业务的选择。

这种监管的最大特点是，从某种意义上说，诱导公司采取符合上述权利的行为，并赋予公司责任，这不仅出于经济评估的动机，而且是将其视为一种管理风险的方式，一种在发生侵权行为时可能面临的风险，而不仅仅是声誉。

在这些规范中，既没有也不应该有相关条款，以便根据这些条款寻求采用经济上方便的方式对公司施加义务的正当性。例如如果公司通过与消费者充分沟通成功地提升了声誉，即使这些规范导致公司成本增加，也应该遵守这些规范。

这些规范的适用需要明确定义的法律。当然，这些规则不能被视为公司无限责任的来源。然而，根据对法国法律的首次评估得出的结论："这种权力越强，公司就越不能忽视其决策的后果"（Duthilleul and de Jouvenel，2020，第56页）。最重要的是，不能对这些规范保持沉默或疏忽。

因此，法国法律对商业活动施加了外部限制，这种限制超出了商业活动的正式归责范围，并且该法律的适用范围是超越国家的，正如经济全球化现状所要求的那样。涉及价值的重要性要求法律所保护的权利得到公平和严格实施的支持，这些规范并不都出现在上述法规草案中，而且在发达经济体中应该得到更广泛的应用。

那些已经引入这些规则的国家现在强调，应该在欧洲范围内推广这些规则，以避免那些不遵守规则的人获得令人讨厌的竞争优势（Duthilleul and de Jouvenel，2020）。

同样值得注意的是，法国立法并未将其注意力局限在侵犯人权和工人权利的行为上。法案还提到了环境问题。

反对强迫劳动、反对商业活动可能对工人和社区造成的损害，有着漫长、不间断且悲惨的历史。赋予跨国公司包括环境职责在内的具体监管职责，标志着在利益相关者权益方面迈出了重要的一步。环境问题不仅涉及单个国家的微观视角，也涉及受特定商业活动影响的独立社区，这个问题现在具有真正的超国家价值。可以说，法国法案赋予大公司防止其在经营活动可能对环境造成最严重损害的职责，不仅仅局限于对该公司供应链中的实体部分进行监督。在企业社会责任、环境、社会和公司治理（ESG）以及可持续性问题的推动下，发达经济体中的企业不论规模大小都在实施关注环境影响的企业管理政策；因此，跨国公司无国界的权力必须确保其控制范围内的实体也采用适当的环境标准，而不论所在地的现行法律如何。

3. CSR、ESG 和可持续性：非财务报告、利益相关者利益和合规性——欧洲经验：欧盟 2014/95/指令

在规范没有具体规定公司义务的情况下，确定如何遵守 CSR、ESG 和可持续性问题变得更加复杂。

在这方面，可以从非财务信息的规章制度和自愿性选择规范中得出相关要求。值得一提的是，在短短几年内，欧盟 2014/95/指令有关非财务信息监管的内容已经发生了演变。

当我们谈论合规性，尤其是关于施加信息义务的规则时，很明显，规范所

追求的目标会影响公司为合规而开展的活动。指令的"序言"中，非财务信息的主要目的是"识别可持续性风险，增加投资者和消费者的信任"，并且"应描述政策、结果和与这些事项相关的风险"，涉及指令确定的各种问题。

更广泛地说，指令的序言3指出，"将长期盈利能力与社会正义和环境保护相结合，披露非财务信息对于管理可持续全球经济的变革至关重要。在此背景下，非财务信息的披露有助于衡量、监控和管理企业绩效及其对社会的影响"；指令的序言6指出，非财务报告"还应包括有关企业实施的尽职调查程序信息，包括相关和适当的供应链和分包链，以便识别、预防和减轻现有或潜在的不利影响"。因此，与已经讨论过具有更大影响力的法国法案相关的供应链问题相比，这是一个限制性较弱的条件。

该指令的灵感来自企业社会责任的愿景，旨在将法定义务作为大公司的一般社会责任，以追求可持续经济的目标，并防止业务活动对利益相关者产生不利影响。在此背景下，风险的概念虽不完全但主要是指对那些受商业活动影响的人所造成的潜在的不利后果，从而对利益相关者的利益造成不利影响，而不是指公司由于不考虑这些利益可能面临的风险。该指令没有具体说明董事必须如何行动，以符合企业社会责任的目的并保护利益相关者的利益。总的来说，指令传达了多种信息，包括公司必须做什么，以及公司必须如何针对指令确定的问题采取行动，描述公司的绩效及其结果，特别是关于公司活动的影响、相关风险以及管理这些风险的政策和方法。此外，该指令旨在提高公司对相关问题的认识和敏感度。

因此，在欧盟的背景下，非财务信息主要起到建立一般原则的作用，即大公司必须对指令规定的特定行业的企业社会责任问题和利益相关者利益给予足够关注。在这方面，遵守指令的要求基本上类似于公司遵守财务信息的要求。这意味着，公司必须具备适当的组织结构和专业技能，能够提供真实、准确且完整的非财务信息。无论这些信息是什么，都必须符合指令确定的规则或最佳标准。在欧盟2014/95/指令的背景下，违反编制财务信息义务的后果是由每个成员国决定的，并且通常涉及行政处罚；然而，违规行为还可能导致企业声誉受损，这取决于信息的接收者承认与该问题相关的情况。然而，从2014年至今，欧盟和欧盟委员会并没有停滞不前，而是利用提供披露非财务信息的机会，起草了两份重要文件：第一份文件是关于非财务信息的沟通方法（2017/C215/01），第二份文件是关于非财务环境的相关信息（2019/C209/01）。

需要指出的是，欧盟指南对公司在提供财务信息的方式上没有产生约束力，也不能在指令和成员国法律规定的基础上引入新的法定义务。然而，在上述通讯中，关于非财务信息的内容，尤其是非约束性目标的规则存在"质的飞跃"。并且最重要的是，非财务信息的披露在合规方面具有明确的后果。

自 2017 年 C215/01 号通讯以来，欧盟委员会明显倾向于以更具分析性的方式详细说明方法和非财务信息，而不仅仅是指令。特别是，人们认识到欧盟委员会的指南受益于许多成员国、欧盟和国际标准，这些标准不仅涉及指令所关注的企业社会责任问题，还涉及 ESG 和可持续发展问题，扩展了非财务信息的具体内容。对这些标准的引用促使委员会在制定其指南时向公司提供非财务信息的示例，这些信息为可能制定的行为规范增加了实质内容，公司无论在追求企业社会责任、ESG 和可持续发展的目标方面，还是为了取得业务活动的成功都有规定，然而，指南并没有具体规定公司必须履行与这些目标一致的义务。

在指南中对此类行为进行描述，并明确说明履行非财务信息提供义务时应采用的对外沟通方式和方法，无疑更能引起董事对这些要求的关注。因此，合规职能在开发和评估公司提供符合准则的非财务信息的能力方面变得更加复杂。例如，考虑上述在供应链中保护工人权益的例子：欧盟委员会在其管理政策中指出，"公司可能会考虑披露有关其供应链和分包中，与人权、工作环境保护相关的损害风险的重要信息，以及公司为管理和减轻潜在负面影响而采用的方法"（§4.2.CE/2017/C215/01）。要提供正确的非财务信息，需要一个组织结构来有效验证供应商或分包商在其经营场所的行为，并将所采用的政策告知董事。

欧盟委员会的指南提供了更准确和详细的说明，包括非财务信息的内容和目的。第一个指引涉及非财务信息的作用以及这些信息在如何用于财务分析和公司评估方面日益增强的重要性。欧洲金融分析师联合会的 KPI 文件出现在欧洲理事会 CE/2017/C205/01 指南提到的标准中并非巧合。此外，该通讯将投资者称为非财务信息的重要接收者，并明确指出此类信息"应帮助投资者以及其他相关方了解并监督公司的业绩",并应"解释公司业绩与非财务信息之间的关系"。从这个角度看,非财务信息成为企业资产评估的要素之一。

第二个指引涉及风险管理。在通讯之后,欧洲理事会 CE/2017/C205/01 指南要求公司提供有关业务活动可能产生的主要风险及其管理方式的信息。在这种情况下,风险有两个含义:首先,风险涉及利益相关者可能面临的业务活动负面影响的风险管理;其次,风险指的是公司提供的信息,指出主要风险如何"影响它们的商业模式、运营、财务业绩和活动"。从这个意义上说,非财务报告成为公司资本风险管理评估的一个要素,而不仅仅是公司如何考虑利益相关者的利益。

这种方法在欧洲理事会 CE/2019/C209/01 指南中得到更明确的体现,该指南涉及有关环境的非财务信息。在《巴黎协定》和欧盟可持续增长融资行动计划的更广泛框架下,非财务信息成为实现"资本转向可持续投资"和"管理气候变化和其他环境和社会问题引发的金融风险"等目标的核心要素,以促进"金融和经济活动的长期愿景"。

欧洲理事会 CE/2019/C209/01 指南回顾了欧洲理事会 CE/2017/C205/01 指南中已有的内容,但更加清晰。商业活动的影响具有双重相关性。第一个方面涉及公司业务的绩效、业务价值和环境状况,主要是关于财务对企业业务价值的影响。非财务信息成为决定是否投资该公司的基本因素:它的受众是投资者,而不是利益相关者。第二个方面涉及公司业务的影响,涉及环境和社会因素,因此关注公民、消费者、员工、商业伙伴、社区和民间社会组织。但是,正如前文所强调的,投资者在作投资决策时也对环境因素的相关性感兴趣。

欧洲理事会 CE/2019/C209/01 指南确定了公司可能面临的两类风险:对环境的负面影响和对公司的负面影响。后一种风险常被定义为物理风险或过渡性风险,其无疑是最能影响公司财务业绩和价值的风险。对于不执行旨在遏制商业活动对环境负面影响的政策的公司,该通讯确定了一系列过渡和物理风险,包括但不限于声誉风险。非财务信息规则的演变不仅让董事们关注利益相关者的利益,也带来了风险管理的问题。

董事必须将非财务信息问题作为管理风险的一部分,这些风险有助于描述可能影响公司财务稳定性和价值的各种风险概况。因此，合规职能部门必须核实公司是否已采取必要的措施，以识别、预防和减轻与企业社会责任、ESG 和可持续性问题相关的资本和财务风险。

有关非财务信息的相关性的"质的飞跃"可在欧洲理事会 CE/2019/C209/01 指南的附件 1 中阅读，该文件是专门为银行和保险公司制定的补充指南。附件 1 详细说明了银行和保险公司必须提供的有关其开展特定业务活动的环境非财务信息。例如，银行和保险公司是否以及如何确定其合同相对方是否考虑与环境相关的风险和机遇。这与欧盟委员会关于风险管理的指引有关，明确提到在声誉方面以及在贷款、投资和保险活动中考虑环境风险。遵守与气候政策相关的非财务信息不仅旨在提供有关能源政策等方面的信息，还有助于分析融资和保险公司或其打算提供投资管理或保险的金融工具发行人的行为。

尽管欧盟委员会和环境相关财务披露工作组（TCFD）等机构关注信息问题及其方法，但非财务信息规范显然朝着两个具体方向发展。

第一，非财务信息服务于投资者的利益和选择，强调其在商业风险管理背景下的重要作用。因此，它不仅仅是一个信息来源，目的是考虑利益相关者的利益以及与 CSR、ESG 和可持续发展相关问题的一般义务。

第二，非财务信息模型的分析日益复杂。通过参考各个组织制定的标准，模型提供了公司应采取的具体措施来管理风险，包括提供准确的信息。这构建了基于勤勉经营活动的管理职责体系，并明确了许多法律规定的考虑到利害关系方利益的一般义务，并明确了合规的作用。

4. 美国与欧盟的经验对比：非财务信息和风险管理

尽管美国与欧洲在此类问题上的处理方式略有不同，但欧洲的经验已经在美国相关争议中得到反映。正如前文所述，在美国并不存在关于非财务信息的普遍强制规则，但美国证券交易委员会指南第 10 版（SEC Guidance 2010）要求必须披露 ESG 和环境变化相关的风险。然而，尽管公司没有义务透露有关企业社会责任、环境、社会和治理问题的非财务信息，但许多企业仍自愿透露此类信息。此外，许多利益相关方披露（Lipton，2020，第 2 页）、企业社会责任可持续发展报告标准（Christensen et al.，2019）以及可持续性披露（Fisch，2019，第 923 页）的预见性强制规则也在很多方面已被硬性要求执行。

尽管人们普遍没有担心强制性的非财务信息披露可能给公司带来过重的负担，但随着这些问题的敏感度越来越高，人们越来越意识到拥有高效的非财务信息系统的重要性。

在美国的文献中，人们一直认为尽管非财务信息被广泛使用，但它们往往是"碎片化、不可靠和不完整的"（Fisch，2019，第 966 页）。同时，一些人强调，这些信息可能采用模板化语言，考虑到与企业社会责任（CSR）、环境、社会和治理（ESG）相关的问题的广泛性，他们建议非财务信息应根据每个公司的具体特点进行适用（Christensen et al.，2019，第 73 页）。为了避免这种风险，必须加强对 CSR 标准的使用，欧洲也在这方面做出了努力（Christensen et al.，2019，第 87 页）。此外，值得注意的是，争论的一个关键点是"将非财务信息纳入美国证券交易委员会的指南是否必要"（Fisch，2019，第 964 页），或者以开发适应所有利益相关方需求的企业透明度系统的方式实现自主和结构化（Lipton，2020，第 70 页）。

这场争论验证了非财务信息具有两个不同的"灵魂"。强调美国证券交易委员会的作用意味着将投资者定位为主要的"目标"，并将上市公司或较大的公司确定为非财务信息披露的对象。相反，关注利益相关者的信息意味着将业务活动对各种企业社会责任状况的有效影响作为主要参考。这意味着无论从经济角度还是从成本角度考虑，都强调有责任考虑利益相关者的利益，让投资者和非投资者了解公司如何考虑这种影响，并避免损害后果或从事有利的决策行为（Lipton，2020，第 61 页）。

在美国，出现了一股兴旺发展的经济分析潮流，旨在通过经验证明企业社会责任（CSR）、环境、社会和治理（ESG）以及充分信息披露政策具有以下特点：（1）尽管文献上对此存在分歧，但这些准则可以改善企业的财务绩效（Pollman，2019，第 8 页）；（2）这些准则使得公司能够更好地管理与各种问题相关的风险。特别是在 ESG 和可持续发展问题上，这种路径是尤为常见的。这些准则主要针对投资者，正如与法律合规性相关的文献所强调的那样（Pollman，2019，第 11 页），一些人认为符合企业社会责任的行为可以让公司"减轻或避免其活动产生的不利影响"（Porter et al.，2019），通过风险管理提高财务绩效，从而减少可能因对这些问题缺乏关注而产生的潜在损害责任（Ho and Virginia，2016，第 701 页）。因此，需要注意的是，许多公司会考虑非财务信息或 ESG 风险，包括合规、监管、环境等风险，以及其他运营风险，如战略风险（Ho and Virginia，2016）。

在这种情况下，根据美国学者的分析，非财务信息反映了欧洲强制性准则解决的许多问题。当然，如果非财务信息披露成为金融市场准则的一部分，业务活动的影响将使得投资者和市场利益凌驾于利益相关者的利益之上。无论是出于特定义务还是超出法定义务的考虑，处理这个问题的方法与认为公司有责任同时考虑股东利益和利益相关者利益的方法不同。当然，据观察，引入非财务信息的法律框架应该考虑到一个事实，即信息的"重要性"因受众而异（Christensen et al.，2019，第 73 页）。企业社会责任所追求的目标范围和利益相关者的广泛性使得这种辨别变得困难，并需要完善企业社会责任的标准。这使得合规问题与董事在提供准确且完整的非财务信息方面的责任问题变得复杂。

5. ESG 投资者、ESG 共享价值、拉里·芬克规则和怀疑论

尤其是近年来，ESG 投资的推动越来越多地成为争论的焦点，这可能与未充分采用企业社会责任（CSR）、环境、社会和公司治理（ESG）以及可持续发展政策的公司面临的风险有关。

金融市场对公司发行的证券越来越感兴趣，这些公司在开展业务活动时考虑到利益相关者的利益，例如 ESG 和可持续性问题。机构投资者顺应这一趋势创建了资产归属于承诺考虑利益相关者利益的公司的基金。在各个金融市场中，出现了按照有利的 ESG 排名进行系统投资的"道德"基金。更普遍地说，许多公司声称它们对环境和气候问题的关注是它们服务或产品的一种具有吸引力的特点。

在这种背景下，非财务信息在机构投资者进行 ESG 投资评估时扮演着重要角色，无论是通过直接评估还是通过寻求评估公司顺应 ESG 和可持续发展政策的程度的机构评估。正如前面所提到的，关注 ESG 问题的公司应该能够更有效地降低与潜在责任或风险事件相关的风险。

此外，一些经济学家一直对公司通常采用的 ESG 和可持续性方法进行批判性审查（例如 Porter et al.，2019）。特别要注意的是，负责制定社会责任和环境保护政策的公司董事经常忽视所谓的"共享价值"。他们认为，这种方法"忽视了将社会和环境问题视为公司核心定位的一部分所带来的更高增长、盈利能力和竞争优势的机会"。欧盟也强调了这一问题，即企业可以从提供与气候和环境管理政策有关的信息中获得发展机会。然而，"共享价值"方法并不仅仅指政策的实施，例如减少化石燃料排放以承诺降低成本，而是指调整商业模式以获得更大利润的可能性，这种管理方式主要考虑到在赢利机会方面的社会影响。

从更广泛的角度来看，目标是通过将资本分配给那些创造最大社会回报的公司来创造良性循环，无论这些回报是通过常规的经营活动还是通过改善客户、员工、供应商和社区福祉来实现的。在此基础上，人们试图衡量企业运营的社会影响，从而确定通过利用社会创新来推动良好的长期经济结果，从而真正实现创新的公司（Porter et al.，2019）。

当然，这条路径主要针对机构投资者，因此在它们的投资选择中，公司定位为以市场力量和资本信仰为基础，展示它们正在将追求利润与关注社会因素的重要性相结合，从而创造共享价值。总之，在这个愿景中，追求股东的经济利益、追求最佳经济结果与追求利益相关者的利益和考虑社会问题之间并不存在冲突。相反，公司通过管理风格的调整来提高其价值并增加股东利益，这种管理风格抓住机会来创造有关"一致的社会目标"的价值，从而产生协同效应。

所谓的拉里·芬克规则（Larry Fink rule，Fink，2020）可能是其中一个例子：虽然它不是法律，但它可能比金融领域的法律更加重要（Bebchuk and Tallarita，2020，第 2 页）。实际上，它是规定哪些公司可以从机构投资者那里获得公共储蓄的规则。如果芬克决定并实施他的决定，他的投资选择或者股东活动将取决于董事们对 ESG 问题的关注程度或业务运营的可持续性，这可能会对气候问题等各种非财务报告产生比欧洲委员会所期望的更大的影响。事实上，世界上最重要的资产管理公司的首席执行官芬克最近在给他准备投资的公司董事的一封信中表明，人们越来越关注企业的社会责任、环境、社会和公司治理方面的问题。

在讨论合规职能的法学文章中引用这样一封信可能看起来很不寻常，但我认为这是构成公司董事责任范围的请求的异质性的一个明显例子。芬克在 2020年的信中以所有其他资产管理者的共同使命声明开篇：需要强调一个事实，即储户将大部分资金委托给他们，以确保退休生活有一个稳定的避风港，这也意味着很多储户进行长期投资。

气候问题对经济增长和繁荣有影响，因此必须用新的意识取代过去的沉默。芬克引用了包括梵蒂冈在内的各种机构的观点，指出投资者正面临着"金融的根本性重塑"。他列举了对经济融资体系可能产生的长期影响，包括金融业、保险业、食品业以及气候对新兴市场经济体的影响。

因此，"气候风险就是投资风险"。芬克解释说，世界各地的投资者都在思考必须作出哪些投资组合选择。他还明确表示，机构投资者将在气候变化迹象实际出现之前采取行动，或者必须采取行动，以根据新的情况重新配置资本。在这一层面上，拉里·芬克规则以非常普遍的条款清楚地呈现出来。

第一条

"可持续性和气候一体化投资组合可以为投资者提供更好的风险调整后的回报。"

第二条

"我们应该将可持续性置于我们投资路径的中心。"

第三条

"所有投资者，以及监管机构、保险公司和公众，都需要更清楚地了解公司如何处理与可持续性相关的问题。这些数据应该超越气候，还涵盖诸如每家公司如何为其所有利益相关者服务的问题，例如其员工的多样性、供应链的可持续性，或者公司如何保护其客户数据。"

第四条

"一家公司如果不拥抱目标并考虑大范围利益相关者的需求，就无法实现长期利润。"

第五条

"公司必须，（1）在年底前根据行业特定的 SASB 指南发布披露信息，或以与其特定业务相关的方式披露类似的数据集；（2）根据 TCFD 的建议披露与气候相关的风险，包括根据《巴黎协定》将全球变暖限制在两摄氏度以内的目标完全实现的情况下运营的计划。"

第六条

"当一家公司未能有效解决重大问题时，其董事应承担责任。"①

如果上述引用准确地代表了规定董事职责的规范，即董事应在其业务活动和向市场提供的信息中考虑利益相关者利益以及 CSR、ESG 和可持续性问题，那么合规职能确实是一项艰巨的任务。

然而，需要回顾一下，一些学者对于"利益相关者主义"持有严重怀疑态度（Bebchuk and Tallarita, 2020）。他们认为，尽管"利益相关者主义"以有效和多元化的方式得以实施，但并不等同于在公司治理方面所谓的"开明的利益相关者主义"，即将平衡股东利益和利益相关者利益的选择委托给董事，并真正实现对利益相关者利益的有效认可。此外，薪酬机制和实证分析似乎表明这种希望没有完全实现。

同时，人们也注意到，接受"利益相关者主义"并委托董事执行，需要付

---

① 信中将有效管理概括为两个步骤：（1）贝莱德将利用这些披露和我们的参与来确定公司是否正确管理和监督其业务中的这些风险，并为未来做好充分规划。在缺乏强有力的信息披露的情况下，包括贝莱德在内的投资者将越来越多地得出公司没有充分管理风险的结论。（2）去年贝莱德对2700 家不同公司的 4800 名董事投了反对票或拒绝投票。如果我们认为公司和董事会没有制定有效的可持续发展披露或实施管理这些问题的框架，我们将追究董事会成员的责任。鉴于我们在披露方面已经奠定的基础，以及围绕可持续发展的投资风险不断增加，当公司在可持续发展相关的披露以及潜在的商业实践和计划方面没有取得足够进展时，我们将越来越倾向于投票反对管理层和董事会董事。

出大量成本并带来增加利益冲突的风险。董事将不再单独对股东负责，可能会面临一系列成本以及可能损害股东利益的风险。最后，这种选择的后果也将由利益相关者承担，因为在这种方式下，利益相关者的利益将被公司董事自行决定，给人一种没有必要提供有意义保护监管改革的错觉（Bebchuk and Tallarita，2020，第 54 页；Fama，2020）。

因此，无论共享的范围如何，我们需要注意规范的范围和内容。如果没有强制要求，这些规则可以使公司管理合法化，并符合利益相关者的利益，明确了涉及企业社会责任、ESG 和可持续性问题。正是从这些规则的范围和内容，我们可以了解公司董事在违反这些规则时的责任，进而说明合规在公司控制系统和风险管理中的作用。

6. 合规与责任：是否存在以及如何判断？
开放标准和标准的作用

上述复杂的框架清楚地表明，对于一家公司的董事来说，如何正确履行"保护利益相关者的利益"的职责远非易事。

在讨论合规性时，规范的确定性非常重要。只有当立法明确了法定义务的内容和违规处罚方面的识别标准时，才能确保规范的确定性。然而，除了针对特定主题的特定规范的情况外，我们仍然没有实现这种确定性。此外，即使确定了董事在合规问题上的职责，股东利益也存在极端差异性，这就提出了正确识别股东身份以及公司可以被视为合规的定性和定量标准的问题。

如果行使管理特权的义务导致董事有责任考虑利益相关者的利益，那么董事应该被要求权衡他们的选择对利益相关者利益的影响。然而，在作出这些选择时，董事仍然会行使管理自由决断权，这通常是他们决策的特点，并受到商业判断规则的保护。因此，考虑利益相关者的责任可能不会凌驾于追求股东利益的责任之上。然而，框架本身也可能会发生变化。一个强调只通过追求股东目标来管理公司的董事，在执行可带来更大价值或盈利能力的业务时会行使他的管理自由决断权。根据"持续成功"的丰富含义，在中长期内追求利润和增强公司的目标当然是可能的，但不可能始终符合股东的最大利益。在公司的管理中，董事认为考虑所有利益相关者或其中一部分利益相关者的利益是有用的，甚至是他们的责任，这属于董事如何追求股东利益的自行决断范围。但是，这种自行决断权不受任何外部约束，无论是自愿的还是法定的。

然而，如果管理者必须考虑股东的利益，那么管理者可以运用的管理自行决断权的程度是多少？哪些规则可以对管理者进行此类管理决策时起到约束作用？在多大程度上可以起到约束作用？最重要的是，可以通过哪些工具来验证和衡量管理者对这些规则的遵守情况？

让我们从规范开始审视。如果一家公司有义务在其管理中考虑利益相关者的利益，要么是因为公司章程有规定，公司自愿承担了这一义务，要么是因为法律规定了这一义务。然而，实现合规仍然存在问题。

这里要面对的最微妙的问题是关于非财务信息规范的性质。毫无疑问，如果像许多欧洲国家那样的标准或自愿选择要求提供非财务信息，就会出现一个具体的合规问题：核验此类信息是否正确和完整。对于欧盟的公司，这些要求主要存在于欧盟委员会提供的规则和指南中，以及基于其他各种组织制定的原则和标准（例如，参见欧盟委员会标准长清单 EC/2017/C215/01，3）。

然而，问题在于，非财务信息的监管是否仅仅规定了通信义务，还是意味着考虑利益相关者利益的义务。一些学者（Maugeri，2019）不认为这种义务可以从提供非财务信息的规范中得出。当然，问题不在于董事在行使其不可协商的管理自行决断权时，是否可以或应该考虑这些利益。问题在于确定非财务信息规则是否意味着：

（1）董事在作出管理选择时，有义务考虑利害关系人的利益。

（2）这种规章制度虽然不是义务的来源，却成为董事履行管理勤勉义务的一部分，尽管始终以股东的利益为导向。如前所述，将非财务信息作为董事勤勉管理职责的一部分的考虑是基于：所要求信息的详细程度和普遍性不断增加，以及与不正确信息相关的声誉风险；非财务信息与风险管理的相关性；与考虑在这方面取得的成果相关的潜在利益。

（3）对于董事来说，并没有发生任何变化，他们仍然可以追求股东的利益而不必考虑利益相关者的利益。只要董事认为这些利益有利于股东利益的最佳实现，或者至少不会损害股东的利益，在其行使自行决断权的范围内，他们可以自由地考虑这些利益。因此，即使在这种情况下，也不能说我们面临着一个意识明确的监管框架。

实际上，一些规则明确规定了董事必须考虑的利益，而其他规则常常仅简单声明董事必须"考虑"利益相关者的利益或一般的"社会利益"。因此，规则的具体内容在新制度主义和契约主义之间摇摆不定，后者要求考虑到所有相关的利益（Tombari，2019，第 36 页）。

即使是微小表达方式的变化也会改变规则的含义，从而为方案赋予广泛的意义。例如，法国的经验证明了这一点，在《法国民法典》第 1833 条中去掉了"et"一词，导致法典规定，"在当前的方案中，公司业务的社会和环境问题是社会利益的组成部分，不会增加它"［Conac，2019，第 504 页："通过考虑其活动的社会和环境问题，以社会利益管理社会（et：删除）"］。

规则的解释也不是统一的。有些观点认为，利益相关者的利益从属于股东的利益；而在其他法律制度中，人们认为董事必须有效地调解各种利益，不能只优先考虑股东的利益。事实上，后一种观点被认为更符合整体社会利益（见 Tombari，2019 and Portale，2018，比较德国和意大利的经验）。

尽管欧盟的规则对非财务信息作出了更详细的规定，但必须指出，没有规则明确规定董事有责任在考虑利益相关者利益的情况下作出管理选择。然而，正如上文所述，欧盟要求公司根据指导方针提供对关注利益相关者利益、风险管理和投资者评估的非财务信息的准确的分析性说明，或者使用公司自行选择的与其他组织制定的指标一致的元素。需要补充的是，欧盟文件认为非财务信息的监管和对公司成果的考量是经济支持措施的先决条件，以获得欧盟资源。信息披露还肩负着更广泛、更雄心勃勃的任务，即"让公司更具弹性，并在财务和非财务方面取得更好的绩效。随着时间的推移，这将带来增长和更强劲的就业，以及增加投资者和消费者等利益相关者的信心。透明的业务管理也符合长期投资的目标"（欧盟指南，2017）。

至少对大公司而言，如果非财务信息规则确实需要采用一种被平衡股东和利益相关者利益需要激发的管理模式，我们将不得不得出结论，欧盟指令代表了欧洲企业法的创新。例如，意大利的法律制度没有明确承认，如果你不想从非财务信息规章制度中提取，就有义务通过平衡这两种利益来作出管理选择，其他欧洲国家的法律制度也是如此。虽然大公司的企业社会责任很可能是欧盟规章制度的一个特色原则，但没有一个欧洲指令或条例，对董事管理公司或通过平衡股东利益与利益相关者利益来确认社会利益的职责规则给予完美的解释。

当然，欧盟立法明确肯定了通过董事明智地考虑，公司可持续发展的路径是实现股东或投资者的利益与利益相关者利益的理想综合，克服两个方面之间的对立。然而，欧盟规则似乎更倾向于避免强制规定董事有责任考虑利益相关者利益，而更偏向于向公司施加向市场披露的规则，要求公司说明是否以及如何考虑这些利益在业务运营和风险管理规划中的因素。

在这种情况下，对于那些明确采用平衡股东和利益相关者利益的选择的欧盟和非欧盟国家来说，非财务信息规则代表了公司法规则朝着这个方向发展的重要证据，至少在欧盟背景下是如此。

现在尝试为我们提出的问题提供一些答案。首先注意到，对于法律明确规定了平衡利益相关者和股东利益责任的公司董事来说，他们在运用管理自行决断权时，必须评估履行这一责任的方式。评估谨慎义务的履行情况需要分析这些选择对利益相关者相关利益的影响。正如已经充分观察到的那样，行政人员和法官在发生冲突时有广泛的自由裁量权（Conac，2019）。事实上，在公司内部，那些必须核验是否遵守此类规则的人的任务非常复杂，并需要采用可以先验地理解其内容的标准。严格地讲，这个结论也适用于那些自愿选择并决定遵守提供这种平衡的行为准则的主体。

第二个回应涉及所有公司，特别是那些有责任提供非财务信息的公司，确定董事注意义务的典型内容是适当考虑利益相关者的利益，并以此为基础考虑非财务信息披露的主题。相比之下，对这些问题考虑不充分至少意味着以下几点：

（1）经营风险管理疏忽，导致公司无法妥善处理对利益相关方造成的不利影响，并因此承担可能的赔偿责任。

（2）面临重大声誉风险，影响市场对公司的信任（Maugeri，2019）。

（3）由于缺乏充分考虑利益相关者利益的举措，资本成本可能增加，从而使得投资者和股东在选择时更加谨慎，可能导致无法获得对公司的投资或使投资更加昂贵。

（4）错失与重视共同价值相关的机会，这些价值可以从越来越重视利益相关者利益或资源分配选择中获得，包括政府利益分配选择。然而，过渡到对不合规公司的责任规则并不容易。在美国，已经记录了第一次试图采取补偿行动的努力。拉里·芬克认为，不合规的管理者应该承担责任，因此不再值得投资者信任。然而，与此同时，这也表明确认利益相关者权利的困难，识别其身份并非易事。因此，在董事未尽到考虑利益相关者利益或充分考虑企业社会责任（CSR）、环境、社会和公司治理（ESG）以及可持续发展等问题的职责时，利益相关者可以更容易地作为索赔的主体。

问题似乎很清楚：我们如何执行与这些问题相关的原则和义务？我们不讨论公司可能因行政处罚而遭受的损失，也不讨论对具体违反环境法规、人权保护、劳工保护以及商业选择产生影响的社区赔偿。相反，我们讨论的问题是，在公司的管理选择中强制执行利益平衡义务。

例如，如果一家公司决定搬迁或将公司出售给另一个不打算继续在当前运营地生产的实体，显然会对当地社区产生负面影响。在这种情况下，公司是否有义务放弃仅追求股东利益的目标，而可能会产生较低成本或较高价格，以符合平衡利益相关者利益的责任？如果董事不以对股东不利的方式行事，是否只能说这种平衡是合法的？仅当董事行事对股东没有不利时，才能说平衡是合法的吗？

如果不考虑利益相关者的利益，利益相关者是否有权对公司董事采取行动？如果一家公司的经营活动可能对环境产生合法但重大的影响，是否需要采用与履行平衡股东和利益相关者利益的责任相媲美的额外保护标准？例如，公司是否有义务为当地社区提供一些服务或优势？如果违反这些责任，是否会引起对利益相关者的赔偿责任？

在这些问题上并不存在共识。例如，即使在意大利法律的背景下，对违反平衡利润和"共同利益"法定义务的明确处罚也与"误导性广告"有关。事实上，根据法规，公司在市场上有追求利润和共同利益的双重表现，消费者正是被这种"使命"所误导，因此支持公司，指望股东实现平衡利润和共同利益的愿望。然而，要认定董事对股东等违反社会目的的责任并不容易。因此，在这种情况下，适用于董事的制裁是，经多数人投票决定终止董事的职责，同时终止公司遭受的声誉损失。

在不确定的情况下，最后一个要考察的问题是关于对公司必须表现出的行为的具体识别，以便可以说其在企业社会责任（CSR）、环境、社会和公司治理（ESG）以及可持续性问题方面是合规的。

应该注意到，公司应该有一个适当的组织结构来评估业务运营对利益相关者的影响。当然，合规组织结构的健全程度必须根据公司的规模及其活动的性质来权衡，以规避关注 CSR 问题而导致只是简单装点门面的风险。

此外，根据欧盟的明文规定，例如在意大利法律的背景下，委托独立的第三方或审计师来核验公司提供的非财务信息的正确性和完整性是恰当的。

除了这些一般性评论外，检查公司应根据哪些指标评估其合规性，再次提醒我们注意这些规则的双重性质。这种双重性质包括：

（1）关注公司对利益相关者利益的影响，以保护利益相关者的利益。在这方面，CSR、ESG 和可持续性问题主要是为了履行公司"促进经济、社会和环境进步，实现可持续发展"的承诺，因此，并非只有财务方面的方法是重要的（例如参见，《经合组织跨国企业指南》的一般原则中的第一项）。

（2）关注公司与投资者之间的关系被视为标准的"目的"。在这方面，例如，可持续发展会计准则委员会（SASB）制定的标准，其使命是"帮助世界各地的企业识别、管理和报告对其投资者最重要的可持续发展主题"。目前已经有基于 SASB 计算的股票市场指数。

然而，关于投资者，也是与气候问题有关的非财务信息的一个特点是，欧盟委员会的最新指南明确提到了 TCFD 所阐述的内容。在这方面，经常提到"财务重大问题"，在不影响公司最终决定的情况下，公司应根据所采用的标准进行分析和广泛宣传。

164

就此问题制定的标准和原则所达到的传播程度和复杂性,甚至无需提及被标准制定者、研究机构和私人机构时不时地在不同部门使用的各种指数。但是,可以设置一些常规指标:

(1) 如果公司提供的非财务信息及其在利益相关者和股东利益之间的平衡没有考虑到所进行的业务活动的特殊性,则不能说该公司是合规的。最准确标准的特点是,公司业务部门与特定的 CSR、ESG 和可持续性问题之间的特定相关性,这些问题应指导公司确定市场的最佳管理和信息政策,避免笼统描述。

(2) 如果公司没有采用适当的组织结构,允许与公司业务一致的正确、完整的披露以及准确的分析,使公司能够考虑利益相关者的利益,则公司不能被视为合规。这种充分性必须考虑到标准制定者数量的增加及其标准的日益复杂性和分析性。虽然国际组织的标准和指南基本采用描述性方法来描述公司应表现出的行为,但今天的标准制定者使用指标(或绩效指标,根据欧盟委员会指南),标志着在信息传播、股东与利益相关者利益平衡方面,拥有最终选择权的公司的自行决断权在减少。例如,浏览 SASB 标准,甚至欧盟委员会指南,我们意识到这些标准所指的是为其他目的而开发的特定指数,这些指数确定了要遵循的指标。

(3) 如果公司不考虑与 CSR、ESG 和可持续性问题相关的所有领域,则不能被视为合规。有些问题,尤其是气候环境问题,似乎更容易衡量并且占了大部分。这种趋势最好的例子是 TCFD,其中的度量标准和绩效指标的使用是复杂的,并将合规性与诸多目标的实现联系起来,例如巴黎协定设定的目标。然而,即使在这一领域,也存在更微妙的问题,绩效指标的衡量不仅应涉及公司自身的行为,还应考虑作为公司供应链一部分的合同相对方的选择和行为。例如,供应商或商业服务提供商对可持续性问题的考虑,特别是在那些企业的控制以及对气候和环境可持续性标准不那么严格或监管不力的国家。这里的指标应针对对其供应商或服务提供商的行为行使合同控制权的大公司。对于其他主体,至少应该合理地要求提供有关他们行为的信息。如果不这样做,我们将在全球化趋势的支持下,面临气候环境的利用问题。

　　其他问题则不太容易"衡量"，因为它们客观上更为复杂，也因为它们不太容易"标准化"：特别是那些被概括为"社会性"的问题，其中包括侵犯基本人权的行为（例如奴役或剥削未成年人和工人）以及复杂的社会问题。对于前者，如前所述，希望自称为合规的公司的标准很简单：不参与或间接参与这些违规行为，并且正如在讨论法国经验时提到的那样，如果公司无法控制供应商，则该公司应避免与它们合作。对于后者，同样从对标准的解读中可以看出，它们的多样性意味着评估和选择可能不是标准化的，而是基于商业判断的应用以及公司与利益相关者之间的对话。这些问题主要涉及就业和商业选择，尽管这些选择是合法的，但可能会损害社区利益（例如，如前所述，将业务外包）。在这方面，使用上述手段保护利益相关者的利益是困难的。一方面，可以通过补偿或减轻商业选择产生的负面影响的措施来平衡不同的利益。另一方面，如果一个或多个社区所依赖的公司停止运营，制定解决方案或平衡措施来应对这些社区所遭受的影响将非常困难。

　　例如，也许正是从这次峰会中，我们才能最好地理解考虑利益相关者利益的公司与以共同利益和营利为核心的利益型公司之间在"法律"上的差异。在利益型公司中，共同利益和利润是股东选择商业活动模式的关键要素。为了追求共同利益，这些公司可能会牺牲利润，采取报酬较低的管理选择。

7. 结　　语

　　最能描述企业社会责任（CSR）、环境、社会和公司治理（ESG）以及可持续性问题的特征的数据，可能是处理实际案例时的差异性和演变方式的模糊性。考虑到最初的核心问题是评估是否、在何种程度上以及哪些规则要求公司承担业务经营的社会影响，公司应该通过具体的承诺来履行这些义务，超越现有法律规范的具体要求。

　　今天金融市场已经成为这些问题的主要关注点，除了现有法律规范的具体规定外，公司通过自身的明确承诺履行这些义务。对这些问题（或其中一些问题）的与日俱增的敏感度已经开始以两种方式影响人们的经济和金融行为：

（1）一方面，尽管没有严格强制性的条款，但发达经济体已经意识到这些问题的重要性，特别是通过要求大公司对其行为负责，并"考虑"利益相关者的利益。

（2）另一方面，制度规范和机构投资者都强调需要考虑这些问题，不仅仅是出于企业社会责任的名义，而且因为忽视它们会带来不良的商业风险管理，并且可能导致获得风险和信贷资本变得更加昂贵和困难。

然而，考虑到问题的多样性以及证明其与社会相关性的方式的多样性，将问题的解决仅寄托于经济便利原因或公司对利益相关者利益日益增长的认识是错误的。政治不应该将这些问题完全委托给公司和金融市场。创造业务活动处理这些问题的基础条件的重要性是可以理解的。然而，不能忽视的是，对于利益相关者的保护应该在法律层面寻求支持，特别是对于重大问题。最近的一个明显趋势是将这些问题完全寄托于管理自主决策，这可能意味着政治可能不太关注立法回应相关问题的必要性（Bebchuk and Tallarita，2020）。

参考文献

Bebchuk，Lucian，and Roberto Tallarita. 2020. The Illusory Promise of Stakeholder Governance. *Cornell Law Review* 106：91—178. https：//papers.ssrn.com/abstract = 3544978.

Borsa Italiana. 2020. *Corporate Governance Code*. Website of Borsa Italiana. January 2020. https：//www.borsaitaliana.it/comitato-corporate-governance/codice/2020eng.en.pdf.

British Academy. 2019. *Principles of Purposeful Business：How to Deliver the Framework for the Future of the Corporation*. Website of the British Academy. https：//www.thebritishacademy. ac.uk.

Christensen，Hans Bonde，Luzi Hail，and Christian Leuz. 2019. *Adoption of CSR and Sustainability Reporting Standards：Economic Analysis and Review*. European Corporate Governance Institute—Finance Working Paper No. 623/2019. https：//ssrn.com/abstract = 3427748.

Conac，P. H. 2019. Le nouvel article 1833 du Code civil français et l'intégration de l'intérêt social et de la responsabilité sociale d'entreprise：constat ou révolution? *Orizzonti del diritto commerciale* 497.

Duthilleul，Anne，and Matthias de Jouvenel. 2020. *Evaluation de la mise en oeuvre del la loi n. 2017—399 du 27 mars 2017 relative ou devoir de vigilance des sociétés mères et des enterprises donneuses d'ordre*. Website of the Conseil Général de l'Economie. https：//www.economie. gouv.fr/files/files/directions_services/cge/devoirs-vigilances-entreprises. pdf.

European Commission. 2011. Communication from the Commission to the European Parliament，the Council，the European Economic and Social Committee and the Committee of the Regions. A renewed EU strategy 2011—2014 for Corporate Social Responsibility. COM（2011）681. http：//eur-lex.europa.eu/LexUriServ/LexUriServ.do?uri = COM：2011：0681：FIN：en：PDF.

Fama，Eugene F. 2020. *Market Forces Already Address ESG Issues and the Issues Raised by Stakeholder Capitalism*. Website of the Harvard Law School Forum on Corporate Governance，9 October 2020.

Fink，Larry. 2020. *A Fundamental Reshaping of Finance*. BlackRock website. https：//www.black-rock. com/us/individual/larry-fink-ceo-letter.

Fisch，Jill E. 2019. Making Sustainability Disclosure Sustainable. *Georgetown Law Journal* 107：923—966.

Harjoto，Maretno A.，Indrarini Laksmana，and Ya-Wen Yang. 2018. The B Corporation：An Institutional Theory Approach. *Social Responsibility Journal* 15（5）：621—639.

Ho，Harper，and E. Virginia. 2016. Risk-Related Activism：The Business Case for Monitoring Nonfinancial Risk. *The Journal of Corporation Law* 41（3）：647—705.

Honeyman，Ryan. 2014. *The B Corp Handbook*：*How to Use Business as a Force for Good*. Oakland：Berrett-Koehler.

Lin，Li-Wen. 2010. Corporate Social Responsibility in China：Window Dressing or Social Change? *Berkeley Journal of International Law* 28（1）：175—230.

——. 2012. Mandatory Corporate Social Responsibility Legislation Around the World：Emergent Varieties and National Experiences. *University of Pennsylvania Journal of Business Law*. 23（2）：429—469.

Lipton，Ann M. 2020. Not Everything Is about Investors：The Case for Mandatory Stakeholder Disclosure. *Yale Journal on Regulation* 37（2）：499—572.

Maugeri，Marco. 2019. Informazione non finanziaria e interesse sociale. *Rivista delle società* 5—6：992ff.

Mayer，Colin. 2020. *Ownership*，*Agency and Trusteeship*. ECGI Working Paper Series in Law No. 488.

Pollman，Elizabeth. 2019. *Corporate Social Responsibility*，*ESG*，*and Compliance*. Loyola Law School，Los Angeles Legal Studies Research Paper No. 2019—35. https：//ssrn.com/abstract = 3479723. Subsequently published in *The Cambridge Handbook of Compliance*，ed. D. Daniel Sokol and Benjamin van Rooij，662—672. Cambridge：Cambridge University Press.

Portale，Giuseppe B. 2018. Diritto societario tedesco e diritto societario italiano in dialogo. *Banca borsa e titoli di credito* 597.

Porter，Michael E.，George Serafeim，and Mark Kramer. 2019. Where ESG Fails. *Institutional Investor*，16 October 2019. https：//www.institutionalinvestor.com/article/b1hm5ghqtxj9s7/Where-ESG-Fails.

Schiller，Sophie. 2019. L'evolution du role des societés depuis la loi PACTE. *Orizzionti del diritto commerciale* 517.

Tombari，Umberto. 2019. "*Poteri*" *e* "*interessi*" *nella grande impresa azionaria*. Giuffrè.

168

第 8 章 健康、安全和环境（HSE）管理系统下的合规管理与危害处置

斯特凡尼亚·贾瓦齐

1. 企业暴力及其危害后果发生的不同背景

本文探讨了企业合规在防止通常由企业犯罪，尤其是所谓"企业暴力"，即企业在其生产经营过程中发生的严重危及他人身体健康与生命安全的犯罪行为造成的危害后果方面时可能发挥的作用（Klein，2014；Forti and Visconti，2019）。

在更广义的企业暴力概念中，本文将范围限定在危害环境犯罪和与工作场所职业健康和安全相关的犯罪。虽然不可否认不合格食品、药品或医疗器械的生产和销售也可能会危及消费者的健康和安全，但企业犯罪在环境污染和职业健康安全领域提供了最重要的研究视角。环境污染行为导致的危害后果和工作场所违反职业健康安全规定导致的危害后果构成了最常见且影响最大的企业暴力形式（Donohoe，2003；Hall，2013；Skinnider，2013；Walters，2014；Lynch and Barrett，2015；Visconti，2018；Starr et al.，2009；Tombs，2014；Snell and Tombs，2011；Tombs and Whyte，2015；Steinzor，2015；Croall，2008；Croall，2001；Tombs，2007；Hills，1987）。

本文分析基于两个假设：首先，受到法律（包括软法和硬法）压力的驱动，企业越来越多地考虑潜在受害者和实际受害者的需求和权益，并将其纳入企业自身的风险管理体系中。其次，企业实施符合国际标准的健康、安全和环境（HSE）管理系统，并采取对企业犯罪受害者负责任的态度，不仅有助于其预防事故等不利事件的发生，也有利于应对危害后果产生后带来的危机。当然，这两个假设需要根据各国的监管框架，并综合考虑企业合规可能在预防和应对危害后果方面产生的各种影响来予以证明。

首先需要明确的是，尽管一些研究已经表明 HSE 管理系统对提升企业绩效有积极作用，但对于该系统在预防和处理企业暴力及其危害后果方面的作用尚无明确的数据分析可以证明。因此，我们的考虑是通过构建合规体系，既保障企业暴力受害者的权益和诉求，又维护企业自身的利益。

企业犯罪可能会产生多种类型的受害者。一般来说，尽管企业暴力受害者不能算作弱势受害者，但由于企业暴力犯罪的严重程度、导致危害后果的类型以及受害者与企业之间的"依赖"关系，企业暴力受害者被视为弱势受害者（Mazzucato，2018，第 44—60 页）。这一点在犯罪学中也得到了确认，企业暴力的概念在犯罪学中指的是企业犯罪所造成的危害后果的具体特征（Visconti，2018；Aertsen and Lauwaert，2017；Forti and Visconti，2019；Lauwaert，2017；Tombs，2010）。确定企业暴力受害者的诉求是研究的前提，企业暴力受害者的诉求与其所遭受的侵害有关，而企业则会竭力避免危害后果的发生。此外，现在许多受害者的诉求被视为法律上的权利，并越来越多地被纳入指导该领域合规模式的最佳标准中。当然，这个主题范围很广，本文只是提供了一个概述（详情见 Visconti，2017）。许多企业暴力受害者最重要的诉求之一是被确认为受害者。企业暴力受害者的身份确认存在一些障碍，这主要是企业暴力危害后果的性质所致：由于某些环境污染所导致的疾病具有很长的潜伏期，导致实施实际的人身伤害的过程往往要经历多年甚至数十年。尤其是在无法科学测定致病风险源的情况下，企业暴力危害后果的真正原因常常存在长期的争议。在刑事责任方面，由于企业暴力的危害结果并非个人直接故意造成的，而是由具有复杂组织结构的企业非故意行为所导致的，因此无法追究个人的责任。企业暴力受害者的第二个主要诉求是免受二次侵害，即由同一风险因素导致的持续或再次侵害。作为企业暴力受害者，企业员工和受到污染影响的相关居民无法轻易辞去工作或搬离受到污染的社区，导致二次侵害的风险在企业犯罪领域非常普遍。由于受污染的土地或水体无法得到及时清理，存在安全生产风险的设备或场所未能及时关闭，以及对致病源无法及时鉴定，企业员工和社区居民只能继续忍受环境污染所带来的痛苦，或继续接触可能致病的有毒有害物质。在这种情况下，长期忍受侵害的企业暴力受害者有足够的理由寻求适当的救济措施；当这些救济措施无法得到兑现时，这种无法兑现的行为会导致企业社会声誉受损，并使企业暴力及其危害后果持续存在的风险增加（详情见下文第 2 节）。最后，同样重要的是要确保企业暴力受害者享有知情权，即在涉及受害个人或单位的身份和权益、事件的真相和进展、责任的归属以及为避免类似事件再次发生而制定的预防措施等方面，受害人有权获得准确、完整和易于理解的信息。由于政府机构尚未介入调查，甚至即使已经展开调查，由于企业对导致"最终"危害结果的复杂原因、特定的"风险结构"以及其经营活动所涉及的相关信息具有排他性控制权，这种信息控制的不对称往往导致调查受阻（Forti，2018，第 25 页）。总之，根据过去的判例和受害者经验，当企业忽视受害者的诉求，尤其是在事件处理即将进入刑事诉讼程序时，受害者人数就会明显增加（欧盟最近的一项研究，见 Forti 等人，2018；同时参见 Goldstraw White，2012；Spalek，2001）。

很容易理解，企业是兑现企业暴力受害者的权利和需求的责任主体，在很多情况下甚至是唯一主体，当这些权利和需求无法实现时，可能就会发生各种危害后果。这一最新结论表明，企业的作用比预期的更广泛、更复杂。事实上，这一作用不仅限于预防企业暴力导致的直接危害，还能有效防止危害后果再次发生，以及在刑事调查或诉讼程序中可能发生的犯罪后次生危害。很明显，在刑事诉讼程序之外，企业需要处理的关系主要是其与潜在受害者或尚未被识别或确认的受害者之间的关系。这一群体不容忽视。事实上，企业暴力中的侵害行为可能早于刑事调查之前业已发生，且在刑事诉讼结果出现后仍未结束。因此，在确定是否进行合规及如何开展合规工作之前，有必要先行确定企业与企业暴力受害者或潜在受害者之间的关系背景。根据时间、行为主体和所涉及的危害后果类型，企业合规预期将以不同的目标和方式运作。

企业与企业暴力受害者（或潜在受害者）之间的关系可以大致概括为两类：

（1）在刑事诉讼程序之外，包括对可能危及生命或健康的企业经营活动的风险管理（直接危害后果），以及直接危害后果出现后的二次致害的风险管理（二次危害后果）。

（2）在刑事诉讼程序之中（重复侵害和次生侵害）。

这两种情况以多种方式相互作用，但并非总能明确区分。某些内生因素可能会放大危害后果，对受害者的预期诉求产生重大影响。例如，企业暴力往往影响整个社区，所有居民或多或少都受到事件的直接危害。因此，受害者个人诉求在集体性抗争行动中会融入他人诉求，这加强了对民众知情权、受保护权和保障公平实现的需求。未能在事件萌芽状态时就及时消除风险源是放大危害后果的另一个因素：孤立存在的危害行为可能扩大为普遍性的犯罪，最初只影响少数人的危害行为也可能演变为危及多人甚或整个社区的犯罪。危害后果可能早在风险事故或侵害行为被发现之前就出现，但由于企业在认识上的客观局限或企业未能承诺尽快消除致害风险源，侵害可能仍会持续下去。如前所述，尽管处在司法调查或审判程序中，但企业的生产经营可能仍在继续，且其通常并未采取任何补救措施。换言之，对于那些在致害风险源附近生活和工作的受害人群来说，其受到的危害后果是长期存在的。因此，双方的侵害与受害关系在诉讼之外持续存在。

显然，在一些情况下，企业内部治理是赋予企业暴力受害者在事件进入司法程序之前享有知情权和获得必要保护的唯一可行途径。为实现这一目的而采取的行动将在后续章节中进行分析，但需要注意的是，合规可能在所有这些情况下发挥作用。事实上，防止首次侵害后果发生，需要企业采取消除或降低企业暴力事件发生风险的相应措施。防止危害后果再次发生，则需要企业立即采取消除致害风险源和/或对危害后果采取补救措施的相应行动。相反，对于次生侵害——企业与企业暴力受害者在刑事调查与诉讼程序中对立冲突导致的危害后果（Orth，2002）——企业内部治理的作用所能发挥的余地不大；事实上，外部力量尤其是政府部门的介入，改变了企业与企业暴力受害者之间相互的预期、战略和目标的范围。在这种情况下，企业合规最多只是一种补救活动。①然而，由于可能存在多种复杂情况，在处理潜在的企业暴力受害者需求时采取积极的预防性方法也可以缓和未来的冲突，并可建立一个有效对话机制，以便在刑事诉讼期间修复危害后果、进行赔偿损害，与政府部门合作或执行司法判决。

最后一个一般性考虑涉及调研中企业合规可能存在的领域。根据下文讨论的合规制度文献，我们至少可以确定存在以下三个方面：

（1）企业道德和声誉水平，其在公司价值观中得到反映，且通常在企业道德准则或企业社会责任（CSR）倡议中表达。在这一方面，合规的重点是企业对员工、消费者和社区居民基本权利的尊重，及对社会与环境可持续性发展的承诺。

（2）组织和运营层面，基本上与健康、安全和环境（HSE）管理系统的采用有关。

（3）信息透明度，面向所有利益相关者。

可以注意到，虽然企业道德和声誉方面的合规有助于建立可靠的企业风险预防机制，但其他两个方面更直接地影响到企业对致害风险源的有效管理。HSE 管理系统引入了一系列要求，这些要求对企业经营行为与企业暴力预防措施的制定有着直接的、实质性的影响，即对潜在的企业暴力受害者的知情权与保护需求做出了更具体的回应。简言之，HSE 管理系统的要求很大程度上得到了实质性应用。因此，HSE 管理系统可以更有力地实现企业合规制度目标，能够在预防企业暴力所导致的直接危害后果方面发挥切实有效的作用，同时有助于其他类型企业暴力危害后果的预防与处置。

综上所述，考虑到所有可能会发生的情况，企业预防侵害行为及其结果发生的承诺显然是多方面的，主要包括：通过对事故及潜在危险因素的风险管理来预防企业暴力的发生；事故及潜在危险因素的调查与确认；防止企业暴力发

---

①　关于遵守规定的补救功能，见本书中"从自愿到'强制'：刑事法视野下的合规补救功能"一章。

生后的次生侵害，保障受害者知情权，保护其免受再次伤害；当证实企业行为已造成人身安全与健康损害时，提供合理赔偿；以及在向政府部门如实报告的同时与受害者持续沟通对话。

2. 适用健康、安全和环境管理系统的目的

2.1 基于法律框架产生的正向激励和负面作用

企业预防危机事件及其对待受害者的态度可能受两个因素影响：企业经营活动所在国的法律制度与合规监管的类型，以及建立最高标准的预防企业暴力风险的合规制度所能投入资源的能力与承诺。

合规监管可能会促使或激励企业提供健康安全的工作场所，将事故风险和对工人、环境与社区居民造成的危害降至最低，并考虑到受害者或潜在受害者的权利与需求。对此，可以从不同角度进行观察，包括企业暴力受害者享有的权利、企业刑事责任的模式、常见合规方案的类型和价值取向，以及为惩治违法或犯罪行为而设置的刑事制裁措施类型。本文无法深入探讨所有这些问题，但仍需对一些基本问题进行概述。

尽管无法全面概述企业暴力受害者的权利，但目前普遍认为，这一涉及企业犯罪的问题已经成为刑事司法政策领域的主要议题。在欧盟，欧盟第 2012/29 号指令涉及受害者权利，国际社会也对商业活动中尊重和保护人权给予了极大关注。第 2012/29/EU 号指令是欧盟成员国在受害者保护方面的一个新范例，具有较高的执行水平。该指令引入了一套关于犯罪受害者及其参与刑事诉讼的权利、获得必要支持与保护的最低标准（Mazzucato，2018）。特别是根据《指令》第 18 条，欧盟成员国必须确保受害者及其家庭成员免受重复伤害、恐吓和报复。企业不是该指令要求的直接行为主体，但对于企业暴力受害者来说，企业是实现上述指令目标的中间一环，为了实现该指令的实质目标，企业采取相应行为是极为必要的。

在其他欧盟法律规定中，我们也发现其中对于生命权、健康权及对受企业暴力行为影响的个人与社区的关注（Pemberton and Groenhuijsen, 2012；Rafaraci，2015；Mitsilegas，2015）。例如，环境法规在关于企业经营活动对人类生命与健康的潜在或实际不利影响方面作了明确规定，而关于食品和医疗器械安全的二级立法通过对制造商施以保护患者及用户生命健康安全的义务，强调了对生命权、健康权的重视与保护。最关键的是，这些法规均以风险预防为核心，要求对生命权、健康权等基本权利及早予以保护，以免受企业暴力的侵害（Manacorda and Gasparini，2018）。对于企业而言，这一立法目标再次对企业建立有组织的预防措施体系提出了要求。

目前，在企业人权方面制定国际准则与国内法律规范已成为国际社会的一致共识（McBeth et al.，2017；Ruggie，2013；Groenhuijsen，2013；Engelhart，2018；Doak，2008；Ruggie，2007）。在许多国家的法律体系中，企业人权责任主要源自宪法规定的刚性义务，而在国际法层面，责任则来自诸如《联合国商业与人权指导原则》《经合组织跨国企业准则》《劳工组织关于跨国企业和社会政策的三方原则宣言》《劳工组织工作中的基本原则和权利宣言》和《联合国全球契约企业指南：如何制定人权政策》等原则性的软法规定（UN，2011；OECD，2011；ILO 1998，2017；UN Global Compact，2015）。关于外国投资保护的国内法规范和国际法规范也规定了商事主体的跨国人权保护义务（Peters et al.，2020；Mouyal，2016）。众所周知，当前的国家间人权规范并没有对私营企业施以强制性的法律义务，这是因为私营企业并非相关国际条约的缔约方（Peters et al.，2020，第 5 页）。最后但并非最不重要的是，企业对潜在受害者的态度也包含在企业社会责任（CSR）的概念中。事实上，企业所提供的工作和生产经营条件是任何企业社会责任的核心内容之一，并且与工作场所安全、产品安全和环境保护领域的企业暴力密切相关。

将研究视角转向合规领域，由于本文研究领域主要涉及 HSE 管理系统，而非 CSR 模型或道德规范。[2]因此，本文更关注组织和运营层面，而非声誉层面的合规。

---

[2]　关于企业社会责任，请参见本书中"利益相关者的权益和合规遵从"一章，以及"利益相关者的合规计划：从合法性管理到合法性"一章。

在标准一致性方面，HSE 管理系统在两个领域（工作场所和职业环境中的健康和安全）具有显著优势。对于这两方面的合规，国际上已经达到了惊人的标准化与一致化的水平，供相关企业参考应用。③这一领域的合规工具、政策与措施均以"定型化"形式，体现在一套国际标准中。这些合规标准的目的是在全球范围内改善企业员工的健康和安全，满足环境保护的需求，并得到许多国家的支持。ISO 9000（质量管理）和 ISO 14000（环境管理）是最早和最广泛采用的标准。它们的成功应用也衍生出其他许多标准。例如，当 ISO 14000 标准扩展到环境以外的绩效维度时，出现了安全（OHSAS 18001）和社会责任标准（如 AA 1000 责任原则、SA 8000 社会责任标准和 ISO 26000 社会责任标准）。尽管这些标准在目标、设计、需求和治理等方面存在一些差异，但它们具有同源性与一致性（Castka and Corbett，2015，第 173 页）。

HSE 风险管理相关的国际标准④在世界范围内被普遍接受为是遏制和减轻企业经营活动对员工或环境造成侵害风险的最佳实践。特别是 ISO 14001 已经得到广泛应用，并被世界各地的数百万家企业和组织所采用。

值得注意的是，与其他合规领域不同，这些标准已获得最佳实践的有效认可。简而言之，企业只能适用统一的国际标准，而不能随意修改标准。

尽管合规标准在全球范围内日趋一致，但这并不意味着标准不存在争议，也不意味着关于标准实际执行程度的问题不再存在。在关于合规领域的法律承认、合规的成本与收益等问题上，存在着很大的争议，不同学科观点各有差异，几乎没有明确的答案。

在刑事领域方面，缺乏对预防犯罪标准的含义与目的进行的研究，也容易忽视相关标准对受害者权利与需求的影响。

在执行方面，首先要指出的是，这些标准通常是在自愿基础上采用的，充其量只能导致独立机构对其实施有效性进行认证。与反腐败政策不同，HSE 法律体系并未受益于全球战略或国际倡议的统一化和趋同化。标准的一致性与共

---

③ 关于刑事合规的分裂，见本书"碎片化法律世界中跨国企业刑事合规'困境'"一章。

④ 最新版本的 ISO 45001：2018 安全和 ISO 14001：2015 环境将在下面 3 个章节中讨论。

同刑事责任模式中对此类合规性的一致性认可并不一致，也无法制定一套具有国际约束力的规则，以预防和惩治与工作场所安全或环境保护有关的犯罪。满足 HSE 标准以获得世界银行的财务支持可能被视为赋予标准约束力的过程中的第一步。⑤

　　在刑事领域，国际立法的缺失似乎是一个错失的机会。实际上，各国在合规方面已经达成了一致，这使得国际公约的强制性规定变得不那么必要。但令人惊讶的是，在企业合规方面，没有强制性的国际公约来指导各国承认合规标准。与之相反，在反腐败领域，国际公约成功地协调了相关国际和国内刑事政策。在企业合规领域，缺乏全球公认的统一标准来指导企业制定规避刑事责任的合规方案。

　　由于缺乏国际公约或国际法的硬性规定，导致国家在刑事政策方面存在多样性。例如，在预防和惩治环境污染、安全生产犯罪以及企业刑事责任规则等方面，各国的法律长期存在差异。因此，无论是对企业责任评估标准的重视程度，还是确定违反这些标准时的适当量刑，都没有理由认为存在一种共同或普适的做法。特别是在企业犯罪领域缺乏企业刑事责任规定的情况下，显然不利于合规标准的适用，也不利于企业开展预防和补救工作。如果企业本身受到调查或指控，企业更有可能主动赔偿犯罪所引发的后果。意大利《工人安全法》是一个正面的例子，⑥该法律明确规定，企业有义务获得健康和安全国际标准认证，除非有其他证明，否则可以假定企业已经实施了有效的合规计划，以预防和管理犯罪风险，从而避免企业责任。

　　我们认为，国际层面缺乏强制性的国家间一致标准以及各国在企业暴力刑事政策方面存在较大分歧，可能是合规标准在全球范围内达成一致的最大障碍。

　　尽管如此，在企业刑事责任范围之外，仍然可以发现激励企业进行健康安

----

　　⑤　世界银行《2016 年环境和社会框架》通过投资项目支持这些项目，以满足有关劳动和工作条件保护、社区健康和安全、应急响应和减灾的标准。有关更多细节，请参见 https://www.world-bank.org/en/projects-operations/environmental-and-social-framework。

　　⑥　Legislative Decree 9 April 2008，n. 81，in G. U. 30/04/2008，available at https://www.gazzettauf-fciale.it/eli/id/2008/04/30/008G0104/sg。

全环境（HSE）管理系统认证的措施。首先，与企业暴力相关的个人刑事和民事责任。实际上，事故或不安全行为对人身健康或生命安全造成的损害从来都不属于个人刑事责任的范畴（法律一直如此确认），也不属于对受害者或环境造成损害的赔偿请求范围。因此，通过 HSE 管理系统预防企业暴力，可以最大限度地避免企业相关责任人承担刑事责任，并使企业免于承担巨额索赔。其次，行政法律和法规也提供了激励措施。这些法律法规引入了强制性要求，以确保工作场所的健康和安全，避免工业化造成空气和水体污染。保护消费者、社区居民和企业员工的生命安全和身体健康是一个公共目标，因此大多数国家的法律制度都有这方面的规定。近年来，很多国家在这方面的法律要求变得更加严格（Jilcha and Kitaw，2016）。由于多种原因，这种情况与我们的研究相关。一方面，这些法律法规采用以风险预防为核心的方法，规定了实际上与国际标准的要求"相互关联"或"基本对应"的措施；另一方面，这些规定通常与忽视或违反标准要求的惩罚性条款一起出台。预防性法规要求采取预防措施，以保护企业员工、社区居民的生命安全和身体健康以及环境安全。因此，企业应该考虑遵守国际标准，这些标准是管理风险的最佳实践，否则可能会导致违反环境或安全方面的行政法规。

2.2　自愿适用标准的得失利弊

除了遵守法律义务或免受制裁之外，还存在其他适用 HSE 国际标准的动机。这回到了本节讨论的起点，即标准通常是在自愿基础上适用的。

当然，在不产生刑事或行政法律方面的后果时，法律适用方面的考虑因素消失，其他方面如企业经营所在地、企业规模、投资资源可用性以及企业文化等因素开始发挥作用。

许多关于质量与环境标准方面的研究已经得出了一些关于标准广泛适用背后的原因以及哪些外部因素可能影响其适用的结论（Sousa Lira et al.，2018；Cabecinhas et al.，2018；Orcos et al.，2018；Heras-Saizarbitoria et al.，2018；Hikichi et al.，2017；Neumayer and Perkins，2016；Heras-Saizarbitoria et al.，2015；Marimon et al.，2010；Casadesús et al.，2008a，b；Albuquerque et al.，2007；Marimon et al.，2006；Saraiva and Duarte，2003；Franceschini et al.，2004；Mendel，2002）。关于这个主题的文献太多，在此无法详细讨论。总的来说，对于外部因素来说，标准适用有时被视为一项有利于增加销售额、保护现有市场、降低成本，并且符合企业客户或政府的要求或期望的经济决策。制度理论认为，当标准被制度化时，企业将面临来自同行、客户、竞争对手或其他方面的更大压力，要求其管理系统得到认证（Castka and Corbett，2015，第 182 页以下）。事实上，一些研究发现，每个国家的制度框架、监管和认知都会对标准适用的成本和潜在收益产生重大影响，这解释了各国在合规标准适用方面的差异。在某些情况下，政府也可以通过政府采购或监管存在来鼓励或要求认证。例如，早期观察发现，很少有美国企业采用 ISO 14001 标准。美国的制度环境似乎阻碍了企业对 ISO 14000 标准的采用，因为美国企业担心认证过程会使它们的业绩受到公众审查（Delmas，2002）。相反，欧洲的情况似乎是不同的，欧洲各国政府通过建立可信的标准认证体系，并向潜在的标准适用者提供技术援助，鼓励企业适用环境管理标准（Delmas，2002）。在排名靠前的四个国家（中国、意大利、日本和西班牙），机构在扩大质量和环境标准的适用与推广标准适用方面发挥了重要作用（Nadvi，2008；Marimon et al.，2010；Casadesús et al.，2008a，b；Christmann and Taylor，2006）。在中国，认证的主要驱动力是在公共行政的影响范围内，特别是关于 ISO 14001 方面（Chan and Wong，2006；Christmann and Taylor，2006；Shin，2005）。在西班牙，政府对该国自治区的支持促进了这两项标准的推广（Casadesús et al.，2001）。

另有论文认为，在跨国企业、在受欧盟监管的市场中运营的企业、来自制度化行业的企业或因全球供应链压力而被迫认证的企业中，采用这些标准的可能性更大（Castka and Corbett，2015，第 219 页以下）。

因此，可以得出结论，企业是否采用这些标准在很大程度上取决于其生产中心是否位于安全或环境保护不属于优先事项或标准认证没有得到制度支持的国家。

目前，很少有研究探讨企业特征和企业内部治理因素对实施认证 HSE 管理系统动机的影响。因此，我们无法支持任何关于哪些内部因素是寻求标准认证的最大障碍的结论。人们可能会自然地认为，适用合规标准所需的投资和合规成本可能是一种普遍的障碍，也可能是由于小企业或欠发达国家缺少专门、合适的合规人才所致。[⑦]尽管这些标准根据企业规模及其管理的风险类型具有通用性、适应性和可定制性，但合规成本和适用性这两个因素，仍然是标准适用过程中的明显障碍。

企业文化是另一个因素。事实上，不愿意采用这些标准往往是某种因企业不敏感、缺乏关注或短视导致的结果，而不是成本效益分析的结果。毫无疑问，仍有一种企业文化认为投资只是增加产量或利润的一种手段，同时将职业健康或环境保护视为企业的非必要支出，将事故视为意外事件。然而，这种企业文化会忽视这些"非必要支出"所带来的经济效益，除了我们上面提到的所有动机之外，这些标准在许多方面都已被证实可以产生经济效益（Castka and Corbett，2015，第224页以下；Sartor et al.，2019；de Nadae et al.，2019；Psomas et al.，2011；Montabone et al.，2000）。一些研究人员使用了几种不同的方法，研究了标准对各种绩效指标的影响。例如，运营管理领域的学者试图从运营或财务角度分析采用这些标准对业绩的影响（Heras Saizarbitoria and Landín，2011），而关注企业战略的研究人员则以竞争优势理论或制度理论为基础对此进行研究。公共政策和政治学的学者们有不同的观点，他们对标准在多大程度上可以替代政府法规，以及它们如何影响企业间甚至国家间的竞争方式表现出特别的兴趣。其他重要利益，如降低保险成本和改善人力资源系统等也进行了研究。根据这些文献，我们可以得出一个结论，采用这些标准有许多与之相关的潜在和实际利益，从经济或组织角度考虑，合规应该是公司的主要利益所在（Castka and Corbett，2015）。

不幸的是，关于标准对减少事故的影响，我们几乎没有经验证据。这尤其适用于工作场所的安全标准。尽管人们普遍认为，健康和安全管理系统可以确保减少企业暴力事件（OHSAS Project Group，2007），但令人惊讶的是，几乎没

---

⑦ 关于公司合规的结构限制，请参阅本书"不完美的科学：企业合规和共同监管的结构性限制"这一章节。

有实证证据表明认证标准与实际安全绩效之间存在联系，尽管在某些行业和国家，事故率或伤害率的数据是公开的。

然而，也有一些少见的例外。在环境领域，最近的研究证实，ISO 14000 标准有助于减少污染（Das，2020）。在对印度喀拉拉邦大型化工企业进行的研究中，采用 OHSAS 18001 标准的受访者报告的事故率大幅降低，OHSAS 18000 标准体系下的员工安全管理措施也要高于未经认证的同类企业（Vinodkumar and Bhasi，2011）。在对 149 家西班牙企业进行的实证研究中，Abad 等人（2013）发现，采用 OHSAS 18001 标准可以降低认证企业的工伤事故率。Palačić（2017）在克罗地亚也观察到类似的结果，即采用这个标准可以减少职业事故、工伤和死亡人数；在伊朗，Ghahramani and Summala（2017）也观察到类似的结果；而在土耳其，Bayran 等人（2017）基于对 159 家土耳其 OHSAS 18001 认证企业的观察样本，发现该标准的适用与事故成本的降低之间存在着直接的正相关关系。最近，基于 2010 年发表的西班牙国家企业健康与安全管理调查（ENGE）数据，一篇论文对这些积极因素提出了质疑。该文的结论是，无法完全证明 OHSAS 18001 标准认证与更好的职业安全绩效之间存在相关性。

总之，尽管我们几乎没有经验证据表明标准在减少伤害和事故方面的有效性，但这仍是这些标准的主要目标，也是标准适用者期望的主要目标。

此外，还有一个因素证明了我们对标准的特殊兴趣，即它们是否以及如何影响受害者的权利和需求。细节将在下一节讨论，但是这个话题应该被添加到有利于采用这些标准的利益列表中。

事实上，ISO 标准越来越多地要求理解利益相关方的需求和期望，并要求企业员工和社区居民在评估和管理企业暴力风险过程中参与其中。简而言之，当前国际 HSE 标准中的规定直接或间接涉及预防和治理企业暴力。

因此，与标准适用最相关的考虑因素可以概括如下：（1）在环境和工作场所安全领域，国家法律法规越来越着重于风险预防，并规定了相应的制裁措施；（2）对生命或健康造成伤害的企业犯罪至少会导致企业代表个人承担刑事责任，以及企业承担损害赔偿责任；（3）符合国际标准的 HSE 管理系统集成了国际公认的预防和管理此类有害风险的最佳实践；（4）采用 HSE 标准对声誉、经济和企业绩效等方面有现实利益，并在防止企业暴力方面具有潜在利益，同时还有益于个人和企业责任；（5）目前，HSE标准特别关注企业员工和潜在受害者的知情权和保护需求，以使其免受侵害。

3. HSE 管理系统与被害预防

3.1 HSE 管理系统的参考标准和预期目标

如前所述，预防是减少企业暴力及其危害后果的重要手段，而及时的补救措施是预防二次伤害的方法。与道德声明不同，HSE 管理系统中的预防承诺会具体落实到开展预防的组织与程序层面，具有实质性、实用性、可产生预期的实际效果。国际标准指导合规实施，并规定了将合规工作及计划纳入企业业务流程的要求，增加了与之相关的记录、支持和绩效评估规定。

参照我们调研的国际标准，以下内容已获得全球性认可：（1）ISO 45001：2018（职业健康与安全管理系统认证，已取代 BS OHSAS 18001：2007）是最常用的标准之一。该标准通过预防工伤、最大限度降低危害与职业健康安全风险（包括系统缺陷），提供安全和健康的工作场所；（2）ISO 14001：2015（环境管理系统）是最受认可的环保模式，其通过预防减轻环境对企业的潜在不利影响，并通过提升环境绩效提高企业财务和运营效益，加强企业的市场地位，通过环境信息披露向各相关方传达企业的环保理念与表现。

这一管理系统的主要目的之一是作为预防手段。如本文第一节所述，企业应通过实施有效的组织和程序体系，保护企业员工和社区居民使其免受污染危害，系统应至少包括污染危害识别、危害风险评估及风险控制措施。

预防的概念主要体现在如何理解企业组织形式及其经营背景以及企业如何应对风险和机遇方面。根据 ISO 45001：2018，经认证的健康和安全体系旨在消除或最大限度降低企业经营中员工及其他相关方可能导致的风险。该标准要求企业通过对内外部经营活动的风险评估，识别与确认工作场所存在的风险。当然，遵守这些标准也意味着要对职业危险因素进行日常监测与定期检测。采用本标准的潜在、现实和预期收益包括了减少工伤事故、提高企业流程效率、创造鼓励员工发挥积极作用的企业文化、提升员工士气，以及提升企业高管凝聚力，增强企业履行法律和监管义务的能力，提升企业形象和声誉等。

根据 ISO 14001：2015（附录，第 A.5.2 段）的规定，环境管理系统的主要作用是通过预防污染，降低其对环境的不利影响，保护自然环境免受企业经营活动、产品和服务造成的危害进而避免环境退化的发生。在该标准中，环境风险识别是通过确认企业能够控制到的活动、产品和服务及其相关环境影响来进行的。

如前所述，现在这些标准是在考虑到潜在利益的情况下起草的，它们的目的也是防止任何可能的利益冲突。标准的一些要求直接涉及防止受害或满足某些预期利益。事实上，利益相关者是关键因素，原因有三：他们是这些标准的预期受益者；他们参与这些标准的实施；他们充当监督者（Gilbert and Rasche，2008）。

潜在被害人的涉案情况可以从三个维度进行分析：（1）了解企业员工和利害关系人的需求和期望；（2）通知、咨询并与企业员工和有关方面沟通；（3）风险识别与管理以及补救措施。

3.2　了解利益相关方的需求和期望

国际标准 ISO 14001：2015 和 ISO 450001：2018 均要求企业了解其经营背景及企业内外部利益相关方的需求和期望。

标准 ISO 14001：2015（第 3.1.6 条）将"利益相关方"定义为可能影响、受某项决策或活动影响或认为自己受到影响的个人或组织。这一类别包括员工、承包商、客户/客户、供应商、监管机构、股东、邻居、非政府组织（NGO）和所属机构。ISO 450001：2018（附录，第 A.4.2 段）也制定了同样的要求，其中利益相关方名单包括员工、司法机关与监管机构、所属机构、供应商与承包商、工人代表、工会和员工组织、业主、客户、访客、社区邻里、公众、客户、医疗与其他社区服务机构、媒体、学术界、商业协会、非政府组织（NGO）、职业健康与安全组织以及职业安全和保健专业人员。另一项国际标准《社会责任指南 ISO 26000：2010》在对这一主题进行深入分析之后证实了这一假设。"利益相关者"在此被定义为，在企业所作的任何决策或活动中拥有一项或多项利益的组织或个人，包括受企业经营活动影响的个人和群体。⑧根据该标准，无论当事人是否明知利益存在，都有可能是利益相关者；这意味着，即使是那些不知道自己可能受到企业经营活动影响的个人或群体的利益，也必须予以尊重。该标准还指出，不应忽视零散的、无组织的利益相关者。例如，弱势群体及其后代。相反，利益是要求索赔的实际或潜在依据，即要求得到所欠之物或要求尊重某项权利的权力；该项权利也可能只是与企业对话的权利。更重要的是，ISO 26000：2010（第5.3.3条）明确规定，利益相关者的参与涉及与企业的对话。需要明确的是，对话是双向沟通：它需要互动，同时也必须为利益相关者的观点提供被倾听的机会。⑨

因此，与第三方的接触应包括了解特定群体的决策和活动可能产生的后果，应协调涉及双方利益和整个社会期望的冲突，最终必须履行的法律义务（例如，对员工的义务）。

事实上，ISO 14001：2015 和 ISO 450001：2018 都表明，相关方的某些利益具有国家强制力，这些利益以政府命令甚至法院判决的形式，在法律、法规、许可证和企业执照中得到体现。⑩相反，其他要求取决于公司选择遵守的内容。企业自愿遵守的义务可以是企业与社区团体或非政府组织、客户所达成的协议，并且通常是涉及第三方的、自愿签署的协议。协议一经签署，就会成为企业需要遵守的义务（即合规义务），需要在管理体系的规划中加以考虑。

就本文而言，可以从本部分分析中得出四个相关的考虑因素。第一，无论

---

⑧　该标准规定，不同的利益相关者有不同的、有时相互竞争的利益。例如，社区居民的利益可能包括一个组织的积极影响，如就业，以及同一组织的消极影响，如污染。一些利益相关者的利益往往与整个社会的利益非常相似。一个例子是，一位房产所有者的利益，其房产因新的污染源而失去价值。

⑨　这种方法可以由企业发起，也可以从回应一个或多个利益相关者开始。对话可以采取非正式或正式形式，也可以遵循多种形式，如个人会议、会议、研讨会、公开听证会、圆桌讨论、咨询委员会、定期和结构化的信息和咨询程序、集体谈判、网络论坛等。

⑩　例如，环境方面的强制性法律要求可能包括：（1）政府实体或其他相关部门的要求；（2）国际、国家和地方法律法规；（3）许可证、执照或其他授权形式中规定的要求；（4）监管机构的命令、规则或指导；以及（5）法院或行政法庭的判决。

各方是否知晓，相关方的利益客观存在；这种情况是许多企业暴力受害者遭遇的典型情况，并且与他们需要得到的身份确认密切相关。第二，企业需要了解的利益与企业暴力受害者的索赔与维权要求相对应；这一领域包括对知情权和受保护权的需求，这些通常会标记为企业暴力受害者或潜在受害者的权利（当得到承认时）或需求。第三，与有关各方的接触涉及对话，这是防止多种形式危害行为及其结果发生的关键因素。第四，标准明确指出，了解有关各方的需求和期望是评估与确定风险，预防未来冲突，加强企业员工、社区居民预防风险、抵御灾害的意识与知识储备的基础，也是关键的一步。

3.3　风险管理：企业员工和利益相关方的沟通和参与

企业合规在检测风险，尤其是未知风险方面的作用，对于有效保护企业潜在受害者至关重要。一些潜在危险因素可以被企业提前预测，由生产过程或产品导致的风险危害也可以在远早于公众、受害者和政府部门发现前被检测出。这种能力可能源于企业内控系统（例如，审计活动）、内部报告系统（例如，客户投诉、检举、工会索赔等）或认证审计，也可能来自企业外部、政府和公众的检查，这些检查会引起企业对环境违法行为、异常行为或严重违反 HSE 管理系统的行为的警觉。

如前所述，整改经费投入与行动举措是防止企业潜在受害者再次遭受暴力及其危害后果再次出现的关键因素。事实上，避免二次受害的关键在于企业，取决于企业是否能作出并兑现尽快消除有害风险的承诺。在这方面，国际标准 ISO 14001：2015 和 ISO 45001：2018 都要求企业采取专门措施解决此类问题。

就本文而言，有必要考察企业暴力这一特定背景下的合规义务的转化，以及潜在与实际受害者应如何参与合规过程的问题。这种分析似乎特别有用，因为如前所述，在发生企业暴力事件时，遵守合规标准要比日常管理中面对的情况更为复杂。

ISO 14001：2015（第 8.2 条）规定了预防和应对潜在紧急情况的必要流程，要求企业制定行动预案，以预防或降低事件对环境的不利影响和其他危害后果。根据附录 A（第 A.6.1.1 段），"紧急情况"被定义为需要紧急运用特定能力、资源或流程，以防止或减轻其实际或潜在后果的意外事件，也包括在附近设施（例如工厂、道路、铁路线）发生紧急情况的可能性。ISO 45001：2018 指出，在危害识别后，企业需要按照优先顺序规划行动方案以降低风险，包括采取控制措施。

根据这两个标准，在发生任何意外事件、安全事故或违规事项时都必须进行调查。进行内部调查对于确定上述意外事件、安全事故或违规事项的原因是非常必要的。首先是对相关人员和事件发生经过作详细的调查记录。内部调查还必须明确应对和采取补救措施，以防止类似事件再次发生。在这方面，有必要指出查明真相的难度和保密问题。当事件或事故是单一的、可区分事件时，例如发生灾难（造成严重人员、物资、经济或环境损失的灾难性事件），或当它们之间具有直接因果关系时相对容易调查。相反，对于那些一开始未被注意到、危害后果延后和/或逐渐显现的企业暴力案件，处理过程更为复杂（更多详情，请参见上文第 1 节）。在所有情况下，如果危害后果是可预见的，或者更糟糕的情况下是必然发生的，那么开展调查应该不存在障碍，但当危害后果是后来发现，或随着时间推移逐渐显现时，调查就会出现困难。在后一种情况下，需要花大力气查清导致或可能导致人员受伤或死亡的因果链，以及确定所涉及证据的科学性。这里至少有两个原因：科学本身的不确定性（这也可能扩大或限制潜在受害者的类别），以及需要聘请（并支付）专家来确定事件起因及其对健康、安全或环保的影响。在不了解致害原因及原因随时间发展而变化的情况下，内部调查可能无法确认受害者和危害后果。这导致情况更加糟糕：补救措施虽然可以消除有害风险，但不能消除已经发生的危害后果。员工、企业、工会和协会（本应被认定为利益相关方）有望在认定潜在受害者、还原事实真相和开展损害评估方面发挥关键作用，否则这些工作将很难进行。然而，不可否认的是，在某些情况下，合规的努力与承诺对企业来说仍然是一项具有挑战性且代价高昂的任务。

另一个棘手的问题是，内部调查不保密，调查结果与企业的应对举措也不应保密。企业应将调查的过程与结果告知潜在或实际受害者，以便他们了解真相，采取措施保护自身健康或与企业展开对话，以避免二次受害或诉诸司法。

根据这两项国际标准，该方法不仅是一项建议：它是 HSE 管理系统的硬性要求。事实上，ISO 14001：2015 和 ISO 45001：2018 要求"持续的信息公开、内外部沟通、股东与员工的持续协商参与"。这种沟通不仅应在正常业务开展过程中进行，更需要在风险管理系统失灵或危害结果出现时进行。特别是 ISO 14001：2015 标准要求企业在所有相关合同文本中与相关方互动，并在所有情况下保持透明（另见 ISO 14004：2016）。ISO 14001：2015 标准的附录指南（第 A.7.4 段）规定，沟通是企业内外的双向过程，要求企业员工为双向沟通的持续完善作出贡献。这种沟通可能包括利益相关方要求提供的与企业环境管理相关的特定信息，以及在企业被投诉的情况下对环境整改相关的有价值信息的分析。最重要的是，沟通必须是透明（企业公开信息的方式是开放的）、适当（信息满足利益相关方的参与需求）、真实（不会误导信息受众）、客观、准确、完整、清晰，并且能为利益相关方所理解。在环境领域，ISO 14063：2020（代替 ISO 14063：2006）是一个典型范例，该标准为企业提供了与内外部环境沟通相关的一般原则、政策、战略和活动指南。[11]《标准》（第 6.2.4 条）指出，在环境危机和紧急情况下，畅通环境管理的沟通渠道尤为关键。在这种情况下，详细规划环境管理沟通活动至关重要，原因有很多：如让受污染影响的社区居民了解企业正在采取的环境补救措施，知晓自身暴露在环境污染中的风险；减少或避免企业员工与邻近社区居民因环境污染导致的健康问题；降低或避免污染对环境的不利影响；确保政府部门及时得到实施监管所需的必要信息。规划好环境管理沟通可以明显降低意外事件对企业商誉的不利影响。

在危机和紧急情况期间，企业及时提供其应对措施、事件进展与预防举措的相关信息；查明事故原因，防止危害再次发生及汇报事件进展的相应举措；以及公开相关方表达诉求与获取信息的相应渠道尤为重要。

新的 ISO 45001：2018 标准还规定，在任何情况下，企业员工的协商和参与都发挥着积极作用。《标准》（第 5.4 条）明确要求"消除企业员工参与环境管理的各种障碍，增强企业员工在管理系统的制定、规划、实施、绩效评估中的协

---

⑪　《标准》声明，与利益相关方的接触为双方提供了获取知识、影响意见和看法的机会。

商和参与权"。在附录指南中，这意味着两种沟通形式：直接对话和其他信息交流方式。协商意味着必须及时通知员工，要求企业在每次进行决策时必须及时与员工进行沟通。参与则强调企业员工在企业管理系统构建与完善过程中的作用与贡献（第 A.5.4 条）。例如，鼓励员工报告危险情况或行为，以便企业采取适当的预防和补救措施。该标准特别强调企业员工在明确消除危害与降低风险的措施、调查事故和违规事项，以及确定补救措施方面的参与。在发生事故或违规事项的情况下，企业应在员工和其他相关方的参与下，评估采取补救措施以消除有害风险源的必要性，进而避免事故或类似事件再次发生。这需要通过调查事故或违规事项的原因来完成。最重要的是，新的 ISO 45001：2018 标准（第 10.2 条）要求将有关事故或违规事项的证据、性质以及采取补救措施及其结果向企业员工和其他相关方公开。简而言之，这意味着内部调查结果不能保密。

显然，提前披露已查明的风险类型、明显或可预测的未来损害的充分信息的义务，直接关系到潜在和实际受害者的知情权和受保护的权利。在企业暴力事件中，这种提前披露的承诺具有更大的价值。首先，它有利于克服企业和受害者（潜在受害者或一般公众）之间的信息不对等（否则是不可避免的），以及企业永远或至少在很长一段时间内仍然是唯一信息持有者的风险。其次，这通常是受害者认识自己受害的唯一途径，反过来也是他们诉诸司法、提出诉请、决定接受或拒绝庭外和解，以及与企业进行对话协商的先决条件。

事实上，除了少数受害者身份易于确认的灾难性事件外，在大多数企业暴力案件中，政府部门在调查开始时就能识别所有受害者的可能性很小。这种情况几乎发生在所有与污染或污染导致的疾病相关的案件中。这些疾病的潜伏期很长，或者致病范围很广。缺乏关于长期接触有害物质所造成的风险影响的信息，是一个可能导致无法立案的因素，也可以解释为什么受害者无法提起诉讼或寻求司法救助。

因此，我们认为，从发现或怀疑存在侵害风险之时起，企业就应尽早与潜在和实际受害者建立沟通联系。这一方面有利于企业在后续协商对话中占据主动，另一方面也有利于防止二次受害及减少争议。企业暴力危害后果的查明与确认需要企业与受害者双方的共同努力。没有对话，双方之间的矛盾冲突就没有机会得到缓和，无法就损害赔偿展开谈判，没有机会就事件解决进行诉讼外协商。诉诸司法成了受害者获得承认、查明事实、索赔和请求补救活动的唯一选择。

即便是在这个话题上，也有必要保持审慎。当企业暴力事件已经显现其危害性时，提供透明、正确的信息对企业来说是一个挑战。尤其当该案在刑事责任与商业信誉方面会给企业带来严重负面影响时，企业基于成本效益的考虑会倾向自我保护，不大可能再向政府部门主动报告于己不利的信息。因此，在引发舆论关注或面临司法指控前，企业一般都会倾向对信息进行保密。简言之，对企业暴力事件的原因、经过及后果进行保密处理，符合企业利益。当企业面临很大的被诉风险时，企业也倾向于停止与利益相关者进行对话，特别是与潜在受害者的对话。尽管公开风险与危害的原因本身并不意味着自证其罪，但企业选择保密与缄默的目的是可以理解的：出于自我保护的考虑，企业会隐瞒已知信息，使自身免受因信息向政府部门和社会公众过度公开导致的不利影响。当然，企业有权决定是否以及何时主动向政府部门报告案情及提交证据。因此，企业对已知信息的保密，应被视为企业在遵守合规管理义务中的一个障碍。对此，可通过将企业协商对话的对象范围限制为已经确认并签署保密协议的利益相关方的方式，避免因信息过度公开对企业带来的不利影响。当然，这么做存在两个前提：利益相关方能够确认；利益相关方愿意签署保密协议。

不过，作出不公开对违规事项内部调查结果的决定，并不免除企业在预防二次侵害方面的管理责任。实际上，即使没有事先公开任何内部调查的信息，企业的预防管理责任也必须履行，这是企业必须遵守的国际 HSE 标准中的强制性要求。

根据 ISO 14001：2015 标准（第 10.2 条），当违规事项发生时，企业必须采取相应补救措施；进行善后处理，减轻不利影响；并评估采取行动消除违规原因的必要性，以使其不再发生。ISO 45001：2018 标准引入了更多关于纠正措施的细节，尽管在本文范围内无法充分探讨这些细节。[12]值得注意的是，其中有一

---

⑫　总之，当出现问题时，比如导致员工受伤的事故，企业首先需要作为其事故纠正程序的一部分去解决事故的直接原因。然后，有必要进一步深入调查事故的根本原因以及直接原因的来源，以纠正问题的根源，确保事故不再发生。

项要求是同意实施一段时间的合规监测与测量，直到确认违规不会再次发生。

在实践中，标准要求制定调查后行动方案，该方案必须明确目标、行动步骤、负责人与承诺实施时间。该方案至少应包括避免类似事件再次发生的应对措施（应修订内部 HSE 程序，建立完善的合规管理系统；企业内控机制中的漏洞得到弥补），以及确保工作场所、产品和环境安全的所有必要措施。在这种情况下，制定、讨论及向相关企业员工和利益相关方公开行动方案不存在保密障碍。

参考文献

Abad, J., E. Lafuente, and J. Vilajosana. 2013. An Assessment of the OHSAS 18001 Certification Process: Objective Drivers and Consequences on Safety Performance and Labour Productivity. Safety Science 60: 47—56.

Aertsen, I., and K. Lauwaert. 2017. Needs of Victims of Corporate Violence: Empirical Findings. Milan: Università Cattolica del Sacro Cuore. https://asgp.unicatt.it/asgp-EmpiricFindingscomprehensreport.pdf.

Albuquerque, P., B. Bronnenberg, and C. Corbett. 2007. A Spatiotemporal Analysis of the Global Diffusion of ISO 9000 and ISO 14000 Certification. Management Science 53 (3): 451—468.

Bayran, M., ü. Mustafa, and K. Ardıçet. 2017. The Relationships between OHS Prevention Costs, Safety Performance, Employee Satisfaction and Accident Costs. International Journal of Occupational Safety and Ergonomics 23 (2): 285—296.

Cabecinhas, M., P. Domingues, P. Sampaio, M. Bernardo, F. Franceschini, M. Galetto, M. Gianni, K. Gotzamani, L. Mastrogiacomo, and A. Hernandez-Vivanco. 2018. Integrated Management Systems Diffusion Models in South European Countries. International Journal of Quality & Reliability Management 35 (10): 2289—2303.

Casadesús, M., G. Giménez, and I. Heras-Saizarbitoria. 2001. Benefits of ISO 9000 Implementation in Spanish Industry. European Business Review 13 (6): 327—336.

Casadesús, M., F. Marimon, and I. Heras-Saizarbitoria. 2008a. Countries' Behavior regarding the Diffusion of ISO 14000 Standards. Journal of Cleaner Production 16 (16): 1741—1754.

——. 2008b. Countries' Behavior regarding the Diffusion of ISO 14000 Standards. Journal of Cleaner Production 16 (16): 1741—1754.

Castka, P., and C. Corbett. 2015. Management Systems Standards: Diffusion, Impact and Governance of ISO 9000, ISO 14000, and Other Management Standards. Foundations and Trends in Technology Information and Operations Management 7 (3—4): 161—379.

Chan, E., and S. Wong. 2006. Motivations for ISO 14001 in the Hotel Industry. Tourism Management 27 (3): 481—492.

Christmann, P., and G. Taylor. 2006. Firm Self-Regulation through International Certifiable Standards: Determinants of Symbolic versus Substantive Implementation. Journal of International Business Studies 37 (6): 863—883.

Croall，H. 2001. The Victims of White-Collar Crime. In White-Collar Crime Research：Old Views and Future Potentials：Lectures and Papers from a Scandinavian Seminar，ed. Sven-Åke Lindgren. Stockholm：National Council for Crime Prevention.

——. 2008. Victims of White-Collar and Corporate Crime. In Victims，Crime and Society，ed. P. Davies，P. Francis，and C. Greer. London：SAGE.

Das，T. K. 2020. Why Industrial Environmental Management? In Industrial Environmental Management：Engineering, Science, and Policy. Hoboken：Wiley.

de Nadae，J.，M. Carvalho Marly，and D. Vieira. 2019. Exploring the Influence of Environmental and Social Standards in Integrated Management Systems on Economic Performance of Firms. Journal of Manufacturing Technology Management 30（5）：840—861.

Delmas，M. A. 2002. The Diffusion of Environmental Management Standards in Europe and in the United States：An Institutional Perspective. Policy Sciences 35：91—119.

Doak，J. 2008. Victims' Rights, Human Rights, and Criminal Justice：Reconceiving the Role of Third Parties. Oxford：Hart Publishing.

Donohoe，M. 2003. Causes and Health Consequences of Environmental Degradation and Social Injustice. Social Science & Medicine 56：573—587.

Engelhart，M. 2018. Victims and the European Convention on Human Rights. In Victims and Corporations：Legal Challenges and Empirical Findings，ed. G. Forti，C. Mazzucato，A. Visconti，and S. Giavazzi. Milan：Wolters Kluwer CEDAM.

Forti，G. 2018. Introduction. In Victims and Corporations：Legal Challenges and Empirical Findings，ed. G. Forti，C. Mazzucato，A. Visconti，and S. Giavazzi. Milan：Wolters Kluwer CEDAM.

Forti，G.，and A. Visconti. 2019. From Economic Crime to Corporate Violence：The Multifaceted Harms of Corporate Crime. In The Handbook of White-Collar Crime，ed. Melissa L. Rorie. Hoboken：Wiley-Blackwell.

Franceschini，F.，M. Galetto，and G. Gianni. 2004. A New Forecasting Model for the Diffusion of ISO 9000 Standard Certifications in European Countries. International Journal of Quality & Reliability Management 21（1）：32—50.

Ghahramani，A.，and H. Summala. 2017. A Study of the Effect of OHSAS 18001 on the Occupational Injury Rate in Iran. International Journal of Injury Control and Safety Promotion 24（1）：78—83.

Gilbert，D. U.，and A. Rasche. 2008. Opportunities and Problems of Standardized Ethics Initiatives—a Stakeholder Theory Perspective. Journal of Business Ethics 82（3）：755—773.

Goldstraw-White，J. 2012. White-Collar Crime：Accounts of Offending Behaviour. Basingstoke：Palgrave Macmillan.

Groenhuijsen，M. 2013. The Development of International Policy in Relation to Victims of Crime. International Review of Victimology 20（1）：31—48.

Hall，M. 2013. Victims of Environmental Harm and Their Role in National and International Justice. In Emerging Issues in Green Criminology：Exploring Power, Justice and Harm，ed. R. Walters，D. Westerhuis，and T. Wyatt. Basingstoke：Palgrave Macmillan.

Heras-Saizarbitoria，I.，and G. Landín. 2011. Impacto de la certificación ISO 14001 en el rendimiento financiero empresarial：Conclusiones de un estudio empírico. Cuadernos de Economía y Dirección de la Empresa 14（2）：112—122.

Heras-Saizarbitoria，I.，G. Arana，and O. Boiral. 2015. Exploring the Dissemination of Environmental Certifications in High and Low Polluting Industries. Journal of Cleaner Production 89: 50—58.

Heras-Saizarbitoria, I., O. Boiral, and E. Allur. 2018. Three Decades of Dissemination of ISO 9001 and Two of ISO 14001: Looking Back and Ahead. In ISO 9001, ISO 14001, and New Management Standards: Measuring Operations Performance, ed. I. Heras-Saizarbitoria. Cham: Springer.

Heras-Saizarbitoria, I., O. Boiral, G. Arana, and E. Allur. 2019. OHSAS 18001 Certification and Work Accidents: Shedding Light on the Connection. Journal of Safety Research 68: 33—40.

Hikichi, S. E., E. G. Salgado, and L. A. Beijo. 2017. Characterization of Dissemination of ISO 14001 in Countries and Economic Sectors in the Americas. Journal of Environmental Planning and Management 60 (9): 1554—1574.

Hills, S. L. 1987. Corporate Violence: Injury and Death for Profit. Totowa: Rowman and Littlefield.

ILO. 1998. Declaration on Fundamental Principles and Rights at Work. https://www.ilo.org/declaration/thedeclaration/textdeclaration/lang%2D%2Den/index.htm.

——. 2017. Tripartite Declaration of Principles Concerning Multinational Enterprises and Social Policy. https://www.ilo.org/wcmsp5/groups/public/%2D%2D-ed_emp/%2D%2D-emp_ent/%2D%2D-multi/documents/publication/wcms_094386.pdf.

ISO. 2001—2016. The ISO Survey of ISO 9001 and ISO 14001 Certifications. Geneva: ISO.

Jilcha, K., and D. Kitaw. 2016. A Literature Review on Global Occupational Safety and Health Practice & Accidents Severity. International Journal for Quality Research 10 (2): 279—310.

Klein, J. R. 2014. Corporate Violence. In The Encyclopedia of Theoretical Criminology, ed. M. J. Miller. Hoboken: Blackwell Publishing.

Lauwaert, K. 2017. Individual Assessment of Corporate Violence Victims' Needs: A Practical Guide. Milan: e-book available from the website of Università Cattolica del Sacro Cuore. https://asgp.unicatt.it/asgp-pubblicazioni-individual-assessment-of-corporate-violence-victims-needs-a-practical-guide.

Lynch, M. J., and K. L. Barrett. 2015. Death Matters: Victimization by Particle Matter from Coal Fired Power Plants in the US: A Green Criminological View. Critical Criminology 23: 219—234.

Manacorda, S., and I. Gasparini. 2018. Corporate Victims in European Union Law: The 'Sound of Silence'. In Victims and Corporations: Legal Challenges and Empirical Findings, ed. G. Forti, C. Mazzucato, A. Visconti, and Stefania Giavazzi. Milan: Wolters Kluwer CEDAM.

Marimon, F., M. Casadesús, and I. Heras-Saizarbitoria. 2006. ISO 9000 and ISO 14000 Standards: An International Diffusion Model. International Journal of Operations & Production Management 26 (2): 141—165.

——. 2010. Certification Intensity Level of the Leading Nations in ISO 9000 and ISO 14000 Standards. International Journal of Quality & Reliability Management 27 (9): 1002—1020.

Mazzucato, C. 2018. Victims of Corporate Violence in the European Union: Challenges for Criminal Justice and Potentials for European Policy. In Victims and Corporations: Legal Challenges and Empirical Findings, ed. G. Forti, C. Mazzucato, A. Visconti, and S. Giavazzi. Milan: Wolters Kluwer CEDAM.

McBeth, A., S. Rice, and J. Nolan. 2017. The International Law of Human Rights. Oxford: Oxford University Press.

Mendel, P. J. 2002. International Standardization and Global Governance: The Spread of Quality and Environmental Management Standards. In Organizations, Policy and the Natural Environment: Institutional and Strategic Perspectives, ed. A. J. Hoffman and M. J. Ventresca. Palo Alto: Stanford Univer-

192

sity Press.

Mitsilegas, V. 2015. The Place of Victims in Europe's Area of Criminal Justice. In Protecting Vulnerable Groups: The European Human Rights Framework, ed. F. Ippolito and S. Iglesias Sánchez. Oxford/Portland: Hart.

Montabone, F., S. Melnyk, R. Sroufe, and R. Calantoneet. 2000. ISO 14000: Assessing its Perceived Impact on Corporate Performance. The Journal of Supply Chain Management 36 (2): 4—16.

Mouyal, L. W. 2016. International Investment Law and the Right to Regulate: A Human Rights Perspective. New York: Routledge.

Nadvi, K. 2008. Global Standards, Global Governance and the Organization of Global Value Chains. Journal of Economic Geography 8 (3): 323—343.

Neumayer, E., and R. Perkins. 2016. What Explains the Uneven Take-Up of ISO 14001 at the Global Level? A Panel-Data Analysis. Environment and Planning A: Economy and Space 36 (5): 823—839.

OECD. 2011. Guidelines for Multinational Enterprises. OECD iLibrary, 29 September. https://doi.org/10.1787/9789264115415-en.

OHSAS Project Group. 2007. Occupational Health and Safety Management Systems: Requirements. https://www.academia.edu/33261289/Occupational_health_and_safety_management_systems_Requirements_OCCUPATIONAL_HEALTH_AND_SAFETY_ASSESSMENT_SERIES.

Orcos, R., B. Pérez-Aradros, and K. Blind. 2018. Why Does the Diffusion of Environmental Management Standards Differ across Countries? The Role of Formal and Informal Institutions in the Adoption of ISO 14001. Journal of World Business 53 (6): 850—861.

Orth, U. 2002. Secondary Victimization of Crime Victims by Criminal Proceedings. Social Justice Research 15 (4): 313—325.

Palačić, D. 2017. The Impact of Implementation of the Requirements of Standard No. OHSAS 18001: 2007 to Reduce the Number of Injuries at Work and Financial Costs in the Republic of Croatia. International Journal of Occupational Safety and Ergonomics 23 (2): 205—213.

Pemberton, A., and M. Groenhuijsen. 2012. Developing Victim's Rights within the European Union: Past, Present and Future. In Victimology and Human Security: New Horizons, ed. Morosawa Hidemichi, John J. P. Dussich, and Gerd Ferdinand Kirchhoff. Nijmegen: Wolf Legal Publishers.

Peters, A., S. Gless, C. Thomale, and M. P. Weller. 2020. Business and Human Rights: Making the Legally Binding Instrument Work in Public, Private and Criminal Law. Max Planck Institute for Comparative Public Law & International Law, Research Paper No. 2020-06. https://ssrn.com/abstract = 3561482.

Psomas, E. L., C. V. Fotopoulos, and D. P. Kafetzopoulos. 2011. Motives, Difficulties and Benefits in Implementing the ISO 14001 Environmental Management System. Management of Environmental Quality 22 (4): 502—521.

Rafaraci, T. 2015. New Perspectives on the Protection of the Victims in the EU. In Human Rights in European Criminal Law: New Developments in European Legislation and Case Law After the Lisbon Treaty, ed. S. Ruggeri. Cham: Springer.

Ruggie, J. G. 2007. Business and Human Rights: The Evolving International Agenda. The American Journal of International Law 101 (4): 819—840.

——. 2013. Just Business: Multinational Corporations and Human Rights. New York: W. W. Norton & Company.

Saraiva, P. M., and B. Duarte. 2003. ISO 9000: Some Statistical Results for a Worldwide Phenomenon. Total Quality Management & Business Excellence 14 (10): 1169—1178.

Sartor, M., G. Orzes, A. Touboulic, G. Culot, and G. Nassimbeni. 2019. ISO 14001 Standard: Literature Review and Theory-Based Research Agenda. Quality Management Journal 26 (1): 32—64.

Shin, S. 2005. The Role of the Government in Voluntary Environmental Protection Schemes: The Case of ISO 14001 in China. Issues & Studies 41 (4): 141—173.

Skinnider, E. 2013. Effects, Issues and Challenges for Victims of Crimes That Have a Significant Impact on the Environment. International Centre for Criminal Law Reform and Criminal Justice Policy. Available from the website of the United Nations Office on Drugs and Crime. https://www.unodc.org/documents/commissions/CCPCJ/CCPCJ_Sessions/CCPCJ_22/PNI_Workshop/Paper_ICCLR_CJP_PNI-Workshop.pdf.

Snell, K., and S. Tombs. 2011. How Do You Get Your Voice Heard When No-One Will Let You? Victimization at Work. Criminology & Criminal Justice: An International Journal 11 (3): 207—223.

Sousa Lira, J. M., E. Gomes Salgado, and L. A. Beijo. 2018. Characterization of Evolution and Dissemination of ISO 14001 in Countries and Economic Sectors in Europe. Journal of Environmental Planning and Management 62 (7): 1166—1184.

Spalek, B. 2001. White-Collar Crime Victims and the Issue of Trust. In The British Criminology Conference: Selected Proceedings, Vol. 4. https://www.britsoccrim.org/volume4/003.pdf.

Starr, J., B. Flack, and A. Foley. 2009. A New Intersection: Environmental Crimes and Victims' Rights. Natural Resources & Environment 23 (3). http://www.law.uh.edu/faculty/thester/courses/Environmental-Enforcement/Environmental%20Crimes%20and%20Victims'%20Rights.pdf.

Steinzor, R. I. 2015. Federal White-Collar Crime: Six Case Studies Drawn from Ongoing Prosecutions to Protect Public Health, Worker and Consumer Safety, and the Environment. Center for Progressive Reform Issue Alert, No. 1507, University of Maryland Legal Studies Research Paper No. 2015—41. http://progressivereform.org/articles/Steinzor_Federal_Crimes_1507_Final.pdf.

Tombs, S. 2007. 'Violence', Safety Crimes and Criminology. British Journal of Criminology 47 (4): 531—550.

——. 2010. Corporate Violence and Harm. In Handbook on Crime, ed. Fiona Brookman, Mike Maguire, Harriet Pierpoint, and Trevor Bennett. Cullompton: Willan Publishing.

——. 2014. Health and Safety 'Crimes' in Britain: The Great Disappearing Act. In Invisible Crimes and Social Harms, ed. P. Davies, P. Francis, and T. Wyatt. New York: Palgrave Macmillan.

Tombs, S., and D. Whyte. 2015. Community Safety and Corporate Crime. In Community Safety: Critical Perspectives on Policy and Practice, ed. Peter Squires. Bristol: Policy Press.

UN [United Nations]. 2011. Guiding Principles on Business and Human Rights: Implementing the United Nations 'Protect, Respect and Remedy' Framework. Website of the United Nations High Commissioner for Human Rights. http://www.ohchr.org/Documents/Publications/GuidingPrinciplesBusinessHR_EN.pdf.

——. 2015. Global Compact Guide for Business: How to Develop a Human Rights Policy. 2nd ed. United Nations Global Compact and United Nations High Commissioner for Human Rights. https://d306pr3pise04h.cloudfront.net/docs/issues_doc%2Fhuman_rights%2FResources%2FHR_Policy_Guide.pdf.

Vinodkumar, M. N., and M. Bhasi. 2011. A Study on the Impact of Management System Certification on Safety Management. Safety Science 49 (3): 498—507.

194

Visconti，A. 2017. Needs of Victims of Corporate Violence：Empirical Findings：Comprehensive Report. Milan：Università Cattolica del Sacro Cuore. https：//asgp. unicatt. it/asgp-EmpiricFindingscom-prehensreport. pdf.

——. 2018. Corporate Violence：Harmful Consequences and Victims' Needs. An Overview. In Victims and Corporations：Legal Challenges and Empirical Findings, ed. G. Forti, C. Mazzucato, A. Visconti，and S. Giavazzi. Milan：Wolters Kluwer CEDAM.

Walters，R. 2014. Air Pollution and Invisible Violence. In Invisible Crimes and Social Harms, ed. P. Davies，P. Francis, and T. Wyatt. New York：Palgrave Macmillan.

第9章　企业合规的直接和
间接影响

马可·帕尔米耶里

1. 概　　述

在不考虑企业合规对企业管理者和股东商业伦理层面的影响的情况下，本文旨在探讨企业合规的实质性影响（关于该原则所强调的各种合规动机的总结，请参见，ex multis，Parker and Nielsen，2012，第 430—435 页）。本文旨在明确企业合规的积极与消极影响不仅局限于通常所认为的适用合规所带来的直接结果，它对企业的影响要比一般认为的更加广泛。

一般而言，企业合规在（复杂）商业组织中是为了监控员工和董事是否遵守管理层为确保某些特定规范得到尊重而采用的法律、法规、标准和道德规范（Baer，2009，第 959 页；Miller，2014，第 1—2 页；Griffith，2016，第 2082 页，等类似的合规定义）。因此，企业合规不仅有助于防止潜在的违规行为，或至少有助于发现违规行为，还有助于减轻企业的违规责任。

在法律和经济层面上，这些收益通常归因于企业合规的实施。对于企业而言，合规至少还能带来另一个间接的好处：实施合规需要建立企业内部的合规职能部门，这不仅有助于实施特定领域的合规，也有助于企业在合规项目未明确涵盖的领域实现规范经营。具体而言，企业内部的合规机构提供的辩护意见可以减轻企业的违约责任，或减少因违约或侵权导致的赔偿责任。从这个角度来看，企业合规是企业进行风险管理和实现有效治理的制度基础。

　　然而，在任何情况下，合规除了带来各种直接和间接利益之外，也会给企业带来成本。在企业的治理结构中设立特定的职能部门是一项直接且可识别的成本支出。但对于企业而言，合规的最大成本似乎是其对企业经营可能带来的负面影响。合规制度通过各种内控机制确保企业依规经营，但也使企业的组织趋向复杂和僵化，进而导致企业无法充分灵活地把握市场机会。

　　从上述分析可以看出，对企业管理者来说，平衡企业内部建立合规制度的成本和收益是一项艰巨的任务。实际上，在新型冠状病毒的全球大流行中，许多国家在制定和实施防疫政策的过程中也遇到了类似的难题。

2. 直 接 利 益

　　分析企业合规所能产生的多重利益，意味着要从考察合规现象的起源开始。这有助于从源头上帮助理解，为何要制定"合规"这一特定的治理模式来确保企业守法经营。

　　合规制度的发源地是美国，自 20 世纪初以来，美国始终是世界上发展最强劲的经济体。这要归功于企业这一组织形式，企业组织可以达到数千人的规模，有能力在全国范围内开展大型商业活动（Laufer，1999，第 1359—1363 页）。合规制度产生的原因一般被认为是多方面的。正如 Miller 所强调的，合规制度最初源自州际贸易委员会对铁路部门的权力，该委员会是由 1887 年的《州际贸易法》创建的，旨在规范这一基本经济部门（Miller，2014，第 2 页；Bird and Park，2016，第 210 页）。19 世纪期间，联邦法规也设立了类似的机构，以防止其他经济领域的腐败（关于由美国总统西奥多·罗斯福领导的进步运动的描述，参见 Laufer，2006，第 13 页；Miller，2017a，第 158 页）。20 世纪前 20 年的特点是美国立法者致力于提升政府的道德水平与行政效率（也期望增进民众的法律认同；参见 Tyler，2006）。这一时期成立了食品和药品管理局（1906 年）[①]、联邦储备银

　　[①]　该机构源于 1906 年的《纯净食品和药品法》（Pure Food and Drug Act）和"已有的化学局"（Bureau of Chemistry）。

行（1913 年）②和联邦贸易委员会（1914 年）③。1929 年"黑色星期五"之后开始的经济危机是导致 1934 年证券交易委员会成立的根源④（分析见 Braithwaite，1982，第 1485—1488 页）。第二次世界大战后，美国的政治关注和经济努力主要集中在赢得美苏对峙和重建西欧与日本的目标上，冷战的第一阶段以国际间的紧张局势为特征，到 1970 年，随着环境保护局的成立，公众对解决污染问题的新兴趣达到顶点（Miller，2017a，第 159 页）。

同一时期，为了建立有效的反洗钱制度，1970 年的《银行保密法》首次规定了合规计划的四大支柱，包括制定企业内部政策、程序与控制措施、指定合规官、实行持续的员工培训计划和独立审计职能（Miller，2018，第 249 页）。

几年后，美国在企业合规制度发展方面迈出了决定性的一步：1977 年美国通过了《反海外腐败法》。该法旨在禁止美国企业贿赂外国政府公职人员的行为，同时要求企业利用内控机制对自身守法情况进行自我监督（联邦机构适用本法规定）（Brown，2001，第 36—44 页；Krawiec，2003，第 497 页；Bird and Park，2016，第 211 页）。

美国合规制度发展的一个关键性时刻——真正的"合规立法的分水岭"（Bird and Park，2017，第 212 页）——是 1991 年通过的《联邦量刑指南》，该指南为建立有效的合规计划提供了司法激励（量化罚金刑减轻事由），有利于企业预防、发现和主动揭露违法行为［McGreal，2018，第 655 页；特别参见§8C2.5（f）防止和发现违法行为的有效计划］。这项改革于 2004 年 11 月生效，修订后的《联邦量刑指南》加强了预防和发现犯罪行为的理念，包括通过促进"鼓励符合道德的行为和承诺遵守法律的组织文化"［见§8B2.1（a）有效合规与道德计划］，尽管这些规则的效力仍有争议，尤其是合规计划可能相当于简单的"复选框"（Krawiec，2003，第 496 页；另见 Arlen，2012，第 344—358 页；Haugh，2017，

---

② 其根据"联邦储备法"成立，至今仍是一个地区储备银行联合会，覆盖 12 个地区，由美联储（Federal Reserve Board）的一个中央委员会负责协调［现任董事会根据 1935 年《银行法》修正案设立，该修正案还引入了联邦公开市场委员会（Federal Open Market Committee）］。

③ 《联邦贸易委员会法》第 41 条。

④ 《证券交易法》，Sect. 4。

第 1228 页；Armour et al.，2020，第 15—16 页）。

2002 年的《萨班斯—奥克斯利法案》（Sarbanes-Oxley Act of 2002）是对 the Enron and WorldCom 丑闻（Krawiec，2003，第 502 页；Haugh，2017，第 1231—1232 页；Tyler，2018，第 35 页；Gadinis and Miazad，2019，第 2152—2153 页）的立法回应，该法案的出台强有力地推动了合规的发展；同样，作为美国次级抵押贷款证券化引发的世界金融危机的立法回应，2010 年的《多德—弗兰克法案》（Dodd-Frank Act）也是如此（Haugh，2017，第 1233 页；Gadinis and Miazad，2019，第 2153—2154 页）。

以上关于企业合规发展史的概述可为我们理解美国立法者在处理企业违法行为时的方法演变提供思路。从自由放任政策（Laufer，2006，第 13 页）开始，首先通过制定一套具体的法律法规和专门机构提供的相关监督来确保更严格的公共监管，尽管"合规监管的行政模式"侵蚀了司法权，因为"管理复杂组织的法律规范由行政机构而不是法院来定义、裁决和执行"（Miller，2017b，第 132146—132150 页；另见 Haugh，2017，第 1220 页，强调"这些由具有调查和执行权的政府机构颁布的法规可被视为准犯罪，因为它们往往构成刑事和民事责任的基础"）。

在随后的一个阶段，通过激励企业对侵权行为的自查自纠，进一步增强了企业的守法意识。放弃由企业之外的专门机构进行合规监管（即使这种外部合规监管仍然有效，并且在某些经济领域确实得到加强；见 Haugh，2017，第 1233 页），似乎与一些企业所达到的复杂程度有关，也与其业务的国际化规模有关（Braithwaite，2008，第 20 页："监管国家创建了大型企业，但大型企业也使监管国家成为可能"；另见 Miller，2017a，第 160—161 页）。企业内部不可避免的权力下放（根据相对成本，参见 Jensen and Meckling，1976；Fama，1980）要求建立一个平行的内部控制系统，以应对代理人的不公平或机会主义行为（Kraakman，1984，第 859 页），或仅仅是为了防止非理性行为（Kahneman，2011；Langevoort，2016，第 35—40 页）。

在 20 世纪 90 年代一系列关于企业刑事责任的国际条约通过后，这一立法模式带来的好处似乎是近年来在除美国以外的国家实施这一立法模式的主要原因。⑤根据这些条约规定，企业作为刑事法律主体，对犯罪行为负有直接的刑事责任。例如，在意大利（拉丁美洲也是如此；见 Jorge，本书"在拉丁美洲接受'企业合规'"一章），没有一项政策与时任美国司法部副部长 Eric Holder 于1999 年致检察官的备忘录中提出的政策相当，该备忘录详细说明了检察官在决定是否因员工不当行为对企业提起诉讼时的考虑因素（Arlen，2012，第 360—361 页），意大利 2011 年第 231 号法令推翻了"法人不能犯罪"原则，规定企业及其他法人实体因其董事、员工或代表为其自身利益或自身利益所犯的特定罪行（即使是在国外）应承担行政责任。根据同一法令（第 6 条），如果企业能够证明自身已采取并有效实施了预防犯罪的合理组织模式与管理措施，相关犯罪系行为人通过欺诈手段规避监管而实施的，则企业可免于罚金和限制性措施。此外，要求有一个与核心企业的董事会无关的，被赋予主动权和自主权的专门监督委员会确保并不断更新合规制度及其应用。⑥

企业相关人员尊重规则所产生的预防效果凸显了采用合规政策所能带来的直接优势（Armor et al.，2020，第 12—13 页）。从这个角度看，构建企业内部控制组织机制，使企业不必为其员工和董事的不当行为承担责任（见 Laufer，2006，第 7 页，关于因遵守政府法规而导致企业不承担刑事责任的问题），相比违法制裁所产生的威慑力，更能成为企业守法经营的内在驱动力（见 Laufer，2006，第 7 页）。此外，还需考虑到一些次级制裁给企业带来的负面影响，例如

⑤　从欧洲的角度来看，这一提法可以追溯到 1995 年 7 月 26 日的《保护欧洲共同体金融利益公约》、1997 年 5 月 26 日《打击涉及欧洲共同体官员或欧洲联盟成员国官员的腐败行为公约》，以及 1997 年 12 月 17 日《反对在国际商业交易中行贿外国公职人员的经合组织公约》。

⑥　美国检察官通常通过延期或不起诉协议（DPA，NPA）作为对企业的替代处罚措施："检察官可以对被指控有不法行为的一部分企业施加特定义务，并且即使没有发生实质性犯罪，检察官也可以通过对企业不履行特定义务的行为实施制裁来强制企业履行这些义务"（Arlen and Kahan，2016，第 327 页；另见 Khanna and Dickinson，2007，第 1718—1720 页，以及 Haugh，2017，第1239 页，其中均强调"大多数协议都包含旨在完善公司合规政策和流程，改善员工培训和企业内控机制的条款"）。允许检察官和企业管理者就违反刑法的后果进行谈判，这种事后回应似乎削弱了合规作为事前补救措施的有效性，参见 Henning，2007；Garrett，2014，第 78—80 页；参见本书"合规的认知动力学与自律监管框架：关于犯罪预防策略有效性的探索"一章、"从自愿到'强制'：刑事法视野下的合规补救功能"一章；另请参阅本书"探索反腐败领域的自愿和强制性合规计划"一章，以了解英国关于适用《2010 贿赂法》的案例分析。

撤销现有营业执照或暂停和禁止与政府的贸易往来。一些例子可参考 Brown（2001，第 88—100 页）和意大利案例（Spolidoro，2017，第 197 页；Rondinone，2017，第 220—221 和 250—259 页）。

从行为经济学的角度来看，美国联邦量刑委员会在 1991 年发布的《联邦量刑指南》中采用的方法似乎是对"轻推理论"（nudging theory）的先验应用，随后得到了其他立法机构的实质性回应（Thaler and Sunstein，2008）。相关证据来自对美国和意大利法律普遍适用的（备受批评的）原则的分析，即未能阻止或发现法律实体内部的违法行为并不一定意味着合规模式无效，也不一定意味着公司必须受到惩罚（大量文献谴责"表面"合规项目的应用；参见 Laufer，1999；Krawiec，2003，第 491—492 页；Centonze，2014，第 48—49 页）。证明企业已制定并合理实施了合规计划（Miller，2018，第 254—255 页；Langevoort，2018b，第 731 页）对企业管理者来说是一种强烈的激励，企业管理者倾向于将对合规驱动型企业的评估视为必须进行的赌注，因为这也符合他们自己的利益（参见 Miller，2018，第 256 页："有效的合规计划是一套政策和程序，如果一家理性的、利益最大化的企业面临与违法行为的社会成本相等的预期制裁，它将制定这些政策和程序"；参见 Bird and Park，2017，第 297—304 页，以获得有效投资风险模型的类似发展）。尽管"缺乏可靠的绩效指标来评估合规计划的好坏，因此质量可以从其他因素（如预算）中推断出来，而这些因素只能间接影响合规成功的可能性"（参见本书"全球行为合规"一章，Langevort；关于合规性指标的批评，参见 Chen and Soltes，2018，第 119 页），即使根据合规法律，适用合规计划并非强制性的，适用合规之后，管理者有责任防止其企业遭受损害，致力实现企业利益最大化。[⑦]换言之，如果企业管理人员触犯了刑法，而由企业承担刑事责任，则缺少合规计划可被判定为违反了谨慎义务（而不是监督

---

　　⑦　"研究发现，46 家企业的推断平均合规成本超过 350 万美元，范围为 44.6 万美元至 1600 万美元以上。按组织人数（规模）调整总成本，得出人均合规成本为 222 美元。46 家企业的推断平均违规成本接近 940 万美元，范围为 140 万美元至近 2800 万美元。按组织人数（规模）调整总成本，得出每位员工的人均违规成本为 820 美元。"参见 Ponemon Institute（2011），第 3 页。

义务），因为企业管理者未能保护企业免受本可避免的风险。⑧从这个角度看，企业合规是风险管理的一个基本要素，其规定被视为更复杂商业组织的一个标准（这意味着法律义务必须由执行机构逐案认定；见 Kaplow，1992，第 561—562 页）（Gadinisand Miazad，2019，第 2163—2164 页；另请参见 Armor et al.，2020，第 26—38 页，因缺乏具体激励措施导致的合规管理短视主义的批判）。

3. 间 接 利 益

企业管理者有责任制定并适用恰当的合规计划，以规避因企业管理人员的不公正、机会主义或非理性行为导致的风险，这不仅与上一节所述的直接利益有关。企业合规阻止特定违法后果的发生，也可以在保护其他相关但未具体涵盖的利益的规范方面产生积极影响。换言之，如果合规可以使企业免受因违法行为遭受行政或司法处罚的代价，那也就是说，合规可以排除被禁止的企业违法行为可能给第三方造成的损害赔偿责任风险。意大利第 231/2001 号法令第 25 条之十一就是一个例子，该法令规定在违反具体刑事环境规则的情况下对企业处以罚款。尊重这些条款不仅可以保护立法者特别确定的公共利益，还可以阻止公司为可能因其他污染行为而受伤的人提供修复服务。

从这个角度来看，企业合规不应主要被视为预防刑事犯罪的工具，而应被视为企业（特别是大型企业）用来遏制侵权风险的一种事实上的强制性方式。当一个违规行为可能导致一系列危害后果，使企业面临大规模损害赔偿时，企业合规的这一功能就显得尤为重要（关于美国企业欺诈行为集体诉讼的负面影

---

⑧　这是法院在 "In re Caremark International Inc. Derivative Litigation" 一案中的立场，698 A. 2d 970—971（Del. Ch. 1996）；参见 Miller 2017a，第 63—64 页。因此，商业判断规则不应被视为普遍适用的管理者义务，而应仅用于确定合规计划的详细程度。参见 Brown 2001，第 7—32 页，Langevoort 2017，第 941 页，其谴责了 "Caremark" 的 "只是做点什么" 信息引发了一种开箱即用的心态，另参见 Miller 2017a，第 66—67 页；Langevoort 2018b，第 730 页；McGreal 2018，第 673—677 页；Gadinis and Miazad 2019，第 2157—2163 页，有关 Stone ex rel. AmSouth Bancorporation v. Ritter 中恶意行为的作用分析，见 911 A. 2d 362—364（Del. Ch. 2006）。关于首席法务官具体职责分析另见 Bird and Park 2016，第 228—229 页。

响辨析，参见 Langevoort，2016，第 48—53 页）。集体诉讼风险是美国及其他提供类似司法救济的普通法国家中的大型企业主动进行合规的诱因。企业通过合规治理，可确保自身合法经营，免遭大规模侵权之诉的风险（主张企业内部合规体系的重要性，证明诚信合规经营在规避惩罚性赔偿中的作用，见 Krawiec，2003，第 504—505 页），[9]这一点已经体现在许多国家的刑法规定中。[10]观察金融市场中企业的表现，可以提供一些有意义的例子。在招股说明书中提供虚假信息或虚假商业报告等重罪，可能对企业的投资者或债权人造成损害，在被要求提供赔偿时也可能影响企业的经济稳健（或者，有时，由于对其他参与者产生负面级联效应，也会影响到市场的相关部分；Kraakman，1984，第 857 页强调了严厉制裁对公司及其利益相关者的潜在负面影响；关于不同类型企业欺诈行为对外部预期的影响，另请参见 Alexander and Arlen，2018，第 98—107 页）。根据后一种观点，企业合规计划是确保国际市场稳定的必要工具（Cox，1997，第 18 页；另见 Centonze，本书"不完美的科学：企业合规和共同监管的结构性限制"一章），在许多特定经济部门（如银行、保险或其他金融机构）的企业治理中得到证明（更一般地说，合规计划可以间接减少投资者与企业之间的信息不对称，帮助投资者更好地评估企业，避免投资失败；参见 Akerlof，1970）。

　　这些考虑似乎不一定受到这样一个事实的影响：在实践中，大多数集体诉讼都受到和解协议的约束，而和解协议通常可以显著减少企业面临的风险，[11]包括经济损失和管理责任风险（Garrett，2018，第 54 页），这可能成为企业大规模

---

⑨　"没有官方信息显示有多少企业在被起诉时面临平行民事诉讼。我收集了 2001 年至 2012 年间收到延期起诉或不起诉协议的 255 家企业的数据，以及它们是否面临民事诉讼，发现这类诉讼针对的是 255 家公司中的 36％或 93 家。虽然并非所有民事和解都可能是公开的，但我确定了这些案件的民事和解金额为 61 亿美元，远高于联邦检察官判处的 40 亿美元刑事罚款。针对面临起诉的企业提起的一些最大的民事诉讼是集体诉讼。"相关数据参见 Garrett 2014，第 137—140 页。

⑩　Caremark 案就是一个例子，参见 Brown 2001，第 102—103 页；关于产生与 10b-5 规则相关的误导性陈述或遗漏以及因错误披露而导致集体诉讼的相关风险，参见 Gadinis and Miazad 2019，第 2180—2185 页。

⑪　斯坦福大学法学院证券集体诉讼清算所（Stanford Law School Securities Group Action Clearinghouse）的数据显示，从 1996 年至今，美国共有 5838 份集体诉讼案件，其中 2555 份已结案，诉讼金额超过 1040 亿美元。有意思的是，在过去 3 年中，证券集体诉讼案件数量回升，每年超过 400 份。

采用合规措施的一个强大动力（即使管理者对法律上的不利后果的恐惧往往会通过企业提供的保险而得以缓解；见 Kraakman 1984，第 859 页；Cox，1997，第 23—37 页；Baker and Griffith，2011）。对于在这些国家（特别是大陆法系国家）成立的公司来说，这也可能是一个强大的推动力，这些公司最近采取了司法救济措施来恢复大规模侵权行为（Miller，2014，第 11 页；Haugh，2017，第 1221 页）。从这个角度来看，意大利的相关立法可能是一个有趣的研究领域。在 2019 年，意大利立法机构对于 2006 年出台的《集体诉讼法》进行了重大改革，修订后的新法于 2021 年 5 月生效（由于新冠病毒流行的负面影响，新法于 2021 年 3 月通过）。新法改变了集体诉讼的适用范围，不再仅适用于消费者遭受的侵权行为，而是扩大适用于所有与"同质个人权利"有关的损害，无论这些损害是由私人还是国有企业造成的（《民事诉讼法》第 840 条之二，第 1 款和第 3 款）。与其他国家采用的"传统"的选择退出集体诉讼模式不同，意大利新修订的《集体诉讼法》不仅允许受害方在审判期间选择加入诉讼（第 840 条之五，第 1 款），还允许受害方在法院终审判决后加入诉讼（第 840 条之六，第 1 款，lett.e）。尽管新法规定，在达成和解的情况下，被排除在和解协议之外的各方仍可作为原告继续诉讼或启动新的集体诉讼程序（第 840 条之二，第 6 款），但这一机制似乎有可能迫使被告迅速与原告达成协议，以免遭受更大损失的风险。在这种情况下，加强企业内部监管，特别是通过合规计划，可以为企业提供一个解决因董事或员工的犯罪或不当行为导致的灾难性集体诉讼风险的关键解决方案（关于将企业合规官与外部利益相关者选出的董事联系起来，以增强公司合法性的提议，参见 Nieto Martin，本书"利益相关者的合规计划：从合法性管理到合法性"一章）。如果这一假设得到证实，意大利的案例可以证明，合规的明显趋势是作为公司犯罪以外的问题的解决方案，而这正是它最初被引入的原因。

合规除了能够使企业免受因不利司法判决导致的赔偿义务，还可为企业提供内部监管体系，确保合同义务履行。从这个角度来看，企业内部合规监管体系的构建，不仅有效保证了企业对客户或债权人等利益相关者的履约责任，也是维护后者对企业经营活动的信心，以及为投资者创造实际和潜在价值的一种方式。[12]（工会、非政府组织或贸易伙伴对一家违规经营企业的抵制行为，也可视为在发现企业违规行为时的一种私人执法形式；见 Davis，2018，第 155 页。）

通过观察大众汽车"柴油机门"事件的戏剧性后果，可以获得企业合规的直接与间接利益的明确证据。[13]缺乏有效的企业内控系统来防止"大众汽车"某些管理层与员工在生产、销售污染排放未达标车辆方面的欺诈行为所产生的负面影响，这也正好从反方向说明了一项合理构建、有效实施的合规计划所能发挥的作用与价值。[14]在 2015 年 9 月美国环保局调查结果公布，控股董事会被迫承认欺诈行为后，该集团的美国子公司及其他多家公司因违反当地反污染法而被政府当局施以重罚。此外，这些企业还被迫提出对客户排放未达标车辆进行返修或赔偿客户损失的解决方案，这也是对不同国家提起的许多集体诉讼的部分回应。大众集团因此而蒙受的数十亿欧元的直接损失只是丑闻成本的一部分，可能还不是其最大的损失。欺诈行为使其失去了客户信任，进而导致投资者失去信心，这一点已旋即反映在德国控股企业发行的证券交易价格上（这不一定是关于汽车制造商集团"道德合法性"的问题，而事关其"社会接受度"的重要性，这一点不容低估。参见 Palazzo and Scherer，2006，第 78 页）。在短短 1 个月内，大众的股价暴跌超过其丑闻前价格的三分之一（从 2015 年 9 月 11 日，即承认欺诈的 10 天前的超过 167 欧元，到 2015 年 10 月 9 日不到 107 欧元；初始价格在两年后才恢复），其债券也出现了类似的下跌（例如，2030 年到期的债券同期市值损失超过 20%，低于平价的四分之一）。这些价格走势似乎证明，不仅股权投资者对企业盈利能力不抱信心，债权人对发行人的偿付能力也不再信任。从这个角度来看，降低商业风险也意味着通过降低投资方的收益来降低融

---

⑫　"业务中断和产能受损是违规行为的最昂贵代价。与之相比，罚款、刑事罚金和其他偿付成本反而是微不足道的"，参见 The Ponemon Institute 2011，第 3 页。

⑬　大众汽车（Volkswagen）案之所以出名，也是因为该公司承认其一名内部顾问建议员工删除相关文件；作为认罪协议的一部分，该公司被迫为诉讼失败支付 28 亿美元罚款：参见 Gadinis and Miazad 2019，第 2142—2189 页。

⑭　正如 Tombari 2017 年报道的那样，与其他欧洲国家相比，德国法律非常重视合规，因为近年来的许多丑闻都涉及大公司（如通用电气、西门子、曼恩、德国电信、戴姆勒、林德钢铁股份有限公司和 HSH Nordbank）。

资成本（关于企业违规导致的股价波动之外的影响的讨论，见 Choi and Prit-chard，2018，第 220—222 页；关于消费者和股东对企业制裁信息被公开披露后的反应，另见 van Erp，2011，第 327—332 页）。

欧洲议会明确强调了维护投资者信心的重要性，[15]颁布了 2014/95/EU 指令，以修订关于大型企业和集团披露非财务信息的 2013/34/EU 指令。2014/95/EU 指令支持长期投资，要求大型企业在其管理报告中纳入"一份非财务报表，其中载有投资者了解企业发展、业绩、地位和活动影响所需的信息，至少涉及环境、社会与员工相关事项、尊重人权、反腐败、反贿赂事项"。该报表首先必须包括对企业所奉行的与这些事项相关的政策的描述，包括已实施的尽职调查程序，并且必须以非财务关键业绩指标的形式报告这些政策的执行结果〔有关这方面和欧盟委员会非财务信息指南（2017/C215/01 和 2019/C209/01）的分析，请参阅本书"利益相关者的权益和合规遵从"一章〕。

4. 合 规 成 本

企业合规是解决复杂组织中权力下放问题的有效方式。然而，实施严格的法律控制不仅要确定遏制企业风险的方式，还需要在企业违法的情况下赋予可能的优势（如减轻制裁不利影响、降低管理者责任等）。但这也会导致许多相关成本，这些成本由股东承担，即使合规方案是监管机构要求的（参见 Griffith，2016，第 2121—2128 页；Gadinis and Miazad，2019，第 2147—2148 页）。

与创建合规体系相关的直接事项主要包括企业内在价值构成的制度以及其在日常经营中的实施（Haugh，2018，第 13 页）。[16]通常情况下，首先进行外部尽职调查以初步评估法律风险，并跟踪政策以制定具体的程序（Bird and Park，

---

⑮　参见 2013 年 2 月 6 日，欧洲议会《企业社会责任：可衡量、透明和负责任的商业行为与可持续增长》和《企业社会责任：促进社会利益和可持续的包容性增长》这两项决议。欧洲议会认为，企业持续性披露其在承担社会责任与环境保护等方面的信息，对于识别企业经营的持续性风险、增加投资者与消费者的信心非常重要。

⑯　毕马威国际（2013）对对冲基金进行的调查表明，合规成本似乎与业务规模间接相关。另见 Miller 2017a 报告的"合规行业"数据，第 196 页。

2016，第 214 页）。然后，需要任命并雇用员工和董事来履行监控职能，并为他们提供专用的 IT 基础设施，以有效检查工作流程的合法性（包括审查高级管理层决策和防止内部不法行为发生）[⑰] 并向监管机构和审计人员提供必要的数据（Bird and Park，2017，第 293 页）。此外，企业还需要持续培训其员工和管理人员（有关对"高水平合规规劝"效果的批评，请参阅本书 Langevoort 的"全球行为合规"一章；另请参阅 Spolidoro，2017，182—183 页；Centonze 的"不完美的科学：企业合规和共同监管的结构性限制"一章）以保持对规则的高度敬畏，并促进企业内部合规文化的发展（因此，"公司的行为准则通常被视为合规计划的'基石'，并被广泛传播给员工"，见 Haugh，2018，第 13 页；另见 Tyler，2018，第 32—33 页；但也有观点认为，这可能导致员工长期失去动力）。然后，可以通过外部审计人员来验证整个合规功能的有效性（Bird and Park，2016，第 215 页；根据 Haugh，2018，第 18—19 页，合规流程的标杆化是企业采用合规方法同质化的原因之一）。最后，需要考虑的是，合规通常不仅限于内部组织计划，还可能涉及特定的第三方，如子公司、供应商等，这可能会显著增加成本，因为需要将监控和持续教育扩展到这些第三方（在平衡企业合规的成本和效益，尤其是在处罚可能性和发现不法行为可能性之间的情况下，请参见 Miller，2018，第 256—259 页；有关意大利合规体系的考察，尤其是基于欧洲反垄断角度的相关研究，请参见 Ghezzi，2017，第 321—322、325 页）。

　　正如 2017 年 COSO《企业风险管理框架》报告所述，"企业管理者普遍关注的是将风险管理、合规流程以及控制活动的成本与收益进行比较"。这些合规举措成本巨大，却不一定是企业适用合规产生的唯一成本。合规的其他代价与成本可能与合规对企业业务的间接影响有关，尽管这些影响不像通过实施内部规则和程序来确保企业合法经营而产生的影响那样容易识别与确认。[⑱]如前所述，

---

　　⑰　有关 20 世纪 70 年代使用数据自动处理监控企业经营活动的情况，请参阅 SEC 赞助的咨询委员会报告。参见 Walsh 2016，第 540 页。

　　⑱　美国行政管理和预算局 2015 年的报告也强调了这一点："一些法规具有重大的非量化或非货币化利益（如保护隐私、尊严和公平）和成本（如与减少产品选择或产品禁令相关的机会成本），这些利益与管理法规相关，并可能成为立法机构决定颁布特定规则的关键因素。"

企业合规是企业法人的一种强制性工具，在这种情况下，授权是绝对必要的。合法性监督作为委托人防范代理人不公平行为、机会主义行为或单纯的非理性行为的屏障，与内部审计、风险管理职能一起成为企业内控机制的支柱之一（关于转向预防性风险管理以及在企业运营中使用人工智能的困难，请参见本书"数字合规：算法透明度的案例"一章）。然而，这种多层次的体系结构使企业组织变得更加复杂。特别是当企业内部控制与企业合规相关时，将促使企业管理者在经营活动中趋向"保守"（强调企业管理上的风险厌恶属于企业合规成本，参见 Kraakman，1984，第 887 页；"与企业的其他代理人不同，企业合规官的首要责任不是股东利益最大化，而是最大限度地提高合规性"，参见 Griffith，2020，第 8 页）。在某些情况下，根据合规的要求，企业经营活动在出现与法律或规则不符的情况时会被即刻叫停，从而导致企业减少或失去本属于它的商业机会。在另一些情况下，合规会导致企业管理层对市场的反应速度降低，使企业无法抢占商机（关于创新与违规风险之间的关系，"企业的正常创新也可能成为触发合规的危险信号"，参见 Langevoort，2017，第 936 页）。

合规可能对企业产生负面影响的最好例子之一是美国财政部外国资产控制办公室（OFAC）可以实施的制裁。如 2018 年美国政府决定退出联合综合行动计划（JCPOA）后实施的伊朗交易和制裁条例（ITSR）规定的禁运不只对"美国企业"有效，即如果美国企业与伊朗进行商业贸易，将被处以重罚。该条例同样会影响到非美国籍企业。非美国籍企业如果违反了本条例，将面临美国的商业报复，如限制其商品进口美国，或限制美国商品出口该国，或禁止其使用美元支付。即使这种处罚的跨国法律效力极具争议，也存在国际政治层面的影响因素（例如，欧盟委员会通过了第 2018/1100 号条例，否认了美国总统令的效力，保护欧洲企业免受美国制裁的影响）。显然，对于美国企业而言，遵守禁运是其合法经营的简单问题；但对于世界其他国家与地区的企业来说，遵守禁运则是一项可能导致其在伊朗市场萎缩的经营决策项。

这些成本的影响似乎并不例外，正如前面的例子可以让人思考的那样，企业合规的趋势是将合法性审查扩大到直接预防犯罪以外的领域（从全球角度，特别是在 1977 年《反海外腐败法》生效后，分析企业经营合规的影响，参见 Langevoort，"全球行为合规"一章）。从这个角度来看，"合规文化"在许多特定行业的企业治理中扮演着越来越重要的角色（关于意大利政府当局采用的合规方法的分析，参见 Torchia，2017，第 156—165 页）。这不仅导致合规成本激增，还可能导致企业商机减少。2016 年欧洲监管当局（ESA，即 EBA、ESMA 和 EIOPA）通过的《审慎评估收购和增加金融部门合格持股的联合指南》似乎为这种影响提供了证据。为了评估拟收购金融企业大量股权的收购人是否适合担任该职务，指南要求对其声誉进行审查。审查内容不仅包括其征信，还包括其专业能力。拟收购人必须通过任命熟悉银行、保险和金融机构监管法的董事作为合规官，确保有效合规。这种参与形式使股东成为良好治理的"守门人"，并可使股东对由其怠于履职造成的损失负责，即使后一个事实需要根据拟议收购方打算购买的持股规模，以及他参与管理或计划对目标企业施加的影响来判断，但这一要求似乎明显降低了自然人对金融部门投资的吸引力。只有在企业合规领域积累了丰富经验（以及在"身份和环境"方面也具备足够的"合规文化"；参见 Langevoort，2016，第 41—42 页；Langevoort，2018a，第 271—272 页）的投资者才有可能控制或指导管理层，并激励管理层遵守法律法规。由于这些专业经验极难学习与掌握，导致金融部门投资者数量减少。未来，可能私人企业或国有机构（而非特定自然人）才是欧洲金融机构主要的适格投资人，因为只有企业机构才不会面临经验代际传承中的连续性问题（Guccione and Palmieri，2018，第 578—582 页）。[19]

5. 新冠疫情时代的一些结论性证据

对于企业管理者来说，平衡合规成本和收益以适用合适的合规制度并不是

---

⑲　该规则应用的一个突出例子是最近的 Del Vecchio Mediobanca 案。Mediobanca S.p.a 的主要股东 Del Vecchio 于 2020 年 5 月 29 日要求通过其卢森堡控股公司 Delfin S.a.r.l 将其持股比例增加至 20%，从而成为该公司最具影响力的投资者，这使得欧洲央行获得了相当不寻常的授权。Del Vecchio 对意大利主要商业银行之一 Mediobanca 的参与度增加，并对其他银行和保险公司进行了重要投资，这并不是因为 Del Vecchio 的财务实力，而是因为他作为积极股东有能力维持企业良好治理。因此，授权（尽管不是必需的）不是为了让 Del Vecchio 先生对 Mediobanca 行使控制权，也不是事实上的控制权，而只是作为一项简单的投资。

一个简单的决定。正如 Miller（2018，第 256—259 页）所指出的，必须考虑多种因素，如发现违规行为的概率和处罚的严重程度等。由于合规只是企业风险管理职能的一部分，所以还需要考虑其他间接因素。当前的新冠疫情提供了存在这类困难的证据。该疾病的蔓延促使许多国家采取紧急法律来控制疫情；在第一次封锁之后，企业，尤其是那些公开运营的企业（Fernandes，2020，第 10—12 页），以及那些通常需要一线员工有效参与的企业，[20]所采取的重新营业措施，有力地证明了企业在权衡遵守这些新规则的成本和收益方面的困难。一方面，遵守新的卫生标准是企业继续经营的前提，这样的合规规定可以防止企业因意外传播疫情而被追责；另一方面，规则的强制执行也使得许多企业不得不保持封闭状态，因为在某些情况下，合规使得企业无利可图。[21]从这个角度来看，企业难以承受的成本似乎不仅是继续进行合规经营所需的成本（例如为员工提供防护服、实施物理隔离、管控措施等），还有对确保企业持续经营的新法规的理解和严格遵守。矛盾的是，在这种情况下，结构更为复杂的大型企业似乎比同行业的小企业作出更积极的反应。针对经济受疫情影响最严重的国家之一，[22]意大利收集的初步数据表明，[23]合规和风险管理可能比以往任何时候都更成为企业（重新）开展业务的基础。只有已经建立和实施特定合规体系的企业才能及时实现所需的转型（参见 Cheema-Fox 等人 2020 年收集的强调了投资于利益相关者关系的可能重要性的数据）。

无论如何，很明显，许多企业，特别是规模较小的企业，通常无法负担起

---

[20] 正如 ECB 2020a 指出的，"最初，服务业，尤其是与旅游和娱乐活动相关的服务业的产值下降最为严重。一些现有调查证据已经表明了这一点。然而，防控措施以及随之而来的供应链瓶颈大幅降低了产量，这在该行业的大部分领域均是如此。总体而言，一般认为，相比制造业、建筑业和其他行业，封控措施对零售贸易、运输、住宿和餐饮服务行业造成的损失相对更大"。

[21] 参见 COVID-19 消费者法研究小组 2020 年对于为批准延期支付、促进退款和代金券的解决方案的法律分析的比较。

[22] 参见 ECB 2020b。

[23] 参见 ISTAT 2020，第 3 页："微型企业（3—9 名员工）是暂停经营活动最多的企业，占比48.7%；相比之下，小企业（10—49 名员工）占比 32.7%，中型企业（50—250 名员工）占比 19.2%，大型企业（250 名员工及以上）占比 14.5%。考虑到最初'暂停营业'后重新开展业务的小企业数量，总占比为 69.4%。"（译自意大利语原文）

配置专门的企业合规官的费用（Braithwaite，1982，第 1501 页）。与此同时，存在着"黑天鹅"事件（关于压力测试对测量负面事件中的"肥尾分布"的重要性，参见 Miller，2017a，第 750—751 页）。例如，通过本次新冠疫情流行中的企业应对，验证了这样一种观点，即不具有复杂结构的中小企业应该至少保持初步的合规体系，以便在必要时进行快速反应和对其业务活动进行合法性审查（Wu 2020 对新冠病毒危机的分析表明，合规监管具有积极作用）。解决这一需求的一个可能办法是更广泛地推广外包商提供的合规和风险管理服务（Spolidoro，2017，第 186—187 页；有关美国上市企业合规"部门化"的风险分析，请参见 DeStefano，2014，第 120—164 页）。考虑到信息技术对行业的积极影响，以及在企业中（虽然不一定是较小的企业）许多员工已经是独立工作者的事实（Walsh，2017，第 551 页），外包商提供的合规和风险管理服务可能是解决这一问题的一个可行办法。也许在不久的将来，这一创新也将确保对外部人员的自动监管，这将大大降低发现违规行为的成本，考虑到它可以为管理层、股东和其他利益相关者带来的利益，这些因素可以显著提高合规计划的采用率。

参考文献

Akerlof，George A. 1970. The Market for 'Lemons'：Quality Uncertainty and the Market Mechanism. The Quarterly Journal of Economics 84（3）：488—500.

Alexander，Cindy R.，and Jennifer Arlen. 2018. Does Conviction Matter? The Reputational and Collateral Effects of Corporate Crime. In Research Handbook on Corporate Crime and Financial Misdealing，ed. J. Arlen，87—150. Cheltenham：Edward Elgar.

Arlen，Jennifer. 2012. The Failure of the Organizational Sentencing Guidelines. University of Miami Law Review 4（3）：161—165.

Arlen，Jennifer，and Marcel Kahan. 2016. Corporate Governance Regulation through Nonprosecution. The University of Chicago Law Review 84：323—387.

Armour，John，Jeffrey Gordon，and Geeyoung Min. 2020. Taking Compliance Seriously. Yale Journal on Regulations 37：1—66.

Baer，Miriam H. 2009. Governing Corporate Compliance. Boston College Law Review 50（4）：949—1019.

Baker，Tom，and Sean J. Griffith. 2011. Ensuring Corporate Misconduct. Chicago：University of Chicago Press.

Bird，Robert C.，and Stephen K. Park. 2016. The Domains of Corporate Counsel in an Era of Compliance. American Business Law Journal 53（2）：203—249.

——. 2017. Turning Corporate Compliance into Competitive Advantage. University of Pennsylvania

Journal of Business Law 19: 285.

Braithwaite, John. 1982. Enforced Self-Regulation: A New Strategy for Corporate Crime Control. Michigan Law Review 80 (7): 1466—1507.

———. 2008. Regulatory Capitalism. Cheltenham: Edward Elgar.

Brown, H. Lowell. 2001. The Corporate Director's Compliance Oversight Responsibility in the Post Caremark Era. Delaware Journal of Corporate Law 26.

Centonze, Francesco. 2014. Public-Private Partnerships and Agency Problems: The Use of Incentives in Strategies to Combat Corruption. In Preventing Corporate Corruption: The Anti-Bribery Compliance Model, ed. S. Manacorda, G. Forti, and F. Centonze, 43—67. Cham: Springer.

Cheema-Fox, Alex, Bridget R. LaPerla, George Serafeim, and Hui (Stacie) Wang. 2020. Corporate Resilience and Response During COVID-19. Harvard Business School Working Paper No. 20—108.

Chen, Hui, and Eugene Soltes. 2018. Why Compliance Programs Fail and How to Fix Them. Harvard Business Review 96 (2): 116—125.

Choi, Stephen C., and A. C. Pritchard. 2018. Securities Law Enforcers. In Research Handbook of Corporate Crime and Financial Misdealing, ed. J. Arlen, 219—236. Cheltenham: Edward Elgar.

COSO. 2017. Executive Summary of 2017 update to the Enterprise Risk Management—Integrated Framework. https://www. coso. org/Documents/2017-COSO-ERM-Integrating-with-Strategy-and-Performance-Executive-Summary.pdf.

COVID-19 Consumer Law Research Group. 2020. Consumer Law and Policy Relating to Change of Circumstances Due to the COVID-19 Pandemic. Journal of Consumer Policy. [Epub ahead of print].

Cox, James D. 1997. Private Litigation and the Deterrence of Corporate Misconduct. Law and Contemporary Problems 60: 1—38.

DeStefano, M. 2014. Creating a Culture of Compliance: Why Departmentalization May Not Be the Answer. Hastings Business Law Journal 10 (1): 71—182.

Davis, Kevin E. 2018. Multijurisdictional Enforcement Games: The Case of Anti-Bribery Law. In Research Handbook of Corporate Crime and Financial Misdealing, ed. J. Arlen, 151—174. Cheltenham: Edward Elgar.

ECB. 2020a. Economic Bulletin. Issue 3. https://www. ecb. europa. eu/pub/pdf/ecbu/eb202003. en.pdf.

———. 2020b. Economic Bulletin. Issue 4. https://www.ecb.europa.eu/pub/economic-bulletin/html/eb202004.en.html.

Fama, Eugene F. 1980. Agency Problems and the Theory of the Firm. Journal of Political Economy 88 (2): 288—307.

Fernandes, Nuno. 2020. Economic Effects of Coronavirus Outbreak (COVID-19) on the World Economy. Unpublished working paper.

Gadinis, Stavros, and Amelia Miazad. 2019. The Hidden Power of Compliance. Minnesota Law Review 103: 2135—2209.

Garrett, Brandon L. 2014. Too Big to Jail. Cambridge, MA: Harvard University Press.

———. 2018. Individual and Corporate Criminals. In Research Handbook of Corporate Crime and Financial Misdealing, ed. J. Arlen, 40—58. Cheltenham: Edward Elgar.

Ghezzi, Federico. 2017. Antitrust Compliance Programs. In La Corporate Compliance: Una Nuova

Frontiera per il Diritto? ed. G. Rossi. Milan: Giuffrè.

Giorgino, Marco, and Lorenzo Pozza. 2017. Compliance e rischi aziendali. In La Corporate Compliance: Una Nuova Frontiera per il Diritto? ed. G. Rossi. Milan: Giuffrè.

Griffith, Sean J. 2016. Corporate Governance in an Era of Compliance. William & Mary Law Review 57 (6): 2075—2140.

——. 2020. Agency, Authority, and Compliance. ECGI Law Working Paper 516. https://ecgi.global/sites/default/files/working_papers/documents/griffith516-2020final.pdf.

Guccione, Valerio A., and Marco Palmieri. 2018. Il socio persona fisica titolare di partecipazioni qualificate di una banca. Diritto Della Banca e Del Mercato Finanziaro: 547—582.

Haugh, Todd. 2017. The Criminalization of Compliance. Notre Dame Law Review 92: 1215—1270.

——. 2018. The Power Few of Corporate Compliance. Georgia Law Review 53 (1): 129—196.

Henning, Peter J. 2007. The Organizational Guidelines: R. I. P.? Yale Law Journal Pocket Part 116: 312ff.

ISTAT. 2020. Situazione e prospettive nell' emergenza sanitaria Covid-19. https://www.istat.it/it/archivio/244378.

Jensen, Michael C., and William H. Meckling. 1976. Theory of the Firm: Managerial Behavior, Agency Costs and Ownership Structure. Journal of Financial Economics 3 (4): 305—306.

Kahneman, Daniel. 2011. Thinking Fast and Slow. New York: Farrar, Straus and Giroux.

Kaplow, Louis. 1992. Rules Versus Standards: An Economic Analysis. Duke Law Review 42: 557—629.

Khanna, Vikramaditya, and Timothy L. Dickinson. 2007. The Corporate Monitor: The New Corporate Czar? Michigan Law Review 105 (8): 1713—1755.

KPMG International. 2013. The Cost of Compliance. KPMG/AIMA/MFA Global Hedge Fund Survey. https://assets.kpmg/content/dam/kpmg/pdf/2013/10/the-cost-of-compliance-v2.pdf.

Kraakman, Reiner H. 1984. Corporate Liability Strategies and the Costs of Legal Controls. The Yale Law Journal 93: 857—898.

Krawiec, Kimberly D. 2003. Cosmetic Compliance and the Failure of Negotiated Governance. Washington University Law Quarterly 81: 487—544.

Langevoort, Donald C. 2016. Selling Hope, Selling Risk. Oxford: Oxford University Press.

——. 2017. Cultures of Compliance. American Criminal Law Review 54: 933—977.

——. 2018a. Behavioral Ethics, Behavioral Compliance. In Research Handbook of Corporate Crime and Financial Misdealing, ed. J. Arlen, 263—281. Cheltenham: Edward Elgar.

——. 2018b. Caremark and Compliance: A Twenty-Year Lookback. Temple Law Review 90: 727—742.

Laufer, William S. 1999. Corporate Liability, Risk Shifting, and the Paradox of Compliance. Vanderbilt Law Review 52: 1343—1420.

——. 2006. Corporate Bodies and Guilty Minds. Chicago: University of Chicago Press.

Manacorda, Stefano. 2014. Towards an Anti-Bribery Compliance Model: Methods and Strategies for a "Hybrid Normativity". In Preventing Corporate Corruption: The Anti-Bribery Compliance.

Model, ed. S. Manacorda, G. Forti, and F. Centonze, 3—30. Cham: Springer. McGreal, Paul E. 2018. Caremark in the Arc of Compliance History. Temple Law Review 90 (1): 647—680.

Miller, Geoffrey P. 2014. The Compliance Function: An Overview. NYU Law and Economics Research Paper Series No. 14—36.

———. 2017a. The Law of Governance, Risk Management, and Compliance. New York: Wolters Kluwer.

———. 2017b. Compliance in the Twenty-first Century: Brave New World? In La Corporate Compliance: Una Nuova Frontiera per il Diritto? ed. G. Rossi. Milan: Giuffrè.

———. 2018. An Economic Analysis of Effective Compliance Programs. In Research Handbook of Corporate Crime and Financial Misdealing, ed. J. Arlen, 247—262. Cheltenham: Edward Elgar.

Office of Management & Budget. 2015. Draft 2015 Report to Congress on the Benefits and Costs of Federal Regulations and Agency Compliance with the Unfunded Mandates Reform Act. https://obamawhitehouse.archives.gov/sites/default/files/omb/inforeg/2015_cb/2015-cost-benefit-report.pdf.

Palazzo, Guido, and Andreas G. Scherer. 2006. Corporate Legitimacy as Deliberation: A Communicative Framework. Journal of Business Ethics 66: 71—88.

Parker, Christine, and Vibeke L. Nielsen. 2012. Mixed Motives: Economic, Social, and Normative Motivations in Business Compliance. Law and Policy 34 (4): 428—462.

Ponemon Institute. 2011. The True Cost of Compliance. Ponemon Institute website. http://www.ponemon.org/local/upload/file/True_Cost_of_Compliance_Report_copy.pdf.

Rondinone, Nicola. 2017. La compliance nei gruppi di società. In La Corporate Compliance: Una Nuova Frontiera per il Diritto? ed. G. Rossi. Milan: Giuffrè.

Spolidoro, Marco S. 2017. La funzione di compliance nel governo societario. In La Corporate Compliance: Una Nuova Frontiera per il Diritto? ed. G. Rossi. Milan: Giuffrè.

Thaler, Richard H., and Cass R. Sunstein. 2008. Nudge: Improving Decisions about Health, Wealth, and Happiness. New Haven: Yale University Press.

Tombari, Umberto. 2017. Governo societario, compliance e "indagini interne" nella s. p. a. uotata. In La Corporate Compliance: Una Nuova Frontiera per il Diritto? ed. G. Rossi. Milan: Giuffrè.

Torchia, Luisa. 2017. La Compliance e i rapporti con l'autorità di controllo. In La Corporate Compliance: Una Nuova Frontiera per il Diritto? ed. G. Rossi. Milan: Giuffrè.

Tyler, Tom R. 2006. Why People Obey the Law. Princeton: Princeton University Press.

———. 2018. Psychology and Deterrence of Corporate Crime. In Research Handbook on Corporate Crime and Financial Misdealing, ed. J. Arlen. Cheltenham: Edward Elgar.

van Erp, Judith. 2011. Naming and Shaming in Regulatory Enforcement. In Explaining Compliance, ed. C. Parker and V. L. Nielsen, 322—342. Cheltenham: Edward Elgar.

Walsh, John H. 2017. Compliance in the Age of Connectivity. Rutgers University Law Review 69 (2): 533—562.

Wu, Xi. 2020. Regulations as Automatic Stabilizers During COVID-19. Unpublished working paper.

第四部分
行为和数字合规

第 10 章　全球行为合规

唐纳德·兰格沃特（Donald C. Langevoort）

1. 概　述

当前，"企业合规"已发展成为法学学科中的一个专门研究领域。相关研究旨在降低或消除因企业组织内部违规行为产生的法律风险，以及附随严厉法律制裁而来的商誉损害。本章介绍了本学科中已知的"行为合规"（Langevoort，2018）。从本质上讲，行为合规是运用可能更复杂、更具现实意义的人类行为理论与预测方法来替代过往相对简陋、不切实际的理论做法对企业的经营行为进行规制。行为合规尤其引起诸多跨国企业法律合规部门与政府监管机构极大的兴趣，是当前企业合规领域的热点话题。包括（特别是）以色列、荷兰、德国、意大利、英国和美国在内，许多国家均在进行与行为合规相关的基础研究。虽然行为合规通常被认为是认知与社会心理学研究的产物，但其确实是在"多学科"与"跨学科"结合的基础上形成的。

本文探讨行为合规的研究现状，在支持行为合规应用的同时，亦对其在提升企业合规质效方面的作用持谨慎态度。尽管行为合规领域的研究确实能够帮助企业发现合规工作中"真正起作用"的关键点，但这需要一个长期过程，行为合规方面的研究似乎更适合用来解释既有合规计划之所以失败的原因，尽管这也非常重要，但无法以行为理论为指导，构建一个明确、有效的合规方案。尽管许多行为合规学者确实指出了一条通往企业善治与合规的更好道路

217

（Soltes，2018，Trevino et al.，2017）。问题——以及接下来的主题——是，行为合规学术路线图所提出的要求对企业经营与管理者而言，似乎是对其信仰、文化和实践的彻底改变（另见 Rotolo，第 11 章）。因此，这一"新福音"在竞争异常激烈的全球经济中赢得的皈依者相对较少。在这个意义上说，企业对行为合规的支持态度是有所保留的。对于行为合规的倡导者而言，这种有限支持则意味着未来将有更多企业无可避免地在犯罪的边缘试探。

本文介绍了各种迅速发展（且成本极高）的合规监督机制，从旨在寻找企业违法违规的原因的机器学习技术，到可以在事态趋向严重前，告诉合规人员违法违规发生的根源（另请参见 Mozzarelli，第 12 章）。从某种意义上说，这可以被描述为一种实现企业合规的行为方法与手段，尽管它在方法论上与大多数人在运用心理学和社会学时的想法大相径庭。社会科学界对这种严重依赖企业组织内部的超敏感监控深感不安。

本文还着眼于行为合规和一般合规的全局维度。跨国企业在建立良好的合规基础设施方面面临着明显的挑战（Manacorda，第 4 章）。法律适用因国家而异，行为规范亦是如此。即使法律从一个国家或地区移植到另一个国家或地区，其实质表达的内容和可感知的合法性也会有很大差异。关于文化与经济对法律影响的研究日益丰富，这有助于我们理解为何一项合规计划即使在国内奏效，也可能在国外受挫。

2. 合 规 预 防

为了避免企业因经营管理者的不法行为承担法律责任，企业合规应运而生。在政府决策层面，只要企业合规在防止危害后果发生方面发挥的价值超过采取合规预防措施的成本，就有激励企业采取合规计划的必要。具体的激励措施可以通过以下方式实现：（1）对违法违规的企业进行处罚；（2）无论企业是否存在违法违规行为，都要求其建立适当的合规工作计划；和/或（3）如果发生违规行为，将根据处罚的性质或严重程度对好的项目进行表扬或对坏的项目进行处罚（Arlen，2012）。值得注意的是，这一政府监管目标比直接要求企业谨慎管理自身法律风险的要求更高。作为一项公共决策，合规预防试图让企业承担起自我合规监督的任务，通过企业内部经营管理人员、董事、员工、代理人对企业实施合规监督，使企业达到高度合法的水平（Miller，2018；Baer，2009）。

在政府明确了企业合规的政策要求后，企业会通过合规工作计划的方式进行合规预防，回应政策要求。经济学的标准假设是，"取其上者，得其中"，除非政府监管机构提高对合规预防的要求，否则企业会在权衡合规的成本效益比后减少合规投入，从而使合规预防措施基本无法达到预期效果。企业是否有大的合规需求，存在着政策与现实层面的多种限制因素，这也导致合规预防的理想图景与现实表现之间存在差距。此外，由于企业经营管理者与董事承担的法律责任有别于企业承担的法人责任，作为自然人，他们一般无需因企业违规经营承担法律责任，却能从违法违规的冒险中获益。鉴于企业治理的这一局限，我们无法假定企业经营决策总能以体现企业利益最大化的方式进行。所有以上的观点引发了目前法学界大量关于公共利益与私人利益之间的复杂互动，以及身处其中的合规功能发挥的相关思考（Armor et al.，2020；Gadinis and Miazad，2019；Arlen and Kahan，2017）。

长期以来，学者们一直担心"虚假合规"或"按章照抄"式合规的风险，在这些合规方式中，企业作出合规承诺的背后，掩盖着的是企业将违法违规风险视为赢取竞争的必要代价，将法律制裁视为必要成本的经营理念。事实上，在高绩效压力环境下，企业无法确定其高级管理人员的经营理念到底是什么（Contreras et al.，2020）。企业合规无法为企业带来任何直接收益，却会产生大量可见的开支。然而，在当今世界范围内，由于企业违法被调查、被制裁所付出的代价越来越高，表明合规承诺的积极监管要求也在上升。因此可以断言，企业，特别是金融、医疗保健和国防承包等高度敏感行业的企业，为避免因违规导致灾难级的企业经营风险，正在更加重视法律风险管理职能（Healy and Serafeim，2019）。

随着对合规的焦虑不断增长，我们需要更好地理解合规在实践中的作用。行为合规领域的研究借鉴了组织行为学领域的长期研究成果（Trevino et al.，2017），再加上行为经济学和行为伦理学等更现代的学说观点，构建出一套更丰富、更准确的人类行为预测模型理论，用于制定和应用企业合规的宏观战略与具体方案。那么，如何预测企业所选择的合规工作计划最终所能产生的制度效果？这就相应地需要合规人员深入了解企业盈利模式、企业在市场竞争中的优势与劣势，以及导致企业舞弊欺诈行为的原因所在。

各个企业的正式合规工作计划存在很大差异，其中关于合规的行为准则、领导体系、人员机构、组织架构、资源保障等，根据企业自身情况和法律风险承受度的不同而设计（Root，2018；Sokol，2013）。然而众所周知，企业之间存在大量相互模仿行为。为了避免自身被视为落后者，企业会刻意模仿其他企业的合规行为（Griffith，2016a）。这在一定程度上是由于缺乏可靠的业绩衡量标准来评估合规方案的效果是否良好，因此，只能通过其他因素（例如预算）来推导出质量，而这些因素仅仅只能间接地影响到合规成功的可能性。

合规仍然更像是一门艺术，而不是一门科学。大多数企业的合规人员并不依靠数理模型来预测行为，而是基于常识和经验作出直观的判断。根据社会科学文献，很多人认为严重的合规问题是由少部分"烂苹果"引起的，因此解决这些问题的重点是清除这些"坏人"。相反，大部分员工只需要接受良好的教育和培训，了解法律要求和企业期望，并且相应地行事即可。这种观点并不仅仅是合规人员的直觉，很可能是企业经营管理者和员工普遍认同的观点。那些自认为是"好人"的人可能认为自己不需要关注合规要求，可以将注意力集中在其他更紧迫的问题上。他们认为关键的是了解自己的意图是好的，而不是过分关注合规要求。这种直觉的一个推论是，善意的合规人员可以通过预测自己在特定情况下的行为来预测其他"好人"的行为。

然而，组织行为学的一般学术观点并不支持这种直觉。是否存在更好的思维模型呢？新古典主义经济学家更倾向于一种假设：当面对错误的激励时，每个人都可能成为"烂苹果"，追求冰冷无情的私利。这意味着合规的任务更加艰巨，合规模式将朝着指令控制的方向发展（Haugh，2017）。正如我们看到的，文献中也有讨论，一些管理者表现得好像他们必须控制下属，否则就会面临纪律崩溃。然而，这与我们对自己和他人的观察以及相当多的当代行为研究的结论不一致。随着对越来越多企业丑闻的研究和分析，发现这些丑闻很难简单地归因于坏人的行为。

目前已经出现了两种为合规领域的组织行为提供替代理论的方法。其中一种方法借鉴了认知和社会心理学，帮助我们更好地理解面临伦理选择的个体是如何在行为伦理的框架下感知和行动的。这项研究从 20 世纪中叶开始，但主要是在过去 20 年里，通过马克斯·巴泽曼、丹·阿里里、乔治·洛温斯坦、乔纳森·海特、安·滕布隆塞尔、弗朗西卡·吉诺（Max Bazerman，Dan Ariely，George Loewenstein，Jonathan Haidt，Ann Tenbrunsel，Francesca Gino）等知名学者的工作，才变得引人注目。这项研究与更大的行为经济学项目、丹尼尔·卡尼曼（Daniel Kahneman）、阿莫斯·特沃斯基（Amos Tversky）及其同事关于判断和决策的著名研究工作以及当代神经科学有关联（Nichols and Robertson，2017）。

这项研究目前已经变得非常复杂，无法简单总结。以下的讨论将聚焦于一些更引人注目的发现，这些发现已经在行为合规领域得到了应用。行为伦理学的一般观点是，好人通常表现良好，但有时也会做坏事（Feldman，2018）。这项研究的目标是让我们理解在何时、何种情况下好人也会去做坏事，进而引导我们去利用好正面的情境压力，避免负面情境压力的影响。科学实验发现，当人们面临零发现概率作弊的机会时，他们作弊的次数少于经济模型预测的次数，但这些实验结果具有一定的欺骗性。一种常见的推论是，在正常的、非反社会人格的人的自我意识中，他们认为自己是善良、诚实的人，通常不会因为行为不端而陷入法律制裁的危险。但与此同时，人们总能为自己不惜违法追求利益找到借口，这是一种自我合理化和自欺欺人的过程。关键是，环境的影响或多或少地促使人追求个人利益。因此，行为合规成为一项任务，需要考虑到这些不同的偏见、特征和影响因素，以及人们在面临法律风险时的行为方式，并制定合规计划来实现企业经营的利益最大化和风险最小化的目标。

第二种方法将"社会文化"因素作为影响合规的关键变量，而不是"个体选择"（Langevoort，2017，van Rooj and Fine，2018）。这种方法源于社会学和人类学的研究，对于方法论存在相当大的学术争议，与心理学和经济学中的个人主义观点不一致。一些热衷于文化的支持者认为，关注个人（甚至是小群体）

会忽视驱动组织行为的深层社会力量；而个人主义者则回应称，文化太模糊、太主观，无法科学严谨地理解。

尽管存在争议，但行为合规的实践为这两种方法都提供了充足的空间。个人（尤其是企业高层）的启发和偏见成为构建更健康的企业文化的关键来源。实际上，在制定法律风险管理计划时，"合规文化"被视为一个常见的明确目标。这种跨学科的融合发展得到了众多学者的支持，他们希望在一个学术领域与另一个学术领域之间建立桥梁。甚至经济学家们也在他们的工作中找到了文化研究的一席之地（Guiso et al.，2015）。

在我们转向行为合规的制度设计之前，需要注意的是：涉及行为方法发展的所有学科都没有生成一个真正易于处理的、单一的人类行为模型，即不可能通过单一模型直接由某种合规策略或战术推导出某种结果必然发生。本文的研究认为，行为是由许多不同的情境和性格因素共同驱动的，这些因素很难控制，往往指向不同的方向。即使是最好的实验结果也只能提供统计显著性水平上的趋势证据，远不能准确预测结果。行为伦理学及其相关研究的有益经验是，合规只能提示企业"这里有需要注意的行为风险"，而不是先验地告知企业"这里必然有某种结果发生"。在这一点上保持谦虚和谨慎是必要的，这可能与一些合规顾问和合规产品供应商在推销合规产品和服务时所宣称的合规功效存在较大差异。

特别是当我们提醒自己，作为行为合规平台的研究，主要是通过随机选择的面临道德选择的受试者来发展的。但是，在企业合规领域，特别是上层，涉及企业高层的判断和决策过程，这些人通过持续的成功获得权力（另见Centonze，第3章），这表明他们可能具有与普通人不同的人格魅力和认知能力。显然，上述实验方法没有考虑到实验环境与竞争激烈的企业世界中的制度细节之间的差异：强激励，从经验中学习的机会，错综复杂的商业对手与盟友关系等。这正是长期以来一直被经济学家所批评的，实证研究试图克服这一点，说明为什么一些认知偏见与文化信仰体系可能与竞争成功正相关，但对此，我们仍然缺乏足够的理解来形成自信。

3. 行为合规：教育培训、宏观战略与具体方案

行为合规旨在从经济学、心理学、社会学等多学科视角，提升企业合规宏观战略与具体方案的预防效果。由于不同行业、企业乃至企业内部各部门面临的合规挑战差异很大，因此，要想对其进行准确概述相当困难。本章认为，企业合规具有三种基本功能，并举例说明了行为合规在企业合规功能发挥中的作用。

3.1　合规教育培训

大部分合规工作本质上具有信息属性。一旦确定了合规工作计划，关键员工，尤其是管理层，就必须熟悉合规工作方式与具体要求。其中，很大一部分内容涉及企业经营法律底线与"灰色区域"。在这方面，行为合规的观点可能有所帮助。与企业合规相关的教育培训通常是温和的，不会引起太多对合规的异议（Trevino et al.，2014）。

更大的挑战是激励管理层和员工遵守合规规定（Killingsworth，2012）。假设企业决策层和董事会已经选择了某种类型的合规工作计划，但个别员工及其工作团队可能有不同的合规偏好。在这种情况下，情况可能朝两个不同的方向发展。根据行为学的观点，人们通常更愿意被视为行为良好、道德高尚、负责任的社会成员（Feldman，2018）。通过将人的亲社会性偏好与企业合规政策结合起来，可以有效降低企业合规压力，提高员工对企业的忠诚度。

然而，企业及其员工渴望在商业竞争中取得成功，这可能与亲社会性偏好存在一定矛盾。高级管理人员在增加收入、降低支出和业绩增长方面面临巨大的竞争压力，他们也需要激励这些行为。企业经营的社会化、薪酬激励和晋升竞赛是常见的竞争激励策略。虽然企业可能试图淡化追求经济利益和恪守商业道德之间的紧张关系，声称"在恪守商业道德的同时可以实现经营获利"，但调和这两者之间的矛盾并不容易（Contreras et al.，2020）。

因此，过高的合规要求可能存在可信度问题。无论是企业高层的声音、企

业行为准则还是企业合规资讯中一再宣传的内容，企业高层对高标准合规的承诺往往可能掺杂水分。这些合规承诺的目的主要是应付社会公众和政府监管。企业行为及更宏观意义上的企业文化必须明确自身在追求经济利益和恪守商业道德之间的先后取舍，并据此作出抉择。

大多数企业并非天生犯罪者，实际上，它们也希望实现某种程度的合规（无论基于自身企业价值观还是出于对政府违法处罚的担忧）。那么，如何最有效地进行合规教育培训呢？行为学研究发现，持续性非常关键，这既是因为重点合规内容需要不断强调，也是因为鲜活案例的教育效果要好于刻板的讲解。因此，及时的合规教育培训可能更加有效。企业可以在其网站上持续发布合规提示和高层合规声音。要求关键员工定期签署道德与合规承诺书也可能是有效的做法。行为学研究中的一个著名发现是，在某些可能导致违法行为的行为发生之前（而不是之后）进行道德与合规方面的宣誓或确认，可以有效降低违法行为的发生率（Ariely，2012）。合规教育培训应强调社会主流价值观与公共道德，并要求言行一致。有趣的是，企业的合规程度与员工发现高管违规行为（如违规使用企业飞机、寻求刺激、个人失败）的频率高度相关（Davidson et al.，2015；Bushman et al.，2018）。

尽管合规教育培训的重要性显而易见，但许多企业的合规工作计划中仍然忽视此方面。这些企业在进行合规教育培训时，往往希望能够一次解决所有问题，并错误地认为合规信息的内涵总是清晰明了的。然而，心理学揭示了自我合理化或自我欺骗的黑暗一面，当认知主体具有道德上的摇摆空间时，违法违规的诱惑就会变得更加强大。因此，即使企业高层对合规的承诺是真诚的，具体工作人员也可能以对自身有利的方式解释合规信息，使合规承诺无法得到落实。文献中有一个例子涉及一家金融服务企业，在销售保险产品时，该企业不愿以不道德的挤油交易（Churning）方式获取多笔佣金（McLean and Benham，2010）。企业高层发布了禁止挤油交易的提示，并宣布将在 90 天内加强对各种替代销售产品的监督，作为合规政策。然而，提示发布后，挤油交易却增加了！经过调查（由政府强制进行），该企业的员工认为，企业高层实际上并不想真正杜绝挤油交易，而只是为了鼓励更隐蔽的挤油交易；毕竟，新的企业合规政策可以通过等待 91 天来轻松规避，这种做法已是尽人皆知、人人效仿。这是对合规提示的曲解，是企业员工在创收压力下以对自身有利的方式解读高层合规意图的很好例子。熟悉行为理论的合规人员可能已经认识到这一点，并能够与对企业合规承诺持怀疑态度的员工进行更顺畅的沟通。

当法律或法规的合法性受到质疑时，合规教育培训中的心理（或文化）扭曲可能会加剧。许多高管抱怨监管机构的方式很容易被下级解读成破坏法律或法规的合法性。当合规教育培训中允许"合理化"的不合规现象存在时，企业出现违法违规问题就不足为奇了。

3.2　监管

合规的第二个核心功能是监管：试图在问题出现的早期发现并阻止违法违规行为。由于监管成本高昂，企业高层必须战略性地部署有限的合规资源。因此，针对企业出现违法违规主客观可能性的行为预测是必要的。监管的具体方式包括传统的内部审计、强化监督、和对企业整体经营环境的智能监控（Nelson，2020；Walsh，2017）。本章第三节将详细阐述合规技术发展带来的行为问题。现在我们注意到行为学揭示的关于好人为何落入道德与法律陷阱，以及如何加强监督避免这一情况的问题。这是行为理论研究中最具建设性的用途。关于这方面的研究结论很多，完全可以安排整章（或整本书）来讨论这一主题，但就本文主题而言，择其一两论之即可。

如前所述，合规不可避免的挑战是，企业认为（并非不合理）其必须采取相当强有力的绩效激励措施，并在一定程度上与道德和合规保持"平衡"。然而，正如上文所述，在合规与其他必要的价值遵循之间取得平衡，会促使企业的合规意图被有意"曲解"，进而使合规承诺无法践行。不幸的是，企业组织中常见的激励机制使合规面临更加严峻的挑战。竞争无处不在，既有企业同行之间的外部竞争，也有企业员工对于薪酬奖励与晋升机会的内部竞争。"竞争激励"是描述竞争加剧影响的一个术语，其中不少竞争激励会进一步导致道德失范行为（Langevoort，2018，第 270 页）。高盈利的可能性会增加企业欺诈经营行为，尤其是那些自我感觉非常接近盈利目标，以至于自认为必然"实现"盈利，但随后又发现自己有失去盈利机会危险的企业，这种可能性更大。随之而来的是更冒险的欺诈经营行为（"损失厌恶"）。并且一次欺诈经营盈利会激发再一次欺诈经营的可能——这是从欺诈经营盈利者行为分析中得出的令人不安的信息。这里的重点是，在组织行为中，专注力、创造力、自信心、竞争驱动力与成功动力方面看似积极的现象本身就是合规的风险因素。出于企业决策层的考量，保持适度的合规监管，以免威胁到竞争、创新等受推崇的企业文化是可以理解的，但对于企业合规而言，这可能是自找麻烦。

笔者认为另一个对许多合规失效问题具有解释力的重要原因是"滑坡效应"（slippery slope）（Langevoort，2018，第 269 页）。如果企业管理者以对己有利的方式解释行为的道德与合规性，那么他们会在错误地认为自己绝不可能实施如此严重不法行为的同时，很容易越过合规底线。一旦迈出第一步，随着企业管理者对违法违规行为的自我合理化解释，合规底线就会不断下移（相关神经科学方面的证据，请参阅 Garrett et al.，2016）。最终，严重违法行为也会被曲解为是合规的、可接受的。在对诸多推动企业合规制度发展的大型企业丑闻的观察中，均可发现这类对自身违法违规行为的自我合理化问题。从合规角度看，防患于未然尤其重要，尚处于萌芽阶段的违规行为也需要密切关注。这需要合规人员识别潜在的违法风险，在严重违法行为导致"滑坡效应"前就进行干预。

第三个例子与信息披露有关（Langevoort，2018，第 268 页）。法律往往要求强制性信息披露，有时甚至能产生净化市场的效果。但心理学研究表明，信息披露可能会产生不利影响，即（1）交易对手在信息披露后对披露者的信任程度不减，甚至可能更高，但（2）信息披露者自认为其行为既已公开，就无需再行约束，因此，就算实施更过分的投机行为，在道德和法律上都是可以接受的。这很容易产生与常识预期悖反的糟糕合规结果。

还有许多其他例子可以说明行为学视角在合规战略与合规具体方案设计方面的价值。尽管如此，也有一些令人不安的影响。从成本效益的角度来看，企业内部监督意义上的合规不是简单地在干净的桶里挑出"烂苹果"，而是要对全体企业员工进行全面监管，以寻找监管盲点与内部违法违规行为，其成本自然会更高。更糟糕的是，它可能会产生意想不到的后果。行为伦理研究的一个标准观点是，加强监管可能会降低员工的道德水平，让员工只关心自己不会因违法违规被抓住。这就是"挤出"现象。回想一下，大多数企业员工认为自己是值得信赖的，而被监管则意味着信任缺失。员工对过度监管的反应可能是怨恨与士气低落，使企业所有旨在传达尊重和支持的激励措施失效，更不用说激发员工对事业的热情和对企业的忠诚了（Tyler，2014；Weaver，2014）。这是我们即将谈论的，行为合规设计的一个困境。

3.3　合规事故的应对、损失补救与计划调整

当发生重大的合规事故时，在良好的合规工作计划设计中，最后一组需要被解决的问题就会出现。这些教训可能来自监管机构早期发现的风险，或者只有在严重后果发生后才能被发现。一个标准的合规工作计划强调从调查结论中吸取教训，补偿受害者，惩罚违规者，并向企业高层和监管机构报告处理情况。合规工作必须从过去的错误中吸取经验教训（Martinez，2020）。

行为研究对人们在面对坏消息时的反应进行了多方面的解释。在企业内部，常常会有压力要求找出违规行为的真正责任人，这可能导致某些人成为替罪羊，错过了真正的罪魁祸首。在许多著名的合规丑闻中，内部程序（如举报）早就发现了违法行为，但是举报没有得到有效处理，导致问题继续存在和恶化。人们对再犯风险很少关注（尽管这是错误的）。请注意，行为研究应该关注合规本身。如果违法行为直到事态严重时才被发现，那么合规人员应该承担相应的责任，他们会通过自我合理化来为自己辩护。

人们往往倾向于接受虚假或误导性的因果结论，特别是在处理违法违规责任问题时。这是行为伦理学中所谓的"好人做坏事"的溢出效应。这可能导致对责任人员进行过度轻判的结论。人们常常认为，由于责任人员不会一错再错，过度严厉的处罚是不必要和不公平的。然而，各种归因偏见可能会扭曲处罚的效果。更糟糕的是，最近对富国银行（Wells Fargo）破产案的研究表明，仅仅将明显违法的责任人员调离岗位，实际上是埋下新的不法行为的种子（Haugh，2018）。

公正和适当的合规惩戒措施对企业合规有着深远的正面影响。对于高管一

级的责任人员轻判，实际上是对合规承诺的不尊重。将无辜员工作为替罪羊，也会损害企业内部的公正性，使企业高层对公正价值观的表态变得无效。在这项研究中，我们还发现违法违规行为会传染给其他人。在道德和法律方面，企业中的大多数人都是跟风者。如果有人发现其他人违规但幸免于罚，他们也会效仿，很快就会有更多的"烂苹果"。

当违规违法行为发生后，会导致一系列不利于企业经营的问题和情况。如果合规人员未能及时发现违法违规行为，类似的情况也可能发生。如果上述情况没有发生，企业可能会将此归功于其良好的合规文化和有效的内部合规控制体系，而产生自满心态。当然，这可能确实如此，但也可能只是表示问题隐藏得很深，或者违法违规行为尚未被发现和扩散。最严重的丑闻通常是统计上呈现"肥尾效应"的异常事件，只有当各种不利因素突然组合起来时才会发生（尽管事后看来，可能会有证据表明违法违规行为的"滑坡效应"导致了这种组合）。行为学文献中充斥着关于在嘈杂的信息环境中容易忽视危险信号的相关研究（Langevoort，2018，第 279 页）。

3.4　合规指标：通往科技监管之路

研究企业合规的专家经常感到遗憾的是，缺乏严格的量化工具来评估企业的合规绩效。合规指标在两个方面至关重要：一是增强企业合规人员调整和完善合规工作计划的能力；二是为政府提供更准确的依据，使其在作出合规（或不合规）判断并执行相关决策时有更精确的依据。但由于合规工作计划和合规文化很难进行量化，因此可以考虑制定新的指标来实现更有效的合规。

目前，企业在合规方面的科技应用情况远不理想（Soltes，2018；Chen and Soltes，2018）。调查是常用的方法，例如对企业的"道德氛围"进行一般评估，或者对员工检举违法违规行为的频率进行详细调查。然而，问题在于，即使员工回答了调查，他们是否会如实作答？如果存在心理偏见，他们是否能准确回答？因此，人们正在寻找更准确的量化指标，但这样的指标是否真的存在呢？例如，企业通常使用完成率（出勤率）作为评估在线合规培训的量化指标。为了准确评估，应该在合规培训开始和结束时进行测算。然而，心理学家观察到，即使这样，这个指标也可能只是表明在压力下信息处理的好坏的微弱指标。选择合适的量化指标是行为研究者熟悉的方法论问题；对于企业内部的合规监管，严格选择合规量化指标也非常重要。

当然，预测指标是最受欢迎的。是否存在与合规结果相关的可识别因素，例如诉讼、政府执法或针对企业的第三方投诉？统计技术（包括各种回归分析）可以随时用于评估可能导致违规的因素，并且这可能值得在企业合规中更广泛地应用。当有足够大的观察结果集（大样本量）以及有能力准确识别和编码所研究因素时，这些方法会很有效。这些方法对于解决灾难性风险事件没有太大帮助，因为这些风险通常非常复杂且罕见。但是对于常规风险事件，例如针对零售金融服务中的销售行为投诉的分析非常有用。由于销售行为很容易进行抽象和编码，例如根据年龄、经验、培训程度、性别等因素，如果这些因素与不良结果相关，将为合规团队提供有用的经验教训。

长期以来，学术界一直在进行涉及大量数据集的统计研究，这些数据集是经济学、社会学甚至所有社会科学的标准工具。当多个企业的数据可以进行汇总并正确编码时，就会出现有趣的结论，揭示出合规过程中应特别关注的心理和文化因素。例如，高级管理团队中男性气质（高睾酮水平）的相关指标是否与各种合规风险有统计学上的显著相关性？宗教信仰、服兵役情况、婚姻忠诚度或创造力相关指标呢（例如，Baxamusa and Jalal，2016）？

这些学术研究有助于改进企业环境中的行为理论。虽然对心理学实验结果的一种批评是它们与生活中的复杂现实不符，但类似的数据驱动的研究可以反驳这种批评，表明许多实验结果〔例如，竞争激励、滑坡效应、自我中心偏差（如过度乐观）等〕在制度环境中是可信且可重复出现的。对于资深从事合规项目的团队人员来说，了解这一点非常重要。

到目前为止，本章主要阐述了提高对企业合规工作中的心理和文化力量的认识，以提高合规监管效果。这本身是一个有价值的目标。但我们也必须更加关注政府合规政策和企业合规计划之间的相互影响，以便在企业层面制定更加有效的合规工作计划。政府意图实现的合规标准肯定要比企业根据商业利益选择的标准更高，政府会通过一系列措施促使企业投入更多合规成本。适当的企业合规工作计划，特别是对于大型企业和高风险行业的企业来说，必须同时考虑数据驱动和行为合规方面的内容。这一点已经得到世界各国监管机构的共识，尤其是美国和欧洲的监管机构。在这种背景下，除了在数据和行为方面加强合规措施和投入成本外，企业合规人员似乎没有更好的选择。

事实上，经验丰富的政府监管部门正在进行此类合规投资，特别是在数据合规领域。严谨的数据分析有助于克服上述心理和文化偏见，并开发出真正能够产生高质量合规预警信号的合规工具。一旦监管机构进行了此类投资，它们自然希望企业也这样做，并愿意在适当的情况下共享数据。政府监管部门在行为合规方面也进行了类似投资；在欧洲，心理学家和其他社会科学家已加入审查和评估大型金融机构的团队（Conley et al.，2019）。尽管美国在这方面稍显落后，但美联储对此展现出极大的兴趣。

在政府监管部门的支持下，RegTech 的研发和应用进程正在加快（Griffith，2016b；Walsh，2017）。合规产品供应商和销售顾问正在推出越来越复杂的合规监控软件，其中一些软件承诺具有独特的行为视角。这与全球各国政府对国家安全和反恐工具的大规模投资相呼应。当前，这些创新似乎已经扩展到商业领域，并应用于企业的内部监管（见 Mozzarelli，第 12 章）。

不同类型的 RegTech 软件在设计和应用上存在很大差异。传统模型通过获取相关来源的数据，寻找持续的异常，即超出预设参数的异常，并提醒合规人员（或其他计算机系统）注意和管理风险。计算机桌面监控软件在员工没有故意通过使用个人设备绕过监控的情况下，可以监控所有重要的计算机操作。现在，大企业经常对所有电子邮件进行持续的机器读取，抓取其中的"关键词"，这可能会给被监控的员工带来更大的焦虑和压力。目前，RegTech 领域的研究重点是如何从机器学习中发展出人工智能，使计算机本身能够通过对所有可用数据进行快速测试以期在合规事故发生前发出合规风险预警等预测性数据。RegTech 的相关研究侧重于建立预测的数学模型，但不一定回答为什么相关事件具有可预测性这一更核心的问题。当然，真正强大的从机器学习中衍生出的预测算法目前只存在于理论愿景中。但是，政府监管机构和企业合规人员都渴望拥有这样一个能够提前发出合规风险预警并实时提示违法违规行为的智能合规监管系统（Lo，2016）。

4. 基于信任与性善论的合规：行为合规的困境

要实现全方面监控技术的应用，我们可能还有很长的路要走。著名作家杰里米·边沁（Jeremy Bentham）和米歇尔·福柯（Michel Foucault）等人曾描述过这种技术的可能性（Fanto，2014）。即便在技术上可行，但除了规模最大的企业之外，其他企业可能因为成本过高而望而却步。尽管政府监管部门对发展此类监控技术非常感兴趣，但最终合规预期由政府决策而定。如果预期不切实际，政府监管部门也不得不任由企业自行降低合规标准。

全方面监控技术应用似乎是我们要致力发展的合规方向，然而，从行为学角度来看，这是值得再商榷的。从某种重要意义上来说，这种技术发展使得对人性的透彻理解在合规领域变得不那么重要了。如果机器学习产生的监督算法可以通过生物学特征或其他量化指标识别正在发生的违法违规行为，那么心理学将变得无用，心理与文化层面的研究也会变得无足轻重。

行为学在合规领域取得的主要研究成果与研发构建强力且高效的合规监管系统的努力相伴而生。如果没有这一努力，合规行为学会如何发展？林恩·佩恩（Lynn Paine）的一篇文章激发了二十多年来从事行为伦理学研究的学者的特别兴趣，这篇文章基于当时的研究称，除非员工在工作中感受到公平的道德能动性和自主权，否则企业伦理和责任（法律和其他方面）不会蓬勃发展。企业对员工进行指挥与控制的合规系统体现出对员工的不信任态度，这会引起员工相应的反应（Langevoort，2002；Tyler，2014；Weaver，2014；另见 Rotolo，第11 章）。在监管力度足够大的情况下，员工会被迫遵守规则，但如前所述，如果监管不到位，员工感觉不到守法合规的必要性，其行为就会变得不那么道德。这会对合规激励产生负面影响，使员工的工作效率和道德水平降低。显然，这不仅仅是来自极权技术的风险，任何基于严格监管模式的合规监管都可能会出现这种现象。

因此，许多社会学者在其论文中对当前的合规做法与发展趋势持严厉批评态度（Hess，2016）。有些学者认为，现在曝光的企业丑闻正是合规发展走上歧途的产物。这些论文的基本论点可以追溯到前文介绍的内容，即大多数人希望被视为道德高尚、负责任的人，除非制度或环境迫使其违法，否则他们都会在合规框架内行事。此类论文中的建设性观点是，可以通过创造一个合规行为能够得到认可与奖励、员工和其他利益相关者能够得到公平对待的良好工作环境来实现对企业员工的正向合规激励。当然，这并不是说不再追究违法违规责任，违法违规行为仍然会受到适当处罚。但是基于信任的企业文化应该可以减少违法违规行为的发生率。

但这不是自相矛盾吗？如果基于信任的内部合规确实有利于企业提升商业道德与生产效率，那么企业应该乐意接受这一合规模式。但我们往往看到相反的情况。心理学家汤姆·泰勒（Tom Tyler）在这方面写了很多文章，他提出了两点原因（Tyler，2014、2018）。一是基于人性本恶的理念，人们习惯性地相信命令与控制的必要性。但是汤姆·泰勒认为，不是人性，而是体制中固有的压力造成了过度贪婪和权力追求。另一个原因是，指挥和控制本身就是对企业管理者的一种授权，因此他们有动机通过宣布命令与控制型合规的必要性来维护这种权力。社会学家以同样的思路提出了一个类似但更高层次的论点：现行的经济和政治制度将股东财富最大化的规范意识强加于企业，其依据是人性本恶（也包括企业管理者），因此必须服从股东权力和市场激励的约束。人性本恶是一个假设，它将导致企业对其他利益相关者不负责任、社会财富更加不平等的行为合理化（Jung and Dobbin，2016）。只有否定这一假设，亲社会的善意行为才有机会不断发生和发展。

但这一切是行为学领域的问题吗？经济学家往往对此持怀疑态度；甚至许多自称行为经济学家的人也怀疑，在竞争激烈的世界中，机会主义行为的压力是否可以如此轻易地被忽视。一些人认为，心理学家和社会学家将社会责任和组织正义作为合规问题的解决方案是一种标准的偏见，倾向于将此类解决方案视为意识形态问题，而不是一门硬科学。客观地说，现有证据并不明确支持这一更为激进的说法，或者说，没有办法严格检验合规激励和合规文化发生如此根本性转变所导致的后果。正如社会学家所说，支持竞争的观念被表现得似乎是正确的，因此似乎是（表演性的）假象，它也可能是一种错误的观念。

这就是行为合规的困境。我认为，快速发展的行为伦理学研究很好地描述了这样一个现实，即人们容易受到因制度或环境所导致的或好或坏的行为影响。因此，合规似乎是一项以恰当方式引导这些影响力的工作。对于这项工作的难易程度以及其在全球范围内对企业合规产生的溢出效应，目前尚没有答案，也可能永远没有答案。如今的大多数企业似乎都不相信，在没有竞争损害的情况下可以变革合规治理或合规文化，即使可能带来副作用和危害，那些有利于竞争激励、竞争驱动和高强度竞争的本能不应该被推到一边。然而，这条路注定崎岖不平。

5. 全球视野中的行为合规

在处理跨国企业经营活动方面，合规变得更加复杂。例如，可能会有多种相互冲突的国内法或国际法律规定与执法标准适用于某一特定经营活动。

影响合规行为效果的主要有两个因素：一是空间距离。行为理论的研究发现，企业与主要监管机构的距离与其经营活动是否守法、是否符合商业伦理直接相关。当企业经营活动在空间距离上远离主要政府监管机构或企业内部合规部门时，其经营违法的可能性就会增加。在这种情况下，合规教育培训的影响力弱化，违规制裁的必然性与及时性也相应削弱。各国之间的语言差异可能会使这种空间距离的影响显得不那么明显。当然，大型跨国企业可以将合规职能分散到其在世界各地的下属企业分别行使，使之更符合所在国法律规定。但笔者认为，这一行为将会削弱同一企业内部合规标准的统一性。

第二个因素是执法的确定性与规范性。社会科学领域的学者对此关注已久。如果法律执行不具有确定性与规范性，对于企业经营做不到违法必究，相关个人或团体的守法意愿就会严重降低。企业经营是否守法受到企业对法律执行确定性与规范性感知的严重影响。这是前面讨论的动机认知合理化过程的一部分。被视为愚蠢、不公正或过度政治化的法律或监管制度将无法发挥制度效果；人们无需通过贿赂，即可轻易违法。事实上，在某些情况下，违法行为在企业内部会被视为英雄壮举——如在优步（Uber）这样的"颠覆"型企业身上发生的（Pollman，2019）。即非如此，只要法律解释上存在模棱两可的空间，鼓励违法的法律解释就会被解读为是正确的，企业管理层或员工对所在国法律和习俗越不熟悉，就越容易找到合目的解释的回旋余地。

目前有大量关于文化经济学的文献研究了人际信任在一个国家或地区经济活动中的作用，并发现世界范围内的显著差异，进而有助于解释由此导致的不同经济结果（Guiso et al.，2015）。显而易见的是，一家美国企业很难指望其合规计划能够被完整复制到其在另一个具有不同文化背景国家的代理商身上执行。随着全球化程度的加深，这种国家间的文化差异性可能会随着时间推移而慢慢消失，但由此导致对特定群体或国家歧视的风险却很大。显然，这是错误的，也是不符合价值观的。但很少有人怀疑文化差异（进而导致政治和法律差异）是合规风险因素。

贿赂国内公职人员一直是国内法规定的犯罪，当然，这一犯罪可能无法得到有效规制。美国在 20 世纪 70 年代末制定了《反海外腐败法》，禁止美国关联公司在海外进行此类非法行为。这引起了政治学者们的兴趣，他们想知道为什么这种单边限制在政治上是可以接受的（Perlman and Sykes，2017）。拐点的出现是美国法院基于自由裁量权对"美国联系"的定义进行了宽松解释，所以在实践中，很多执法都是针对在美国有足够商业存在，因此美国法院具有管辖权的外国竞争对手。诚然，与此同时，在经合组织和世界银行的推动下，其他国家也加大了自身的反腐败立法力度。但应该清楚的是，各国尺度不一、进程各异的反腐败立法对任何企业的合规努力都带来挑战。与这些认同贿赂合理的旧观念作斗争的代价是相当大的。

内幕交易是另一个很好的例子。美国是积极监管内幕交易的先行者，其采用了一个类似普通法的框架，对内幕交易的法律与经济基础进行简单假设，并上升为硬性法律规定。现在，已有一百多个国家制定了自己的反内幕交易法，导致全球范围内相关法律规定更加混乱、执法标准更加分散。在所有这一切的背后，人们一直在努力充分理解内幕交易在构建深度和流动性证券市场方面的利弊，以及人们之所以要从事此类金额往往要低于此人现有财富与预期收入的风险交易的确切原因。然而，要得到准确答案并不容易。我们也知道，各国在利用内幕信息获得交易优势是否合乎商业伦理的认识方面，存在着相当大的文化差异（Statman，2011）。特别是在视内幕信息为财富阶层必属特权的国家，反内幕交易相关立法更多只是履行国际条约义务的形式化举措，实际对于改变内幕交易现状并不能发挥多少效果（Anderson，2018，第 133 页）。但是，如果内幕交易在多个司法管辖区被法律禁止，按照公认的跨国投资者母国法律规范行事可能是危险的。而且，由于这是一个合规领域，至少对于金融服务公司而言，充分的内部合规通常是一项硬性的法律要求，这些挑战再次转化为代价高昂的全球合规努力（见 Valente，第 5 章）。

6. 结语：对行为合规的部分采纳

在全球企业高管中，对发展合规持怀疑态度的声音越来越多。面对日益增加的合规成本，他们担心合规的真实效果，以及通过合规重新定位企业业务优先级与目标的合法性（Griffith，2016a）。随着科技进步，企业合规似乎也越来越像反恐演习，随之而来的反对声浪也越来越大（Haugh，2017）。企业合规人员能够清楚地听到这些反对声音，其必须努力工作，避免成为那些质疑其对企业是否真正有贡献的合规怀疑论者们的攻击对象（Trevino et al.，2014）。

我们所称的行为合规在这一切中扮演着一个令人不安的角色。一方面，它为许多人提供了一种对人性的看法，并为更好的合规培训与监管提供了一些建设性的建议。另一方面，关于合规失败的原因分析方面，从认为违法结果是由个别"烂苹果"导致，转而认为是由有弱点的好人落入道德与法律陷阱所致，合规关注点大幅扩张。说合规工作是筛查少数通过招聘与晋升的"烂苹果"是一回事，把企业中的每个人都看作潜在的犯罪嫌疑人是另一回事。特别是合规被当作一种警察职能（指挥与控制）时，认为每个人都是潜在犯罪人的过度合规会引发降低员工积极性与忠诚度，以及企业文化层面的反应。

但是，最坚定的行为主义者认为，取消指挥与控制，支持更基于信任价值观的合规体系，使上述降低企业员工积极性与忠诚度的情况不复发生，是行为合规研究得到的一项重要经验。如果我们就此打住，行为合规行动计划将对运营业务部门极具吸引力。员工们会很高兴得到信任。然而，行为合规并不止于此。它的许多拥护者坚持认为，要使信任价值观蓬勃发展，企业必须完全遵守公平、公正和对所有利益相关者负责的道德准则。招聘、薪酬、监督和晋升必须建立在商业道德，而非经济成功的基础上。

这不是一个容易在企业内部实现的目标。企业运营的信念体系和运作惯例主要是关于如何在全球竞争中生存和发展（Langevoort，2017）。因此，行为主义的拥趸往往是半心半意的：其支持行为主义对竞争压力下的人性提出有趣的见解与建议，但一旦行为主义威胁到其与成功相关的"神圣"信念时，其对行为主义的支持就会戛然而止。如前所述，社会批评家所坚持的这些信念可能是掩盖权力和财富不平等的虚假意识。但要实现彻底转变，清除人性中的贪婪和鲁莽，需要的远不止是更好地理解人性。这远高于企业合规职能部门的能力范围。

因此，行为合规对自身信息传递的作用发挥有其天然局限。就目前而言，最好用我们一开始使用的适度评价来定义它：行为合规是一个从不同的角度来预测企业内部人员的方式，其与法律合规有关，但并非一个有奇效的"新福音"。这可能意味着，行为合规会时常失效，因为竞争激励与积极冒险的黑暗力量基本上不会因行为合规而消失，这也挫败了社会对企业界更多更好的期许。一连串令人沮丧的企业丑闻肯定会持续存在下去。

再回到监管者的角度，政府监管机构事前设定了合规风险预期，事后实施制裁。监管机构还没有深刻接受新的行为合规理念，尽管欧洲正在朝着这个方向发展，而且比美国做得更好。至少对美国监管机构来说，可能存在一种对政府道德领导力的天生不信任，且在任何情况下，其都有一种明显担忧，即实施改革，威胁到国内企业在全球舞台上的增长、创新和创造就业机会的能力。与此同时，当更多丑闻发生时，其又坚持认为合规反应必须有力。因此，相关的政府态度极为矛盾，信息混杂得令人绝望，这必然会让企业合规（行为或其他方面）处于不稳定的发展状态，付出相当大的发展代价。

然而，据推测，一些企业会选择遵循行为主义者的全部信条，实实在在地去寻找招聘、激励员工并取得成功的新方法，而非仅用廉价的谈话方式进行行为合规（Healy and Serafeim，2019）。关于行为合规的实验很值得期待。在美国，福利企业（benefit corporation）作为一种替代性的企业治理形式应运而生，即便是在传统的企业治理模式中，机构投资者也越来越倾向于按照 ESG（环境、社会和企业治理）的社会责任框架进行可持续性投资。我们不应该成为自己怀疑一切态度的牺牲品。目前，深层次的行为合规改革可能会由于社会对其有限接受的态度而处境尴尬，但这一改革仍有可能取得成功。

参考文献

Anderson, John P. 2018. Insider Trading: Law, Ethics and Reform. New York/Cambridge: Cambridge University Press.

Ariely, Dan. 2012. The (Honest) Truth About Dishonesty. New York: Harper.

Arlen, Jennifer. 2012. The Failure of the Organizational Sentencing Guidelines. University of Miami Law Review 66: 321—362.

Arlen, Jennifer, and Marcel Kahan. 2017. Corporate Governance Regulation through Non-Prosecution. University of Chicago Law Review 84: 323—386.

Armour, John, Jeffrey Gordon, and Geeyoung Min. 2020. Taking Compliance Seriously. Yale Journal of Regulation 37: 1—66.

Baer, Miriam Hechler. 2009. Governing Corporate Compliance. Boston College Law Review 50: 949—1020.

Baxamusa, Muffala, and Abu Jalal. 2016. CEO's Religious Affiliation and Managerial Conservatism. Financial Management 45: 67—104.

Bushman, Robert M., Robert H. Davidson, Aiyesha Dey, and Abbie Smith. 2018. Bank CEO Materialism: Risk Controls, Culture and Tail Risk. Journal of Accounting and Economics 65: 191—220.

Chen, Hui, and Eugene Soltes. 2018. Why Compliance Programs Fail and How to Fix Them. Harvard Business Review 96 (2): 116—125.

Conley, John M., Lodewijk Smeehuijzen, Cynthia A. Williams, and Deborah E. Rupp. 2019. Can Soft Regulation Prevent Financial Crises?: The Dutch Central Bank's Supervision of Behavior and Culture. Cornell International Law Journal 51: 773—821.

Contreras, Alfredo, Aiyesha Dey, and Claire Hill. 2020. 'Tone at the Top' and the Communication of Corporate Values: Lost in Translation? Seattle University Law Review 43: 497—523.

Davidson, Robert, Aiyesha Dey, and Abbie J. Smith. 2015. Executives' Off the Job Behavior, Corporate Culture and Financial Reporting Risk. Journal of Financial Economics 117: 5—28.

Fanto, James. 2014. Surveillant and Counselor: A Reorientation of Compliance for Broker-Dealers. Brigham Young University Law Review 2014: 1121—1184.

Feldman, Yuval. 2018. The Law of Good People: Challenging the State's Ability to Regulate Good Behavior. New York: Cambridge University Press.

Gadinis, Stavros, and Amelia Miazad. 2019. The Hidden Power of Compliance. Minnesota Law Review 103: 2135—2209.

Garrett, Neil, Stephanie Lazzaro, Dan Ariely, and Tali Sharot. 2016. The Brain Adapts to Dishonesty. Nature Neuroscience 19: 1727—1732.

Griffith, Sean J. 2016a. Corporate Governance in an Era of Compliance. William & Mary Law Review 57: 2075—2140.

——. 2016b. The Question Concerning Technology in Compliance. Brooklyn Journal of Corporate, Financial and Commercial Law 11: 25—38.

Guiso, Luigi, Paolo Sapienza, and Luigi Zingales. 2015. The Value of Corporate Culture. Journal of Financial Economics 117: 60—76.

Haugh, Todd. 2017. The Criminalization of Compliance. Notre Dame Law Review 92: 1215—1269.

——. 2018. The Power Few of Corporate Compliance. Georgia Law Review 53: 1—67.

Healy, Paul, and George Serafeim. 2019. Scandal-Proofing Your Company. Harvard Business Review (July—August): 42—50.

Hess, David. 2016. Ethical Infrastructure and Evidence-Based Corporate Compliance and Ethics Programs: Policy Implications from Empirical Evidence. NYU Journal of Law & Business 12: 317—368.

Jung, Jiwook, and Frank Dobbin. 2016. Agency Theory as Prophecy. Seattle University Law Review 39: 291—320.

Killingsworth, Scott. 2012. Modeling the Message: Communicating Compliance through Organizational Values. Georgetown Journal of Legal Ethics 25: 961—987.

Langevoort, Donald C. 2002. Monitoring: The Behavioral Economics of Corporate Compliance with Law. Columbia Business Law Review 71: 74—118.

——. 2017. Cultures of Compliance. American Criminal Law Review 54: 933—977.

——. 2018. Behavioral Ethics, Behavioral Compliance. In Research Handbook on Corporate Crime and Financial Misdealing, ed. Jennifer Arlen, 263—281. Cheltenham, UK: Edward Elgar.

Lo, Andrew. 2016. The Gordon Gekko Effect: The Role of Culture in the Financial Industry. Economic Policy Review 22: 17—42.

MacLean, Tammy L., and Michael Benham. 2010. The Dangers of Decoupling: The Relationship Between Compliance Programs, Legitimacy Perceptions, and Institutional Misconduct. Academy of Management Journal 52: 1499—1520.

Martinez, Veronica Root. 2020. Complex Compliance Investigations. Columbia Law Review 120: 249—308.

Miller, Geoffrey P. 2018. An Economic Analysis of Effective Compliance Programs. In Research Handbook on Corporate Crime and Financial Misdealing, ed. Jennifer Arlen, 247—262. Cheltenham, UK: Edward Elgar.

Nelson, Josephine. 2020. Management Culture and Surveillance. Seattle University Law Review 43: 631—682.

Nichols, Philip M., and Diana C. Robertson, eds. 2017. Thinking About Bribery: Neuroscience, Moral Cognition and the Psychology of Bribery. New York: Cambridge University Press.

Perlman, Rebecca, and Alan Sykes. 2017. The Political Economy of the Foreign Corrupt Practices Act. Journal of Legal Analysis 9: 153—182.

Pollman, Elizabeth. 2019. Corporate Disobedience. Duke Law Journal 68: 709—765. Root, Veronica. 2018. The Compliance Process. Indiana Law Journal 94: 203—251.

238

Sokol，D. Daniel. 2013. Policing the Firm. Notre Dame Law Review 85：785—848.

Soltes，Eugene. 2018. Evaluating the Effectiveness of Corporate Compliance Programs：Establishing a Model for Prosecutors，Courts and Firms. NYU Journal of Law & Business 14：965—1011.

Statman，Meir. 2011. Is it Fair?：Perceptions of Fair Behavior Across Countries. Journal of Investment Consulting 12：46—58.

Trevino，Linda Klebe，Glen E. Kreiner，and Derron Bishop. 2014. Legitimating the Legitimate：A Grounded Theory Study of Legitimacy Work among Ethics and Compliance Officers. Organizational Behavior & Human Decision Processes 123：186—204.

Trevino，Linda Klebe，Jonathan Haidt，and Azish Filabi. 2017. Regulating for Ethical Culture. Behavioral Science and Policy 3（2）：57—61.

Tyler，Tom R. 2014. Reducing Corporate Criminality：The Role of Values. American Criminal Law Review 51：267—292.

——. 2018. Psychology and the Deterrence of Corporate Crime. In Research Handbook on Corporate Crime and Financial Misdealing，ed. Jennifer Arlen，11—39. Cheltenham，UK：Edward Elgar.

van Rooj，Benjamin，and Adam Fine. 2018. Toxic Corporate Culture：Assessing Organizational Processes of Deviancy. Administrative Sciences 8：23—61.

Walsh，John H. 2017. Compliance in the Age of Complexity. Rutgers University Law Review 69：533—562.

Weaver，Gary R. 2014. Encouraging Ethics in Organizations：A Review of Some Key Research Findings. American Criminal Law Review 51：293—316.

第11章 合规的认知动力学与自律监管框架：关于犯罪预防策略有效性的探索

朱塞佩·罗托洛

1.合 规 困 境

本章的核心问题是如何通过合规规范企业员工行为，引导员工遵纪守法。关键在于如何形成企业合规监管的整体框架，以及起草制定有利于促进企业合规的制度规范（本文提出的仅为企业合规制度起草的一般性建议，而非具体内容层面的指导意见）。

对这一主题的讨论始于这样一个假设，即通过引导员工自愿合规而非仅仅靠企业强制性命令的方式迫使员工合规，可以实现更好的合规效果。众所周知，最有效的企业合规战略必须植根于道德激励，而非简单由利益驱动。因此，关键问题涉及如何评价现有的合规制度，以及如何阐明并应用好旨在真正发挥实际效能的合规体系。

这就产生了以下讨论中也试图阐明的问题，即合规作为一项旨在实现企业良好治理和引导员工遵纪守法的法律工具的作用。根据 Geoffrey P. Miller 提供的定义，合规是指：

　　"企业组织旨在确保员工和其他组织成员遵守制度规范的方式与流程，这里的制度规范既包括法律法规，也包括企业内部规定。"

　　因此，合规通过建立防止和发现违法违规行为的内部机制（Griffth，2016，第 2082 页），在预防犯罪方面发挥着关键作用。特别是在犯罪风险高发领域，合规赋予了企业自律监管其经营活动的能力。

　　此外，由于所谓的"合规刑事化"（Griffth，2016）的发展日益明显，可以观察到一种"悄然的变革"（Haugh，2017，第 1219 页）：自我监管的初衷已被重塑，成为旨在规避企业经营中的犯罪风险和刑事责任的一种政策工具，这反过来又对企业治理产生了相应影响。

　　从这个角度来看，出现了关于这种合规监管方式实际效果的几个问题（关于这个主题，见本书"不完美的科学：企业合规和共同监管的结构性限制"一章）：这种合规策略的有效性如何？自律监管在预防企业犯罪中的作用有多大？此外，这种方法能在多大程度上激励基于个人自愿和善良价值观的守法行为（Griffth，2016，第 2105—2106 页；在意大利语相关文献中，见 de Maglie，2016）？

　　这一问题的产生主要源于特定法律制度。根据相关法律规定，内部合规体系的有效与否是企业承担刑事责任轻重的决定性因素：建立了能够有效预防企业内部违法违规行为的合规制度的企业将面临较轻的刑事责任。相反，因合规制度缺失或无效而未能实现预防和震慑犯罪目标的企业将面临更重的刑事处罚（Krawiec，2003，第 490—491 页）。

　　因此，法律制度中存在阻碍企业合规制度发挥实际效果的根本性、结构性问题。一方面，企业内部合规制度设计往往只追求"形式完备"的目标，同时采用虚假和粉饰的做法（Laufer，1999）。正如 Krawiec（2003，第 491—492 页）指出的，为了使企业获得法律的"优待"，承担更轻刑事责任，内部合规的有效性甚至可以被模仿和伪造。事实上，对于法院和监管机构来说，合规制度的实际效果极难评估，尤其是因为此类评估是事后进行的。因此，企业可能会通过"表面上致力于构建有效的合规体系，实际上对企业内部违法违规行为听之任之"（Krawiec，2003，第 492 页）的做法来规避或减轻企业刑事责任。由于这种做法减轻了企业刑事责任，这种"形式"上的合规甚至增强了企业的表面合法性，有助于企业树立外部正面形象（从市场运营商和利益相关者的视角来看）。

换言之，与"形式"合规的做法一致，合规工作计划可能只是为了证明其存在的合理性，而不是其真正目的上的有效性：防止企业内部的违法违规行为。在这种情况下将导致，"（1）对企业违法违规行为的预防与威慑力不足，以及（2）成本高昂但可能并无实际效果的企业内部合规制度数量激增"的风险增加（Krawiec，2003，第 491 页）。

另一方面，当涉及实质性方面，特别是内部治理结构的内容时，人们对其有效性产生了一些疑问。合规工作计划不是要提供一个旨在作为犯罪预防工具的法律框架，而是旨在满足企业管理的法律要求。这一点在合规工作计划的企业个性化定制过程中尤其明显。在合规工作计划中，有效的犯罪预防需要考虑企业的不同特点，包括企业规模、经营活动需要、企业治理的复杂程度，以及作为治理基础的企业文化等（de Maglie，2016，第 380 页；关于同一主题，另请参见 Yeager，2016，第 440 页）。

相反，尽管追求企业合规有效性的目标，要求在评估与实施量身定制的企业内部监管与执行体系方面，不能持僵化态度。但存在一种风险，即评价合规效果时，可能会受到不客观的积极评价的强烈影响（关于审计模型固有的风险；见 Power，1997）。此外，就整体合规制度的有效性而言，审计与绩效评估的逻辑已经超出了评价的范畴；与此一致，这种方法主要侧重于计量成果而不是产出，产出"往往是服务性活动，可能难以量化"（Power，1997，第 114ff 页）。

因此，合规计划的标准化给创建仅可审计的组织"架构"带来了相当大的压力：由于企业因此获得了外部合法性与信誉，同时这也满足了监管机构乃至法律对企业的要求，因此企业合规制度通常被设计为符合既定模型（而非满足有效性需求）（Centonze，2014，第 48—49 页）。此外，考虑到支持一种真正有效的合规监管的逻辑与实现合规监管效果量化评估之间的内在差异性，我们面临着明显的悖论，即更多的合规监管需要增加对合规监管效果量化评估的需求，而这反过来又阻碍了对合规预防有效性的追求。发生这种情况也是由于"绝不会犯错情节"，它通常"与这些检查相关"（Centonze，2014，第 49 页）。

此外，随着对外部合法性的追求促使企业部署可审计的合规系统，企业内部合规执行体系也受到削弱，根本原因在于，这个过程应该由关心企业外部声誉和合法性的自利主体来执行。在此背景下，我们还发现"协商合规"更为相关的限制：在执行阶段，自利主体的寻租行为无法避免（Krawiec，2003，第516ff 页）。

迄今为止提到的关键方面引起了对更普遍性问题的相关疑问：公共和私人领域（即国家和私人公司）之间的关系，尤其是谁被要求在企业监管乃至有效合规制度的安排方面进行合作；自律监管本身被视为一种旨在实现预防犯罪之目的，或至少提高犯罪预防的有效性预期的法律工具。

在批判性地讨论这些问题之前，有必要深入认识作为合规基础的企业价值观，并对其内容进行适当评价。必须意识到，合规工作计划可能因企业遵循不同的价值观和理论方法而产生方向性差异。

2. 基于尊重（信任？）的合规

随着合规进入刑事领域，企业合规的基本要素发生了很多变化。最初，为了改善企业治理，企业在国家的软硬兼施下采取了合规制度措施。而如今，合规的刑事化趋势越来越明显。因此，企业内部的合规结构正朝着威慑模式发展（Haugh，2017）。

刑事制裁和刑罚的威慑功能是相关的理论，有两个原因支持这种观点。

首先，刑事制裁具有强制性，甚至具有一定的暴力属性，它是对违法行为的惩罚手段。其次，刑事制裁具有威慑功能，这种功能基于费尔巴哈的"心理强制说"。正如约翰·安第斯强调的那样："犯罪行为人必须面临巨大的风险和严厉的惩罚，以至于他知道从犯罪中得到的比失去的更多"（Andenaes，1952，第 178—179 页）。

此外，企业犯罪被公认为是验证刑事制裁具有威慑功能的最佳样本。彼得·C. 耶格尔（Peter C. Yeager）指出了这一点，并在某种程度上呼应了这个基本理念："如果行为的成本大于收益，负面行为的数量就会减少。"（Yeager，2016，第439页）当然，正如耶格尔明确强调的，这一点是建立在两个前提假设上的：决策者的理性以及犯罪成本（刑罚）的确定性和及时性。此外，"长期以来，人们一直认为在企业犯罪领域，刑罚可以发挥最大的威慑作用。这是因为企业是追求利益（利润和市场份额）最大化和成本最小化的典型理性组织"（Yeager，2016，第439页），因此，刑罚的威慑功能在企业犯罪领域应该是可靠且有效的。

然而，批判刑罚威慑功能的理由也有很多。事实上，在刑事法律体系中，首要考虑的是预防犯罪行为的发生，通过增强企业的合规性和基于个人善良价值观的守法行为来实现犯罪预防和维护社会公共利益。

更深入、更合理的推理表明，基于刑罚威慑功能形成的企业合规战略存在不足，尤其是在预防企业犯罪领域。事实上，复杂性是现代企业组织的主要特征（Yeager，2016，第439页）。因此，仅靠刑罚威慑功能增强企业合规可能是不够的，甚至是不现实的。更根本的是，当应用于个人选择时，理性人假设和经济分析方法不能被认为是基本的或必需的，正如行为学学者所指出的那样。他们更关注员工在守法遵规方面的"内在动机"（Centonze，2014，第46页）。

此外，尽管刑罚的威慑功能在预防不法行为方面确实发挥作用，但仅依靠理性人对刑罚的畏惧来阻止犯罪的效果有限（Tyler，2006b，第310页）。因此，有必要进一步思考，寻找基于不同理论视角的合规策略。

在这方面，进一步分析可能以"尊重（自愿）而非威慑（强制）可能更有效地增强合规性"这一观点为出发点，正如某些知名学者所指出的（Tyler，2006a，第270页；Tyler，2011；Schauer，2015，第23页及以下；Forti，2018，第113页及以下）。此外，即使无法证明通过自愿促进合规始终有效，但这与合规预防策略的主要目标是一致的，即提升企业内部的合法性标准，因为合规必须被理解为一种自愿的、基于共识的守法选择。

当然，"自律合规"这一概念相当直观，但在这种背景下，对"尊重（自愿）"的含义进行某种定义是必要的。特别是当涉及尊重（自愿）与合规预防策略之间的可能联系时。

在这方面，一种极具启发性的见解揭示了"无压力顺从"的理念，这种理念源于弗里德曼和弗雷泽（1966；另见 Pelligra，2007，第 238ff 页；Forti，2012，第 1280ff 页）的开创性实验。他们的实验发现，诱导某人做他本不愿意做的事情并不一定需要使用强制力，而是可以通过说服其主动申请参与合作来实现这一目标（Freedman and Fraser，1966，第 201—202 页）。

弗里德曼（Freedman）和弗雷泽（Fraser）进行的两项社会实验，旨在证明在没有外部压力的情况下，甚至独立于外部压力的情况下，如何诱导顺从。特别是，他们的假设与得寸进尺效应（foot-in-the-door）或分步实施策略一致。根据该研究，"一旦一个人被诱导遵守一个小要求，他就更有可能遵守一个更大的要求"（Freedman and Fraser，1966，第 195 页）。实验结果不仅证实了这一假设，还表明顺从性的提高既不依赖于相关受试者之间的熟悉程度，也不依赖于两个请求的相似性。相反，以前的顺从行为会诱导个人参与，从而促进顺从。同时，这个过程也会产生一个基于积极价值观的个人提升过程，这似乎是合理的。

据作者所说，"可能发生的是个人对参与或采取行动的感觉的改变"。这种个人态度的变化可能取决于受试者对自己看法的改观，即"对他相信的事情采取行动，与良好事业合作"（Freedman and Fraser，1966，第 201 页）。

基于这些前提，可以说尊重（信任）代表着一种基于文化、非强制性的合规策略。当然，这种方法在某种程度上放弃了惩罚，因为威慑（强制）既无益于员工培塑员工遵规守法的意识，也无法激发员工自律合规的主观能动性。

此外，尊重需要植根于共同的价值观，因为正是通过这些价值观，在尊重（被理解为激励此类合规策略的道德基础）与我们寻求提高合规程度的合规预防策略之间建立了联系。

事实上，为了促进合规，监管规范必须渗透到企业文化中，基本价值观也必须如此（Yeager，2016，第 446 页）。因此，可以理解所提出的观点，因为共同的价值观和道德观是促进所有合规工作计划的内在决定因素。

合规文化及对其道德基础的研究都属于行为方法的范畴（见本书"全球行为合规"一章），尽管该领域的知名学者强调，即使有必要，仅依靠这种方法也并不总是充分的，因为必须假设人的自私本性无法完全消除，"企业文化和环境压力甚至会驱使好人违法违规"（Langevoort，2017，第 947 页）。因此，构成基于企业文化的合规模式，其障碍可能不仅是个人因素，还包括社会因素——例如，企业环境的压力，其促使员工做更多的事，生产更多的产品，要更具竞争力（参见本书"全球行为合规"一章）。

尽管如此，这种方法的核心还是强调了人的因素（个人能力和道德背景），以及作为共同价值观的企业文化的重要性，即"企业文化是管理者和其他员工认为理所当然的，即使在监管者视线之外亦会自愿遵循的行为准则"（Langevoort，2017，第 944 页）。因此，在追求"诚实"和"问责"的过程中，至关重要的不是基于威慑的，而是基于企业文化、合法性和道德基础的合规策略。正如兰格沃特所说：

> 监管和自律监管行为者的目标是了解不同合规体系与合规文化的优劣差别，或者更准确地说，如何准确评估不同合规工作计划的优劣各异。这就需要对企业及其员工有深刻的人类学知识，因为他们有足够的理由来进行虚假的"形式"合规。（Langevoort，2017，第 936 页）

3. 企业合规的两个规范层面

前文中提到了涉及企业合规的两个规范层面。第一个层面是社会公共领域，在这个层面上，企业必须遵守法律制定的规定。第二个层面是私人或企业内部领域，企业希望通过自我监管方式制定的规则得到全体员工的遵守。

这两个层面对于评价以预防犯罪为导向、全面有效的合规法律制度方面都有重大影响。因此，必须在每个层面上区分实现这一目标的期望。一方面，立法监管机构与有关企业实体之间的联系有望鼓励企业采用有效的合规体系和预防性内部规则；另一方面，企业与员工的关系应以内部自律监管方式提升企业员工守法水平为导向。

据此观点，尊重（信任）可以影响这两个规范层面。换言之，合规领域的国家（公）与企业（私）合作关系的必要性源于这样一种假设，即仅基于公权力威慑的监管方式无法构建有效的合规体系；因此，有必要发挥企业自律监管的作用。基于此，企业在合规中的角色预计会发生变化，因为这一合规策略的有效性取决于企业参与犯罪预防的意愿与能力（First，2010，第 97 页，引自 Centonze，2014，第 43 页）。

企业自主制定的自律监管规则（Braithwaite，1982；Braithwaite，2000；Baldwin et al.，2011a，b；Black，2001；意大利文献，见 Torre，2013，第 27ff 页；Taverriti，2020）是全面涵盖并进一步细化规定内部合规的制度规范。这些由企业自行制定的制度规范与法律规定内容一致，体现了监管的要求。

因此，这一点提出了另一个相关问题：如果"尊重"激励了国家与企业的合作（考虑到超越基于惩罚与威慑的合规方式的必要性），这一概念如何与两个监管层面相结合？更具体地说，如何将其转化为复杂组织的背景？

寻找这一问题的答案必须对以下两点有清晰的认识。首先，有必要探讨国家与企业在合规领域的合作关系，该合作关系须与符合更广泛法律框架的道德基础相一致。换言之，自律监管在整个合规体系中所起的作用需要重新审视。在这方面，存在着不同的自律监管模式，应当从其宣称的共同目标：促进有效的犯罪预防这一角度加以讨论。

其次，有必要在此基础上探讨如何在"企业内部"安排合规框架，据此，以自律监管方式制定制度规范，有助于企业通过培养员工的遵规守法意识实现合规的总体目标。

接下来的两部分将分别讨论这些问题。

4. 自律监管的四种模式

从提供一个综合定义的角度来看，自律监管最显著的特征在于它的自我反思态度（reflexive attitude）：合规监管主体与监管对象重合。换句话说：

> 自律监管是指企业自身或通过行业协会进行自我监管与违规处罚的合

规监管方式。与政府机构对私营企业实施监管时，监管主体与监管对象之间关系疏离不同，在自律监管中，监管主体与监管对象之间存在紧密联系……因此，自律监管与其他监管方式的区别，不是监管执行过程及后果，而是监管主体与监管对象的同一性。（Coglianese and Mendelson，2010，第6—7页）

反过来，中央监管机构的职责之一是制定元监管，即在明确合规法律预期的基础上，确定必须纳入企业自律监管范围的事项。元监管的特殊性质在于它是"外部"监管方式的推广适用，能够对企业内部自律监管施加某种控制（Baldwin et al.，2011a，b；Centonze，2014，第46页）。元监管涉及"外部"监管机构的工作，更准确地说，是通过审慎激励监管"对象"，促进"对公共问题的自我监管反应"（Coglianese and Mendelson，2010，第9页）。当然，引导企业自律监管的方法也不尽相同，包括以制裁为中心的消极方法到"对自律监管的企业进行奖励或认证"的积极方法。

就其功能而言，可以用一个比喻来形容自律监管，它像一座桥梁，将公众关注的问题（特别是需要解决的、涉及特定社会利益和职能的内在风险需要控制的问题）与对企业自律监管的评价联系起来。在这方面，认为自律监管符合公共利益需要满足以下三个条件，就像已经指出的那样，"首先，该活动受到某种形式的市场失灵的影响，尤其是外部性或信息不对称；其次，私法工具不足或成本过高，无法纠正这种失灵；最后，自律监管是比传统的公共监管更好（更便宜）的解决问题的方法"（Ogus，1995，第97页）。

根据这一分析，明显可以看出，自律监管的动机是效率问题。事实上，自律监管的根本目的是在实现合规的社会与公共利益目标的同时提升合规工作效率。就这种策略而言，意味着相对于实现合规目标所必需的最小化成本与外部性，可以区分不同的自律监管模式（Ogus，1995）。

更具体地说，这种区别也可以根据不同的自律监管模式所依据的价值观来界定。事实上，企业合规制度越是采用"自反"性监管、采取"建议与说服"的方法，这种制度就越接近以尊重（信任）为导向的合规理念；相反，威慑式合规主要采用集中强制监管的方式。因此，在一般情况下，我们可以得出结论，逐渐增强的自律监管有力促进了尊重式合规的发展，而尊重式合规正超越威慑式合规，成为合规法律监管的主要特征。在这方面，以集中监管与违规惩罚为前提的外部强制监管基础上构建的自律监管，在刑事司法中可以发挥的作用变得特别重要。

因此，在探讨与现有观点相关的特定模式，即在复杂企业组织内部可行的，基于尊重理念的企业犯罪预防战略之前，需要先研究自律监管在刑事司法领域发挥的具体作用。

4.1　强制监管面临的问题与间接监管的日益重要性

在刑事法律方面，自律监管代表了超越强制监管的可信合规途径：承认自律监管的重要性即意味着对强制监管方式的放弃。根据 Ogus 提出的自律监管的经济原因，我们可以通过考虑刑事制裁所固有的道德成本来理解其外在性。然而，维护一个高度集中化的刑事司法体系也意味着必须付出巨大的经济成本。

反过来，间接监管策略（即元监管和自律监管）也存在几个关键问题。特别是，在一个复杂且有争议的合规环境中，有效的间接监管面临严峻挑战（Simon，2017）。然而，尽管无法可靠地预测上述方法的有效性，但自律监管确实显示出相当大的应对复杂合规环境的能力。

事实上，这种方法的一个重要特点是加强监管效果，即灵活性（可以根据新情况、新需求与时俱进修改和更新合规工作计划）和接近性（企业既是监管主体又是监管对象，熟悉监管环境和企业自身的具体活动和情况）（Ferrarese，2010，第 52ff 页）。

正是这一特点促使企业合规转向自律监管。特别是在企业犯罪预防领域，由于企业犯罪的高度复杂性，要想实施有效的犯罪预防，必须制定个性化的策略。然而，由于国家立法机关不可能熟悉某一具体企业的经营活动状况，因此其制定的相关制度规定往往无法真正有效。在这方面，自律监管有效减轻了国家立法的压力，将犯罪预防的责任转移至企业自身。

因此，在企业合规领域，企业自身的作用日益受到重视，合规的公共属性逐渐减弱，合规监管走向差异化与个性化（Black，2001）。换言之，随着直接监管方式逐步放弃，以"命令和控制"为基础的传统国家监管体系逐渐衰落，一种监管的"私有化与向非国家行为者授权"的现象已经出现，同时"基于行政机构的间接监管创建了新的监管者类别，规范了企业内部治理结构，同时激励了自律监管的发展"（Centonze，2014，第44页）。

如此一来，与合规刑事化（Haugh，2017）一起，强制监管的最显著特征——威慑再次显现。也就是说，为了增强合规制度的有效性，强制监管需要被放弃，这听起来似乎是一个悖论。此外，由于检察机关的干预，通过企业延期起诉协议（DPA）与不起诉协议（NPA）（Arlen and Kahan，2017），合规工作计划的道德承诺也逐渐削弱，企业转而追求符合可审计标准的合规策略（de Maglie，2016，第389ff页）。这可能会导致尊重（信任）的损失，从而导致合规的内在含义和基本道德的变质。

4.2　自愿性自律监管：道德规范的作用

道德规范是自愿性自律监管合规策略的一个重要组成部分。道德规范具有以下特点：它不仅展示了一种自省和自主的态度，而且是自发和独立的。在自愿性的自律监管下，监管主体"独立于政府监管并与政府监管同时运作"，"政府没有制定和执行合规监管标准的权力"（Freeman，2000，第831页）。

尽管道德规范是合规工作计划的道德基础，可以促进合规文化并确保其有效性，但这一方面通常被忽视（Stucke，2014）。通过外部或基于激励的合规方法以及内部或基于道德的合规方法的并置（Stucke，2014，第799页），可以清楚地看出：尽管更好的选择是实现这两种合规方法的平衡，但实际上忽略或限制基于道德的合规方法的趋势很明显。这可能解释了以下研究结论：道德规范无法及时有效地阻止违法违规行为（Krawiec，2003，第511—512页）。

通常认为，企业合规不能完全依赖于道德规范的观点，表明以尊重为基础的合规制度在实现预防企业犯罪目标方面是不可行的。自愿性的自律监管开始演变为强制性或激励性的合规监管模式。尽管具体的自省式监管方法因企业价值观的不同而存在差异，但国家对企业犯罪预防的干预是共同趋势之一。这就意味着外部控制方式介入合规监管，带来的风险是威慑可能融入其中，从而影响合规。因此，挑战在于如何在强制性合规策略中尽可能地减少强制性内容，尽可能保留基于企业价值观和道德规范的内容，因为它们是实现公认的预防犯罪所必需的（Braithwaite，2018）。

4.3　作为合作策略的强制性自律监管

在这方面，特别值得关注的是 John Braithwaite（1982）提出的"强制性自律监管"。由于合规刑事化，特别是由于检察权的介入，以自愿性自律监管为基础的合规制度的伦理基础已经被削弱，强制性自律监管作为一种被预防性公众所接受的合规模式出现了。

根据 Braithwaite 提出的定义，在强制性自律监管模式下，政府监管机构要求每个企业制定一套量身定制的应对突发情况的合规规则，并且监管机构要么批准这些规则，要么在认为这些规则不够严格时要求企业进行修订（Braithwaite，1982，第 1470 页）。此外，它鼓励公民团体和利益相关方通过提供意见参与自律监管过程。该模式的另一个重要方面涉及合规制度的执行，由于自律监管作为企业内部职能，并没有通过政府执法来实施，除非企业规模太小而无法承担这种执行承诺。企业有责任"确保内部合规小组的独立性，并审核其效率和可靠性"（Braithwaite，1982，第 1471 页）。为完善这一模式，监管机构应制定有关企业内部自律监管规则的最低标准，同时对违反这些规则的行为进行处罚。

当然，关注这种模式的定义会让人意识到这种合规方法的局限性。特别是监管机构与企业在合规方面的合作为企业带来了持续的财务成本，而且不能假设每个企业都能够承担如此高昂的成本。

然而，这种模式还是显示出一些积极的方面：通过防止内外规则重叠简化合规制度规范，动态、灵活的监管模式可以提供个性化的定制监管，以及监管内容的创新（Braithwaite，1982，第 1474 页及后续内容）。

此外，还有一个方面似乎特别重要。由于合规监管执行力量削弱的风险由利益相关方造成（Krawiec，2003），这种方法似乎是值得关注的。在强制性自律监管模式下，合规监管与执行行为是以政策制定（公共政策合法化的前一阶段）为前提的，这代表着政府监管机构（甚至是非机构）对企业自律监管规范的评估：这些规范不仅需要该机构的批准，其内容也可能反映了邀请利益相关方参与协商的过程。

这一点强调了这种方法的另一个特点：通过政府和企业之间的合作，可以减少彼此之间的猜疑，增进互信；此外，由于参与决策过程已被大量证据证明可以提高决策的接受度并提高执行力，因此对合规具有直接的积极影响（Braithwaite，1982，第 1479 页）。

4.4　响应性监管的差异化整合路径

Ayres 和 Braithwaite（1992）提出了一种更为明确的合规策略，即响应性监管。与前述合规方法中国家与企业在合规领域的合作风格不同，响应性监管是一种演变的策略。

响应性监管结合了迄今为止在整体执法的法律方案中考虑的不同方法，通过立体的金字塔图形直观地展现出来。金字塔图形的垂直维度代表了合规中使用的越来越具强制性（侵入性）的控制方式，以及与逐渐严重的违法违规行为程度一致的惩罚措施。对于大部分事件，可以提供自愿性自律监管；在一些较为严重的违法行为中，则采用强制性自律监管；而对于最严重的违法行为，采用威慑导向的监控策略，并可能诉诸刑事制裁。

因此，响应性监管提供了一种协调和均衡的合规方法，并在逻辑和时间上为其激活提供了连贯的结构。实际上，不同的执法方式取决于政府对企业行为的反应：只要企业表现出合作意愿，就采用自律监管和规劝式的合规；然而，随着企业违法违规行为的严重程度增加，监管执法工作也会升级；只有在企业明确拒绝合作的最严重情况下，才会采用刑罚方式进行威慑。

5. 内 部 法 规

最后一个需要探讨的问题是内部管制，其功能和内容需要从培养员工自愿承担守法行为的价值承诺的角度来考察。与其他监管模型一样，该办法（系统）给出一种介于强制监管（命令和控制）与自律监管之间的替代方法：

> 命令和控制模型反映了外部监管的策略，因为员工行为是由管理者通过实施制裁和惩罚违规行为来控制的。相比之下，自律监管模型是基于员工自愿守法动机的激励。（Tyler，2009，第 197 页）

迄今为止所强调的论点是，自律监管不需要标准化。相反，规范应代表动态的、基于证据的监管方式的结果，这种监管方式关注企业经营环境的特殊性，对创新的需求灵活且敏感，并知悉每个企业运营特定领域的改进。事实上，所有这些对于提高合规制度效力都是必要的。

相反，对于错过法律目标的反应，如果惩罚性策略占上风，企业更有可能追求可审计而不是真正有效的治理标准；与此同时，这可能削弱合法性，因为这种做法牺牲了企业的道德框架，转而适应性地遵守标准化的组织模型。

与此相一致的是，把重点放在起草良好的内部规范上，不能简单地理解为特别关注规范细节或恰当的起草规则，因为这种做法将不可避免地导致徒劳的、必然不完整的结果，甚至会试图绘制无限不同可能性的无边界领土的非生产性尝试。这就是为什么在本分析的范围内，关注点一直集中在程序、方法以及可以为自律监管提供信息以增强其有效性的价值观方面。

内部监管在整体法律框架中的作用方面也值得注意。更一般地说，如果法律具有执行性，即法律的预期包括接受规范信息的对象的守法行为（von Wright，1971），则在自律监管背景下，内部规范也必须具有目的性，它们有助于确保符合外部法律规范及其内容。换言之，刑事条款通常具有以下特征，即所规制的对象必然遵守刑事法律规范的预期。那么，内部规范不仅是执行性的，而且是工具性的，因为自省式监管旨在成为企业遵守（外部）法律的工具。因此，由于在合规结构中可以区分两个不同的规范层面，内部规范必须履行促进守法的双重功能，并以此指导主体守法行为。

5.1　程序正义视野下的合法性与价值坚守

与这些前提一致，合法性及对促进合规的价值观的坚守（Tyler，2006a）应归功于公司治理、合规策略及其具体实施工具。

根据泰勒的观点，在"因害怕惩罚风险与基于自愿守法两者所遵从的合规"之间是有区别的，因为在后一种情况下，人们"变得自律，将遵守规则的责任置于自身"（Tyler，2006a，第270—271页）。这意味着他们遵守规则，而不考虑被发现和制裁的风险，因为他们认同规则内容以及围绕法律条款的价值观。从这个角度来看，"合法性"代表了当局（官方）、法律或机构所拥有的品质，这种品质使他人感到有义务遵守其决定和指令（Tyler，2006b，第311页）。

从社会科学的角度关注理论概念的研究，根据该研究，问题是"人们为什么要遵守法律"（而根据韦伯在哲学或规范方法中对该主题的区分，关键问题是："人们为什么应该遵守法律"），提出了激励个人自主自律的重要性（Tyler，2006a，第286页；Tyler，2006b）。事实上，这种态度的显著特征是"主动、自愿地接受法律"，这不是出于工具性或自私自利的原因，也不是由于出于担心违法行为被发现的感知风险（Tyler，2006a，第199页）。根据前述研究，当涉及内部动机时，有两个功能是必不可少的：合法性和道德（Tyler，2006a，第309页）。这两种价值观在程序正义中都得到了很好的体现，程序正义被视为实现自主和自愿自律监管目标的可靠途径（Tyler，2006b，第308页）。

作为一个依赖于程序本身公平性的过程，可以将四个程序组成部分结合起来：两个涉及组织过程，两个涉及过程的信息来源。第一类是：（1）"员工对其组织决策质量的评价"和（2）"组织当局对人们待遇的质量"；这两个信息来源被认为是（3）"组织规则"，因为它们"以及组织价值观声明，传达有关组织程序的信息"和（4）"员工与其主管的经验"（Tyler，2009，第210页）。

程序的公正性取决于对这四个组成部分的评估。事实上，公正必须与决策过程的质量以及随后对人的待遇有关。接受社会规范和自主、自愿参与自律监管行为主要取决于个人的司法体验（Tyler，2006b，第309页）。更准确地说：

　　程序的公正性在个人与司法当局的接触中的作用非常重要，因为其构建了合法性的社会价值。合法性一旦确立，就会激励人们日常守法。因此，当司法当局的合法性得到公认时，其会得到更多公民的配合。（Tyler，2006b，第 312 页）

　　为了坚持这些说法，有必要关注迄今为止考虑的问题重叠所带来的影响：确定关于企业内部规则制定和一般决策活动有关的公平程序；管理者和企业领袖的作用，因为他们的机构角色需要公平的态度才能提升其合法性；以及评估企业组织内部对不当行为和不当行为的适当反应。

5.2　合法决策

　　程序正义的两个基本功能——合法性和道德性——以组织规则为基础，意味着需要考虑两个具体的道德判断：（1）组织规则和司法当局的合法性，以及（2）这些规则与员工道德价值观的一致性（Tyler，2009，第 197 页）。

　　虽然这两个因素的主要目标是一致的，但并不完全相同，需要加以区分。具体而言，合乎道德的程度取决于法律规范或司法当局的裁决与人们的道德价值观之间的一致性，因为只有这样才能将守法包括在内，也可能代表着遵守规则的道德动机（Tyler，2006b，第 314 页）。

　　在这方面，"利益相关者"和所有利益相关方的参与（不仅限于管理者，也包括员工，他们必须在决策过程中得到代表）考虑到了生活在受管制环境中的个体的个人道德。从这个意义上讲，程序公正要求尽可能广泛地吸引利害关系方的参与。

　　此外，在促进更广泛参与的过程中，决策过程应当考虑到具体情况以及组织自身社会规范和习俗的特殊性，这样从中衍生的自律监管期望将更加有效。此外，由于前提是考虑到外部环境的变化，甚至是相关和最新的科学知识来验证其有效性，当涉及不断更新法规的必要性时，上述方法似乎是可行的，事实上，这是一个动态的过程，可以由参与决策的任何一方启动。

　　预计这种方法将为决策过程提供信息，特别是内部规章制定活动提供信息。

事实上，这种趋势的确正在发生。正如泰勒所说：

> 随着基于命令和控制的监管策略越来越受到质疑，政府监管机构制定了多种策略，以吸引企业和其他"利益相关者"参与监管政策的制定和实施……所有这些努力都涉及决策程序，体现了发声、参与、中立的程序正义价值观，承认参与决策者的权利、需求和关切。这并不意味着它们涉及员工的广泛参与，而是反映了监管程序正义视角中固有的价值观。（Tyler，2009，第 209 页）

这句话引出了一个基本问题：如何具体定义在复杂的组织背景下促进广泛参与的努力。在有关协商民主及其对公众参与公共选择模式的影响的讨论中，可能会发现几个要点（Chappell，2012；Cohen，1989；Fishkin，1991；Fishkin，1995；Habermas，1975；Habermas，1996；另见 Rotolo，2016）。

事实上，到目前为止，这些研究中也出现了许多方面的问题：民众的声音（Fishkin，1995）；参与的价值；参与者的代表性；以及负责管理审议过程的人（例如斡旋人或调解员）的中立性。

面临的挑战是在企业范围内应用审议模式，并建立公平的决策程序，其目的是整合利益相关者和其他利益相关方在道德价值观方面的意见（Parker，2002，第 197ff 页；Forti，2012，第 1277ff 页）。

这一系统的积极成果确实值得期待。由于员工的自律态度，我们不仅可以期待员工的自愿合作，还可以期待效率和效益的提升（Tyler，2009，第 204 页）。

此外，有理由假设，在一定程度上，激发"员工对企业强烈的组织认同感"（Tyler，2009，第 206 页）反过来可以加强员工的内部非正式控制。因此，合规悖论（法律工具）倾向于寻找某一个人充当替罪羊，而不是实施严格的犯罪预防自律策略（Laufer，1999）也可以得到一定程度的解释。自律将得到更认真的对待，在该程序内不会忽视任何相关方，因为每个员工都将获得发言权。

256

5.3　行为合法性和行为者之间的道德接近

按照这些论点的逻辑顺序，下一步是将这些内部策略付诸实践。目前讨论的情景适用于企业高层引导和鼓励员工遵守道德和法律的情况；相反，当他们为了追求个人利益而倾向于打破规则，从而在公司内创造不道德的环境时，情况并非如此（Tyler，2009，第 196 页）。

一直以来，管理者和领导者的态度在企业内部起着关键作用，因为"权力的公平行使"（Tyler，2006b，第 314 页）主要取决于他们的行为。根据"最高层的基调"方法，首席管理者的道德操守具有特定的相关性（因为他们既是象征又是榜样），既可以提升合法性，又可以促进合规。同样，人们对程序正义的个人体验在这里也很重要，因为这可以在促进责任甚至培养"遵守法律的义务"的观念方面发挥重要作用，即它增加了法律和法律制度的合法性（Tyler，2006b，第 313 页）。

虽然界定"公平行使权力"的真正含义似乎完全是凭直觉，但道德领导力的最相关的特征可能被视为比外部命令和控制更有效的方法（Langevoort，2017，第 946 页）。正如已经精辟总结的那样，领导者应该：

（a）值得信赖；（b）在决策上是公正公平的；（c）在工作场合树立道德榜样；（d）私生活合乎道德；（e）倾听员工的意见；（f）对违反职业道德要求的员工进行纪律处分；（g）牢记员工的最大利益；（h）与员工讨论道德问题；（i）公开将道德考虑纳入决策；（j）评价成功的标准不只是结果，还包括过程。（Weaver，2014，第 309 页）

5.4　程序正义与恢复性司法在应对违规行为中的作用

当程序正义方法无法实施时、规则被打破时，应该如何应对违规行为？换句话说，根据程序正义的方法，个人如何处理违规行为？

很明显，在这个领域，程序正义方法的伦理（以及其内在的伦理启示）更加明确，因为对违法行为的反应显示了法律体系所追求的最终目标。在这方面，程序正义理论回顾了恢复性司法的基本原理。

根据泰勒的评估，这两种方法的核心相似之处在于个人与社会价值观、规范和期望之间的互动。恢复性司法的对策旨在增强"这些人在心理和行为上参与社会的未来动机"，从而"促进自律，在今后更严格地遵守法律和社会规范"（Tyler，2006b，第315页）。

虽然恢复性司法方法以个人与他人的关系为前提，而程序性司法方法中司法者的合法性起着主要作用，两者的动机分别基于"羞耻"和"义务"（Tyler，2006b，第321页），但这两种模式都旨在超越对违法行为的惩罚性反应。此外，通过这两种方法，对违法行为的反应将转向鼓励未来有道德基础和守法的行为，这符合培养自主自律的目标，并强化社区内一致的价值观。因此，应该修复破坏的社会关系，同时加强相关的社会纽带。

在这方面，明耻整合理论（Braithwaite，1989；Braithwaite，2002，第73页及其后）试图通过公平的讨论来处理犯罪行为及其后果，涉及罪犯、受害者和相关社区之间的关系。这是基于这样一个假设，即"最能带给我们羞耻感的，不是警察、法官或报纸；而是我们尊敬和信任的人的目光"（Braithwaite，2002，第74页）。

从这个意义上说，并不是惩罚性制裁，而是执行了明耻整合理论的方法。其核心特征是"社区不认同"，表现形式多样；由此产生的"重新接受守法公民的姿态"也包括各种各样的具体例子（Braithwaite，1989，第55页）。

因此，特别是在应对企业犯罪时，该理论具有重要意义（Braithwaite，1989，第55页）：

> 有效控制犯罪的组织不是那些实施最严厉惩罚的组织，而是那些维持社区纽带的组织。这些组织通过表达"不认同"来确保规则得以遵守，同时维持了以社会认可为主要特征的持续关系。羞耻感被用来内化对规则的承诺，而不是用于权衡是否遵守规则有利的算计。（Braithwaite，1989，第139页）

6. 结　语

为了实施一个明确的企业合规法律框架，已经采取了几个步骤，这个框架从尊重的理念中得到启发，以促进有效的犯罪预防标准。这项任务的复杂性尤其在于涉及的规范领域的双重性，外部规范将企业与公共机构联系起来，而内部规范则是企业自身建立的一套规则。

当然，这两个层面是紧密相关的，因为要增强个体的守法行为，激励个体自主自律，就需要实施适当的基于服从的自律模式。在这方面，响应性监管代表着一个有希望的范例，适用于追求有效犯罪预防标准的法律框架；同时，可以预计通过程序正义提供的法律工具，培养基于尊重的态度，通过这些工具提高合法性和道德价值。

然而，在这条道路上仍然需要采取许多步骤，许多问题仍然没有答案。由于这几页中形成的观点非常理论化，实证方法可能有助于加强初步假设的验证。实际上，只有将本文讨论的观点转化为实践领域，才能验证这种模式的实际发生率，并确保有效犯罪预防标准的实施。

从这个角度来看，许多其他未决问题可以得到检验，例如，可以验证程序正义范例与个人有效参与自愿守法之间的关系；或者，反过来，企业高管和利益相关者的私利可能占上风，促使人们研究这种情况在多大程度上、在什么情况下发生。因此，企业文化在合规方法中的针对性也需要根据企业界普遍存在的竞争风险进行验证。同样重要的是，这种战略的实际可行性必须进行实证检验，因为它是以企业对合规职能的态度发生企业文化转变为前提的。

本文只是旨在确定实现这一目标的路径，充其量只是提供了一个示意图。未来的研究可能通过对本文提出的观点进行进一步的实证验证，同时也有助于更具体地界定理论观点。

参考文献

Andenaes, J. 1952. General Prevention—Illusion or Reality. Journal of Criminal Law and Criminology 43 (2): 176—198.

Arlen, J., and M. Kahan. 2017. Corporate Governance Regulation through Non-Prosecution. University of Chicago Law Review 84: 323—386.

Ayres, I., and J. Braithwaite. 1992. Responsive Regulation: Transcending the Deregulation Debate. Oxford: Oxford University Press.

Baldwin, R., M. Cave, and M. Lodge. 2011a. Understanding Regulation: Theory, Strategy, and Practice. Oxford: Oxford University Press.

——. 2011b. Self-Regulation, Metaregulation, and Regulatory Networks. In Understanding Regulation: Theory, Strategy, and Practice, ed. R. Baldwin, M. Cave, and M. Lodge, 137—164. Oxford: Oxford University Press.

Black, J. 2001. Decentring Regulation: Understanding the Role of Regulation and Self-Regulation in a 'Post-Regulatory' World. Current Legal Problems 54: 103—146.

Braithwaite, J. 1982. Enforced Self-Regulation: A New Strategy for Corporate Crime Control. Michigan Law Review 80: 1466—1507.

——. 1989. Crime, Shame and Reintegration. Cambridge: Cambridge University Press.

——. 2000. The New Regulatory State and the Transformation of Criminology. British Journal of Criminology 40: 222—238.

——. 2002. Restorative Justice and Responsive Regulation. Oxford: Oxford University Press.

——. 2018. Minimally Sufficient Deterrence. Crime and Justice: A Review of Research 47: 69—118.

Centonze, F. 2014. Public-Private Partnerships and Agency Problems: The Use of Incentives in Strategies to Combat Corruption. In Preventing Corporate Corruption: The Anti-Bribery Compliance Model, ed. S. Manacorda, F. Centonze, and G. Forti, 43—67. Cham: Springer.

Chappell, Z. 2012. Deliberative Democracy: A Critical Introduction. London: Palgrave Macmillan.

Coglianese, C., and E. Mendelson. 2010. Meta-Regulation and Self-Regulation. In The Oxford Handbook on Regulation, ed. M. Cave, R. Baldwin, and M. Lodge, 146—168. Oxford: Oxford University Press.

Cohen, J. 1989. Deliberation and Democratic Legitimacy. In The Good Polity: Normative Analysis of the State, ed. A. Hamlin and P. Pettit, 17—34. New York: Basil Blackwell.

de Maglie, C. 2016. Alla ricerca di un "effective compliance program": venticinque anni di esperienza statunitense. Criminalia 2016: 375—397.

Ferrarese, M. R. 2010. La governance tra politica e diritto. Bologna: Il Mulino. First, H. 2010. Branch Office of the Prosecutor: The New Role of Corporation in Business Crimes Prosecutions. North Carolina Law Review 89: 23—98.

Fishkin, J. S. 1991. Democracy and Deliberation: New Directions for Democratic Reform. New Haven: Yale University Press.

——. 1995. The Voice of the People: Public Opinion and Democracy. New Haven: Yale University Press.

Forti, G. 2012. Uno sguardo ai 'piani nobili' del d. lgs. n. 231/2001. Rivista italiana di diritto e procedura penale 2012: 1249—1298.

260

——. 2018. La cura delle norme. Oltre la corruzione delle regole e dei saperi. Milan: Vita e Pensiero.

Freedman, J. L., and S. C. Fraser. 1966. Compliance without Pressure: The Foot-in-the-Door Technique. Journal of Personality and Social Psychology 4 (2): 195—202.

Freeman, J. 2000. Private Parties, Public Functions and the New Administrative Law. Administrative Law Review 52: 813—858.

Griffith, S. J. 2016. Corporate Governance in an Era of Compliance. William & Mary Law Review 57 (4): 2075—2140.

Habermas, J. 1975. Legitimation Crisis. Boston: Beacon Press.

——. 1996. Between Facts and Norms: Contributions to a Discourse Theory of Law and Democracy. Cambridge, MA: MIT Press.

Haugh, T. 2017. The Criminalization of Compliance. Notre Dame Law Review 92 (3): 1215—1269.

Krawiec, K. D. 2003. Cosmetic Compliance and the Failure of Negotiated Governance. Washington University Law Quarterly 81 (2): 487—544.

Langevoort, D. C. 2017. Cultures of Compliance. American Criminal Law Review 54: 933—977.

Laufer, W. S. 1999. Corporate Liability, Risk Shifting, and the Paradox of Compliance. Vanderbilt Law Review 59 (5): 1343—1420.

Miller, G. P. 2017. The Law of Governance, Risk Management, and Compliance. Alphen aan den Rijn: Wolters Kluwer.

Murphy, J. E. 2017. Policies in Conflict: Undermining Corporate Self-Policing. Rutgers University Law Review 62: 421ff.

Ogus, A. 1995. Rethinking Self-Regulation. Oxford Journal of Legal Studies 15 (1): 97—108.

Parker, C. 2002. The Open Corporation. Cambridge: Cambridge University Press.

Pelligra, V. 2007. I paradossi della fiducia. Scelte razionali e dinamiche interpersonali. Bologna: Il Mulino.

Power, M. 1997. The Audit Society: Rituals of Verification. Oxford: Oxford University Press.

Rotolo, G. 2016. Deliberative Democracy and Environmental Law Enforcement. In Environmental Crime in Transnational Context: Global Issues in Green Enforcement and Criminology, ed. T. Spapens, R. White, and W. Huisman, 174—192. London: Routledge.

Schauer, F. 2015. The Force of the Law. Cambridge, MA: Harvard University Press.

Simon, F. C. 2017. Meta-Regulation in Practice: Beyond Normative Views of Morality and Rationality. Abingdon: Routledge.

Stucke, M. E. 2014. In Search of Effective Ethics & Compliance Programs. The Journal of Corporation and Law 39 (4): 769—832.

Taverriti, S. B. 2020. Autonormazione e prospettive autopoietiche della gestione della penalità. Rivista italiana di diritto e procedura penale 2012: 1931—1961.

Torre, V. 2013. La "Privatizzazione" delle fonti di diritto penale. Un'analisi comparata dei modelli di responsabilità penale nell'esercizio dell'attività di impresa. Bologna: BUP.

Tyler, T. R. 2006a. Why People Obey the Law. Princeton: Princeton University Press.

——. 2006b. Restorative Justice and Procedural Justice: Dealing with Rule Breaking. Journal of Social Issues 62 (2): 307—326.

——. 2009. Self-Regulatory Approaches to White-Collar Crime: The Importance of Legitimacy and

Procedural Justice. In The Criminology of White-Collar Crime, ed. S. S. Simpson and D. Weisburd, 195—216. New York: Springer.

———. 2011. Why People Cooperate: The Role of Social Motivation. Princeton: Princeton University Press.

von Wright, G. 1971. Norm and Action: A Logical Enquiry. London: Routledge & Kegan Paul.

Weaver, G. R. 2014. Encouraging Ethics in Organizations: A Review of Some Key Research Findings. American Criminal Law Review 51: 293—316.

Yeager, P. C. 2016. The Elusive Deterrence of Corporate Crime. Criminology & Public Policy 15 (2): 439—451.

第 12 章　数字合规：算法透明度的案例

米歇尔·莫扎雷利

1. 数字创新与合规

1.1　金融领域合规与数字创新

第四次工业革命及其持续的数字化进程，代表着当今企业合规职能面临的主要挑战之一。考虑到合规职能是一种在企业组织内部执行法律规则的方法（Miller，2017，第 157 页），很明显，数字化革命所带来的（实际上是强加的）颠覆性创新正在改变合规职能运作的框架，引入新范式和新风险。

在某些行业，数字化带来的挑战很快就会出现；在其他国家，尤其是受到高度监管的国家，它无疑已经存在。在后一个领域，人工智能〔及其知识表达范式、自然语言处理（NLP），最重要的是机器学习（ML）〕、大数据和分布式账本技术等技术的出现已经非常密集，并且正在走向普及。

金融业是广泛使用这些技术的行业之一。在金融机构中，合规职能的作用已经确立，其工具也非常复杂，因此，金融行业是研究合规与数字创新之间关系的一个特别有意义的领域。

1.2　万物数字化与基于风险的方法

人工智能技术在金融行业迅速普及有多方面的原因。第一个原因是数字创新。从技术的角度来看，过去几十年来，数据管理能力显著提高，交易成本降低，因此产生新的技术产品和服务更加容易（Pack，2018）。这种增长源于互联网的广泛应用。企业和个人对互联网的需求产生了越来越多的数据，并且这些数据可以以较低的成本获取。

这种被称为"万物数字化"的现象推动了第四次工业革命在各个方面的发展，提高了存储和计算能力，建立了更好的通信基础设施，并推动了更有效、更强大的算法和分析程序的研发和应用（金融稳定委员会，2017）。

在金融领域，万物数字化找到了一个非常敏感的应用领域。金融业实际上是最全球化、数字化和"数据化"的行业之一。在降低成本、提升风险管理质效和提高生产力方面，金融机构有着充分的动机来使用人工智能（金融稳定委员会，2017年，第9页）。

第二个原因是所谓的风险革命。作为监管最严格的行业之一，金融业成为内部控制政策发展的先行者，在过去30年中，欧洲和美国发生了一场"风险革命"。风险考虑已成为企业治理的核心，尤其是影响到企业的控制功能（Miller，2014b）。

这一发展的关键驱动因素包括：（1）引入新的有效企业风险建模技术，在全球银行的控制系统中实施；（2）巴塞尔银行监管委员会特别关注银行风险分析和管理，以及COSO在企业控制方面的更广泛应用；（3）企业内部和外部控制的失败，包括20世纪90年代末和21世纪初的企业欺诈事件（如安然、世通和帕玛拉特），以及2008年的全球金融危机（Miller，2014b）。

所有这些因素都表明，需要一种基于风险的不同方法。实际上，将关注重点从违规或声誉损失的成本转移到通过正式流程对风险进行事前管理，实际上是对具有系统性后果的风险更好的回应。

这种新方法改变了监管风格（Bamberger，2006）。要求企业仅通过"简单勾选"来确保合规的立法，实际上对于以综合和全面方式管理风险并没有帮助。因此，监管机构采用了基于风险的方法。然而，风险具有特定的背景，在不同的企业中表现不同；此外，在风险评估方面，任何企业对自身的风险有比其监管机构更深入的认识（Bamberger，2009），因此，不可能简单地设置适用于所有企业、具有相同规则并产生相同结果的监管制度。

因此，现代风险监管采取了不同的方法，避免了强加的结果，要求受监管企业设计内部和定制的风险管理流程：监管机构将执行内部控制政策的任务和责任委托给企业（Bamberger，2009）。

面对这样的挑战，金融机构选择使用技术来应对日益增加的风险监管任务（Packin，2018，第 206 页；金融稳定委员会，2017，第 9 页）。

1.3　金融科技的兴起

众所周知，数字技术，尤其是人工智能，在处理大量数据（广泛运用于金融行业）和受规则约束的环境中表现出色（并且优于人类）。在这些环境中，实现特定目标的可能性有限。而受严格监管的金融环境符合上述所有条件，同时还具备必要的高素质人力资源和财政支持（Zetzsche et al.，2020）。

在这种背景下，自 2008 年全球金融危机爆发以来，金融领域的技术应用发生了重大创新，定义并形成了一种被命名为金融科技的新的整合模式。金融科技的重要性在全球金融危机之后就已经显而易见（Bamberger，2009）；在之后的几年里，其重要性日益突出。

考虑到金融科技的预期影响，这种趋势并不令人意外。金融领域中科技应用的普及旨在同时实现：（1）更低的成本（科技应用提高了流程效率，通常可以跳过分销链中的一个或多个步骤）；（2）更广泛的产品覆盖范围（无论是在产品总量还是个性化定制方面）；（3）更有效的监管和金融机构合规职能绩效（金融创新监管障碍专家组，2019）。

上述因素之间的相互作用促成了金融科技的飞速增长，以至于现在不仅可以说"人工智能和机器学习正在被金融服务行业广泛采用"（金融稳定委员会，2017），或者"由于数字化和数据化，金融的几乎每个方面都为人工智能提供了一个潜在领域"（Zetzsche et al.，2020），而且金融科技可能对金融市场、金融机构以及金融服务的提供方式产生真正的影响（金融创新监管障碍专家组，2019）。然而，金融科技革命所基于的新技术除了具有不可否认的优势外，也不可避免地带来新的风险，这些风险需要企业加以化解和管理。

在本文的后续部分中，第 2 节分析了数字创新对风险的影响，区分了在新环境中出现的已知风险和全新风险，并且特别关注了基于人工智能黑箱算法作出决策或执行功能时出现的（新）风险。

第 3 节将从法律和技术角度对算法的透明度进行分析。在第 4 节中，将结合上述分析结果，论证合规职能以及适用动态和主动合规方式的必要性和合理性。最后，在第 5 节进行本文的小结。

2. 数字创新和新兴风险：人工智能和"黑匣子"算法

2.1 新形势下的旧风险

金融科技的崛起带来了许多风险。尽管其中一些风险在数字创新之前就已存在于金融领域，但现在这些风险可能以不同的形式出现，或者出现在不同的参与者之间。同时，还出现了一些全新的风险。

对于第一类风险，专家小组在其最终报告中指出，金融科技可能带来的许多风险与传统金融服务提供方式所带来的风险并无不同。专家小组还指出了一些已知的风险，例如（1）中介、结算和托管风险，因为中介机构可能存在不当行为、资不抵债或经营失败的风险；（2）代理风险，当代理人不按照委托人的利益行事的风险，特别是在提供建议或执行命令时；（3）增加系统性风险的不利市场发展可能性，例如流动性短缺或快速崩溃；（4）与金融市场工具及其滥用（如内幕交易、犯罪欺诈或洗钱）直接相关的风险（金融创新监管障碍专家组，2019）。

然而，除了风险本身或为缓解风险提出的策略之外，还值得注意的是，从后见之明的角度来看，本声明有效地承认数字自动化本身无法消除所有"旧"风险。

在这场颠覆性革命的影响下，人们开始评估和思考信息技术的局限性。

即使是最高效的算法，也并非某些学者想象中的完美机器。此外，算法是由人类（自私且有偏见）设计的，并且使用过去的经验数据进行训练，这不可避免地反映了历史上的偏见。此外，数据可能是不完整或不准确的，算法的设计可能存在缺陷，或者可能无法应对人类行为存在的不可预测的微小差异。除了这些问题，还存在委托人（如董事会、合规官员等）与代理人（如 IT 经理、培训算法的外部人员等）之间的专业知识不对称所带来的代理问题。

这些"旧"风险不容忽视。它们的存在实际上表明，即使技术可以帮助企业管理和合规，但它们并非一劳永逸的解决方案。

2.2　新风险：算法不透明的案例

除此之外，人工智能在金融领域以及企业内部的广泛应用，确实带来了全新的风险。这些新风险源于上述颠覆性技术，并且给监管机构和企业带来了新的挑战。

专家小组确定了（至少）两个领域出现这些新风险（金融创新监管障碍专家组，2019）。其中一个领域与区块链和分布式账本技术（DLT）相关，模糊了传统上建立在双边委托代理基础上的责任。第二个领域与人工智能和不同类型的机器学习直接相关。在这些机器学习中，由人工智能驱动的黑盒算法自主作出决策，其依据是监管者或决策对象无法理解的。出于多种原因，第二类风险对金融机构的合规职能提出了特殊挑战。

总体而言，人工智能是一项已在金融服务行业广泛应用的技术（金融稳定委员会，2017）。因此，其影响是显著的。此外，从技术角度来看，在新风险中，自动化决策的不透明性所带来的风险可能对公司的声誉影响最大：即使没有违规行为，一家企业也可能受到人工智能决策过程的负面影响；例如，当企业无法为其决策提供合理解释时，相关决策将对企业声誉产生重大负面影响。

2.3　机器学习

在这种情况下，人工智能的一个分支"机器学习"扮演了特定的角色。就定义而言，如果人工智能可以被认为是"能够执行传统上需要人类智能才能完成的任务的计算机系统的理论与技术研发"，那么机器学习可以被定义为"一种通过经验自动优化的方法，无需人工干预，即算法设计一系列动作来解决问题"（金融稳定委员会，2017，第 4 页）。当前机器学习的技术前沿是所谓的深度学习，其特点是存在不同的隐藏层，需要通过对每个节点赋予特定权重，对数据进行分解和重新分类（世界经济论坛，2019，第35页）。增加隐藏层的层数可以更详细地检查不同变量间的关系，因此可以对数据进行更深入的分析。这种结构被称为"人工神经网络"（ANN），因为它类似于构成人脑的生物神经网络。

传统上，机器学习是根据算法训练过程中的人为干预程度进行分类的。从这个意义上说，数据输入系统可以根据不同的方案进行：

（1）监督学习，其中输入的数据至少部分由人工标记。机器从人工标记的数据中学习，从而能够构建"一个通用的分类规则，用于预测观察数据集的其余部分"（金融稳定委员会，2017，第5页）。

（2）强化学习，其中输入的数据没有来自参与训练计算机的工作人员的事先标签。然而，算法会以从错误中学习的方式，通过事后修正来提高效率。应用于深度学习架构的事后修正通过被称为"反向传播"的过程对人工神经网络产生影响。

（3）无监督学习，其中输入的数据是原始数据，算法需要独立识别它们之间的相关性，从而产生一个或多个通用分类规则。在这种情况下，机器生成的模式完全独立于人类的认知途径。机器学习通过使用数学运算来实现不同的目标（如图像识别、客户信用评分评估或欺诈检测），就目的而言，它与使用统计数据几乎没有区别。然而，机器学习与统计学的根本区别在于决策过程中人与机器之间的角色划分。如 Coglianese 和 Lehr（2019）所述，虽然传统的回归分析中也使用算法进行计算，但关键步骤是由人类决定的。人类选择要插入回归的变量，并假设它们之间存在相互作用，算法只是表达模型的结果。因此，算法的作用仅仅是执行，而不是决策，最终结果由人类决策而不是算法决定。

在机器学习中，人类的作用是有限的，因为变量的选择和变量之间关系的分析都由计算机完成。算法负责分析所有情景以确定解决方案。计算机相对于人类的优势在于数据处理的速度。因此，在需要处理大量数据的行业中，计算机的表现优于人类。

2.4　人工智能算法的不透明性

对于这种强大的计算能力所付出的第一个（但不是唯一）代价是人类无法理解人工智能算法得出结果的过程。这可能与直觉相违背，因为人工智能的决策过程完全由数学运算组成，与人类思维不同。理论上，整个过程应该是可以逐步追溯的。

然而，实际情况要复杂得多：

（1）算法能够在极短时间内处理海量数据，这使得人工操作的逆过程非常耗时。

（2）决策过程通过各个隐藏层的高度分割，使得无法从外部确定任何单个变量在最终决策中的权重。

（3）系统具有自适应能力和自我修改能力。一方面，机器的自我学习可能会使机器所训练的数据库的偏见永久化或更加极端。另一方面，机器的自我学习可能会走上完全意想不到的道路。例如，微软设计的 Tay chatbot 旨在从 Twitter 与人类的互动中学习，但由于其回应的种族主义和性别歧视倾向，仅 24 小时后就被停用。

（4）机器的计算方法与人类有很大差异。理解基于有限变量进行的预测的原因与传统统计学相同，但基于大数据和神经网络的预测可能非常不直观。从技术角度看，根据有限的变量来理解预测的原因是一回事，这通常是传统统计的做法。然而基于大数据和神经网络的预测则是另一回事。虽然可以从机器中获得原始数据，但要获得有关单个节点在最终决策中起作用的信息是极其困难的。

一个典型的例子是 AlphaGo，这是一个复杂的围棋计算机程序，它击败了世界上最强大的人类棋手。它的逻辑没有明确的概念，而是通过其统计比较隐晦地显现出来。换句话说，它以不同于人类的方式自主学习围棋的策略。因此，它对如何玩游戏有不同的看法，这种基于推理的看法与人类的看法有很大不同。人和计算机玩同样的游戏，但应用的方法在结构上是不同的。

2.5　打开黑匣子？

这些综合因素排除了对黑匣子最显而易见的解决方案：打开黑匣子，看看它的里面。特别是，如果打开黑匣子不仅是为了实现数据的透明度，而且还为了实现全面的可解释性，那么打开黑匣子可能是无效的。因为算法本身并不像人类那样"思考"，所以数字本身无法告诉我们足以解释某个决策的理由（Wachter et al.，2017a，b，第 842 页）。

除了技术问题之外，打开黑匣子还意味着揭示其内部结构，因此揭露了作为商业秘密的制造商专有技术，这可能会被其他竞争对手利用。在这种情况下，企业可能没有动力进一步研发更好的算法。

此外，了解算法功能可能会让参与算法评估的各方博弈其参数，以获得预期结果。在大多数情况下，这对决策的可预测性具有积极意义，但在某些情况下，这种了解可能会规避掉规则的实质内容，从而只能获得表面上的遵守。

3. 解释算法：实际趋势线

3.1 算法及第三方权利

考虑到机器学习，特别是深度学习的特点，很明显，缺乏对机器结果理解或预测的可能性会导致人工智能的黑匣子效应。

机器的决策过程在结构上与人类的决策过程差异太大。举个例子，当差异被放大到最大程度时，即两种完全不同的文化之间的差异，人类无法感知机器逻辑的意义，也无法理解。因此，这种逻辑不允许产生任何移情共性。

因此，机器学习，以及更广泛的人工智能系统的"异质性"，被认为是直接风险和与之相关的最大不确定性的来源。缺乏透明度（并非偶然）被定义为"机器学习的阿喀琉斯之踵"（McPhail and McPhail，2019）。

因此，将权力归于一种难以理解的算法，尤其是对自然人的权力，其合法性问题甚至超过了其所引发的效率问题。在民主社会尤其如此，因为在民主社会中，权威的合法性建立在共识性、代表性和制衡性的基础上。事实上，机器在给定活动中的熟练程度与人类相比并不重要，无法解释机器决策步骤不仅对于决策的整合至关重要，也对人类对数字工具的信心产生重要影响（参见人工智能高级别专家组提出的可信人工智能伦理准则）。

此外，从更具体的角度来看，黑匣子效应对于监管合规性尤其成问题。由于合规职能包括公司为确保员工和与公司相关的人员不违反规章制度所做的一切努力（Miller，2014a，2017），如果决策背后的逻辑不可理解，就不可能检查某些规则的合规性。此外，由于无法重建决策过程，因此无法根据任何关键问题对其进行事后修改。

换句话说，如果促进企业合规需要准确预测人类行为才能奏效（参见本书"全球行为合规"一章），那么人工智能的情况同样如此（事实上，更是如此）。

3.2 早期解决方案：Loomis 案例

从法律角度来看，对人工智能缺乏透明度的研究特别有趣，因为黑匣子效应是人工智能的一个结构性问题，因此直到最近才出现，促使人们及早寻找解决方案。

此外，即使考虑到众所周知的首字母缩略词 FAT（公平性、问责制和透明度）所表示的另外两个关键领域和透明度，显然后者往往由于缺乏透明度而变得更糟。

基于这一前提，挑战在于提供一种允许人工智能可持续和合法使用的回应，即与相关利益相关者的权利相兼容地使用。在不要求任何形式的完整性的情况下，可以说，从法律的角度来看，随着时间的推移，这一挑战得到了不同的答案。在不同的答案之间，似乎可以看到一条一致的趋势线，这条线推动法学家发现和探索算法，并对其设计提出更高要求。

正如经常发生的那样，通常是在任何监管干预之前，法官通常是第一个被要求作出决定的人。在这种情况下，最初的司法尝试似乎在法律和算法之间划出了相当清晰的界限，仿佛它们无法相互影响。

一个值得提及的案例，也许是与人工智能相关的最常被引用的案例，是 Loomis v. Wisconsin 案。在这个案件中，法院判处一名被告 6 年监禁，原因是被告在驾驶一辆此前在枪击案中使用过的汽车时没有在警方检查时停车。判决书提到使用案件管理和决策支持工具 COMPAS（替代制裁的惩教罪犯管理分析软件）。该软件的算法允许计算被告的再犯可能性。由于 COMPAS 是私人公司拥有的程序，其算法作为商业秘密受到保护，被告无法审查判决依据，并对其使用 COMPAS 以及随后违反正当程序和其辩护权提出异议。2016 年，威斯康星州最高法院驳回了上诉，最高法院指出，（1）尽管巡回法院提及了 COMPAS 风险评估，但在决定被告是否被监禁、判决的严重性或被告是否能够在社区得到安全有效的监督方面，COMPAS 并不是决定性的。（2）正如巡回法院在定罪后的听证会上解释的那样，即使没有 COMPAS，被告也将被判处完全相同的判决；因此，我们确定巡回法院在本案中对 COMPAS 的评估结论的使用没有侵犯被告的正当程序权利。最高法院拒绝了对此案的再审〔Loomis v. Wisconsin，881 NW2d 749（威斯康星州，2016 年），证书被拒绝，137 S. Ct. 2290（2017）〕。威斯康星州最高法院指出的解决方案没有涉及对算法技术的任何考虑；相反，该算法实际上被视为一个黑匣子。同时，由于排除了算法与最终裁决的因果关系，算法的作用在法律上变得无关紧要。正如首席大法官罗根萨克在同意意见中所解释的那样，"尽管我们今天的判决允许量刑法庭考虑使用 COMPAS，但我们并不认为量刑法庭可以依赖 COMPAS 进行判决"。

这个解决方案似乎并不令人信服。首先，它没有考虑到自动化偏见的风险，即个人倾向于认为机器的结果是理所当然的，而不质疑它的推理。其次，最重要的是，它实际上回避了这个问题：在人工智能应用广泛且密集的环境中，这一解决方案的基本原则是不现实的，不可能对每个算法操作进行双重检查。

3.3　教师和算法：可持续性问题

从算法合法使用的角度来看，2017 年和 2019 年，美国地区法院（得克萨斯南区法院）和意大利国家法院（Consiglio di Stato）分别发布的裁决在某些方面完全相同，显示了法院对人工智能影响认识的明显进步。这两起案件都涉及使用一种旨在影响学校教师地位的专有算法。在得克萨斯州的案例中，该算法有助于评估教学表现，并为学区解雇成绩不佳的教师提供依据。在提交给国务院的案件中，该软件被用来为几所学校分配新聘教师。

在这两种情况下，教师均以无法对结果提出质疑为由，反对使用相应的软件，并且在这两种情况下，他们都获得了有利的判断。

得克萨斯州的法官在发现算法结果与学区的决定之间存在很强的因果关系后表示："正当程序条款并未授权原告可要求（AI 厂商）披露其商业秘密"，从而阻止了黑匣子被打开。

然而，法官随即补充道："出于同样的原因，（AI 厂商的）商业秘密不会被授权，更不用说强迫使用 HISD 侵犯员工的宪法权利。当政府机构基于不符合最低限度正当程序要求的秘密算法作出高风险就业决策的政策时，恰当的补救措施是撤销该政策，同时保留相关算法的商业秘密。"因此，美国法官在初审判决中的解决方案是，在涉及第三方权益方面对算法的使用进行一种可持续性评估。如果这些权益无法得到保护，那么算法的特性及其不透明性就不是问题，问题在于使用这样一种算法。在这种情况下，司法裁判再次基于一个不需要打开黑匣子的解决方案。然而，与 Loomis 案相比，在这种情况下，算法在其中的因果作用得到了法官认可。

意大利 Consiglio di Stato 提出的理由更为明确。该问题涉及使用不透明算法执行的程序结果。基于这个算法，地区学校办公室在无视教师意愿的情况下下令调任教师，即使有与他们意愿相符合的空缺职位。

在一审中，Tribunale Amministrativo Regionale（TAR）地方法院认可了教师的诉请。在这一过程中，TAR 在判决中提到了奥威尔式的场景（Consiglio di Stato 拒绝的场景，该场景表示主题是一种非情感的方法，但能够在人与机器的工作之间定义一种新的平衡，并针对每个活动领域进行区分）。意大利教育部提出上诉。

Consiglio di Stato 驳回了上诉，称无法理解通过算法分配待聘职位的方式本身就构成了使程序无效的缺陷，因为同样的方法可能会因缺乏透明度而受到谴责。

Consiglio di Stato 决定背后的原因尤为重要。它观察到，事实上，公共行政部门是否能够充分利用所谓数字革命的巨大潜力是不容置疑的。此外，有人指出，提高公共行政数字化水平对于提高向公民提供的服务质量至关重要。法官们进一步补充指出，采用预测模型和标准，根据这些模型和标准收集、选择、系统化、排序和组合数据，以及对其进行解读并随后形成判断，都是精确选择和价值观的结果。这些选择，无论是有意识的还是无意识的，在很大程度上源于潜在的标准和数据，而这些标准和数据往往难以获得所需的透明度。然而，意大利法官援引先前的一项裁决指出，算法的"多学科特征"（这一构造当然不仅需要法律，还需要技术、计算机、统计学和管理学知识）并不意味着"技术配方"不再被需要。"配方"事实上代表了算法，并应附有将其转化为基本"法律规则"的解释，从而使其对于公民和法官而言都是可读且可理解的（Consiglio di Stato，sez. VI，2019 年 12 月 13 日，n. 8472）。

从这个角度来看，法院得出了经过深思熟虑的观点，即一方面，商业秘密并非重点考虑：研发特定算法并将其用于公共行政服务的公司需要在算法透明度方面做出必要的让步。另一方面，最重要的是，法院明确了有必要超越形式上的保护，以支持"由于裁决的推理和/或正当性原则"对透明度的基本需求进行更实质性的保护（Consiglio di Stato，sez. VI，2019 年 12 月 13 日，n. 8472）。

3.4　GDPR 和基于自动化处理的决策

意大利法院的裁决肯定了欧盟《通用数据保护条例》（GDPR）通过后，欧盟判例与相关立法的影响。

GDPR 是欧盟处理算法决策过程的转折点，以及更普遍的人类与人工智能关系的转折点。

尽管 GDPR 着重保护个人数据，但它并没有忽视算法和自动化决策带来的影响。因此，正如之前提到的意大利法院的裁决所示，GDPR 提出的解决方案具有更广泛的适用范围。特别是 Stato Consiglio di Stato 明确引用了 GDPR 的原则，而这些原则在审查和使用信息技术工具时应予考虑。

欧洲立法者意识到自动化决策程序的重要作用，并认识到，除了一些有限的例外，禁止使用这些程序是不可能也不合适的。监管机构的选择是为了保护数据主体的权利，提供与处理相关的多项保障措施。根据 GDPR 第 71 条的规定，在任何情况下，此类处理都应受到适当保护，包括向数据主体提供特定信息，并给予数据主体介入、表达意见以及质疑此类评估后所作决策的权利。值得注意的是，GDPR 并没有区分公共和私人人工智能用户。GDPR 的重点是保护个人数据处理相关的权利，即 GDPR 序言 1 所定义的基本权利。因此，基本权利的性质使得数据控制者的公共或私人地位无关紧要。

尤其是 GDPR 第 22 条明确规定了"数据主体有权不接受仅基于自动处理（包括个人资料收集）而对其产生法律效力或类似重大影响的决定"。此外，GDPR 第 13、14、15 条与数据主体信息和对个人数据访问有关，要求在提供信息给数据主体时应当包括存在于第 22 条第（1）款和第（4）款所指的自动化决策的信息、有关所涉及逻辑的有意义的信息，以及此类处理对数据主体的重要性和预期后果的相关信息。

3.5　"解释权"

上述提及的"有关所涉及逻辑的有意义的信息"，加上第 22 条规定的不受完全自动决策约束的权利，赋予了本不具备约束力的第 71 条关于"获得对所作决定的解释权"的实质意义。关于这一权利的范围以及"有意义的信息"一词所起的作用则存在争议。

换言之，一旦 GDPR 承认有权获得至少最低限度的关于自动决策所涉及逻辑的基本信息，那么就会出现解释应该深入到什么程度的问题。

在这个问题上，有学者提出不将这一表述解释为解释权的基础，而是更有限的"知情权"。有相关论文通过反事实方法提出了一种"轻量级解释"，进一步澄清了这一立场。这种方法的独特之处在于，它通过要求算法提供"对哪些外部事实可能不同的洞察力，以达到预期结果"并运行（Wachter et al.，2017a，b，第 880 页）。所提供的解释将始终且必然是仅限于单一决定的解释，其目的在于确定边际参数，如果该参数发生变化，就会产生不同的结果。

这一立场受到了一些人的强烈批评，他们认为获得解释的权利不仅存在而且需要在功能上进行解释，以便数据主体能够行使至少在 GDPR 和人权法下的权利（Selbst and Powles，2017，第 242 页）。

这种视角的转变使解释功能化，使其不再是目标本身，而是行使第三方权利的一种手段。所描述的此种解释的目的并不是打开黑匣子，而是展示算法是如何达到这个结果的，并强调该结果的达成符合相关方的既定规则和权利。

275

因此，有人说，GDPR"解释权"的范围比数据主体在个人基础上援引的补救机制要广泛得多。它引入了一种更一般的数据处理系统监督形式，对其设计、原型制作、现场测试和部署都具有深远影响（Casey et al.，2019）。

这一立场主张在自动决策领域"通过设计实现数据保护"，即在早期阶段就预见到与算法结构有关的可解释性问题。换句话说，算法不仅要在事后可以解释，而且要在事前通过设计可以理解。

其目标不仅仅是透明性——例如，关于使用了哪种数学方法或算法的结构是什么——而是更具挑战性的"合理透明性"，这在结构上取决于对决策过程的合理性进行实质性评估。后一种立场标志着目前与 Loomis 案裁判观点的最大区别——就算法结构的干扰而言，以确保收件人能够理解基于算法作出的决策。如果在 Loomis 案例中，管理黑匣子的策略完全是事后的，并且对算法的设计没有影响，则 GDPR 可能被解释为强加了解释义务，要求对算法的操作具有合理的透明度。这需要法律和算法专家之间的密切合作，以构建可由设计解释的算法。

后一种立场标志着目前在对算法结构的干扰方面与 Loomis 判例的最大距离，以确保基于算法作出的决策能够被目标理解。如果在 Loomis 案例中，管理黑匣子的策略完全是事后的，并且对算法的设计没有影响，那么 GDPR 可以被解释为规定了解释义务，并要求对数据进行合理的透明算法操作。这种责任在结构上要求法律和数字专业知识之间的密切结合，以便建立在设计上可以解释的算法。

3.6 一种解释不适合所有情况

关于 GDPR"解释权"含义的法律辩论尚未结束。很明显，这项规定已经帮助改变了算法的设计方式。随着对自动决策进行解释的需求日益增加，为了提高算法及其结果的可理解性，人们提出了一些技术方面的解决方案。

从技术的角度看，广义的"解释"是"决策受众与决策者之间的信息'接口'，其既是决策者意志的代表，同时又是能为决策受众所理解的"（Guidotti et al.，2018，第 5 页），有很多方法来构建它。

计算机科学文献表明，可解释性，即"以人类可以理解的术语解释或提供含义的能力"，与可理解性，即与"黑盒子本身如何工作"相关的能力，两者之间并非完全一致。可理解性与"黑箱本身是如何工作的"有关：一些模型侧重于解释特定的投入产出关系，另一些则侧重于整个模型的一般逻辑（Guidotti et al.，2018，第 5 页）。

在构建解释算法的解决方案时，可以在事后解释方法和事前解释方法之间进行选择。前者是依照从结果开始的路径，通过逆向工程（也称为事后解释性）逆推提供解释，后者是允许开发可解释的预测模型（Guidotti et al.，2018）。

目前，已针对这些分类的每个分支开发了不同的模型，其优缺点也在持续研究中。

然而，有人说，从技术角度来看，一个严重的障碍是对什么是解释缺乏一致意见（Guidotti et al.，2018，第 36 页）。换句话说，有很多可用的"信息接口"，或者至少是有很多可实现的"接口"，但不清楚选择哪一个。从法律的角度来看，这并不奇怪。解释一项决策没有单一的方法：解释取决于上下文和受众。

正如世界经济论坛最近一份题为"探索未知水域"的报告所显示的那样，适当的解决方案只能来自使用人工智能的场景。特别是，该报告根据所追求的目标管理对可解释性的方法进行了划分，从而将不同策略下千变万化的"解释"进行了分类：（a）人工智能系统的有效性是充分的，因此不需要解释；（b）人工智能使用的模型或逻辑需要高度透明，因此需要专门针对这一模型或逻辑进行解释；（c）理解决策背后的理由比解释模型技术结构更重要，因此有必要提供即使没有专业算法知识背景也能轻松理解的洞见，并揭示人工智能决策背后最相关的因素；（d）其旨在任何情况下控制人工智能系统的行为，因此应包括保障措施。

然而，上下文并不是唯一相关的参数，因为即使确定了上下文，一项决策也不一定只有一种解释。事实上，根据有权要求解释主体的不同，解释本身也可以（而且必须）有所不同。如果消费者根据算法自动归因的信用评分而被拒绝贷款，那么可能有足够的反证来表明，消费者的信用评分是由算法自动给出的。在这种情况下，可能只需提供反事实证据，以表明哪些评估要素对负面决定的影响最大，以及该要素的最小边际增加幅度是多少，以至于颠覆决策。另外，当解释的对象是监管机构时，关注点将不可避免地从单一决策结果转移到决策过程中，更一般地说，转移到算法的结构上。此外，解释的重点将不再是最具有相关边际变化的要素，而是模型在遵守监管规则与法律规定（首先是反歧视法）的情况下运行的能力。

因此，不可能形成一个对所有决策都有效的解释模型，每个决策都需要一个量身定制的解释模型。

4. 合规职能面临的新挑战

4.1 解释义务

那么，下一个问题是企业是否应该承担制定被认为适当的保障措施和解释的责任。

至少在欧盟，答案是肯定的。上述 GDPR 条款似乎已经足以施加这一义务，特别是 GDPR 问责原则（第 5 条）要求机构能够确保并证明遵守了与处理个人数据相关的原则。

正如《数据保护工作组指南》第 29 条所述，应要求公司将指导流程的逻辑告知数据主体，以便所有数据主体了解作出决定的原因（2018 年第 29 条工作组，第 14 页）。

然而，很明显，如果不对定义充分的边界进行解释，则该结论将失去效力。正如所观察到的，面对许多可用的解决方案，作为有权获得解释的主体，其对选择哪个解释不可能毫不在意。

一般而言，监管机构应该说明何时需要对算法决策的可解释性提出要求，并就如何满足不同利益相关者的这些要求提供指导（金融创新监管障碍专家组，2019，第 41 页）。考虑到技术发展的快节奏及其颠覆性，可以补充的一点是，完全基于特定规则的监管方法可能过于僵化而无法发挥作用。通过制定用以指导企业制定个性化解决方案的通用标准对企业进行监管，可能更加合适。

考虑到数字创新的步伐快速，即使是这一解决方案也可能来得太晚了。事实上，企业可能（经常）会比监管机构更早发现（并能够识别）其活动中出现的突发风险。因此，企业可能在不违反明确规则的情况下通过服务外包转移新风险带来的影响，这是一个立法尚未涉及的灰色地带（Armour et al.，2018，第14 页）。

4.2　前瞻性合规

该框架在法律文献中提出了"前瞻性合规"方法的建议，根据该方法，合规职能的行使过程应该是动态的，不仅侧重于行为发生时适用的规则，而且还应考虑到公司可获得的实际知识，关注它们未来的发展轨迹。

换句话说，根据这一令人信服的立场，为了在企业内部消化风险，合规部门应制定可能比当前监管状态要求更高的准则，而无须等待监管机构来管理新的风险（Armour，2018）。

聚焦人工智能的透明度问题，有理由相信——至少在欧盟——前瞻性合规是人工智能行业的未来发展趋势，由于前瞻性合规是一种基于风险的综合性合规方式，由此产生的合规成本缺乏透明度，且无法由第三方承担，必须在企业内部消化。

除了 GDPR，融合的例子还有 MiFID II 算法交易框架和 2017 年欧洲议会决议，以及向机器人民法规则委员会提出的建议。

一方面，MiFID II 第 17 条要求从事算法交易的投资公司实施适合其经营业务的有效系统和风险控制，以防范诸如技术风险（如交易系统具有弹性并具有足够的容量）和法律风险（如交易系统不能用于任何违反欧盟第 596/2014 号法规或与其相关的交易场所的规则之目的）等诸多风险。更一般地说，通过扩大有效系统、风险控制和披露义务的实施范围，以应对与不同活动相关的风险（做市商、一般结算会员等），第 17 条明确规定了一种基于风险的方法，强制要求投资公司进行事前评估，进而管理来自算法交易的可预见风险，以避免市场混乱或滥用。

另一方面，欧洲议会决议强调"透明度原则，即始终有可能提供在人工智能帮助下作出的，任何可能对一人或多人的生活产生实质性影响的决策背后的理由"，并得出结论"必须始终可以将人工智能系统的计算量减少到人类可以理解的形式"（第 12 节）。这一立法表述应关联立法的责任部分一起理解，责任部分认为"由机器人导致的民事损害赔偿责任，适用包括财产损失赔偿在内的各项法律解决方案。未来立法不应以任何方式限制可恢复损害的类型或程度，也不应仅以损害是由非人类因素造成为理由，限制向受害方提供的赔偿形式"（第52 条）。这一立法框架显示了将适用人工智能的风险加诸部署人工智能一方的立法意图。

此外，从那时起，一些欧盟机构已经开始编制报告和指南，以解决因使用人工智能而出现的跨部门问题。这些问题在银行和金融部门表现得尤为明显，在这些部门，透明度不仅是保护消费者的手段，也是确保有效监管的工具。从这个意义上讲，数据合规似乎已经从 GDPR 选择的主要强调数据主体权利的视角，转向强调基于人工智能用户风险内部化的一般义务的视角。

由于采取了跨部门的联合规范的合规行动，即使发生违法违规行为，公司的主动合规也可以作为对特定风险进行预防性管理的证据，从而减轻公司基于过失的侵权责任和声誉损失（Armour，2018，第 19 页）。不难想象，正确使用黑盒算法将不会缺少对可预见结果和风险的充分评估和管理策略。

这种管理几乎不可避免地意味着前瞻性合规。实际上，人工智能逻辑的"外来性"可以使大部分典型的合规控制功能过时：基于（a）以人为本的问责制，（b）反映迟钝的保障措施，以及（c）在人工智能环境中，变化和持续适应是"新常态"，静态透明度和审计要求不可能有效。面对必然不断变化发展的企业经营业务，合规控制功能至少应同步改变，积极主动应对，并能够预见未来趋势和可能出现的关键性问题。

必须补充的是，虽然成本可能较高，但这种前瞻性合规方法有几个优势（特别是对于在监管下运营的大公司而言）。主动合规允许与其他参与者，尤其是与监管机构进行对话，以寻求作为最佳合规实践进而成为监管标准的解决方案。不难想象，在金融科技这一调动了巨量经济资源的普遍的全球现象中，主要玩家会通过制定并推广标准来形成竞争优势。在数字创新环境中，通常具有以下特点：在赢家通吃的数字创新环境中，成为标准制定者实际上是一个决定性的优势。

5. 结　语

金融科技革命所带来的新技术有许多不可否认的优势，但也带来了新的风险。其中有一些风险是已知的，只是现在以新的形式出现；还有一些是全新的。在后者中，人工智能的不透明性是令人担忧的问题之一，即人工智能算法是根据人类无法理解的"推理"路径作出选择的。缺乏透明度是由多种因素共同造成的：（a）算法在极短时间内处理的数据量；（b）构成决策过程的大量隐藏层；（c）算法的自适应能力；以及（d）机器和人类使用的不同逻辑。

缺乏透明度不仅会引发衡量算法决策正确性和效率的问题，还会引发有关这些决策对第三方的影响的问题。因此，算法决策的合法性问题就产生了：算法决策的不透明性使其显得专制，对受影响的第三方的权益不敏感。

随着算法解决方案在不同行业的广泛应用，对可解释人工智能的需求也在增长。虽然在最初的司法判例中，法律推理并未质疑算法的设计，但在最近明显由新的 GDPR 方法推动的裁判中，算法决策的合法性与其解释性被联系在一起。一般而言，监管机构应明确何时需要算法决策的可解释性要求，并提供关于如何满足不同利益相关者的可解释性要求的指导（金融创新监管障碍专家组，2019，第 41 页）。

然而，数字创新的快速发展意味着企业将比监管机构更早地发现（和识别）来自对社会有害的活动的紧急风险。

关注人工智能透明度问题是有道理的，至少在欧盟，缺乏透明度所带来的成本不能由第三方承担，而必须由企业内部承担。企业及其董事的任务，尤其是合规部门的任务，应该是动态的，即使在具体法规尚未制定的情况下，也要关注可预见的人工智能风险。

此外，由于标准制定者的优势地位，企业，尤其是大型企业，有动力提出前瞻性的合规解决方案。因此，人工智能在商业运营中的使用本身就已经在鼓励一种更主动、更有活力的行动路线：不接受这一挑战并不意味着停滞不前，而是被甩在后面。

参考文献

Armour, John. 2018. The Case for "Forward Compliance", The British Academy Review 34: 19.

Armour, John, Luca Enriques, Ariel Ezrachi, and John Vella. 2018. Putting Technology to Good Use for Society: The Role of Corporate, Competition and Tax Law, European Corporate Governance Institute (ECGI)-Law Working Paper, no. 427.

Arner, Douglas W., Janos Barberis, and Ross P. Buckley. 2015. The Evolution of Fintech: A New Post-Crisis Paradigm? University of Hong Kong Faculty of Law Research Paper, no. 2015/047.

Arner, Douglas W., Janos Barberis, and Ross P. Buckey. 2016. FinTech, RegTech, and the Reconceptualization of Financial Regulation, Northwestern Journal of International Law & Business 37 (3): 371—413.

Article 29 Working Party. 2018. Guidelines on Automated Individual Decision-Making and Profiling for the Purpose of Regulation 2016/679. https://edpb.europa.eu/our-work-tools/article-29-working-party_en.

Bamberger, Kenneth A. 2006. Regulation as Delegation: Private Firms, Decision making, and Accountability in the Administrative State, Duke Law Journal 56 (2): 377—468.

——. 2009. Technologies of Compliance: Risk and Regulation in a Digital Age. Texas Law Review 88 (4): 669—739.

Busch, Danny. 2016. MiFID II: Regulating High Frequency Trading, Other Forms of Algorithmic Trading and Direct Electronic Market Access, Law and Financial Markets Review 10 (2): 72—90.

Casey, Bryan, Ashkon Farhangi, and Roland Vogl. 2019. Rethinking Explainable Machines: The GDPR's Right to Explanation Debate and the Rise of Algorithmic Audits in Enterprise, Berkeley Technology Law Journal 34: 143—188.

Coglianese, Cary. 2009. The Transparency President? The Obama Administration and Open Government. Governance 22 (4): 529—544.

Coglianese, Cary, and David Lehr. 2019. Transparency and Algorithmic Governance, Administrative Law Review 71: 1—56.

Comandé, Giovanni. 2019. Intelligenza artificiale e responsabilità tra liability e accountability. Il carattere trasformativo dell'IA e il problema della responsabilità. AGE 1: 169—188.

Dada, Emmanuel Gbenga, Joseph Stephen Bassi, Haruna Chiroma, Shafi'i Muhammad Abdulhamid, Adebayo Olusola Adetunmbi, and Opeyemi Emmanuel Ajibuwa. 2019. Machine Learning for Email Spam Filtering: Review, Approaches and Open Research Problems. Heliyon 5 (6): 1—27.

di Castri, Simone, Matt Grasser, and Arend Kulenkampff. 2018. Financial Authorities in the Era of Data Abundance: Regtech for Regulators and Suptech Solutions, SSRN Electronic Journal. https://doi.org/10.2139/ssrn.3249283.

Enriques, Luca, and Dirk A. Zetzsche. 2019. Corporate Technologies and the Tech Nirvana Fallacy, Hastings Law Journal. https://doi.org/10.2139/ssrn.3392321.

European Banking Authority. 2020. EBA Report on Big Data and Advanced Analytics. https://

www.eba.europa.eu/file/609786/.

European Commission. 2018. Coordinated Plan on Artificial Intelligence. https：//digital-strategy. ec. europa.eu/en/library/coordinated-plan-artificial-intelligence.

Expert Group on Liability and New Technologies—New Technologies Formation. 2019. Liability for Artificial Intelligence and Other Emerging Digital Technologies. https：//op.europa.eu/en/publication-de-tail/-/publication/1c5e30be-1197-11ea-8c1f-01aa75ed71a1/language-en/format-PDF.

Expert Group on Regulatory Obstacles to Financial Innovation. 2019. Thirty Recommendations on Regulation，Innovation and Finance：Final Report of the Expert Group on Regulatory Obstacles to Finan-cial Innovation. https：//ec.europa.eu/info/publications/191113-report-expert-group-regulatory-obstacles-financial-innovation_en.

Financial Stability Board. 2017. Artificial Intelligence and Machine Learning in Financial Services. https：//www.fsb.org.

Guidotti，Riccardo，Anna Monreale，Salvatore Ruggieri，Franco Turini，Fosca Giannotti，and Dino Pedreschi. 2018. A Survey of Methods for Explaining Black Box Models，ACM Computing Surveys 51 (5)：1—42.

High-Level Expert Group on AI presented Ethics Guidelines for Trustworthy Artificial Intelligence. 2019. Ethics Guidelines for Trustworthy AI. https：//ec.europa.eu/digital-single-market/en/news/ethics-guidelines-trustworthy-ai.

Hunt，Elle. 2016. Tay，Microsoft's AI Chatbot，Gets a Crash Course in Racism from Twitter. Guardian，March 24. https：//www.theguardian.com/technology/2016/mar/24/tay-microsofts-ai-chatbot-gets-a-crash-course-in-racism-from-twitter.

Martens，Pam. 2014. Jamie Dimon：JP Morgan Employs 30000 Programmers. Wall Street on Parade，April 22. https：//wallstreetonparade.com/2014/04/jamie-dimon-jpmorgan-employs-30000-pro-grammers/.

McPhail，Lihong，and Joseph McPhail. 2019. Machine Learning Implications for Banking Regulation. SSRN Electronic Journal. https：//doi.org/10.2139/ssrn.3423413.

Miller，Geoffrey P. 2014a. The Compliance Function：An Overview. NYU Law and Economics Re-search Paper，no. 14—36. https：//doi.org/10.2139/ssrn.2527621.

——. 2014b. The Role of Risk Management and Compliance in Banking Integration. NYU Law and Economics Research Paper，no. 14—34. https：//doi.org/10.2139/ssrn.2527222.

——. 2017. The Law of Governance，Risk Management，and Compliance. 2nd ed. New York：Wolters Kluwer Law & Business.

Nature. 2016. Digital Intuition. Nature 529 (7587) (27 January). https：//doi.org/10.1038/529437a.

Packin，Nizan Geslevich. 2018. RegTech，Compliance and Technology Judgment Rule，Chicago-Kent Law Review 93 (1)：193—218.

Selbst，Andrew D.，and Julia Powles. 2017. Meaningful Information and the Right to Explanation，International Data Privacy Law 7 (4)：233—242.

Suss，Joel，and Henry Treitel. 2019. Predicting Bank Distress in the UK with Machine Learning. Staff Working Paper. Bank of England. https：//www.bankofengland.co.uk/working-paper/2019/predic-ting-bank-distress-in-the-uk-with-machine-learning.

The Federal Reserve Board of Governors in Washington DC. 2011. Supervisory Letter SR 11-7 on Guidance on Model Risk Management. https：//www. federalreserve. gov/supervisionreg/srletters/

sr1107.htm.

Wachter, Sandra, Brent Mittelstadt, and Luciano Floridi. 2017a. Why a Right to Explanation of Automated Decision-Making Does Not Exist in the General Data Protection Regulation. International Data Privacy Law 7 (2): 76—99.

Wachter, Sandra, Brent Mittelstadt, and Chris Russell. 2017b. Counterfactual Explanations without Opening the Black Box: Automated Decisions and the GDPR, Harvard Journal of Law and Technology 31: 841—887.

World Economic Forum. 2019. Navigating Uncharted Waters: A Roadmap to Responsible Innovation with AI in Financial Services. https://www.weforum.org/reports/navigating-uncharted-waters-a-roadmap-to-responsible-innovation-with-ai-in-financial-services.

Zeranski, Stefan, and Ibrahim E. Sancak. 2020. Digitalisation of Financial Supervision with Supervisory Technology (SupTech), Journal of International Banking Law & Regulation. https://doi.org/10.2139/ssrn.3632053.

Zetzsche, Dirk A., Ross P. Buckley, Douglas W. Arner, and Janos N. Barberis. 2017. From FinTech to TechFin: The Regulatory Challenges of Data-Driven Finance, University of Hong Kong Faculty of Law Research Paper, no. 2017/007.

Zetzsche, Dirk A., Douglas W. Arner, Ross P. Buckley, and Brian Tang. 2020. Artificial Intelligence in Finance: Putting the Human in the Loop. https://papers.ssrn.com/abstract=3531711.

第五部分
企业合规和法律实施

第 13 章　利益相关者的合规计划：从合法性管理到合法性

1. 法人的合法性和刑事责任

对于将刑事责任归于法人的理由，可以用两种截然不同的方式来理解。首先，实施制裁，无论是刑事的还是行政的，都是一种监管形式，类似于立法者或政府机构使用的其他类型的积极或消极激励措施，比如税收、税收优惠、补贴、不同性质的制裁、透明度要求等（Baldwin and Cave，1999）。从这个角度来看，潜在的刑事制裁风险对企业管理人员建立有效的内部合规程序以预知与预防违法行为提供了激励。对法人的处罚，并不代表着任何形式的责难，或至少这只是次要方面。与其他激励措施相比，刑事制裁的主要优势在于其具有更强的威慑力，而威慑力则通过更高级别的保障来抵消（Nieto Martín，2008；Feijóo Sánchez，2016；另见 Kölbel，2016）。从这个角度来看，究竟是刑事处罚、行政处罚还是其他性质的处罚，其实是次要的。基于这个原因，所有那些提出真正的惩罚和对法人的制裁/惩罚之间存在质的区别的学者，都可以被认为坚持了这一立场（Cigüela Sola，2016；Goena Vives，2017；概述参见 Feijóo Sánchez，2015；Galán Muñoz，2017）；大多数学者认为这些"虚假惩罚"具有监管作用。然而，对法人刑事责任的监管观点与对法人真正有犯罪能力的理解形成对比。对于坚持这一观点的作者来说，刑事责任意味着真正的罪责，因此施加惩罚意味着社会和道德谴责（Bacigalupo Sagesse，1998，Gómez Jara Díez，2015；美国奖学金，参见 Laufer，2006，第 57 页及以下，70ff）。

尽管这两种选择之间存在明显差异，但持何种立场对于所产生的实际后果并无不同。无论是从监管的角度理解刑事责任，还是将其理解为真正的犯罪，在建立归责模式方面，这都不会产生实质性差异。两种观点都认为，导致犯罪的根源在于企业组织本身存在过错。自我责任模型是当今的主流学说，在这种范式下，监管或刑事愿景不会影响合规计划的构建。例如，两种观点都一致认为营造守法文化是合规计划的基本组成部分。其中一个原因是，正如学者们多年来一直指出的，除了内部控制等纯技术手段外，员工价值观培养也是加强企业组织控制的重要方式（COSO，2017）。最后，对刑事责任的具体理解也与制裁的设计无关：经济/结构模型与更多基于执法金字塔的理论之间的争论，与如何解释责任毫不相关（Nieto Martín，2012）。

本文试图以一种也会产生实际后果的方式在刑事制度中明确法人刑事责任的含义。刑法不仅仅是一种监管工具（Silva Sánchez，2016、2020；Kölbel，2016），在法人刑事责任的视域内，我们需要准确说明这一"不仅仅"具体指什么。

这里的建议是采用合法性的概念作为我们的研究重点。简言之，本文将就以下论点展开，施加惩罚具有互动反馈价值，这将其与其他类型的监管措施区分开来。对法人施加刑事处罚具有使其丧失合法性的效果。这种损失不应与名誉损害相混淆，名誉损害是一个经验和社会事实，而刑事处罚意味着企业在法律层面丧失合法性。由于犯罪，企业失去了法律对其的部分信任，正是这种信任赋予其一定程度的自我组织的自主权（本文第 2 节）。

通过从合法性丧失的角度理解对法人实体的刑事处罚，我们可以将关于法人刑事责任与企业社会责任（CSR）的研讨联系起来，后者的主要功能在今天被理解为确保企业在其所处社会环境中的合法性（Suchman，1995；Rendtorff，2018）。合法性是当前企业管理领域面临的一大挑战。原因有二：首先，合法性是一个企业组织正确履行其职能，并取得成功的基本要素。合法性缺失的企业会在市场营销、员工招聘、政企关系等方面面临各种各样的问题。其次，涉及大型企业，它们不再仅仅是简单的经济主体，而是真正的治理主体，与政府等其他治理主体类似，其治理权来源于其干预公共生活和融合他人生活的能力（Scherer and Palazzo，2001、2006）。因此，大型企业的管理标准应与国家等政治组织的合法化标准保持一致（Parker，2002）。

在这种情况下，企业社会责任需要改变其长期处于法律体系边缘的情况。企业社会责任必须从单纯的自发性管理工具转变为企业治理法律规制中的变革性要素。争议的焦点在于确定利益相关者在公司管理中的作用，并将其利益在公司治理中制度化（Matten and Crane，2005）。这方面已提出了一系列建议如提高非财务资产负债表的透明度或在理事机构中设立公众利益代表（本文第 3 节）。

法人刑事责任与企业社会责任的契合意味着合规计划的功能超出了企业法律风险管理，尤其是那些源于刑事责任的法律风险管理的范畴。合规计划的目标是保证企业经营活动在社会层面与法律体系中的合法性。企业合法和经营守法之间是一种包容关系。显然，一家企业必须尊重法律规范才能合法，但这只是第一步（本文第 4 节）。

将惩罚定义为"去合法化"的第二个后果涉及刑罚制度。法人犯罪意味着法律制度不能再依赖于法人的自组织能力。因此，对于法人的违法行为，必须通过比罚款更有力的制裁予以回应，由此彰显法人合法性的丧失，即刑事制裁必须意味着法人自组织能力的丧失。正如监禁所代表的适用于自然人的刑事制裁一样，也有必要为法人设计新型的、比罚款具有更大威慑力的刑事制裁措施。在这方面，公司解散是大多数法律规定的刑罚手段，它标志着企业的合法性因犯罪而终结。然而，从治理逻辑上讲，仍有必要制定较为轻缓的去合法化制裁措施。本文的最后一部分，草拟了一项反映合法性丧失的适当的刑事制裁体系（本文第 5 节）。

2. 作为去合法化手段的刑罚

惩罚的实施意味着合法性的丧失，某种担忧认为会导致所谓的惩罚表达理论的诞生，这一观点对该种担忧进行了回应。乔尔·范伯格（Joel Feinberg）在

20 世纪 60 年代中期提出这一理论时，他这样做是为了解决一个类似于本文开头所表达的担忧：刑罚与其他惩罚或制裁有什么区别？众所周知，范伯格发现了不同类型的惩罚在表达功能上的差异。刑罚是一种向对犯罪负有刑事责任的人"表达"社会对其犯罪行为的谴责和指控的行为方式（Feinberg，1965；Harcourt，2001）。

刑罚的表达功能理论（The expressive theories of punishment）并未取得多大成功，至少在欧盟国家是如此（Rodríguez Horcajo，2016，第 44 页；Gómez Jara Díez，2008）。这其中有几个原因。不赞成是一个决定性因素，而不是刑罚的功能或目的（Peñaranda Ramos，2019，第 244 页），因此，其实用性降低了。刑罚的一般预防目的和特殊预防目的才是真正重要的，因为它们超出了刑罚的目的，所以其表达特征也仅仅是某种同义反复。诚然，刑罚的概念可以用来为施加惩罚增加另一项合法性要求。事实上，范伯格将刑罚与危害原则联系起来：不赞成是因为刑罚必须针对最具社会危害性的行为（Harcourt，2001，第 159 页及以下）。然而，在这一领域，其他原则如相当性原则、有效保护法益原则等为证明刑罚而非谴责的必要性提供了更为有用和准确的论据。

在社会或经验层面上，没有人可以否认对自然人施以刑罚意味着对其的否定性评价，因此也意味着对其的社会污名化。这种社会污名化也有助于阻吓犯罪。然而，这种社会污名化无法进一步制度化，因此也不具有确切的法律效力。

在自然人犯罪情况下，如果刑罚的目的是让犯罪者重新回归社会，对罪犯的社会污名化作为刑罚的副产品，就应当尽可能降低或避免。我们通过社会污名化罪犯有什么好处？社会污名化是否会使其后续重新融入社会变得更加困难？对罪犯的社会污名化意味着一种侮辱性的惩罚，具有强烈的去社会化属性。为了克服这些障碍，一些表达功能理论的支持者认为，否定性评价只发生在法律层面，指向的不是犯罪者，而是犯罪行为。但在这种情况下，它的功能类似于辩证法的功能，即否认之否认，这一观念在当代一般积极预防理论中仍然存在：刑罚要表达的是法的有效性，并不针对违法者的行为。

与自然人相关的刑罚的表达功能理论的主要问题实际上是宪法性质的。从宪法上讲，将规范性效果归因于刑罚所产生的否定性评价或社会性谴责是不可接受的。如果通过施加刑罚来表明某些人比其他人更合法，国家将侵犯人的尊严（Lascurain Sanchez，2021）。合法性的丧失和对个人能力的信任不能在执行判决的背景下发挥作用。监禁在大多数宪法制度中是合法的，但前提是它是自愿的。这意味着，即使是为了确保行为的合法性，国家也不得在未经行为人同意的情况下对行为人施加影响并改变其人格。即使是出于刑罚的再社会化目的，传统上也仍然认为，它应该仅限于说服该人在未来不再犯罪，而非直接改变其信念或意识形态。

然而，将刑罚的表达功能理解为去合法化，可以帮助我们理解刑罚的含义和法人的刑事责任，因为这与刚才指出的宪法障碍并不相关。声誉损害作为刑罚的社会或经验效果，可以提供规范性内容（Gómez Tomillo，2015，第 48 页及以下）。通过刑罚表示法人被剥夺合法性是一种警告，表明在法律上可能不再承认其主体地位。法人只有在对社会有用，并在尊重合法性的同时，为个人的自由发展服务才有意义。因此，从历史上看，它们的创建需要获得授权。解散法人组织这一刑罚方式几乎存在于所有法律制度中，这表明停止承认一个组织的法人资格的可能性。与解散法人组织这一刑罚相对应的，即自然人的死刑，按照欧洲宪法价值观是绝对不能接受的。

施加刑罚意味着法律对法人社会效用失去信任，因此对法人合法性也失去了信任。法律通过承认法人资格赋予信任，但这种信任逐渐降低。可以将其描述为基于积分的驾驶执照。连续犯罪将剥夺法人的"合法性积分"，从而使判决变得越来越具有侵入性，降低法人的自组织能力，直到解散（Braithwaite，2013）。这种去合法化将以一系列制裁的形式表现出来，其目的是降低该法人实体领导者的组织能力。这些制裁与罚款不同，不影响实体的资产，而是影响其管理人员的权力，从而影响其持续参与实现真正刑事犯罪的能力。

如果施以刑罚意味着去合法化，那么执行刑罚必须意味着恢复失去的信心，换言之，增加社会责任感。正如让罪犯重新社会化有益于社会一样，增进企业的社会责任，即企业合法性，同样有益于社会。通过刑罚执行恢复合法性，将与企业刑罚的两个具体目的相结合：首先，满足受害者或受犯罪影响者的利益，使其在刑罚执行方面发挥比自然人犯罪更大的作用。就自然人犯罪而言，其存在也会引起相当大的不信任（关于企业犯罪的受害者，参见 Forti 等人，2018；Guardiola Lago，2020；Hall，2013；Planchadell Gargallo，2016；Saad Diniz，2019）。其次，它将提供不再重新犯罪的保证，这意味着判决的执行应以改善合规程序为导向。

无论是刑罚意义上的去合法化，还是对受害者利益的满足，抑或对不再重新犯罪（特别预防）的保证，都不会与一般预防或威慑相冲突，后者仍然是刑罚无可争辩的目标之一。刑罚的目的是削弱企业领导者的权力，这一事实比罚款具有更大的威慑作用。虽然经济制裁可以等同于生产成本，但权力丧失的情况并非如此。与行政罚款相比，罚金作为法人刑罚中的最终刑罚方式，其一般预防效果并不突出。只有其实施的刑事背景，才有助于解释事实上存在的差异。

显而易见的是，以受害者为导向的刑罚执行符合基于利益相关者的合规模式。从企业社会责任的角度来看，受害者实际上是利益相关者。因此，如果合规计划将其置于系统的中心，那么刑罚执行也应该如此。

3. 作为企业社会责任目标的合法性管理

人们一致认为，合法性是当前企业管理中的一个主要问题，尤其是在大企业中。传统上，企业活动因其对社会效益的贡献而被认为是合法的，或者被简单地视为理所当然。在欧洲，更严格的监管意味着立法者必须在满足企业经济目标的同时，平衡社会需求、公共利益和股东追求之间的关系。这种严格的监管使得合法性问题变得更加重要。

与此不同，美国的发展是有所区别的，也正是因为如此，企业社会责任在美国较早出现。有几个因素可以解释这一点：自建国以来，美国社会对企业的不信任是根深蒂固的；管理层对社会利益的代表性，特别是工人通过工会的代表性，低于欧洲（例如，德国等国家将工会代表纳入共同管理机构）（AlfaroÁguila Real，2021）；此外，自进步主义的黄金年代以来，美国一直强烈反对国家监管（Laufer，2017）。在这种情况下，企业社会责任实现了双重功能：它被当作企业的社会沟通策略，以缓解社会对其活动的反应，同时也被用作于与政府进行谈判的策略，以说服企业明白自我规范比国家监管更有效（Brammer et al.，2012）。

在早期阶段，企业社会责任是与社会和监管机构相关的商业战略问题。目标是在自愿的基础上将社会和环境问题纳入企业管理。尽管没有明确提出可以重新定义公司宗旨或社会职能的更深层次的变革，更不用说公司治理了。股东的经济利益仍然高于利益相关方的社会利益。正如欧盟委员会明确指出的，自愿行动也是企业社会责任的一个关键要素。

自 20 世纪 90 年代以来，这种情况逐渐发生变化，出现了一系列更具创新性的企业社会责任趋势。这种变化是由一系列事件推动的，这些事件与大企业对公民和政府公共决策的影响力增大有关。大企业强大的经济实力意味着它们的决策不仅会影响与其有合同关系的公民（消费者、工人），还会影响其他社会成员。由于全球化导致国家监管能力减弱，跨国公司的权力进一步增强，使它们能够选择最符合自身利益的法律秩序。

企业权力的增加也导致它们制定标准和设计执行实践的能力提高。许多全球监管制度是由企业自己制定的"私人法"。在食品质量等领域，认证机构对全球国际贸易监管的影响大于国家法律（Nieto Martin，2019；Van der Meulen，2011）。此外，国家立法者越来越多地呼吁自我监管，这进一步增强了跨国企业对公民生活影响的能力。

自律监管可以被视为一种行使公共职能的方式（Bamberger，2006）。在许多领域，甚至连执法权都在下放，例如反洗钱犯罪领域。因此，自律监管作为一种监管手段，是通过授权行使权力的方式，规避了宪法和行政法对政府当局的履职要求。这种监管权力的非常规行使可能会破坏公共目标，因为企业的决策过程旨在获取经济利益，很容易通过自律监管或受托执法来破坏公共利益，存在利益冲突的可能性非常高。如果金融机构根据反洗钱立法的规定，制定防止资金流入的协议，那将是与金融机构存在的本质相背离的。因为这些原因，无论是作为更大权力的体现，还是作为效率的要求，自律监管都必须受到一系列与合法性、透明度和问责制相关的限制。从这个角度来看，合规计划是自律监管的一种需要合法性和控制的方式，因为它将"刑罚权"即预防、扣押和协助起诉犯罪行为的权力交给了企业。

在这种背景下，新的企业社会责任理论应运而生，这些理论批评了公司法的经典配置，特别是公司治理，其中只解决了所有权和控制权之间的经典紧张关系，目的是保护股东和投资者的利益传承（参见 Arora 等人 2020 年的不同贡献）。公司法本身并不需要承担保护其他利益的责任，因为法律体系的其他部门已经存在为此目的服务的法律机制。然而，正如我们前面所看到的，正是在法律体系的其他部门中，立法越来越难以提供充分的保护，特别是在全球范围内。

在这些新情况下，讨论的重点是建立能够提升企业合法性的制度和法规。总的指导原则是，在领导和管理企业时，应适用类似于公共机构的代表性、透明度和问责制的规则。所有这些都是为了让利益相关方在股东面前扮演更核心的角色。毫不奇怪，在这场运动中，甚至在达沃斯峰会上，也有人谈论"利益相关者资本主义"（世界经济论坛，2020 年）。现在让我们看一下这些制度化形式是什么，并回顾它们与监管合规的关系。

4. 利益相关者利益的制度化与合规计划的意义

4.1 规制理论与合法性

企业社会责任的新趋势正在推动提高公司治理合法性的要求。监管理论和公法的提议与此相吻合。在提出提高企业合规性的战略时，这些建议指向了相似的方向。

克里斯托弗·斯通（Christopher Stone，1975）在监管理论方面的工作具有远见。他不仅提出了我们今天讨论的大部分问题，而且还提供了与下面将要提出的方案非常相似的解决方案。斯通的主要论点是，法律必须采取更具针对性的策略，使企业行为符合法律并尊重社会利益。对法人行为的监管比对自然人行为的监管更为复杂。在法人的决策中，人们会考虑价值观，在集体决策中采用降低后的道德标准。无论企业的领导者有多大动机因为制裁威胁来尊重合法性，此类制裁都会逐渐失去其恐吓性（另见 Bamberger，2006，第 417 页）。罚款所代表的经济风险在企业必须面对的众多风险中被稀释，被归类为远期风险，最终成为次要问题。

斯通认为，前进的道路是干预企业的"良心"（Schort and Toffel，2010，第361 页），也就是说，干预企业的决策过程，以促进其达成尊重合法性和公众利益的决策。这是一个在这些程序中引入平衡因素的问题，这些程序使商业决策倾向于集体利益和监管合规。该提案标志着公司法发展过程中的一个重要变化。一方面，公司法传统上拒绝以指导法人决策为目的进行干预。另一方面，公司法将自己局限于旨在解决股东与企业管理者之间的冲突，而没有考虑商业活动所产生的其他社会冲突。当然，可以说环境法、消费者权益保护法等已经承担了捍卫这些利益的任务。但这里考虑的是，这些外部监管是不够的，因为其有效性的发挥需要改变企业决策过程。

这个目标已经通过某些管理理论进行了尝试，例如团队生产（Blair and Sout，1999）或管家理论（the stewardship theories），在这些理论中，管理者被要求考虑所涉及的各种利益。虽然人们总是认识到平衡很复杂，公司内部经济利益的压力总是导致决策严重偏向经济考量（Parker，2002，第 3ff 页）。

斯通的论断已被其他当前研究证实，例如 Schort 和 Toffel 的研究（2010）。在这些研究中，人们发现，企业对合法性的尊重不能依赖于一种"黑箱"，在这种"黑箱"中，一方面是制裁的威胁，另一方面企业的行为预计会违反法律。这种策略通常会产生负面结果，并鼓励表面上的合规，最终会给企业带来违法的道德风险。矛盾的是，合规计划最终削弱了企业对法律标准的遵守。道德风险甚至可能导致在合规计划中引入越来越多的控制措施，使其规模过大，从而产生不必要的成本。

斯通的工作不仅提供了一个论断，还提出了一系列策略，以使公司的决策有利于集体利益。在这方面，我们可能会注意到一些建议。例如，重组管理机构，引入明确维护集体利益的管理人员，或要求公司在作出决策之前，就新业务或运营的环境或人权影响提交报告。这种监管策略包括进入法人的"大脑过程"以指导其决策，这可能被认为是不寻常的，因为对自然人来说毫无意义，而对法人来说则没有宪法上的障碍。在这种情况下，遗产是受到这些措施影响的利益，当然不是人的尊严或人格的自由发展，这是在自然人的情况下受到类似措施影响的利益。可以看出，根据监管理论形成的创造企业"良心"的想法，与重新制定公司治理制度以实现利益相关者民主的主张不谋而合，这种利益相关者民主寻求更大程度地代表受监管影响的不同利益。这条道路也与在行政法基础上提出的，旨在提高自律监管合法性的建议相一致。

除了我们刚才提到的贡献之外，监管理论还对何为最有效的监管模式进行了深入研究。在这个意义上，第一个相关理论的贡献是纯粹的自愿并不能产生有效的自我监管，但也不是刑法所采用的纯粹的被动监管策略。刑事制度的构建模型与测速摄像头、守株待兔的巡警和意外造访企业并检查其组织机制（例如，其职业风险预防计划）以发现违规行为并实施制裁的检查员的工作机制类似。这一策略在促进企业组织内建立更有效的危害预防方法和在决策过程中考虑集体利益方面不是很有效。基于这个原因，建议监管机构进行更为持续的监督，其目的是伴随与引导，而不仅是监察与惩罚。

在与刑法相关的合规计划方面，纯粹被动的监管存在于洗钱、数据保护等方面，但并没有针对刑事合规计划的全面监管。企业只会在因其侵权行为而接受刑事审判时才会面临对其合规计划的审查。基于这个原因，考虑发展反腐机构是非常有意义的，这些机构将监督合规计划的实施，并以合作的方式进行。

在税法框架内，经合组织一直致力于发展与此类监管策略相应的合作合规，从而使税务稽查机构与大企业之间形成一种新型关系。这是一种基于透明与信任，而非相互猜疑的关系。建立这种关系需要相互沟通，以凸显合规中的问题，并共同解决（Martín Fernandez，2018）。在合作合规中，刑罚并未消失，而是作为最后手段使用。

这些反思虽然与合法性问题无关，但在逻辑上对此有积极的影响。斯通的观点认为，在透明和信任的环境下，公共机构对公司决策过程的干预，在决策中重视公共利益方面，构成了另一种制衡。在某些行业，更严格的"元监管"也可以同样的方式使用（Coglianese and Mendelson，2010）。正如我们所指出的，鼓励自律监管实际上是将公共职能私有化，这增加了企业权力及其对公民权利的影响力。为了将自我监管作为一项战略结合起来并保护公民的权利，在最敏感的领域加强"元监管"是可取的。例如，德国《法人刑事责任法（草案）》中对内部调查的"元规则"就迈出了非常积极的一步（Noninterference，2019，

§18）。毫无疑问，从保护受企业违法违规行为影响者权益的角度来看，企业为了与司法部门合作以减轻或免除处罚而进行的内部调查是最危险的执法私有化形式之一。因此，这种"元监管"调查要求考虑一系列基本保障措施，以限制企业权力并保护受影响者的权利。

正如本节开头所指出的，企业社会责任、监管理论和公法中存在趋同与互补的立场。当前必须要求企业具有更大的合法性，这必须通过旨在使公共利益或利益相关者参与企业决策的各种途径来实现。这种新型合规计划模式可以概括为：从"以股东为导向"到"以利益相关者为导向"的合规模式转变。这种新情况不仅包括企业内部合规计划的一些关键要素的更新，还包括企业外部新型监管方式"合作合规"的出现，以及旨在保护弱势群体利益的"元监管"的发展。后两个问题在本文中暂不述及。

4.2　利益相关者合规计划

合规计划是风险管理框架中的一项业务管理工具。根据公司法，风险管理是管理者对股东负有的重要义务。公司治理准则和公司法都认为这是董事必须关注的事项。合规计划的目的是保护股东的财产利益，并将遵守法规作为勤勉义务的基本要素。因此，除了公司可能要承担刑事责任外，合规计划的设计、实施或监督不力也可能导致对管理者的社会责任诉讼。

可以看出，当前合规计划的职能明确回应了公司法和公司治理发展中的一个关键问题，即股东与管理者之间的紧张关系或公司所有权与管理权之间的分离。虽然合规计划旨在推动守法和尊重公共利益的企业文化，但它也有与管理理论相同的原始缺陷。最终，决定公司行为的是公司和股东的经济利益。只要守法的企业文化与经济利益保持可接受的平衡，守法文化就会盛行。因此，在当前合规计划的版本中，不能说这些计划构成了所谓的利益相关者民主的一部分，其既不是对抗政府监管权力的工具，也不是旨在通过赋予不同利益代表更多表达权来提高公司的合法性的新的制衡手段。

在当前合规计划的发展方向中，制裁法人实体被认为可能会阻碍企业追求目标的风险。对法律或刑事风险的评估与对战略或市场风险的评估没有区别。

小风险，无论对公众或第三方利益的损害有多大，都不一定会被考虑在内。

报告义务或透明度标准的确立更多地考虑了股东或投资者的观点。合规计划的内容是风险控制系统的一部分，也是管理层陈述的一部分。这再次表明合规计划是为了股东或潜在投资者的利益而制定的，并没有考虑社会利益，而后者是企业社会责任报告所关心的内容。然而，几乎无需再强调，这两种类型报告的准确性和完整性标准，以及关于虚假陈述法律后果的规定，是完全不同的。传统上，企业社会责任报告更类似于广告和营销手册，而不是会计或财务报表准则，因此更接近于误导性广告犯罪，而不是虚假陈述。

与合规计划概念相关的还有作为内部控制的一部分的合规计划，以及将合规职能分配给董事会内的专门委员会（如审计与合规委员会）的想法。表面上看，引入代表公众利益的董事到董事会中，以及设立特定的董事会委员会，其中必须占多数的董事是独立的，这些建议似乎与当前公司法的发展趋势相一致。然而，这些新的内部机构和董事职能的出现是为了保护财产权益，例如在资本分散的企业中保护小股东。它们面临的问题仍然源于所有权和控制权的分离导致的代理问题。因此，当监管合规制度赋予这些机构或董事委员会职能时，公共利益并没有被纳入企业治理中（Gutiérrez Urtiaga and Sáez Lacave，2012）。

不幸的是，这种对立关系影响了对"监督机构"［如西班牙和意大利的"监督机构"（Organismo di Vigilanza）］作为合规计划基本组成部分的理解（Valenzano，2019）。将审计委员会视为履行监督机构职能的偏见阻碍了监督机构在兼顾公众和利益相关者利益的公司治理体系中充分发挥其潜力。因此，监督机构继续受到与风险管理和内部控制所面临的代理问题相同的影响。综上所述，可以看出合规计划的设计和构思包含了一个基本缺陷，阻碍了其效能的充分发挥。因此，合规工具仍被认为是为了保护与公司良好管理相关的财产利益，而不是为了保护刑法等公法所保护的公共利益。因此，法人的利益最终在企业决策过程中占主导地位。当然，本文并不是要提倡企业管理的"社会化"，企业管理必须继续履行市场经济赋予其的职能。我们的目标是将合规计划转变为公司治理的一部分，以抵制不惜一切代价追求利润的行为，通过追究法人刑事责任或设立各种行政法规，提高企业合规计划中对公共利益的考虑权重。

在设计这种新的合规模式时，必须考虑来自企业社会责任领域的建议，如上所述，这些建议与监管理论的观点是一致的。在制度和方法上，企业合规方式的转变可以被认为是企业从内部控制转向企业社会责任的过程。按照这种转型路径，笔者将改革建议分为以下三个方面：体制、程序和透明度。

4.2.1　合规计划的制度改革

一开始提出的将利益相关者纳入公司治理的建议是将公共利益代表纳入董事会。这个提议超越了独立董事或非执行董事的范围，正如之前所提到的，这些董事已经纳入了公司治理的传统核心，在董事会内有一个声音，其职能完全是为了捍卫环境、人权或诚信（反腐败），这将是创造"企业良知"的机制，也是对完全基于经济利益的决策的制衡。目前企业管理机构中的平等政策与这类倡议的运作方式相距不远，这也是为了鼓励企业对平等政策作出更大的承诺，从而在这一点上创造公司的"良知"。

然而，公共利益倡导者的理念难以实施，也不能保证其有效性。面临的问题有很多（参见 Stone，1975，第 122 页）。第一个是被监管对象"俘获"的问题。这个问题在立法机关或监管机构中是众所周知的，公共利益的代表也面临着类似甚至更大的风险。因为"代表"可以成为一种职业、一种生活方式，只有当一个人对最终雇用并支付自己薪水的企业持宽容与友善态度时，才能更好地开展"代表"工作。第二个问题是边缘化问题：公共利益代表将被视为企业组织内的外来物或病原体，当企业组织在分享信息和作出决策时，会试图将其排除在外。与前一个问题相关的第三个问题是监管途径问题：代表公共利益或利益相关者的管理者的有效性的一个主要问题是，作为企业组织的领导者，他们没有履行其职能所需的物质和人力资源。也就是说，虽然股东的经济利益可以支配企业组织的所有部门和资源，但公共利益代表在企业实体内部缺乏执行机构。

解决"俘获"问题至少需要对公共利益代表进行一些最低限度的监管，从而建立某些关于监管价值观、职能与利益冲突规则的要求。某些公共机构也应参与公共利益代表的选择，例如，证明代表的能力或以其他方式给予批准。至于边缘化问题，还需要采取立法措施确保代表参与某些事项，对阻止代表获取信息的情况进行有效制裁，并确定其责任。

第三个问题的解决方案对我们来说尤为重要，那就是在公司内部组建一个独立的分支机构：合规部门。如上所示，根据当前的概念，该机构通常在功能和方法上都是内部控制的一部分。

构建一个体系化的利益相关者合规计划需要将该部门设立为独立机构，在首席合规官的指导下赋予其在企业内部的代理权和自主决策权。首席合规官应成为社会责任和合规事务的总负责人，并向企业中代表公共利益的负责人汇报工作。

从逻辑上来看，这种转变需要一个法律基础，甚至可以包括有关新部门的预算和工作程序的指导方针。内部监督机构是构建这个新体系的有利基础。当前的情况是，内部监督机构并没有明确的制度设计，因此需要将其从以财务控制为核心的传统公司治理机构中分离出来。在西班牙，审计委员会已经确认了这一点（Emisores Españoles，2019）。将内部监督机构定位于利益相关者和股东之间，使其成为新的公司治理模式中的关键机构。该机构由代表公共利益的董事组成，并与公司董事会相对立。

在德国、意大利和其他一些国家，公司法规定了双重管理制度，即董事会的提议可能会受到监事会的反对。我们所面临的实际上是如何解决这种紧张关系的问题（Valenzano，2019，第97页）。监事会的设立是为了回应内部工人利益制度化的需求，而监管合规委员会必须满足更广泛的公共利益要求，这可能与工人利益产生冲突。因此，监事会（Collegio Sindacale）并不是履行监督机构职能的最佳选择。

另一个提议是建立更多不同领域的公共利益代表机构。这并不是要改变全球合规职能的性质，而是将合规重点放在一些需要引入公共利益的商业领域。这里可以想象两种不同的情景。第一种是在某个行业存在重大合规问题或风险的企业。例如，假设一家大型零售企业在童工普遍存在的国家经营，并因此遇到问题。在这种情况下，我们可以考虑成立一个具体的合规工作组，由企业内部具有独立地位的人员组成，他们将全权负责制定内部控制措施以确保企业合规。第二种情况是立法者设立特定的独立合规官来维护公共利益。这种做法与数据保护、反洗钱或证券市场等领域的做法类似（Kloppt，2012）。负责这些职能的人员具有特殊的独立地位，与相应的监管机构的联系比与公司董事会的联系更紧密。在所有这些情况下，法律措施不仅为他们提供了独立性，还解除了他们与公司董事会的功能联系。因此，负责反洗钱的人员有责任直接向政府当局报告可疑交易，而不需要先向董事会报告，再由董事会向主管部门报告。这种在企业内部设立特定部门作为公共利益代表的模式可以扩展到环保、反腐败等其他领域，相关部门不仅追求其在企业内部的独立性，还与受企业影响的利益群体或相应政府机构保持联系。

4.2.2　新程序

第二种利益相关者参与模式可以作为前一种模式的补充，也可以作为一种较为温和的替代方案。这种模式涉及在企业组织内设计具体的程序，以实现决策符合公共利益的结果。我们指出，组织在作出决策时依靠或多或少正式的规则和程序，有时会导致不理性的决策，这尤其在信息不足或存在认知偏见的情况下如此，因为认知偏见会忽略或低估特定风险（Cigüela Sola，2016）。举例来说，高层管理人员通过正确管理信息渠道可以掌握全面的财务和经济信息，但这些信息在影响利益相关者利益方面并没有明确界定；此外，这些信息常常以有偏见的方式呈现给管理者，认为公司的活动会增加或减轻给集体利益带来麻烦的程度（Bamberger，2006，第 418 页）。因此，提出的建议是引入制度规则来影响企业决策方式，将集体利益放在企业的"良知"中（Stone，1975，第 199ff. 页）。

在这种情况下，最需要更新的流程是风险评估。我们已经指出，目前这一活动主要从内部角度出发，旨在实现企业的经济目标，这与内部控制的目标完全一致。然而，作为监管合规的新"航标"，企业应加强风险评估，全面评估企业活动对公共利益的威胁。为了实现这一点，需要将这些利益"实际"纳入评估程序中。《联合国跨国企业指导原则》提出了朝着这个方向前进的指导。这些原则要求引入独立专家的分析，并征求受影响社区的意见。这个建议并非凭空产生，使用与集体利益代表相关的独立第三方监测已经成为履行供应链尽职调查义务的标准机制（Nieto Martín，2020，第 151ff. 页）。

从这个意义上说，新一代标准逐渐将利益相关者纳入不同的程序中。例如，

ISO 14001 关于环境方面和 ISO 45001 关于职业健康与安全方面的标准，都规定了相关方参与风险评估或识别商业活动带来的损害。这些 ISO 标准还要求透明度措施的遵守，在危机和紧急情况下尤为重要〔参见 Giavazzi，"健康、安全和环境（HSE）管理系统中的合规管理与危害处置"〕。

4.2.3　透明度的发展

透明度是提高组织合法性的常见方法。然而，在商业组织中，透明度传统上只与市场相关的功能有关，即保护股东或投资者的利益。与监管合规或企业社会责任相关的透明度讨论也通常基于这些利益。一方面，有观点认为，负责任的企业也是最赚钱的企业，因此投资者有权获得这些信息。此外，至少在合规标准下，这些信息也有助于评估公司的法律风险。另一方面，企业在这些方面的信息也在消费者群体中传播，让消费者可以奖励或惩罚企业的社会责任行为，从而将消费行为政治化。

作为业务合法性和利益相关者导向的管理工具，提高透明度的需求最近才开始发展（Hess，2007；Jackson et al.，2020）。透明度的功能是增强组织的问责制，为利益相关者赋予权力并承诺服务。这种新的透明度要求是企业社会责任的新方向，即企业权力的增强和自我监管在实现公共利益方面的重要性。这意味着私有化的公共职能产生了与公共行政部门类似的透明度义务。

例如，最近英国、美国加州和澳大利亚通过了要求企业在其官网公布尽职调查措施的规定，旨在向公众传达企业为防止供应链上的童工或现代奴役采取的预防措施（Sabia，2021）。这些举措也符合联合国跨国企业指导原则的要求，该原则要求大公司采取透明度措施作为问责制的一种形式。

全球报告倡议组织（GRI）制定了最重要的透明度标准，包括披露环境、反腐败、童工和人权尊重方面的合规措施。该倡议旨在建立利益相关者和公司之间的对话，以赋予利益相关者权力，并影响公司的决策和行为。对于反腐败，该倡议要求公司公开信息，包括评估的业务总数、已识别的重大腐败风险、反腐政策的培训和宣传措施以及已发现的腐败案件等（GRI，2020，第1—3页）。

欧盟 2014/95 号指令可能是为非金融信息建立全球性标准的努力，这些信息涉及反腐败、环境或侵犯人权等与合规同等重要的问题，包括国际劳工组织关于基本工作条件和禁止童工的标准。指令的序言指出，披露非财务信息有助于衡量、监督和管理公司的绩效及其对社会的影响。

2014/95 号指令最重要的方面是将非财务信息置于与财务报表同等重要的位置，并要求在管理报告中公开这些信息。非财务信息最重要的风险是，透明度最终可能变成公司的一种宣传工具。这些信息可以作为一种"表面合规"的方式，掩盖合规计划的缺陷，这也是威廉·劳弗（William Laufer）所描述的"合规悖论"的另一种表现。要解决这个问题，首先需要将报告制度标准化，这在一定程度上已经实现，因为企业必须使其信息符合现有标准。例如，GRI 是最重要的标准之一，还有其他标准，如由欧盟和联合国创建的标准。同样重要的是，未来还需要加强审计制度。欧盟指令只要求审计师检查财务信息是否包含在管理报告中，但不要求其对非财务信息的准确性发表意见。为了实现这一点，企业理应像保留财务信息所依据的证据一样，保留非财务信息所依据的证据。

透明度义务的存在赋予了合规文件作为合规计划不可或缺的一部分的新含义。有效的合规计划需要制作精良的合规文件，以证明其有效性。然而，到目前为止，生成和保存合规文件主要是作为法律防御工具使用的。如果法人受到刑事诉讼，合规文件（例如员工反腐败培训记录）可以用于向法官证明相关合规计划的存在和运行。

一旦确立了透明度义务，与合规相关的文件将开始承担类似会计记录的功能。它们的主要任务不仅是证明发布的非财务信息的准确性，还包括证明发布的非财务信息在非财务报告中的准确性。为了确保这些信息更加客观，确保所有利益相关方进行协商和参与同样重要。与利益相关者参与计划中出现的问题相似，关键是避免利益相关者被"捕获"，避免他们的观点再次成为掩盖合规计划缺陷的一种方式（Parker，2002，第 157ff. 页）。

5. 制裁制度和合法性

前面已经提到，合规计划的目标不应仅仅是被动遵守法律。合规的目的是主动确保企业的合法性，使其价值观与社会主流价值观保持一致。因此，对企业管理的刑罚执行应该被视为否定企业管理方式的手段。刑罚的目的是通过赔偿受害者和确保企业不再犯罪来恢复企业的合法性。

这些目标使得企业刑事处罚更加接近恢复司法理论的假设（Nieto Martín，2021；García Arán，2020；Gaddi，2020；Guardiola Lago，2021）。越来越多的学者认为，这种新的刑罚方式不仅仅是传统刑罚制度的替代或补充，而是应成为主流刑罚制度的组成部分。在法人犯罪的情况下，受害者导向的刑罚制度使受害者在刑罚的制定和执行过程中发挥了主导作用。虽然在自然人犯罪的情况下存在一些困难，但在法人犯罪的情况下，这种制度更为可行。

目前，以罚金作为刑罚手段的企业刑事处罚制度无法满足这些要求。当然，罚金也是自然人犯罪的一种刑罚手段，但通常伴随其他刑罚措施一起应用。然而，在法人犯罪的情况下，目前所有的刑罚手段旨在剥夺法人作恶的权利，这些手段也可以通过其他机构来实施，例如关闭经营场所、禁止签约、罚款，甚至解散法人。因此，有必要建立一个具体的刑罚类型目录，与刑罚的去合法化相关，并满足之前提到的具体目标。和对自然人刑罚的情况一样，这种惩罚应该是最后的手段。因此，根据这个提议，我们需要就此展开讨论，以找到指导立法者区分刑事处罚和行政处罚的标准。仅仅认为只要功能相同，罚金的性质就不重要是不够的。这一协议的达成是国际刑事政策战略的结果，这一战略旨在在不引发国际冲突的前提下协调各国的权力，既然这一目标已经实现，现在是时候更加积极行动了。

与其他监管措施相比，对法人的处罚本质上必须旨在减少其管理机构的自组织能力。这种限制企业权力的措施超越了仅涉及经济利益的罚金刑的力度。经济处罚对法人实体的描述通常遵循法律经济学分析方法，指出刑罚的威胁可以激励企业管理者增加合规投入，完善合规计划。一个理性的经济行为人会投入与预期罚金相当的成本来避免刑事处罚。这一解释与公司法中传统的经营方式相吻合。正如前面所提到的，企业监管从未渴望通过进入企业的"决策中枢"来改变其决策过程。刑法盲目自信地认为，通过罚金刑促使企业领导者合规，并改变企业的合规文化，显然是不可行的。

所谓的结构模型（structural model）提出了以干预企业经营活动为主要刑事

处罚模式的理论，这一理论更加深入，因此更接近我们所提出的刑罚模型。对企业经营活动的干预当然是一种刑罚手段，它可以降低法人自主经营的能力，目的是重组法人实体，确保企业不再犯罪。然而，对于干预的确切含义和内容，目前没有太多共识。因为干预是外部因素，它不会影响法人的公司治理，也不会直接影响其权力。干预侧重于改进合规计划，忽视了对企业刑事处罚的恢复性目标以及对受害者利益的考虑。最后，干预并不是一种可以广泛采用的惩罚方式，因为其实施成本非常高。

根据本文所提到的刑罚含义和具体目标，剥夺企业管理者的权力并将其移交给受害者或代表公共利益的机构（如税务机构、市场保护机构、环境保护机构等）是对法人实体的理想刑罚方式。所谓的股权罚金（equity fine）是目前最适合实现这些目标的刑罚方式。该方式由科菲（Coffee，1990；Kennedy，1985）提出，并已被澳大利亚等国家采用（Braithwaite，2013）。股权罚金包括减少每股面值并发行等值的新股。最初的设计中，这些新股成为国有财产。如果罚金很高，或者企业是累犯，经过数次处罚后，国有机构可能成为有影响力的股东，甚至对企业形成一定程度的控制。

另一种线下类型，真正的刑罚措施，可能是针对信托基金的构成，由独立管理人甚至公司本身掌握，其任务是在一定时期内制定赔偿行动或社会项目。这种类型的基金将是面向受害人的（正如我们所指出的，他们实际上是实体利益相关者中的一类）企业社会责任的强制性行为。

除了上述罚金刑外，还可以考虑适用社区干预，该种刑罚旨在保护受害者并将受企业行为影响群体的代表纳入法人的企业治理过程中。与通常的干预制裁不同，社区干预将受影响群体的代表置于企业管理机构中。受害者和受影响方将拥有一定的企业控制权，如任命"公共利益"董事的可能性。在我们的合股体系中，他们可以成为监管机构的一部分。社区干预可能比公共或司法干预更有效，可以改善法人合规制度的措施。这将使公司更好地理解其必须面对的合规问题，并为约翰·布雷斯韦特（John Braithwaite）提出的响应式自我监管打开大门。

进一步的刑罚措施包括：对受害者的告知义务等强制性的强化透明度措施；

在企业内部开展犯罪原因调查并公开调查结果的义务；更高要求的非财务报表审计系统等。

本文无法更深入地探讨旨在提高企业合法性、赔偿受害者和保证不再犯的恢复性刑罚制度的发展（参见 Nieto Martín，2017、2021）。然而，这些刑罚类别已经可以从刚才的分析中显见：（1）与公司透明度和信息相关的刑罚；（2）旨在确保受害者和受影响的各方在企业管理机构中存在的干预型刑罚；（3）恢复性刑罚。

拟议制度具有赋予法人刑事责任一种自然人刑事责任所缺乏的关联性的优点，因为刑罚与自然人的不法行为有关。可以看出，其中许多刑罚的内容与上一节中提出的以利益相关者为导向的合规计划有关。此外，适用这些刑罚手段并不意味着会失去与罚金有关的一般预防作用。影响企业管理权比影响企业经济利益更有效，这种对权力的影响无法用经济价值衡量，或可视为另一种生产成本。

这些刑罚措施的主要优点之一是，它们是处理法人大规模犯罪的理想刑罚方式。试想一下，如果因某一法人实体参与种族灭绝、反人类或强制奴役劳动而对其施以罚金，是极不合适的。与企业不法行为的严重性相称的金钱制裁会非常高，很可能导致该实体破产，而这样做对社会来说并无益处。犯下此类罪行的企业在社会上可能仍有存在必要，因为有时甚至连那些受其影响的群体和受害者自身也依赖于这些企业。如果制裁会导致失去有利于受影响者的法人经营自主权，或有利于受影响社区发展的长期社会项目，那么执行刑罚显然得不偿失。无论如何不应忘记，在对自然人与法人实施的刑罚中，不应单独寻求刑罚与犯罪之间的罪刑相当性，但这两种刑罚都是相关的，并表明了不法行为的严重程度，正如《西班牙刑法》第31条第1款所充分强调的那样（参见 Mongil-lo，2016）。

6. 结　语

显然，本文是一项亟待实现的法律要求，而非对任何现行刑事责任制度的解释。然而，其中提出的一些设想，特别是那些与合规计划的准备有关的想法，已经可以实施。例如，企业可根据本文给出的建议设立监督机构，或者加强企业组织内负责合规和内部控制的人员与企业社会责任部门之间的联系。如今，在大多数企业中，这两个领域彼此相距不远，却没有意识到二者功能非常相似。事实上，任何对此项建议的理论价值持有异议的人，都可以在应用层面实践这一建议。前段时间，笔者曾指出，合规项目的"表面合规"问题其实是一个合法性问题，只有向法人实体之外的独立第三方开放合规计划的设计与实施才能解决这一问题（参见 Nieto Martín，2012b）。

当然，本文中表达的许多观点需要进一步发展——或许还需要修正。同样地，正如地球上人类的出现是在地质学上最后几秒发生的事件，法人责任也是法律史上最后千分之一秒才出现的事件。因此，法人责任显然还需要反思并找到其存在的意义。正如笔者在本文开篇所解释的，主流观点将企业刑事责任仅设想为另一种监管工具，而没有将其归因于任何与其他现有工具相关的专门功能。这与刑法在我们社会中所具有的象征性意义形成反差甚至冲突（参见 Nieto Martín，2012b）。

参考文献

Alfaro águila-Real，J. 2021. La sociedad anónima alemana y la sociedad anónima Española Almacén de Derecho, 9 January. https：//almacendederecho.org/49460-2.

Arora，B.，A. Kourula，and R. Phillips，eds. 2020. Thematic Symposium：Emerging Paradigms of Corporate Social Responsibility，Regulation，and Governance. Special issue，Journal of Business Ethics 162（2（March））.

Bacigalupo Sagesse，S. 1998. La responsabilidad penal de las personas jurídicas. Bosch.

Bamberger，K. 2006. Regulation as Delegation：Private Firms，Decision Making，and Accountability，Duke Law Journal 56：377—466.

Baldwin，R.，and M. Cave. 1999. Understanding Regulation：Theory，Strategy and Practice，Oxford：Oxford University Press.

Blair，M.，and L. Sout. 1999. A Team Production Theory of Corporate Law，Virginia Law Review 85（2）：247—328.

Braithwaite，J. 2013. Strategic Socialism，Strategic Privatisation and Crises，Australian Journal of Corporate Law 28：35—59.

Brammer，S.，G. Jackson，and D. Matten. 2012. Corporate Social Responsibility and Institutional Theory：New Perspectives on Private Governance，Socio-Economic Review 10：3—28.

Coffee, J. C., Jr. 1990. 'Carrot and Stick' Sentencing: Structuring Incentives for Organizational Defendants, Federal Sentencing Reporter 3: 126—129.

Coglianese, C., and E. Mendelson. 2010. Meta-Regulation and Self-Regulation. In The Oxford Handbook on Regulation, ed. M. Cave, R. Baldwin, and M. Lodge, Oxford: Oxford University Press.

COSO [Committee of Sponsoring Organizations of the Treadway Commission]. 2017. Enterprise Risk Management: Integrating with Strategy and Performance. COSO website. https://www. coso.org.

Cigüela Sola, J. 2016. El injusto estructural de la organización: Aproximación al fundamento de la sanción a la persona jurídica. Indret 1 (December).

Emisores Españoles. 2019. Grupo de trabajo sobre responsabilidad penal de las personas jurídicas, final report. Emisores Españoles. website, 19 June. https://emisoresespanoles.es/documentos/informe-grupos-trabajo-03.pdf.

Feinberg, J. 1965. The Expressive Function of Punishment. The Monist 49 (3 (July)): 397—423.

Feijóo Sánchez, B. 2015. El delito corporativo en el Código penalespañol. Civitas.

——. 2016. Réplica a Javier Cigüela. InDret 2.

Forti, G., C. Mazzucato, A. Visconti, and S. Giavazzi, eds. 2018. Victims and Corporations: Legal Challenges and Empirical Findings. Cedam: Wolters Kluwer.

Gaddi, D. 2020. Materiales para una conformidad restaurativa. Estudios Penales y Criminológicos 40.

Galán Muñoz, A. 2017. Fundamentos y límites de la responsabilidad penal de las personas jurídicas tras la reforma de la LO 1/2015. Tirant lo Blanch.

García Arán, M. 2020. Algunas bases para la justicia restaurativa en la delincuencia socioeconómica. In Libro Homenaje al Prof. Diego Luzón. Reus.

Goena Vives, B. 2017. Responsabilidad penal y atenuantes en la persona jurídica. Madrid: Marcial Pons.

Gómez Jara Díez, C. 2008. ¿El dolor penal como constructo comunicativo? InDret 2.

——. 2015. La incidencia de la autorregulación en el debate legislativo y doctrinal actual sobre la responsabilidad penal de las personas jurídicas. In Autorregulación y Sanciones, ed. L. Arroyo Jimenez and A. Nieto, 2nd ed., 249—318. Martín Thomson.

Gómez Tomillo, M. 2015. Introducción a la responsabilidad penal de las personas jurídicas. 2nd ed. Aranzadi.

GRI [Global Reporting Initiative]. 2020. GRI Standards. Global Reporting Initiative website, 19 May. https://www.globalreporting.org.

Guardiola Lago, M. J. 2020. ¿Es posible la justicia restaurativa en la delincuencia de cuello blanco? Estudios Penales Y Criminológicos 40.

——. 2021. Fundamentos de la justicia restaurativa en la delincuencia socioeconómica, in Garcia Arán M. (dir.), Justicia Restaurativa y Delincuencia Socioeconómica, Tirant lo Blanch, Valencia.

Gutiérrez Urtiaga, M., and M. I. Sáez Lacave. 2012. El mito de los consejeros independientes. InDret 2.

Hall, M. 2013. Victims of Environmental Harm: Rights, Recognition and Redress under National and International Law, London: Routledge.

Harcourt, E. 2001. Joel Feinberg on Crime and Punishment: Exploring the Relationship Between the Moral Limits of Criminal Law and the Expressive Function of Punishment, Buffalo Criminal Law Review 5: 145—172.

308

Hess, D. 2007. Social Reporting and New Governance Regulation: The Prospects of Achieving Corporate Accountability through Transparency, Business Ethics Quarterly 17 (3): 453—476.

Jackson, G., J. Bartosch, E. Avetisyan, D. Kinderman, and J. S. Knudsen. 2020. Mandatory Nonfinancial Disclosure and its Influence on CSR: An International Comparison, Journal of Business Ethics 162: 323—342.

Kennedy, C. 1985. Criminal Sentences for Corporations: Alternative Finding Mechanisms, California Law Review 73 (2): 443—482.

Kölbel, R. 2016. Herausforderungen für das regulatorische Strafrecht. In Die Verfassung moderner Strafrechtspflege: Erinnerung an Joachim Vogel, ed. K. Tiedemann, U. Sieber, H. Satzger, C. Burchard, and D. Brodowski, 379—400. Nomos; Erinnerung an Joachim Vogel.

Kloppt, T. 2012. Der compliance Beauftragte. Duncker & Humblot.

Lascurain Sánchez, J. A. 2021. Azotes no, pero prisión prolongada sí. Almacén de Derecho website, 4 January. https://almacendederecho.org/.

Laufer, W. 1999. Corporate Liability, Risk Shifting, and the Paradox of Compliance, Vanderbilt Law Review 52: 1341ff.

———. 2006. Corporate Bodies and Guilty Minds: The Failure of Corporate Criminal Liability, Chicago: University of Chicago Press.

———. 2017. The Missing Account of Progressive Corporate Criminal Law, New York University Journal of Law and Business 14 (1 (September)): 71—142.

Martín Fernandez, J. 2018. Cumplimiento cooperativo en materia tributaria. Lefevre.

Matten, D., and A. Crane. 2005. What Is Stakeholder Democracy? Perspectives and Issues, Business Ethics: A European Review 14 (1 (January)): 6—13.

Mongillo, V. 2016. La repressione della corruzione internazionale: costanti criminologiche e questioni applicative. Diritto penale e processo 10: 1320ff.

Nieto Martín, A. 2008. La responsabilidad penal de las personas jurídicas: un modelo legislativo. Iustel.

———. 2012a. Looking for a System of Sanctions for an EU Normative. In Corporate Criminal Liability and Compliance Programs. Vol. 2, Towards a Common Model in the European Union, ed. A. Fiorella, 313—339. Jovene Editore.

———. 2012b. Cosmetic Use and Lack of Precision in Compliance Programs: Any Solution? Eucrim 3: 124—127.

———. 2017. Empresas, víctimas y sanciones restaurativas: ¿cómo configurar un sistema de sanciones para personas jurídicas pensando en sus víctimas? In La víctima del delito y las últimas regulaciones procesales penales, ed. M. de Hoyos Sancho, 315—330. Pamplona: Editorial Aranzadi.

———. 2019. Transformaciones del ius puniendi en el Derecho global, in Nieto Martin A. and García Moreno B., Ius Puniendi y Derecho Global, Tirant lo Blanch, Valencia.

———. 2020. Transformaciones del Ius Puniendi en el Derecho global. In Ius Puniendi y Global Law, Hacia un Derecho penal sin Estado, ed. A. Nieto Martín and B. García Moreno, 17—101. Tirant lo Blanch.

———. 2021. Justicia empresarial restaurativa y víctimas restaurativas. In Responsabilidad empresarial, derechos humanos y la agenda del derecho penal corporativo, ed. P. Galain and E. Saad-Diniz. Tirant lo Blanch. Also available in "Ecocidio: un giudice penale internazionale per i 'crimini contro la Terra'?"

http://www.lalegislazionepenale.eu/.

Parker, C. 2002. The Open Corporation: Effective Self-Regulation and Democracy, Cambridge: Cambridge University Press.

Peñaranda Ramos, E. 2019. La Pena: Nociones Generales. InIntroducción al Derecho penal, ed. J. A. Lascuráin Sánchez, 221—260. Tecnos.

Planchadell Gargallo, A. 2016. Las víctimas en los delitos de corrupción (Panorama desde las perspectivas alemana y española). Estudios Penales y Criminológicos 36: 1—77.

Referentenentwurf. 2019. Referentenentwurf des Bundesministeriums der Justiz und für Verbraucherschutz. Entwurf eines Gesetzes zur Bekämpfung der Unternehemenskriminalität.

Rendtorff, R. 2018. The Concept of Business Legitimacy: Corporate Social Responsibility, Corporate Citizenship, Corporate Governance as Essential Elements of Ethical Business Legitimacy. In Responsibility and Governance: The Twin Pillars of Sustainability, ed. D. Crowther, S. Seifi, and T. Wond, 45—60. Singapore: Springer Nature.

Rodríguez Horcajo, D. 2016. Comportamiento humano y pena estatal: disuasión, cooperación y equidad. Madrid: Marcial Pons.

Saad Diniz, E. 2019. Victimología Corporativa. Tirant lo Blanch.

Sabia, R. 2021. The Accountability of Multinational Companies for Human Rights Violations: Regulatory Trends and New Punitive Approaches Across Europe, European Criminal Law Review 11 (1): 3ff.

Scherer, A., and G. Palazzo. 2001. The New Political Role of Business in a Globalized World: A Review of a New Perspective on CSR and its Implications for the Firm, Governance, and Democracy, Journal of Management Studies 48 (4 (June)): 899—931.

——. 2006. Corporate Legitimacy as Deliberation: A Communicative Framework, Journal of Business Ethics 66: 71—88.

Schort, J., and M. Toffel. 2010. Making Self-Regulation more than Merely Symbolic: The Critical Role of the Legal Environment. Administrative Science Quarterly 55: 361—396.

Silva Sánchez, J. M. 2016. 'The Marriage of the Regulatory Process and the Criminal Law' — Eine verfassungsrechtlich kritische Einführung. In Die Verfassung moderner Strafrechtspflege: Erinnerung an Joachim Vogel, ed. K. Tiedemann, U. Sieber, H. Satzger, C. Burchard, and D. Brodowski, 411—422. Nomos: Erinnerung an Joachim Vogel.

——. 2020. ¿Derecho penal regulatorio? Indret 4.

Stone, C. 1975. Where the Laws End: The Social Control of Corporate Behavior. New York: Harper & Row.

Suchman, M. C. 1995. Managing Legitimacy: Strategic and Institutional Approaches, Academy of Management Review 20 (3): 571—610.

Valenzano, A. S. 2019. L'illecito dell'ente da reato per l'omessa o insuficiente vigilanza. Jovene Editore.

Van der Meulen, M. J., ed. 2011. Private Food Law: Governing Food Chains through Contract Law, Self-Regulation, Private Standards, Audits and Certification Schemes, European Institute for Food Law series. Vol. 6. Wageningen Academic Publishers.

World Economic Forum. 2020. Davos Manifesto 2020: The Universal Purpose of a Company in the Fourth Industrial Revolution. Website of the World Economic Forum. https://www.weforum. org/the-davos-manifesto/manifesto.

第 14 章 探索反腐败领域的自愿和强制性合规计划

多纳托·沃扎

1. 自愿和强制性反腐败合规计划

建立企业责任制度，旨在激励、强制推行或跟踪监督合规计划的有效实施。这是当前许多国家打击企业不法行为的公共政策的特征（Leigh，1982；Stessens，1994；Eser et al.，1999；De Maglie，2005；Ford and Hess，2009；Pieth and Ivory，2011；Fiorella et al.，2012；Giudicelli-Delage and Manacorda，2013；Garrett，2014；Garrett，2020；Engelhart，2014；Forti et al.，2014；Nieto Martín and de-Morales，2014；Arlen，2016；Arlen，2017；Arlen and Kahan，2017；Haugh，2017；d'Ambrosio，2019）。

始于 20 世纪 60 年代的"现代合规法"，是作为一种应对诸如环境污染犯罪、贿赂外国公职人员犯罪、恐怖主义融资和洗钱等新类型企业犯罪的预防与治理方式出现的（Miller，2014）。目前，合规已成为一项"独特的法律实践领域"，涉及多个不同的业务门类（Miller，2014，第 438 页）。一系列法规、决策和准则的制定，正在不断扩大合规计划的对应范围，补充合规计划的对应内容。企业、管理层和员工必须应对如何修订和更新合规职能、完善内部控制机制、确保充足的合规预算投入等多重挑战（Hunter，2011）。同时，"惯例/黑字体法（black letters of the laws）"等法律规定，正在深刻地影响企业的组织结构和经营活动，推动形成新的企业治理模式。

然而，近年来，企业犯罪和"表面合规"等不利于培养积极商业道德的案件数量仍有所增加（Stucke，2014）。事实上，正如一些研究文献所指出的，如今的企业并不比过去的更具道德观（Baer，2009），实施合规不仅会增加成本（Krawiec，2003），且不一定能消除任何企业的不法风险（Hamdani and Klement，2008）。在普遍存在不道德和非法行为的时期（包括大规模丑闻和企业累犯），企业亟须采取合规措施来增强预防与抵制不法行为的能力（Stucke，2014）。

反过来，这些证据促使学术界和政府当局反思企业合规的作用（Chen and Soltes，2018），通过进一步加强刑事责任和合规执法，为加强企业诚信提供新的解决方案。这一趋势的特点是规定实施合规计划的义务。同时，合规的行政化和刑事化正在显著改变处理这些问题的方法（Miller，2014；Haugh，2017）。尽管有大量关于反腐败的文献，但在考虑到最近的事态发展，这一主题在当前各国关于企业合规的学术研究中得到的关注却远远不够。

众所周知，反腐败是在全球范围内引入企业责任和合规的激励因素，各国政府当局正在制定新的合规战略（尤其是在遏制腐败方面）。本文将重点讨论的问题是，反腐败法可能如何影响大企业对合规计划的采纳与实施。正如要讨论的那样，最近的一项制度创新是强制合规，如法国法律中所作的相关规定。此外，最近在全球范围内出现的一个趋势是，强制合规往往是通过与企业达成的审前决议来实现的，旨在解决企业刑事案件，特别是外国商业贿赂案件。

本文旨在探讨反腐败法可能对大型企业采纳和实施合规计划的影响。下一节将概述在实施腐败相关犯罪之前（即事前）和之后（即事后）向企业提供的合规计划激励措施和义务。本文将重点关注基于激励和义务构建的反腐败立法制度样本，例如美国、英国、法国和意大利等国家的相关法律，以及在这些法律中存在的问题。探讨此主题是因为，对合规方案采纳和实施的激励和义务之间的区别，标志着在强化企业合规预防方面存在两种截然不同的方法。

通过对法律激励和义务的分析，本文第 3 节将探讨反腐败合规计划的通过或实施是不是自愿的、被激励的或被法律强制的，并讨论在何种程度上是如此。

从企业角度看，这一区别具有现实意义。实际上，企业可以自主决定是否采纳和有效实施合规计划。因此，合规计划的适用与否并不会影响企业的刑事责任认定。企业适用合规计划也可能受到法律的激励。因此，有效合规计划的存在可以减轻或免除企业承担刑事责任的情况。与所需的成本相比，这带来的收益显然更多。最后，在某些情况下，企业可能会受到强制适用合规计划的约束。例如，法律可能会规定企业有采用或改革合规计划的义务，对合规计划进行公共监督，并对企业不充分适用合规计划的相关责任进行追究。

第 4 节将通过比较选定法律制度中采用的不同方法，来区分主要基于激励与自愿的合规制度和主要基于强制的合规制度。这种决策"复盘"对决策者具有实际意义，这些模式反映了在公共（政府）和私人行为者（企业）之间分配法律控制的不同策略，从而影响了预防腐败相关犯罪的成本和收益分配。

第 5 节将深入探讨新的反腐败法律义务是否能够有效促进合规计划的实施。我们将探讨强制合规作为加强企业犯罪预防的积极方法是否可行，又或者它只会增加公共和私人（企业）的成本、加强政府对企业的控制、打破公私伙伴关系及不利于法律被有效遵从等副作用。第 6 节将给出简要的结论。

2. 反腐败法如何影响合规计划的通过和实施：激励抑或义务？

本节将探讨反腐败法在"理论"和"实际"层面对企业合规计划产生的影响。[1]本文将考虑反腐败合规计划的采纳和有效实施是否受到法律规定和执法实践的强制或激励。鉴于上文提到的美国、英国、法国和意大利在反腐败立法与实践领域的先进性，本文将在分析上述国家的基础上，预测反腐败合规计划发

---

① 这个提议的定义基于《美国联邦刑事判决准则》中 § 8B2.1 "有效的合规和道德计划"的评论，其中"'合规和道德计划'是指旨在预防和检测犯罪行为的计划"。尽管它是针对美国法律系统的，但这个定义基于合规功能在法律角度上的共性，这在所有立法中都具有普遍性。Fan（2014）还澄清了美国判决准则下"合规"与"道德"计划的区别。此外，这个定义还代表了不同学者在各种分析领域采用的学理定义之间的共同点。例如，参见 Miller 2014；Baer 2009，pp. 949 和 958；Langevoort 2017，pp. 933—934。

展的新趋势并回答相关研究问题。历史上，1977 年美国制定了《反海外腐败法》（FCPA）（Koehler，2009；Koehler，2012b；Weismann，2009；Fan，2014；Gorman，2015；Hock，2020a），20 年后又适用了《经合组织打击国际商业交易中贿赂外国公职人员公约》（1997 年），这些法律的出现导致了美国反腐败战略的变化。近几十年来，美国一直在通过 FCPA 的海外执法影响全球反腐败立法和合规计划的发展（Brown，2000；Smith and Parling，2012；Salbu，2017；Hock，2020a）。这也是许多学者谈论商业刑法和合规美国化的原因（Manacorda，2017）。正如 Guillermo Jorge（第 6 章）根据拉丁美洲的经验所指出的，美国的法律制度与实践往往会被移植到其他法律体系中，成为其他国家政策制定者与执法机构的典范。

近来，全球范围内的反腐败执法一直在发生变化。值得一提的是，意大利于 2001 年 6 月 8 日通过第 231 号法令实施了《经合组织公约》，该法引入了一个正式称为"行政"的规定（编者按：2001 年 6 月 8 日，意大利通过首部企业合规法令《关于法人、公司、协会及非法人组织行政责任的法令》），涉及法人实体对腐败相关犯罪的责任等（De Maglie，2011；Selvaggi，2012；Paludi and Zecca，2014；Lonati and Borlini，2020）。2010 年 4 月，英国出台《2010 反贿赂法》（2011 年 7 月 1 日生效），作为对经合组织对其缺乏有效反腐败执法批评的回应（Alldridge，2012；Rose，2012；Wells，2014）。法国尽管多年来一直不愿积极推行反腐败合规计划，但随着 2016 年 12 月 9 日第 2016-1691 号法令（Law Sapin II）的出台，这一领域的"革命"开始了。这一模式为强制合规提供了思考的空间，并可能成为其他国家未来效仿的替代方法。英国和法国制定了打击腐败的新战略，尤其是在跨国层面，这些正在影响跨境调查和案件解决（Hock，2020b）。由于已经有很多关于这个问题的研究，以下分析并不打算涵盖选定国家司法管辖区的反腐败法律整体框架（例如 Nieto Martín and de Morales，2014），而是重点突出相关立法在促进合规计划的激励与义务方面的趋势。

美国的法律体系因其企业刑事责任的发展史与其不断创新的反腐败制度机制而备受关注（Bernard，1984，Miller and Levine，1984）。在美国法律的司法管辖区内，贿赂外国公职人员会受到 FCPA 的惩罚（15 USC § 78dd-1 et seq.），而贿赂美国公职人员则会根据 18 USC 第 201 条制裁。此外，还有许多条款针对其他腐败犯罪（Bruce et al.，2021）。其中，FCPA 成为关注重点。其首要目标是禁止贿赂外国公职人员。《美国反海外腐败法资源指南》（the Resource Guide to the FCPA）明确指出，该法适用于美国个人、企业（国内企业）、在美国证券交易所上市或需要定期向证券交易委员会（发行人）报告，并在美国境内从事业务的某些外国人和企业（属地管辖）（DOJ and SEC，2020，第 1 页）。鉴于美国法律体系采用"雇主责任"法则，企业必须承担其代理人为企业利益犯下的相关不法行为的法律责任（DOJ and SEC，2020，第 28 页）。在 FCPA 规定为贿赂或贪腐犯罪的情况下，合规计划被视为企业进行调查、决定协商协议（不担责协议、延期起诉协议、辩诉交易）或进行审判、计算罚金、决定是否接受独立监督的具体因素之一（Koehler，2014；Koehler，2018）。尽管有许多学者一直在争论是否根据 FCPA 引入"合规辩护"（Henning，2012；Koehler，2012a；Dixon，2014；Salbu，2018），但根据现行法律，有效的合规计划无法减轻企业责任。由于根据 FCPA 的规定，有效合规计划可以减轻企业责任，因此被戏称为"小胡萝卜"（Henning，2012，第 910 页）。但是，一些学者指出，将合规视为辩护理由而不是检察官或法官作出司法决定的关键因素，可能会降低企业主动进行合规的积极性（Wellner，2005，第 526 页）。Geoffrey P. Miller（第 1 章）提出了许多不将合规视为"肯定性辩护"的理由。另外，FCPA 要求"发行人"建立准确的账簿和记录以及适当的内部控制系统（DOJ and SEC，2020；Bruce et al.，2021）。因此，犯有贿赂罪且未能遵守这些规定的企业将受到额外处罚（Jensen and Williams，2021）。正如《美国反海外腐败法资源指南》所指出的，合规计划与内部会计控制之间存在相互联系，"尽管企业的内部会计控制与企业合规计划并不等同，但有效的合规计划包含许多可能与发行人内部会计控制的关键组成部分重叠的内容"（DOJ and SEC，2020）。此外，《美国反海外腐败法资源指南》明确指出，"所有发行人都必须遵守《萨班斯—奥克斯利法案》的要求，其中许多与 FCPA 有关"（DOJ and SEC，2020）。

　　司法部（DOJ）和证券交易委员会（SEC）负责执法。然而，众所周知，执法系统更加复杂和明确（DOJ and SEC，2020）。考虑到"法律实施"（law in action)，被调查企业一般倾向于结案了事，避免因定罪而产生"安达信效应"。安达信曾是一家全球知名的大型会计师事务所，该所在拒绝与检控方谈判后被法院定罪，之后安达信会计师事务所倒闭（Brickey，2004，Garrett，2014，第12—13页）。在其他案例中，许多企业决定签署不起诉协议（NPA）和暂缓起诉协议（DPA）（Garrett，2020）。然而，实证研究也表明，公司通常能够在检控后存活下来（Markoff，2012）。企业也可能会接受监管程序，以确保合规计划的实施（Ford and Hess，2009；Arlen and Kahan，2017）。

例如，DPA通常在单独的附件中定义具体要点，以便"解决企业在内部控制、合规守则、政策和程序方面与FCPA合规有关的任何缺陷"。企业必须"以满足其在这些协议下的所有义务的方式"，"对其现有的内部控制、政策和程序进行适当的审查"。②对于独立监督而言，"监督的主要职责是评估和监督企业的合规性"。③根据这些协议，司法部将暂停与合规有关的诉讼中止程序。违反协议意味着可能会被起诉。

此外，司法部还启动一项名为《反海外腐败法》企业执法政策（FCPA Corporate Enforcement Policy）的试点计划，以奖励自愿举报违反FCPA的企业。④根据该政策，"如果对自愿披露、充分合作并及时适当补救的企业作出刑事决议……只要企业在解决问题时实施了有效的合规计划，反欺诈部门通常不会要求任命监督人员"。⑤

所有这些政策都为旨在加强与政府当局合作的企业提供了强有力的激励。尽管如此，在美国，对机构在执法活动中的自由裁量权仍存在重大争论，尤其是考虑到DPA的广泛使用（Arlen and Kahan，2017，Arlen，2017，Arlen，

---

② 这是来自 United States v. Airbus SE 的最新案例，案号为1：20-cr-00021-TFH（D.D.C. Jan. 28, 2020），美国司法部延期起诉协议（Jan. 30, 2020），附件C。根据 Sapin II 法案，Airbus 不受美国独立监控的监管，但受到法国反腐败机构的强制性监管（Airbus Press online 2020）。

③ 这是来自 United States v. Telefonaktiebolaget LM Ericsson 延期起诉协议的最新案例，案号为 19-CR-00884-AJN，D.D.C. Nov. 26, 2020），附件C（在独立监管下）。

④ 请参见美国司法部刑事部门，9-47.120-FCPA公司执行政策（更新于2019年11月）。关于自我报告，请参见 Arlen 2017。

⑤ 请参见美国司法部刑事部门，9-47.120（1）-FCPA"FCPA事项中自愿自我披露、全面合作和及时和适当的纠正措施的信用"。

2016）。例如，Werle（2019）认为，在美国，由于达成和解协议而没有对个人提起诉讼，这降低了对那些"大而不能倒"企业的威慑作用。因此，笔者建议进行立法改革，引入对 DPA 的司法审查，以促进对个人的调查。有学者认为，通过这一形式的协议，而非在企业内部进行旨在防止不法行为发生的改革，反而会助长再犯（Public Citizen，2019，第 51 页）。

　　在意大利，2001 年 6 月 8 日第 231 号法令对企业法人责任作出具体规定。⑥虽然这种责任在形式上是行政性的，但本质上是"惩罚性"的，因此许多学者认为它是介于刑事责任和行政责任之间的第三类责任（DeMaglie，2011）。如果没有采用并实施合规计划，法人应对第 231/2001 号法令中涉及其利益或对其有利而实施的犯罪承担刑事责任。该责任涵盖多种腐败犯罪，包括贿赂外国公职人员。尽管法人责任的归责会根据高层管理人员（第 6 条）或员工（第 7 条）所犯的罪行而有所不同，但有效的合规计划和道德准则构成了企业法人责任的辩护理由（Nieto Martín and de Morales，2014）。更具体地说，第 231/2001 号法令第 6 条规定，如果法人能够证明，在其管理人员实施犯罪之前，管理层已经采取了旨在防止犯罪的组织和管理模式，则可以免除其法人责任。此外，必须证明已建立了一个独立的监管机构（organismo di viganza），对合规计划的实施和行为人欺诈性绕过该合规计划进行了有效的监督。本文还规定了合规计划的其他相关内容，包括开展风险调查活动、通过预防犯罪的具体议定书、分配足够的财政资源以预防犯罪、引入向独立监管机构通报的职责，以及引入有效的惩戒制度，以制裁违反合规计划相关规定的行为。此外，合规计划必须包括举报渠道及相关保护措施。企业适用的合规计划可以遵循其所属行业协会制定的指南。在员工为法人利益实施犯罪的情况下，法人责任与未能遵守管理或监督义务有关。如果企业法人在犯罪行为发生之前采用了有效合规计划，则不应视其为违法。因此，虽然根据第 231 号法令，合规不是强制性的，但其适用及有效实施可能导致企业在犯罪时免于承担刑事责任，而其未能实施可能会带来严

---

　　⑥　在法令 231/2001 号立法生效之前，请参见 Militello 1999。在该法令生效之后，请参见 De Maglie 2011 和 Selvaggi 2012 等文献。

重后果。

然而，也有一些特定的法律要求企业制定合规计划。例如，在被高度监管的证券领域（Segmento Titoli con Alti Requisti），企业必须根据第 231/2001 号法令制定合规计划。此外，判例还明确了管理人员未采取防止企业内部犯罪的合规计划将承担民事责任的规定。⑦

遗憾的是，目前还没有关于检察官办公室对合规计划评估的全面统计数据，因此企业是否及以何种程度适用这些激励措施尚不清楚（Ceresa Gastaldo，2019）。然而，普遍认为，企业很难在事前（即犯罪前）制定出合规计划，也难以在事后（即犯罪后）满足法官的期望。因此，关于第 231/2001 号法令提供的激励措施如何才能发挥正常的作用，存在着激烈的争论（Manacorda，2017）。

第 231/2001 号法令规定，在刑事诉讼期间企业法人可以通过并实施合规计划来规避附加刑罚并减少罚金。在犯罪后采用合规计划可以减少罚金［第 12 条（2）（b）、第 231/2001 号法令］和排除附加刑罚［第 17 条（1）（b）、第 231/2001 号法令］，前提是满足进一步的条件。与其他相关国家不同的是，意大利法律只考虑企业达成辩诉交易的可能性（第 231/2001 号法令第 63 条），而没有 DPA 等协议制度。此外，还没有针对内部调查和自愿披露的具体激励措施（Centonze，2014）。目前，有关这些问题的辩论正在进行之中（Lonati and Borlini，2020），所有这些激励措施之间的不一致性是意大利执法实践中的一个实际问题，与本文分析的美国和其他国家相比存在差异（Centonze，2014）。

英国《2010 反贿赂法》明确规定，"商业组织"对其"相关人员"实施的贿赂（包括贿赂外国公职人员）负有严格责任，但与美国的制度不同（Jordan，2010；Jordan，2011；Alldridge，2012；Alldridge，2013；Carr，2013；Hunter，2011），英国法人组织可以通过证明其有"适当的程序"来防止"相关人员""进行"贿赂，并以此作为"抗辩"理由［s7（1）UK Bribery Act 2010］。根据《英国反贿赂法指南》，应实施以下原则以制定适当的程序：（1）适当程序，（2）高层承诺，（3）风险评估，（4）尽职调查，（5）沟通，（6）监督和审查。因此，

---

⑦　意大利米兰法庭，2008 年 2 月 13 日，判决书编号 1774。

这一抗辩应该是对企业开展合规的重要激励。然而，学者们对"适当程序"概念的解释提出了重要质疑（Alldridge，2012；Jordan，2011）。认为未能保存适当的会计记录或伪造账目可能会分别导致《2006 年公司法》第 386—387 条和《1968 年盗窃法》第 17（1）条规定的犯罪行为（Amole et al.，2021）。金融市场行为监管局可以因金融业内受监管企业未能"形成和维护有效的制度及控制"以及"制作和保存足够的记录"，从而以产生腐败风险为由对其实施制裁（Seeger et al.，2014）。英国的法律制度允许因腐败犯罪而接受调查的公司达成延期起诉协议（DPA）（Grasso，2016）。根据 DPA 的规定，企业可能需要"实施合规计划或更改现有的合规计划，或改变与应诉政策或应诉员工培训相关的现有合规计划"，只有当企业在 DPA 到期时满足这些要求，才能中止诉讼［2013 年《犯罪和法院法》附表 17（"暂缓起诉协议"）］。自证犯罪报告、协商司法和合规计划的监督构成了英国执法的一个重要方面。值得注意的是，许多达成 DPA 的案例都涉及腐败犯罪，并包含明确的合规实施要求，例如 Standard Bank、XYZ、RollsRoyce、特易购（2020b）、Serco Geografx Ltd（SFO 2019a）、güralp Systems Ltd（SFO 2019b）、空客 SE（SFO 2020a）。目前，自证犯罪报告被严重欺诈办公室（SFO）视为获得 DPA 的一个重要渠道。正如 Serious Fraud Office v. XYZ Ltd 案所指出的："特别重要的是，自证犯罪报告的及时性、XYZ 公司充分披露的内部调查和合作态度反映了创建 DPA 以激励企业主动曝光、报告违法行为的核心目的。"[8] 尽管在 RollsRoyce 案中，该公司没有进行自证犯罪报告，但该案例被认为是"极其特殊"的。[9] 因此，企业及其管理人员在监管过程中自我报告犯罪、达成协议并实施合规计划的动机同样强烈。因此，协商司法（Campbell，2018）和事后强制合规计划逐渐被广泛应用。

与其他国家不同，法国引入了腐败犯罪企业刑事责任的间接归责制度。因此，司法当局在犯罪行为发生时，无需考虑是否存在有效的合规和道德计划以排除或减轻企业刑事责任（Orland and Cachera，1995，Deckert，2011，Tricot，

---

⑧　See Serious Fraud Offce v. XYZ Ltd.

⑨　See Serious Fraud Offce v. Rolls-Royce plc.

2014)。这就是为什么长期以来，许多学者将法国法律模式视为对企业刑事责任中合规计划的"反例"或"特例"（Tricot，2014）。不过，尽管如此，在2018年之前，因贿赂罪被定罪的法人数量相当有限。

最近，法国企业合规领域发生了一场"革命"。2016年12月9日，法国通过了关于提高透明度、反腐败以及促进经济生活现代化的2016-1691号法案（LawSapin II），为法国企业合规开创了新纪元。法案规定，大企业必须采用合规计划来防止腐败（Bouttier and Bayrou，2018），并由法国反腐败局（AFA）确保企业执行其"义务"。⑩

如果企业未能制定和实施合规计划，AFA的制裁委员会可以对相关企业发出警告、申请合规补救令，或者对企业处以最高100万欧元的罚款，对管理人员处以20万欧元的罚款。反腐败合规计划应包括行为准则、内部举报渠道、更新的风险地图、第三方评估程序、会计管控、培训课程、纪律政策和内部监督计划［Sapin II法第17（II）条］。如果发现犯罪，AFA会将案件移交给司法机关。AFA还向企业提供有效实施该模式的建议。Sapin II法案赋予反腐败机构通过审计控制企业采用反腐败合规计划的质量和有效性的权力（d'Ambrosio，2019；AFA，2019a，AFA，2020）。

Sapin II法案为检察官办公室和企业提供了签订类似于美国DPA的和解协议的机会，该协议被称为《国际司法公共利益协议》（convention judiciaire d'intérêt public，CJIP）。这是结束案件和避免起诉的另一种方式。由检察官提议并经企业同意的CJIP必须经法官批准。通过该协议，企业可能需要支付罚金，实施合规补救计划，并为受害者造成的损害提供赔偿。

在许多情况下，企业通过CJIP解决案件，包括接受经济处罚，并经常在AFA的监督下实施反腐败计划。其中最重要的是于2020年1月29日和解的空客案，这也表明在国际层面引入类似机制的重要性。事实上，法国、英国和美国政府当局已经开始对跨国腐败犯罪进行平行调查，进而通过协商达成

---

⑩　关于人员范围，Sapin II法律第17（I）条提道："雇用至少五百名员工或属于集团公司，其母公司在法国注册，并且其员工人数不少于五百名，并且营业额或合并营业额超过1亿欧元的公司。"根据第17（II）条，范围扩大到其他公司。

一致方案加以解决（DOJ，2020a；SFO，2020a）。相关国家当局均同意由 AFA 实施监督，因为空客集团必须遵守 LawSapin II 法案之规定（Hock，2020b，第 7—8 页）。

尽管行政法和刑法似乎采取不同的方法，但它们也彼此紧密关联。在 AFA 的监督下，任何规模、类型和经营领域的法人组织如果被判犯有贪污或索贿犯罪，可能会受到额外的合规计划处罚（peine de Programme de mise en conformité）（《法国刑法》第 131 条至第 139-2 条）（AFA，2019c）。更具体地说，企业可能被要求实施最长期限为五年的合规补救计划，内容包括制定或实施行为准则、举报渠道、风险地图、客户评估程序、内外部会计管控程序、培训制度和纪律体系等。在其监督职能履行过程中，AFA 可以得到法务、财务、税务和会计分析师的协助，费用则由受监督的法人组织承担。未能执行强制措施或妨碍执行上述义务时，企业管理人员将面临制裁（可判处 2 年监禁和 1000 欧元的罚金），以及对企业的额外制裁（法国《刑法》第 434-43-1 条，第 2 条和第 3 条）。此外，AFA 监管下的强制合规可通过 CJIP 实施（法国《刑事诉讼法》第 41-1-2 条）。如果没有证据表明企业已履行其义务，则协议中止（《刑事诉讼法》第 41-1-2 条第 17 款）。2019 年 6 月 26 日，法国金融检察官办公室和 AFA 制定了关于 CJIP 的联合指南，规定根据 Sapin II 法案没有义务执行有效合规计划的企业"自愿实施有效的合规计划"是一个"适用 CJIP 的积极指标"，而"法人组织未能实施有效的合规计划来履行第 17 条规定义务的，在考虑程序适用或确定公益罚款时，可被视为加重情节"（AFA，2019b）。

正如 AFA 在其 2019 年年度报告中所阐明的那样，AFA 对政府和企业实体进行了专题审计和后续审计（AFA，2020）。此外，它还根据 CJIP 进行审计工作。最初的相关案件已提交给 AFA 的制裁委员会（AFA，2020）。虽然在一个案例中，制裁委员会排除了对 Sapin II 法案第 17 条的责任，但在另一个案例中，制裁委员会实施了合规计划改革。

综上所述，我们可以发现，对于选定的法律制度，大型企业制定和实施合规计划的规定中包含了多种激励措施和义务。这些激励措施可以为企业在执法过程中提供获得宽大处理的机会，而义务则要求企业实施合规计划以避免不利后果，例如制裁等。激励措施是非约束性的，而义务则是具有约束力的。这些激励措施和义务的性质、内容和影响各不相同。激励措施和义务可区分事前和事后两种类型，旨在激励和强制犯罪发生前后企业合规计划的有效实施。在刑罚执行阶段，激励措施更像是企业的义务。

3. 强制、准自愿与自愿反腐败合规计划

通过以上分析，我们可以更好地理解强制合规的含义及其与自愿合规的区别。在企业治理和其他领域的研究中，已经有学者对强制和自愿进行了明确的区分。例如，Anand（2005）依据资本市场法规，关注企业治理的自愿和强制方面的演变，明确"强制"一词是指按照法律规定对不遵守法律的人进行处罚，"自愿"则表示企业在没有法律要求的情况下采用企业治理实践或标准（Anand，2005）。

为了更明确地区分"自愿"和"强制"企业合规术语，本文采用了类似的方法。其中，"自愿"指的是法人组织可以自由决定采取的预防犯罪的内部制度和控制措施，而"强制"则指法律规定必须采取和实施的合规计划。如果企业及其管理人员选择引入和设计合规计划，而法律并没有要求这样做，那么可以将其视为"自愿"。在这种情况下，企业可能会通过证明其合理性来使其合规计划得到认可，例如出于商誉需要。相反，如果法律规定必须采取合规措施，那么可以将其视为"强制"。在这种情况下，企业管理层有义务遵守规定并采取合规措施，否则可能会面临制裁。

然而，在现实生活中，区分"自愿"和"强制"的界限远没有明确。事实上，现实中的合规模式也是千变万化的。因此，本文提出的"自愿"和"强制"的定义并不包括大型企业通过法律措施，尤其是企业刑事责任法律规定的激励措施，来采取和实施合规的情况。在存在法律激励的情况下，研究"准自愿"合规似乎也很合适。尽管这个概念最初是在税收合规的背景下提出的（Levi，1988），但在这里，我们使用这个概念来涵盖企业可能决定采用或改革合规计划的情况。因此，制定和有效实施合规计划对受到激励的企业带来间接利益。例

如，在发现违法行为的情况下，提供此类激励可能被视为准强制合规。在这种情况下，企业通常别无选择，只能通过合规来降低制裁带来的损失。就美国的经验而言，像 Arlen 和 Kahan（2017）所述的 DPA 通常是强加于企业的，并为企业创造了新的法律义务。

根据这些定义，现有法律制度中每一类型的合规均具有各自不同的特征（即强制性、准自愿/准强制性合规和自愿性合规）。如下表所示。

	强制性合规	准自愿/准强制性合规	自愿性合规
事前	企业必须采取有效的合规计划来预防犯罪； 合规计划通过行政机构的审计进行评估； 司法当局对未能实施有效合规的企业实施制裁。	企业可以根据法律规定的激励措施（如合规辩护或从轻处罚规定）适用合规计划； 未通过合规计划不受法律制裁。然而，一旦发生犯罪，企业可以通过证明其已适用必要的合规计划来预防犯罪作为辩护或减轻处罚的理由。	企业可以通过合规计划来预防犯罪； 是否制定合规计划与法律规定无关。
事后	企业必须采用通过司法裁判实施的有效合规计划； 未能制定并实施有效合规的企业将受到制裁。	企业必须采用有效的合规计划作为免予司法诉讼之条件，这是法律和司法机关为使企业免于被诉及获得更有利待遇而提供的激励措施（DPA、NPA 等）； 独立机构可能会监督合规计划的实施； 未能实施有效合规计划将导致企业面临诉讼并由此带来不利法律后果。	企业可以通过合规计划来预防犯罪； 是否制定合规计划与法律规定无关。

然而，在现实生活中，这些类别和区别并不是那么明显。首先，没有完全自愿的合规计划。总会存在激励措施，甚至是法律之外的激励措施，例如声誉激励措施会促使企业采用此类合规预防机制。正如本书中 Matteo Rescigno 和 Stefania Giavazzi 所分析的企业社会责任相关主题，就是一个明显的例子。其次，激励和义务是相互关联的。例如，在和解协议中，企业可以决定是否接受辩诉交易，但这样做通常是为了避免与起诉和定罪相关的成本和声誉方面的风险。因此，激励措施变得极具吸引力，通常企业都会不得不接受协议。该协议包含公司应履行的一系列义务，如果无法履行将对企业带来负面影响。最后，这些合规模式经常互相作用、相互影响。如上文所述，在法国，Sapin II 法案规定大型企业应有效实施合规计划，而其他类型企业则可以选择适用。然而，对于不受 Sapin II 法案规定的合规义务约束的企业而言，如果在犯罪行为发生前已

有效实施合规计划，可被视为适用 DPA 程序和减轻处罚的积极因素。此外，企业犯罪的各个领域（例如，反腐败和反洗钱合规领域）和行业（例如，金融行业的反腐败强制合规要求）中的合规法律之间存在明显的相互作用关系。

4. 激励自愿合规模式与强制合规模型之比较

本节旨在比较研究选定法律制度中采取的不同合规模式，从事前（犯罪发生前）和事后（犯罪发生后）两个角度进行考察，并促进合规计划的有效实施。在宏观层面上，一般可区分为主要基于激励自愿的合规和主要基于强制的合规两种模式。这两种模式反映了国家和企业之间分配法律控制的不同策略，影响了预防腐败相关犯罪的成本和效益。当然，这两种模式也有相通之处。

4.1 从事前角度看反腐合规计划

比较来看，一些国家的司法管辖区并不强制企业采取有效的事前合规计划，但需要接受行政当局的公开审计。在意大利、美国和英国等国家，合规程序最初是由"法律文本"设计的，以此对企业责任产生积极影响。前提条件是这些合规程序在犯罪发生前已得到有效实施。实际上，合规是一个减轻处罚因素（在美国）或抗辩理由（在意大利和英国）。一个与自愿合规适用与否相关的主要问题是：涉及企业在被调查及起诉期间使用"合规抗辩"或"减轻因素"的可能性。这些国家引入了强有力的激励措施来鼓励采用和有效实施合规计划，即使这引发了关于承认这些激励措施及其评估的辩论（Centonze，2014）。

在法国，法律模式规定大型企业有义务根据 AFA 的公共审计采取有效的合规计划。这符合杰弗里·P. 米勒（Geoffrey P. Miller）在本书中强调的最近的总体趋势，即行政当局和检察官在打击商业犯罪方面的作用日益增强。Sapin II 法案要求大型企业实施合规计划，是企业治理的重要组成部分。如果未能有效实施合规计划，企业可能会受到制裁。换言之，无论是否发生犯罪，企业都需要制定并执行合规计划。此外，司法当局可以在定罪的情况下将合规作为一种惩罚措施：在这种情况下，合规成为一种刑罚方式（peine de Program de mise en conformité)。在此情况下，不合规会导致企业及其管理人员承担法律责任。合规也被明确视为一种附加的处罚（peine）。换言之，企业采用合规计划的动机是多样的。总的来说，这与保护企业免受制裁风险有关（Wellner，2005，第509 页）。

因此，对最近合规发展的分析表明，反腐败的监管模式取得了新发展。在这一行政化过程中，反腐败合规计划的有效实施始终以自我监管为基础，但第三方监管、行政机关或检察机关的作用也越来越大（确定合规指导原则、对企业进行审计）。在这个新的监管合规模式中，合规计划也有不同的功能，成为大企业的义务。在以激励自愿合规计划为导向的法律体系中，合规计划的实施通常是排除或减轻刑事责任的因素。在那些旨在建立强制合规的司法管辖区中，有效实施合规计划主要是一项行政义务，如果不遵守，将受到行政当局的制裁。

4.2　从事后角度对反腐合规计划的审视

当从事后的角度审视反腐败合规计划时，该框架会变得更加复杂。由于执行机制、不同法律制度所遵循的方法不同，因此这些机制也受到达成非诉决议的可能性的强烈影响，这也是目前争论的焦点。在这样广泛的框架下，关注DPA 似乎很重要，因为 DPA 代表了对调查案件进行非诉解决的一个重要趋势。

从这个角度来看，美国、英国和法国的合规法律制度有一些相似之处，因为它们都采用类似的 DPA 模式来解决案件。一旦发生犯罪，企业将面临因执法机构开展调查所带来的声誉和经济损失。因此，自我披露和协商性司法的激励对企业的合规计划可能会产生重大影响。在成本效益分析中，企业通常更愿意通过披露、结算和有效实施受监督的合规计划来与机构进行合作。⑪换言之，虽然企业理论上可以选择应诉，但法律强烈鼓励企业自行披露犯罪并结案，因此，作为非诉协议的一部分，合规计划的有效实施成为准强制性的。考虑到上述情况，大型企业通常不得不基于强制性要求和强有力的激励机制采取并有效实施合规计划。然而，在实施合规计划方面，如果没有取得预期的成效，执法机构

---

⑪　关于美国经验，请参见 Low 和 Prelogar（2020）以及 Makinwa（2020）的文章。

将对其持负面评价，例如法国要求进入 CJIP 就表明了这一点。

相反，意大利的合规法律制度只提供了辩诉交易的可能性，而不像美国那样承认 DPA。虽然企业在与腐败相关的犯罪中可以使用辩诉交易，但正如前几节所述，关于 DPA 在意大利法律制度中的适用存在争议，尤其是考虑到意大利法律制度中的强制起诉原则。不过，需要注意的是，第 231/2001 号意大利法令的一般条款规定，如果被调查的企业在犯罪后实施了有效的合规计划，那么就有可能获得减轻罚金和免于取消经营资格等制裁。

从事后的角度来看，这些趋势也显示出一种新的监管模式取得了进步，尤其是由更多司法管辖区的检察官管理的监管模式。通过不起诉协议，特别是受法律激励的 DPA，企业通常有义务改革其合规性计划，并在有限的期限内接受独立第三方的监督。这是以执法实践为特征的进一步行政化过程。从这个角度来看，合规计划的有效实施是企业的一项监督义务。根据法律规定，未实施企业合规通常会导致对企业的重新调查，对企业及其管理者而言，这可能构成新的犯罪。

4.3 合规模式之比较

根据法律规定是否激励或强制合规计划的有效实施对其进行分类，是一项复杂的几乎不可能完成的任务。这是因为不同的合规模式之间存在着巨大的差异，所要针对的情况非常复杂且有许多相似之处。尽管如此，对其进行分类是必不可少的，因为分类有助于理解政策制定者和执法机构为加强合规计划而采取的方法之间的差异。同时，它也有助于希望完善合规制度的国家选择最适合其国情的合规制度进行法律移植。此外，还可以通过谨慎使用分类来描述和分析某些领域的发展趋势。

经过迄今的分析，法国在有效实施和审计反腐败合规计划的事前监管机制方面的规定与其他国家存在差异。法国的行政法要求大型企业采用由反腐败机构审计评估的合规机制，这可以被看作是合规"行政化"过程中最明显的表现之一。相比之下，其他国家（如英国和意大利）通过各自的法律规定企业合规的刑事或准刑事（或行政）责任。尽管这些国家通过遵守法律、判例和行业指南等自律措施实施了合规计划，但没有长期、制度性的审计机制。在那些承认基于激励的自愿合规模式的国家中，合规计划的有效实施通常被视为排除或减轻刑事责任的一个因素。

在强制合规激励模式下，从事前角度有效实施合规计划通常是企业的行政义务。如果企业没有遵守合规要求，行政当局会对其进行制裁。在这种模式下，合规与否会成为诉辩双方的争议焦点，未能有效实施合规计划会被视为一种违法行为。

从事后的角度来看，在鼓励非诉协议方面，相关国家的发展趋同。美国、英国和法国等国家都引入了延迟起诉协议（DPA）等激励措施，以避免诉讼和减轻处罚。这些协议通常要求企业改革合规计划并建立临时监督机制等法律义务。这些合规计划可以被视为准强制性的，因为其有效实施可以通过司法判决来强制。

然而，在大型企业中，这些分类往往不够明晰，部分原因是这些企业经常在国际范围内开展业务。跨国公司通常会受到不同的反腐败法律和跨辖区司法的影响（Hock，2017，Hock，2020a）。就像 Stefano Manacorda（第 4 章）所说的那样，大型跨国企业必须采用同时符合所有相关国家法律规定的合规模式。

最近的空客集团案是一个典型案例。法国、英国和美国当局已经开始对该企业涉嫌跨国腐败的案件展开平行调查，最终该案通过协商解决方案和全球性解决方案得以解决。鉴于其强制性的合规应用，相关国家当局一致认为，监督空客集团进行合规的机构应该是 AFA（Hock，2020b，第 7—8 页）。

5. 强制合规能否更好地预防腐败？

在探讨了强制合规的全球趋势之后，现在的问题是：强制合规是否以及如何被视为加强企业犯罪预防的积极途径。本节基于选定司法管辖区预防和打击腐败的监管和执法机制的差异，结合相关理论和实践，重点介绍强制合规的优势和劣势。进一步的实证研究应该对这一问题进行深入分析。

5.1 强制合规和事前反腐败审计

正如米勒（Miller，2014，第448页）所说，"现代行政国家的角色"正在改变合规计划的方式。实际上，监管和执法机构（而非法院）正在发挥越来越重要的作用。法国大型企业强制合规制度的确立，证实了反腐败领域合规行政化进程日益明显的趋势。AFA通过审计评估确认企业是否实施了强制合规计划，而不论其是否存在违法行为。法国政府的选择倾向于朝着与最先进金融监管类似的方向发展。法律规定企业必须合规并接受反腐败机构审查，这可能既有利又有弊。

首先，制定强制合规并由反腐败机构对其有效实施情况进行外部检查，可能具有预防或阻止犯罪的效果。反腐败机构确保对企业采取的预防腐败措施得到有力监督。因此，这种方法有助于加强对腐败犯罪的预防。然而，持反对观点者可能认为，这些方法不一定能提高企业的合规性。这种方法可能代价高昂，因为进一步的监管、监督和威慑会导致更高的社会和经济成本。[12]此外，如果这种手段不以"自愿合规"为基础，可能是无效的（Tyler，2009，第309页）。如果没有旨在培养真正合规文化的政策作为支撑，它可能只是一种新的指令与控制方式，无法有效地培养企业的诚信和合规意识。

除此之外，为反腐败合规制定指导方针并进行检查的机构还可以在制定可用于预防犯罪的措施方面为公司提供更多指导（d'Ambrosio，2019）。事实上，企业普遍对合规领域制定的标准数量过多感到困惑。同时，反腐败机构制定的标准可能被公司视为最高标准。基于成本效益考虑，企业可能不会加强反腐败措施的力度。反腐败机构的支持有助于评估反腐败方案的有效性，该机构就具体问题提供指导。AFA在其审查活动中遵循该准则，相应影响是，一开始遵循该准则的企业将受益于合规推定。积极审查似乎可以用于刑事诉讼：这些数据对于理解这种模式对企业的效用极其重要。如果是这样的话，这种机制将产生

---

⑫ Scholz 1984年的研究被 Tyler（2009，第309页）澄清，"以参与人们的价值观作为促进自愿遵守法律的基础……既可行又比目前基于惩罚的方法更可取"。Langevoort（2002）得出结论，"基于监控的系统有着意想不到的严重成本（可能是不可估量的），这些成本是社会不应该没有充分理由的情况下强加的"。

积极影响。

此外，作为法律要求实施并接受公共当局审查的合规，能够更快地融入法律制度中。然而，与此同时，若审查人员倾向于根据行政程序而非加强有效的企业合规文化，这种合规可能存在行政化的风险。传统观点认为，人们遵守法律是由正式的、制裁政策驱动的。在实践中，与刑罚相关的威慑功能被认为对犯罪行为起到限制作用，对法人而言，这种评估通常能够得到与犯罪行为及相应刑罚成本效益直接相关的经济支持。然而，基于程序正义理论，遵守法律取决于个人的守法承诺，因此，企业的守法意愿是在合法基础上并遵循程序正义原则而产生的（Tyler，2006；Jackson et al.，2012；Murphy，2017）。人们之所以遵守法律，是因为他们认为这样做是正确的。立法者在制定刑事政策时必须平衡这两种方法，因为强调使用程序正义理论是在美国背景下发展起来的，与强调使用正式的政策和制裁手段相比，其可能会导致将更多的自律监管责任赋予法人。

从这个角度来看，反腐败机构的合规审查应侧重于动态方面的合规性，避免监管当局对企业治理及商业活动的过度干预。然而，这可能会导致新的腐败风险与利益冲突，特别是如果将这种模式采用或移植到腐败程度较高的国家。此外，由于审查人员未充分审查并发现违规行为所应承担的失职渎职责任仍未明确，审查人员可能会承担的审查责任也会反过来影响他们的审查行为。

5.2　不起诉阶段的强制合规改革与事后监督

随着不起诉协议在全球范围内的普及使用，合规义务也逐渐增加（Langevoort，2017，第 940 页）。这种演变可以放在现代国家行政权力普遍扩张的背景下（Langevoort，2017，第 940 页；Miller，2014）。通过非诉决议改革，合规计划的义务增加，对企业来说有利也有弊。

越来越多基于不起诉协议的合规改革和针对合规计划的监管义务，是执法者对过去几十年发生的企业丑闻的反应。在犯罪案件中，企业面临与执法机构发起的调查相关的声誉和经济损失。这就是为什么自我披露和协商司法等激励措施或将明显影响企业的合规方式的原因。在成本效益分析中，企业通常倾向通过自我披露、不起诉和有效实施合规计划与监管机构合作，即便这样会将自身置于监管机构的监督之下。换言之，尽管理论上企业可以选择进行为自己辩护，但法律强烈鼓励它们自行披露罪行并结案。然而，值得注意的是，披露往往是技术性的，以至于监管当局无法识别真正的风险，因为它仍然隐藏在所有被披露的潜在风险中，有时像大海捞针一样难以找到（Grasso，2021b）。在自行披露犯罪行为后，改进合规计划可被视为对有意获得不起诉协议利益并避免刑事诉讼的被调查企业的一种必要再教育过程（参见 Colacurci，本书第 15 章）。这种再教育过程可能会产生积极的影响，因为它像进行外科手术一样调整了公司的合规计划，进而有望使企业免于再犯。

然而，还有一些关键内容与这些执法实践有关。企业可能会被迫承担进行合规所需的费用，而这些费用最终可能被证明对于解决问题是不必要的。从企业角度看，有效实施合规计划是一个必选项，因为它是不起诉协议的重要内容，只有这样企业才能获得法律上的从轻处罚。事实上，受监督的合规计划改革可能与企业在执法角度所能获得的利益相关。这一事实往往导致企业选择敷衍了事地制定合规计划，而没有真正的合规文化。如果没有真正的合规文化，基于不起诉协议的合规改革将无法真正促进企业的商业诚信（Langevoort，2017）。

从实践角度看，在一个司法管辖区适用 DPA 甚至可能会内在催生一种为犯罪买单的犯罪文化。在这种文化中，企业依靠获得不起诉协议的机会，在成本效益分析后评估潜在协议的未来成本，有意识地决定犯罪与否（Grasso，2021a）。此外，达成一致的合规实施在执行阶段可能会被视为负面，并被未参与犯罪的组织及个人视为对其的不信任表现（Langevoort，2017）。

因此，这种外部强制可能无法产生强化公司内部文化的效果。有关社会心理学与组织行为学的文献强调了伦理价值观在防止公司渎职行为中的重要性，而形式主义、法律主义的合规方法已被证明具有适得其反的效果（Paine，1994；Langevoort，2002；Langevoort，2017，第 942 页；Hasnas，2007）。此外，在通过不起诉来进行合规改革时，政府当局可能没有必要的资源和工具确保强制实施的合规计划能有效防止再犯（Langevoort，2017，第 970 页；Arlen，2016；Arlen，2017）。因此，有人建议执法当局应尽可能收集证据，以证实合规的实际价值（Langevoort，2017，第 972 页）。然而，这些强制性的改革和监督是确保减轻对企业制裁的一揽子条件中的一部分。其结果是，由于实施了合规计划，与制裁相关的威慑作用可能会降低（Langevoort，2017，第 970 页）。特别是，有人认为这种形式的协议不仅不会在企业内部产生旨在防止不法行为发生的改革，实际上会产生促进再犯的效果（Public Citizen，2019，第 51 页）。在缺乏真正的合规文化的情况下，执法机构实施企业内部合规改革以防止再犯似乎基本上毫无意义。特别是当错误的行为模式在短时间内以类似的方式反复出现，并且之前调查中暴露的危险信号重复出现时。然而，美国执法机构似乎认为，企业此前根据 DPA 中的建议制定的补救措施具有相关性。事实上，证明不法行为的发现是由于当局施加的补救措施而发生的，似乎会使行为的天平朝着不起诉或拒绝起诉违规企业的方向倾斜（Yannett et al.，2017）。

即使这种事后监管机制是合理的，它仍然需要进一步完善。应从这个角度展开更多的研究，以了解应该使用哪些工具来确保合规计划的有效性。

6. 结　语

长期以来，监管机构一直在全球范围内强化私人犯罪控制战略。它们通过旨在阻却犯罪的自我监管，向企业下放预防犯罪的责任。这一过程也涉及反腐败领域。因此，企业同时承担了防止员工不法行为的任务，或将对其犯罪负责。在一些反腐败立法最先进的国家，已经通过合规计划加强了这些预防机制。通过强制执行等措施，激励，乃至强制合规得到有效实施。最近的发展趋势表明，反腐败领域的合规计划正在逐渐行政化。强制合规和公共审计模型正在开发中。这就提出了一个问题，即这种做法是否更有效。这种方法有利也有弊，但政府当局通过这种机制对企业的公共控制肯定会不断增强。一方面，司法当局已开始不完全信任企业（尤其是大型企业），需要对抗其他国家的扩张主义政策。另一方面，公共和私人企业之间更多合作的迹象也在出现。该领域未来的发展和研究将更有力地表明上述模式是否有助于防止腐败，是否有必要继续扩大适用以应对其他企业丑闻，以及该模式是否标志着私人企业反腐败合规新时代的到来。

参考文献

AFA〔Agence Française Anticorruption〕. 2017. Guidelines to Help Private and Public Sector Entities Prevent and Detect Corruption, Influence Peddling, Extortion by Public Officials, Unlawful Taking of Interest, Misappropriation of Public Funds and Favouritism. https://www.agence-francaise-anticorruption.gouv.fr/files/2018-10/French_Anticorruption_Agency_Guidelines.pdf.

—— 〔Agence Française Anticorruption〕. 2019a. Annual Report 2018. https://www.agence-francaise-anticorruption. gouv.fr/files/files/RA%20Annuel%20AFA%20_ENGL-webdy.pdf.

—— 〔Agence Française Anticorruption〕. 2019b. Guidelines on the Implementation of the Convention Judiciaire d'Intérêt Public (Judicial Public Interest Agreement). https://www. agence-francaise-anticorruption. gouv.fr/files/files/EN_Lignes_directrices_CJIP_revAFA%20 Final%20(002).pdf.

—— 〔Agence Française Anticorruption〕. 2019c. La peine de programme de mise en conformité. https://www.agence-francaise-anticorruption.gouv.fr/files/files/Guide%20PPMC.pdf.

—— 〔Agence Française Anticorruption〕. 2020. Annual Report 2019. https://www.agence-francaise-anticorruption.gouv.fr/files/files/AFA%20annual%20report%202019_web.pdf.

Airbus Press online. 2020. Airbus Reaches Agreements with French, U. K. and U. S. Authorities. 31 January. https://www. airbus. com/newsroom/press-releases/en/2020/01/airbus-reaches-agreements-with-french-uk-and-us-authorities. html.

Alldridge, P. 2012. The UK Bribery Act: The Caffeinated Younger Sibling of the FCPA. Ohio State Law Journal 73 (5): 1181—1216.

——. 2013. Bribery and the Changing Pattern of Criminal Prosecution. In Modern Bribery Law: Comparative Perspectives, ed. Jeremy Horder and Peter Alldridge, 219—250. Cambridge: Cambridge University Press.

Amole, A., A. O'Sullivan and F. Cassidy Taylor. 2021. UK-Anti-Corruption 2021 Comparisons. Chambers and Partners. https://practiceguides. chambers. com/practice-guides/comparison/518/5871-5870-5863-6057/9556-9561-9567-9571-9577-9580-9586-9594.

Anand, A. I. 2005. Voluntary vs Mandatory Corporate Governance: Towards an Optimal Regulatory Framework. In American Law & Economics Association Annual Meetings, paper 44, hosted by the Berkeley Electronic Press. https://pdfs.semanticscholar.org/494c/d15540c6211a597689297 7b06f9ab04746c1. pdf? _ga = 2.33752358.620745999.1612084846-1030472299.1612084846.

Arlen, J. 2016. Prosecuting Beyond the Rule of Law: Corporate Mandates Imposed through Deferred Prosecution Agreements, Journal of Legal Analysis 8 (1): 191—234.

——. 2017. Corporate Criminal Enforcement in the United States: Using Negotiated Settlements to Turn Potential Corporate Criminals into Corporate Cops. NYU School of Law, Public Law Research Paper No. 12—17. https://doi.org/10.2139/ssrn.2951972.

Arlen, J., and M. Kahan. 2017. Corporate Governance Regulation through Nonprosecution, The University of Chicago Law Review 84: 323—387.

Baer, M. H. 2009. Governing Corporate Compliance. Boston College Law Review 50 (4): 949.

Bernard, T. J. 1984. The Historical Development of Corporate Criminal Liability. Criminology 22 (1): 3—18.

Bouttier E., and S. Bayrou. 2018. Converting Compliance into Commitment: New French Anti-Corruption Law, the Loi Sapin II. International Bar Association, February 22. https://www.ibanet.org/Article/NewDetail.aspx?ArticleUid = 6F302A58-2B38-4DF8-96C7-0C55EE690035.

Brickey, K. F. 2004. Andersen's Fall from Grace, Washington University Law Quarterly 81 (4): 917—959.

Brown, H. L. 2000. Extraterritorial Jurisdiction under the 1998 Amendments to the Foreign Corrupt Practices Act: Does the Government's Reach Now Exceed its Grasp. NCJ Int'l L. & Com. Reg. 26: 239.

Bruce, E., M. Goldberd and A. Bulovsky. 2021. USA-Anti-Corruption 2021 Comparisons. Chambers and Partners. https://practiceguides. chambers. com/practice-guides/comparison/518/5871/9556-9561-9567-9571-9577-9580-9586-9594.

Campbell, L. 2018. Corporate Liability and the Criminalisation of Failure, Law and Financial Markets Review 12 (2): 57—70.

Carr, I. 2013. Development, Business Integrity and the UK Bribery Act 2010. In Modern Bribery Law: Comparative Perspectives, ed. J. Horder and P. Alldridge, 128—159, Cambridge: Cambridge University Press.

Centonze, F. 2014. Public—Private Partnerships and Agency Problems: The Use of Incentives in Strategies to Combat Corruption. In Preventing Corporate Corruption: The Anti-Bribery Compliance Model, ed. G. Forti, S. Manacorda, and F. Centonze, 43—67. Cham: Springer.

Ceresa Gastaldo, M. 2019. Legalità d'impresa e processo penale. I paradossi di una giustizia implacabile in un caso su dieci. Diritto penale contemporaneo, 7 June. https://archiviodpc. dirittopenaleuomo. org/d/6720-legalita-dimpresa-e-processo-penale-i-paradossi-di-una-giustizia-implacabile-in-un-caso-su-dieci.

Chen, H., and E. Soltes. 2018. Why Compliance Programs Fail—and How to Fix Them, Harvard Business Review 96 (2): 115—125.

d'Ambrosio, L. 2019. L'implication des acteurs privés dans la lutte contre la corruption: un bilan en demi-teinte de la loi Sapin 2. Revue de science criminelle et de droit penal compare 1: 1—24.

De Maglie, C. 2005. Models of Corporate Criminal Liability in Comparative Law, Washington University Global Studies Law Review 4 (3): 547—566.

——. 2011. Societas delinquere potest? The Italian Solution. In Corporate Criminal Liability, ed. M. Pieth and R. Ivory, 255—270. Dordrecht: Springer.

Deckert, K. 2011. Corporate Criminal Liability in France. In Corporate Criminal Liability, ed. M. Pieth and R. Ivory, 147—176. Dordrecht: Springer.

Dixon, D. A. 2014. Forget Compliance Programs as an Affirmative (Defense): A Workable Solution to the Justice Department's Opposition to Incorporating a Compliance Defense into the Foreign Corrupt Practices Act. Journal of Business and Securities Law 14 (2): 67—104.

DOJ [The United States Department of Justice] and SEC [The Securities and Exchange Commission]. 2020. FCPA—A Resource Guide to the U. S. Foreign Corrupt Practices Act Second Edition—by the Criminal Division of the U. S. Department of Justice and the Enforcement Division of the U. S. Securities and Exchange Commission. https://www.justice. gov/criminalfraud/file/1292051/download.

—— [The United States Department of Justice]. 2020a. "Airbus Agrees to Pay over $ 3.9 Billion in Global Penalties to Resolve Foreign Bribery and ITAR Case." Press Release. https://www.justice.gov/opa/pr/airbus-agrees-pay-over-39-billion-global-penalties-resolve-foreign-bribery-and-itar-case.

—— [The United States Department of Justice]. 2020b. "Evaluation of Corporate Compliance Programs," June 2020 update. https://www.justice.gov/criminal-fraud/page/file/937501/download.

Engelhart, M. 2014. Corporate Criminal Liability from a Comparative Perspective. In Regulating Corporate Criminal Liability, ed. D. Brodowski, K. Tiedemann, and J. Vogel, 53—76. Cham: Springer.

333

Eser, A., G. Heine, and B. Huber. 1999. Criminal Responsibility of Legal and Collective Entities: International Colloquium, Berlin, May 4—6, 1998. Freiburg im Breisgau: Edition Iuscrim.

Fan, V. -T. 2014. An Analysis of Institutional Guidance and Case Law in the USA Pertaining to Compliance Programs. In Preventing Corporate Corruption: The Anti-Bribery Compliance Model, ed. G. Forti, S. Manacorda, and F. Centonze, 363—395. Cham: Springer.

Fiorella, A., N. Selvaggi, A. Salvina Valenzano, and E. Villani, eds. 2012. Corporate Criminal Liability and Compliance Programs: Liability "Ex Crimine" of Legal Entities in Member States. Naples: Jovene.

Ford, C., and D. Hess. 2009. Can Corporate Monitorships Improve Corporate Compliance. Journal of Corporation Law 34 (3): 679—738.

Forti, G., S. Manacorda, and F. Centonze. 2014. Preventing Corporate Corruption: The Anti-Bribery Compliance Model. Cham: Springer.

Garrett, B. 2014. Too Big to Jail: How Prosecutors Compromise with Corporations. Cambridge: Harvard University Press.

Garrett, B. 2020. The Path of FCPA Settlements. In Negotiated Settlements in Bribery Cases: A Principled Approach, ed. T. Søreide and A. Makinwa, 25—43. Cheltenham: Edward Elgar Publishing.

Giudicelli-Delage, G., and S. Manacorda, eds. 2013. La responsabilité pénale des personnes morales: perspectives européennes et internationales. Société de législation comparée.

Gorman, T. 2015. The Origins of the FCPA: Lessons for Effective Compliance and Enforcement, Securities Regulation Journal 43.

Grasso, C. 2016. Peaks and Troughs of the English Deferred Prosecution Agreement: The Lesson Learned from the DPA between the SFO and ICBC SB PLC, The Journal of Business Law 5: 388—408.

——. 2021a. Submission of written evidence in economic crime mattersto the United Kingdom Parliament — House of Commons — Treasury Committee. https://committees.parliament.uk/writtenevidence/17591/pdf/.

——. 2021b. Whistleblowing, Reporting, and Auditing in the Area of Taxation — VIRTEU Roundtable Session. Video. The Corporate Social Responsibility and Business Ethics Blog. https://corporatesocialresponsibilityblog.com/2021/03/15/whistleblowing-virteu/.

Griffith, S. J. 2016. Corporate Governance in an Era of Compliance, William & Mary Law Review 57 (6): 2075—2140.

Hamdani, A., and A. Klement. 2008. Corporate Crime and Deterrence, Stanford Law Review 61: 271.

Hasnas, J. 2007. Managing the Risks of Legal Compliance: Conflicting Demands of Law and Ethics, Loyola University Chicago Law Journal 39: 507—524.

Haugh, T. 2017. The Criminalization of Compliance, Notre Dame Law Review 92 (3): 1215—1269.

Henning, P. J. 2012. Be Careful What You Wish For: Thoughts on a Compliance Defense under the Foreign Corrupt Practices Act, Ohio State Law Journal 73 (5): 883—928.

Hock, B. 2017. Transnational Bribery: When is Extraterritoriality Appropriate, Charleston Law Review 11 (2): 305—352.

——. 2020a. Extraterritoriality and International Bribery: A Collective Action Perspective. London/New York: Routledge.

——. 2020b. Policing Corporate Bribery: Negotiated Settlements and Bundling. Policing and Society: 1—17. https://doi.org/10.1080/10439463.2020.1808650.

Hunter, S. G. 2011. A Comparative Analysis of the Foreign Corrupt Practices Act and the UK Bribery Act, and the Practical Implications of Both on International Business, ILSA Journal of International & Comparative Law 18 (1): 89—113.

Jackson, J., B. Bradford, M. Hough, A. Myhill, P. Quinton, and T. R. Tyler. 2012. Why Do People Comply with the Law? Legitimacy and the Influence of Legal Institutions. British Journal of Criminology 52 (6): 1051—1071.

Jensen, D. and A. Williams. 2021. USA-White & Case LLP. Global Legal Insights. https://www.whitecase.com/sites/default/files/2020-12/gli-bc21-chapter-21-us.pdf.

Jordan, J. 2010. Recent Developments in the Foreign Corrupt Practices Act and the New UK Bribery Act: A Global Trend Towards Greater Accountability in the Prevention of Foreign Bribery, NYU Journal of Law & Business 7 (2): 845—872.

——. 2011. The Adequate Procedures Defense under the UK Bribery Act: A British Idea for the Foreign Corrupt Practices Act. Stanford Journal of Law, Business & Finance 17 (1): 25—66. Koehler, M. 2009. The Façade of FCPA enforcement, Georgetown Journal of International Law 41 (4): 907—1010.

——. 2012a. The Story of the Foreign Corrupt Practices Act, Ohio State Law Journal 73 (5): 929—1014.

——. 2012b. Revisiting a Foreign Corrupt Practices Act Compliance Defense, Wisconsin Law Review, no. 2: 609—660.

——. 2014. The Foreign Corrupt Practices Act in a New Era. Cheltenham: Edward Elgar Publishing.

——. 2018. Foreign Corrupt Practices Act Continuity in a Transition Year, South Carolina Law Review 70 (1): 143—208.

Krawiec, K. D. 2003. Cosmetic compliance and the failure of negotiated governance, Washington University Law Quarterly 81 (2): 487—544.

Langevoort, D. C. 2002. Monitoring: The Behavorial Economics of Corporate Compliance with Law, Columbia Business Law Review 1: 71—118.

——. 2017. Cultures of Compliance, American Criminal Law Review 54: 933—934.

Leigh, L. H. 1982. The Criminal Liability of Corporations and Other Groups: A Comparative View, Michigan Law Review 80 (7): 1508—1528.

Levi, M. 1988. Of Rule and Revenue. Berkeley/Los Angeles, CA: University of California Press.

Lonati, S., and L. S. Borlini. 2020. Corporate Compliance and Privatisation of Law Enforcement: A Study of the Italian Legislation in the Light of the US Experience. In Negotiated Settlements in Bribery Cases: A Principled Approach, ed. T. Søreide and A. Makinwa, 280—308. Cheltenham: Edward Elgar Publishing.

Low, L. A., and B. Prelogar. 2020. Incentives for Self-Reporting and Cooperation. In Negotiated Settlements in Bribery Cases: A Principled Approach, ed. T. Søreide and A. Makinwa, 200—227. Cheltenham: Edward Elgar Publishing.

Makinwa, A. 2020. Public/Private Cooperation in Anti-Bribery Enforcement: Non-Trial Resolutions as a Solution? In Negotiated Settlements in Bribery Cases: A Principled approach, ed. T. Søreide and A. Makinwa, 42—67. Cheltenham: Edward Elgar Publishing.

Manacorda, S. 2017. L'idoneità preventiva dei modelli di organizzazione nella responsabilità da reato degli enti: analisi critica e linee evolutive. Rivista trimestrale di diritto penale dell'economia 1 (2): 49—114.

Markoff, G. 2012. Arthur Andersen and the Myth of the Corporate Death Penalty: Corporate Criminal Convictions in the Twenty-First Century, University of Pennsylvania Journal of Business Law 15 (3): 797—842.

Militello, V. 1999. The Basis for Criminal Responsibility of Collective Entities in Italy. In Criminal Responsibility of Legal and Collective Entities: International Colloquium, Berlin, May 4—6, 1998, edited by A. Eser, G. Heine, and B. Huber, 181—188. Freiburg im Breisgau: Edition Iuscrim.

Miller, G. P. 2014. The Compliance Function: An Overview. NYU Law and Economics Research Paper No. 14—36. https://doi.org/10.2139/ssrn.2527621.

Miller, S. R., and L. C. Levine. 1984. Recent Developments in Corporate Criminal Liability, Santa Clara Law Review 24 (1): 41—52.

Murphy, K. 2017. Procedural Justice and its Role in Promoting Voluntary Compliance. In Regulatory Theory: Foundations and Applications, ed. P. Drahos, 43—58. Canberra: ANU Press.

Nieto Martín, A., and M. M. de Morales. 2014. Compliance Programs and Criminal Law Responses: A Comparative Analysis. In Preventing Corporate Corruption: The Anti-Bribery Compliance Model, ed. G. Forti, S. Manacorda, and F. Centonze, 333—362. Cham: Springer.

Orland, L., and C. Cachera. 1995. Corporate Crime and Punishment in France: Criminal Responsibility of Legal Entities (Personnes Morales) under the New French Criminal Code (Nouveau Code Penal). Connecticut Journal of International Law 11 (1): 111—168.

Paine, L. S. 1994. Managing for Organizational Integrity, Harvard Business Review 72 (2): 106—117.

Paludi, A., and M. Zecca. 2014. Corporate Responsibility and Compliance Programs in Italian Case Law. In Preventing Corporate Corruption: The Anti-Bribery Compliance Model, ed. G. Forti, S. Manacorda, and F. Centonze, 397—416. Cham: Springer.

Pieth, M., and R. Ivory, eds. 2011. Corporate Criminal Liability: Emergence, Convergence, and Risk. Vol. 9. Dordrecht: Springer.

Public Citizen. 2019. Soft on Corporate Crime—DOJ Refuses to Prosecute Corporate Lawbreakers, Fails to Deter Repeat Offenders. https://mkus3lurbh3lbztg254fzode-wpengine. netdna-ssl. com/wp-content/uploads/soft-on-corporate-crime-dpa-npa-repeat-offenders-report.pdf.

Rose, C. 2012. The UK Bribery Act 2010 and Accompanying Guidance: Belated Implementation of the OECD Anti-Bribery Convention. International & Comparative Law Quarterly 61 (2): 485—499.

Salbu, S. R. 2017. Redeeming Extraterritorial Bribery and Corruption Laws, American Business Law Journal 54 (4): 641—682.

——. 2018. Mitigating the Harshness of FCPA Enforcement Through a Qualifying Good-Faith Compliance Defense. American Business Law Journal 55 (3): 475—535. Scholz, J. T. 1984. Voluntary Compliance and Regulatory Enforcement. Law & Policy 6 (4): 385—404.

Seeger, K., B. E. Yannett, M. Howard Getz, R. Lööf and R. Maddox. 2014. UK Financial Conduct Authority imposes fine on Besso Limited. Lexology. https://www.lexology.com/library/detail.aspx? g = cba383e6-5c56-4a58-9597-4d678395195e.

Selvaggi, N. 2012. Compliance Programmes and 'Organisational Faults' in Italian Legislation: An Overview of Ten Years of Experience with Legislative Decree 231/2001, Eucrim: the European Criminal

Law Associations' Forum 3：127—130.

Serious Fraud Office v. Rolls-Royce PLC and Rolls-Royce Energy Systems Inc—Case No：U20170036. 17 January 2017. https：//www. judiciary. uk/wp-content/uploads/2017/01/sfo-v-rolls-royce.pdf.

Serious Fraud Office v. Standard Bank plc — Case No：U20150854. Nov 30，2015. https：//www.judiciary.uk/wp-content/uploads/2015/11/sfo-v-standard-bank_Final_1.pdf.

Scrious Fraud Office v. Tesco Stores Ltd — Case No：U20170287. 10 April 2017. https：//www. judiciary.uk/wp-content/uploads/2019/01/sfo-v-tesco-stores-ltd-2017-approved-final.pdf.

Serious Fraud Office v. XYZ Ltd — Case No：U20150856. July 11，2016. https：//www.sfo.gov.uk/download/xyz-final-redacted/？ wpdmdl＝13285&refresh＝5ef87fb4933ff1593343924.

SFO ［Serious Fraud Office］. 4 July 2019a. SFO Completes DPA with Serco Geografix Ltd. https：//www.sfo.gov.uk/2019/07/04/sfo-completes-dpa-with-serco-geografix-ltd/.

—— ［Serious Fraud Office］. 20 December 2019b. Three Individuals Acquitted as SFO Confirms DPA with Güralp Systems Ltd. https：//www.sfo.gov.uk/2019/12/20/three-individuals-acquitted-as-sfo-confirms-dpa-with-guralp-systems-ltd/.

—— ［Serious Fraud Office］. 31 January 2020a. SFO Enters into € 991m Deferred Prosecution Agreement with Airbus as part of a €3.6bn global resolution. https：//www.sfo.gov. uk/2020/01/31/sfo-enters-into-e991m-deferred-prosecution-agreement-with-airbus-as-part-of-a-e3-6bn-global-resolution/.

—— ［Serious Fraud Office］. 10 April 2020b. SFO Confirms End of Deferred Prosecution Agreement with Tesco Stores Ltd. https：//www.sfo.gov.uk/2020/04/10/sfo-confirms-end-of-deferred-prosecution-agreement-with-tesco-stores-ltd/.

Smith，C. F.，and B. D. Parling. 2012. American Imperialism：A Practitioner's Experience with Extraterritorial Enforcement of the FCPA. University of Chicago Legal Forum 2012 （11）：237—258.

Stessens，G. 1994. Corporate Criminal Liability：A Comparative Perspective. The International and Comparative Law Quarterly 43 （3）：493—520.

Stucke，M. E. 2014. In Search of Effective Ethics & Compliance Programs，The Journal of Corporation and Law 39 （4）：769—832.

Tricot，J. 2014. Corporate liability and compliance programs in France. In Preventing Corporate Corruption：The Anti-Bribery Compliance Model，ed. G. Forti, S. Manacorda, and F. Centonze，477—490. Cham：Springer.

Tyler，T. R. 2006. Why People Obey the Law. Princeton：Princeton University Press.

——. 2009. Legitimacy and Criminal Justice：The Benefits of Self-Regulation，Ohio State Journal of Criminal Law 7 （1）：307—359.

Weismann，M. F. 2009. The Foreign Corrupt Practices Act：The Failure of the Self-Regulatory Model of Corporate Governance in the Global Business Environment，Journal of Business Ethics 88 （4）：615—661.

Wellner，P. A. 2005. Effective Compliance Programs and Corporate Criminal Prosecutions，Cardozo Law Review 27 （1）：497—528.

Wells，C. 2014. Corporate Responsibility and Compliance Programs in the United Kingdom. In Preventing Corporate Corruption：The Anti-Bribery Compliance Model，ed. G. Forti, S. Manacorda, and F. Centonze，505—512. Cham：Springer.

Werle，N. 2019. Prosecuting Corporate Crime When Firms Are Too Big to Jail：Investigation, Deterrence, and Judicial Review, Yale Law Journal 128 (5): 1366—1438.

　　Yannett, B. E., A. M. Levine, P. Rohlik, and M. K. Weiss. 2017. Corporate Recidivism in the FC-PA Context. Compliance & Enforcement. https://wp. nyu. edu/compliance_enforcement/2017/07/07/corporate-recidivism-in-the-fcpa-context/.

第 15 章　从自愿到"强制"：刑事法视野下的合规补救功能

马可·科拉库奇

1. 加强补救挽损措施在确定"个人"企业刑事责任中的作用

长期以来，企业合规和企业刑事责任一直沿着各自不同又互有交叉的路径发展。1991 年生效的美国《联邦量刑指南》（FSGOs）深刻影响了美国乃至全球范围内的企业犯罪司法执法，是企业合规发展史上的关键节点。事实上，企业刑事责任和企业范式的传播都是所谓经济刑法美国化的表现形式（Nieto Martín，2008）。

众所周知，FSGOs 对企业刑事责任持更开放立场，在刑法中植入创新要素，赋予了合规在针对企业的制裁和诉讼中的核心作用。从根本上看，"各国保障企业守法经营的一致需求在事实上导致了各国企业合规发展的趋同性"或"由于各国均有保障企业守法经营的一致需求，所以各国的企业合规发展具有趋同性"。当然，各国的合规范例也呈现出各自不同的发展特点。

一方面，刑法具有静态、以既成事实为评价导向的特点。①评价并确定刑事

---

① 静态的犯罪化强调的是犯罪化的"瞬时动作"及其所产生的"在刑法中将某行为规定为犯罪"这一静态的犯罪化的"结果"。（编者按）

责任是一项针对"瞬时动作"的活动，该活动旨在制裁已经发生的犯罪行为，并在限定时间内完成（Delmas Marty，2004）。刑事制裁"姗姗来迟"，发挥着不同的作用。刑罚的目的可以是阻却犯罪及引导民众守法，也可以是对犯罪行为人的惩戒（监禁）及对其法律上行为能力之剥夺（禁令）。当然，刑法也承认事后行为，在某些情况下，事后的补救挽损行为会在决定最终罚金数额时作为减轻因素，或者作为适用缓刑的一个条件（Coffee，1981；Simpson，2002）。

另一方面，企业合规则具有动态、未来导向的特点。企业合规是"企业组织为确保其员工及其他与企业有关联的人员遵守企业规则、规章制度或行为规范所进行的努力"（见 Miller，第 1 章；另见 Presti，第 2 章），同时也体现了公共当局所追求的主要目标及实现这一目标的手段。企业合规是一个包含正确制定与实施组织措施和程序的过程，这些措施和程序既适用于防范违法行为发生风险的情形，也适用于在违法行为被发现时作出充分反应的情形。因此，对企业合规有效性的评估需要考虑延长评估时限。

刑事法律与企业合规之间的相互作用导致了两种范式的交叉影响。企业合规在刑法中植入了创新要素，特别是在执法机构与被起诉及定罪企业之间的关系方面。这些创新要素各不相同，包括承认复杂企业组织的自我监管权力，以及企业与公共当局合作发现犯罪行为、评估企业内部涉事人员责任及企业的补救挽损能力（Fisse and Braithwaite，1993；Ayres and Braithwaite，1992；Braithwaite，2002；Parker，2002），因此，这种现象被定义为公私合作伙伴关系，要求企业担当公共当局盟友的角色（Centonze，2014）。

企业与政府的关系受到了多个方面的研究与质疑，一方面涉及公共权力对企业进行广泛控制的风险，另一方面涉及因宽松执法而导致白领犯罪日益增多的风险（Garrett，2014；Laufer，2014；Arlen，2017）。从理论上看，强化企业合规在企业制裁中的作用受到了特别关注，因为其允许对企业的刑事责任进行评估。这一点在美国的企业刑事责任体系中体现得尤为明显。在美国，合规性是决定对企业实施制裁的决定性因素，尽管在这种情况下，企业是根据替代责任模式承担责任的（Huff，1996；Gruner，2007）。在欧洲，将罪责原则也适用于企业的愿望导致人们几乎只关注预防性合规，而非企业的补救挽损行为（Paliero，

340

2018）。

然而，促进企业与政府合作、促使企业补救挽损是合规范式在企业刑法领域注入的最具创新性的特征之一。从某种程度上讲，合规本身就带有其起源于监管法律制度的标志：旨在激励企业守法经营，即使在犯罪行为发生后仍然如此，以避免损耗企业经营所产生的经济利益与社会利益（Braithwaite，1982；Hodges，2015）。因此，在合规的基础上，企业刑法似乎复制了以下特点：企业刑法所追求的首要目标不是使企业丧失经营能力，而是依法对企业进行重组，鼓励企业在犯罪发生后，通过赔偿受害人、恢复损害赔偿、实施内部合规制度等方式对损害结果进行补救，进而避免再犯。否则，企业将面临严厉的制裁，包括非正式制裁，如刑事起诉及定罪带来的负面声誉影响（Coffee，1990；另见 Nieto Martín，第 13 章）。

与此同时，前文提到的趋同性也塑造了企业合规的主要特征——合规经历了一个"刑事化过程"，部分失去了其自愿性。事实上，在某些情况下，合规是企业继续其经营活动所必须满足的条件（Haugh，2017）。从全球范围看，以非诉方式解决企业犯罪案件的趋势尤为明显：通过此类非诉协议，检察官可以对企业实施强制性的公司治理与合规改革，从而撤销对企业的诉讼。刑事起诉和定罪进而成为推动企业采取合规措施（这些措施是通过协议，以特定形式强制的授权）的一种威慑手段（Arlen and Kahan，2017；另见 Vozza，第 14 章）。

如此一来，刑事诉讼就不具备履行评估（过去）犯罪行为刑事责任的传统职能，而是旨在规范（未来）企业经营活动，从而具有行政/监管职能（Miller，2017；另见 Miller，第 1 章）。这一趋势虽然在刑法中并不鲜见，但在企业刑事责任领域表现得尤为明显（Gilchrist，2019）。此外，当前非诉解决方案得到很多西方国家的认可（Søreide and Makinwa，2020），有学者认为，在刑事法庭之外通过非诉方式解决企业犯罪案件，是在打击企业犯罪中采用合规范式的自然演进（Parker，2009）。当然，企业的这些"结构性改革"也可能源自其他类型的司法协议与制裁，如辩诉交易和缓刑令（Garrett，2007）。

这种现象引起的关键议题已被广泛讨论，尤其是其与法治原则的紧张关系（Arlen，2016）、其与三权分立原则的冲突（Garrett，2011）。同时，这一趋势也承认了企业采取补救挽损措施的重要性，这与将企业刑事责任制度建立在合规范式之上的想法是一致的。事实上，实现企业复兴需要认识到合规并非一蹴而就的长期过程，同时这也提供了一个基于企业"个性"特点的企业犯罪刑罚框架——尽管有关企业罪责的评估常常被忽视（Diamantis，2018；Gruner，1988；Gilchrist，2019；Cunningham，2014）。

尽管这一考虑也适用于和解协议之外的案件情况，但是，和解协议代表了企业犯罪案件办理中的一种特定立场，尤其是因为在某些情况下，和解的标志是任命外部监督人员来监督企业合规。对这些监管结果的分析使我们能够掌握对意图复兴的企业实施合规授权的难度和可能性（Ford and Hess，2008—2009，2011；Root，2016）。

为此，本文将追溯企业合规所经历的演变过程，从早期阶段的自愿到当前的"强制"方法（第2节）。具体重点将放在企业和解协议（第3节）和企业合规监管方面，以此作为监督企业进行强制合规的手段（第4节）。调查对企业实施合规措施这一日益增长的趋势，是为了强调这一趋势的关键和最重要的积极方面。尤其合规在企业复兴方面的功能被认为是对企业人格的尊重，并且当犯罪行为人是企业时，是符合罪责原则的（第5节）。

2. 企业合规的演变：从自愿到"强制"

纵观历史，企业合规一直是随着企业和公共当局之间的互动而发展起来的。随着时间的推移，企业权力的逐渐扩张、金融与经济危机的一再发生，导致立法更趋严苛，企业通过组织内部活动来证明自己遵守了新法规，至少在下一次丑闻和更严苛的立法通过之前是如此（Laufer，2017，第141页；Simpson，1987）。

在此过程中，企业合规一直是研究争议的焦点。最初，合规作为企业自愿采用，借以显示企业遵守新法规定意愿的工具出现，如今合规已逐渐被公共权力所吸收。这些措施旨在穿透传统企业的治理黑箱，以审查企业内部组织的合法性，确定非法行为的责任人，并促进企业内部文化变革。在合规范式的传播和公共当局对合规制度的采用方面，刑法起到了催化剂的作用。本文无法充分展示合规范式的演变历史（Miller，2016，第 151 页；另见 Miller，第 1 章），但会强调其发展过程中的一些转折点，尤其是从美国经验中总结出的重要转折点。

自 18 世纪末 19 世纪初现代企业创设以来，公共权力和企业之间的互动一直是合规和企业刑事责任发展史中的一个显著特征。在这一发展史的早期，社会公众对商业活动的控制力骤增：创新立法开始生效，成立了首批拥有调查和裁决权的行政机构（Laufer，2006，第 12ff.页）。首起企业刑事案件（即著名的 1909 年美国最高法院纽约中央 R. Co. 诉美国案）可以追溯到同一时期。众所周知，这一历史性判决的作出是基于实用主义的，这是由于豁免企业刑事责任的想法"是因为企业不能犯罪这一陈旧且过时的学说"将导致失去"有效遏制并纠正企业不法行为的唯一手段"（美国最高法院，1909 年）。

在接下来的几年里，这一趋势仍在继续。新一波的过度监管催生出不同的合规举措，该举措旨在肯定企业的守法行为，进而具体化为其行为准则，也称为道德准则（Pitt and Groskaufmanis，1990；Walsh and Pyrich，1995；Gabel et al.，2009）。企业将自己表现为道德代言人，在商业活动中与明确的价值观体系联系在一起，同时能够通过自律进行自我管理。尽管这些合规举措的非规范性导致对道德准则的司法承认有限，但它们在很大程度上催生了这样一种观点，即企业应作为预防和遏制潜在犯罪行为的重要主体（Laufer，2006，第 12ff.页）。

所谓良好企业公民身份（1955 年美国量刑委员会）的概念始于 20 世纪 70 年代至 80 年代之间。洛克希德丑闻和随后于 1977 年通过的《反海外腐败法》（FCPA）是一个发展转折点。FCPA 旨在打击向外国公职人员行贿的行为，在更普遍的层面上，其带有重大的道德印记：追求企业透明度、行为准则、合规计划和公开披露等严格的内部控制措施，因此被加诸企业（Khoeler，2012）。

同期，非公共机构及企业进行了两项重要改革：1982 年，美国法律协会（American Law Association）发布了第一篇具有探索性的报告，题为《公司治理原则：分析与建议》（Smith，1993）；国防承包商制定了国防工业商业道德和行为倡议（DII），以此作为对与对抗苏联威胁的军备竞赛有关的欺诈和非法行为指控的回应。尤其是 DII 推动企业采用行为准则、员工道德培训计划和监测机制来发现企业不法行为，其代表了之后 1991 年通过的美国《联邦量刑指南》（FSGO）规定的一个重要模式（Nieto Martin et al., 2015）。

通过承认合规计划和更广泛的企业合作行为可能会对企业制裁造成的影响力削弱，FSGO 确实成为刺激合规最具吸引力的因素（Coffee，1990）。尽管主要依靠罚金，但 FSGO 重在关注补救犯罪行为造成的损害，特别是，根据合规计划的有效性，对企业的补救挽损行为进行积极评价（美国 FSGO §8B2.1.7）、自我披露、与当局合作以及承认责任（美国 FSGO §8C2.5.g）。随后，在企业制裁制度得到司法确认的背景下，合规与企业刑事责任出现趋同，而企业责任制度继续采用替代责任模式。

FSGOs 的观念对随后几年在立法和执法层面采取的刑事政策产生了重大影响。有效的合规计划和企业在打击犯罪方面的合作态度不断增强，促使公共权力机构广泛使用合规范式。因此，合规失去了自愿性，成为渐进式刑事定罪过程的对象，在此过程中，刑罚与犯罪无关，合规失败将面临制裁。这一趋势在 21 世纪初的经济与金融丑闻后通过的联邦立法，即《萨班斯—奥克斯利法案》和《多德—弗兰克法案》中表现得尤为明显。一旦成为"联邦刑法的产物"（Baer，2009，第 972 页），合规将主要由美国司法部（DOJ）评估。因此，对合规的评估转移到了法院之外，这一趋势受到了那些希望避免刑事诉讼不利后果影响的企业的青睐。

庭外和解作为解决企业犯罪案件的一种方式，其广泛适用代表了合规发展的新阶段，现在基本上由检察官运作。检察官可以根据被诉企业的特点制定具体的合规条款。即使采取此类措施是否可被视为一种制裁形式存在争议，但鉴于其明显缺乏惩罚性目的，也确实可以表明，合规以这种方式部分失去了其最初的自愿初衷。相反，它已经成为公共权力机构依靠其补救能力来复兴负责任企业（据称）的方式。正如已经预料到的那样，这引发了几个不同的问题，需要仔细研究。

3. 和解作为企业犯罪案件解决方式推广应用的新近趋势

尽管美国司法部指的是"协议",但"和解"(settlements)一词更能表述这种形式的解决方案(OECD,2019)。事实上,企业刑事案件不是通过平等主体协商解决的,而是由执法机构通过强制被起诉企业采取具体措施来补救(指控的)犯罪,从而避免类似情况再次发生,以换取撤销案件或有条件地推迟起诉。

美国司法部将和解作为解决企业犯罪案件的审前分流机制,一直是人们关注的焦点,这种关注不止于理论层面。尤其是近年来,公众对那些应当对 2008年经济危机负责的高管是否存在有罪不罚的情况的讨论越来越激烈,引发了人们对企业犯罪中个人责任评估的重新关注(Will et al.,2013)。这一趋势在政治层面产生了实际影响,2019 年,美国参议员沃伦提出《企业高管问责法案》,法案要求大型企业高管在其企业犯罪、因民事违法行为危及公众利益或一再违反联邦法律时应承担刑事责任。沃伦还重新提出了《结束"大到不能入狱"法案》,这是一项全面的法案,旨在追究银行高管对银行违法行为的责任。同样,正如我们将在下文中进一步具体指出的,司法部最新的一份备忘录强调,有必要将不起诉协议置于对所涉罪行负责的个人的起诉之下(Yates,2015)。

然而,尽管美国公司法的新近发展似乎表明和解协议的应用出现了偏差(Gibbson Dunn,2020,第 2 页;Uhlman,2016,第 1235 页),其他西方国家也一直在追求同样的目标,承认其法律制度中存在类似的工具(Søreide and Makinwa,2020;see also Vozza,Chap. 14),导致这一选择的原因各异,但也有相同之处,即这些国家需要保护其企业免受美国侵略性激进执法的影响,并希望参与对跨国企业、跨国集团实施极高金额罚金的"跨国竞赛"(Davis,2019;Garrett,2011;Garapon and Servan-Schreiber,2013)。

法国和英国的立法改革是这一发展趋势的最重要范例,这两个国家都认同通过审前程序解决企业犯罪的制度方式,同时对传统上在这些法律背景下被忽视的合规范式表现出明显的开放态度(Garapon and Servan-Schreiber,2013;Alldridge,2012;see also Vozza,Chap. 14)。这些创新涉及反腐败领域,在该领域,由上述已经提到的美国《反海外腐败法》和随后的经合组织《反贿赂公约》对承认企业刑事责任的具有最大的压力（Davis，2019；see also Manacorda，第 4 章），在此情形下，意大利立法代表了一种特殊范式，尽管意大利采用了合规模式，但其企业刑事责任（形式上是行政责任，但实质上是刑事责任）制度并没有明确承认任何形式的和解（de Maglie，2011）。尽管如此，在意大利的检察官办案中仍可找到"非正式"协商司法的例子，即允许企业免于刑事诉讼，以换取旨在改善企业内部合规的补救挽损措施（Colacurci，2018）。

在全球范围内，企业合规计划和庭外协议的普及也导致了"全球和解"成为解决国际间企业不法行为的一种常规方案。这些都是不同执法机构相互协调的结果，这些执法机构可依据不同国家的类似立法设立与运作，尽管在大多数情况下，美国司法部是作为"非正式监督机构"运作的（参见美国司法部，2017 年；另见 Manacorda，第 4 章）。

鉴于所有上述原因，和解是在全球范围内"把握企业合规脉搏"的决定性要素，特别是美国式解决方案，和解"矩阵"即是在美国最先发展起来的。具体而言，和解包括推迟（延期起诉协议）或放弃（不起诉协议）对被诉企业的刑事起诉，以换取企业在不认罪的前提下承认相关事实，支付罚金并予以赔偿。通常情况下，企业还必须遵守一系列旨在促进合规适用的法律和防止再犯的条件。此类协议的期限一般为 1 至 3 年（Garrett，2007；Garrett，2014；Beale，2016；Uhlmann，2013；Arlen and Kahan，2017）。

众所周知，尽管 D/NPA 起源于 20 世纪 90 年代初，但在臭名昭著的安达信会计师事务所破产案后，它们被更频繁地使用。安达信最初因在安然丑闻中担任审计师而被定罪。随后，美国最高法院推翻了这一判决，但刑事诉讼带来的负面声誉已经对安达信造成了灾难性影响（Markoff，2013）。基于此，旨在防止刑事诉讼带来的负面声誉后果的和解等方式得以推广应用（Garrett，2014）。菲利普备忘录（Filip Memo）明确承认了这一必要性。该备忘录是第一份司法部副部长备忘录，旨在确定达成协议推迟或排除企业诉讼的可能性，协议被视为企业走向衰败与企业被定罪之间的"第三条道路"（Filip，2008）。在此之前，协议更多是作为克服调查与起诉企业中面临的实际困难的工具。

　　然而，这种需求仍然有效，而且确实源自美国司法部自己的决定，这些决定赋予了内部合规性评估和企业合作态度的核心作用。虽然 1999 年的霍尔德备忘录已经确定，"企业及时自愿披露不法行为及其配合政府调查的意愿可能是相关因素"（Holder，1999），但 2003 年的汤普森备忘录进一步规定，检察官在决定是否起诉这些企业时应考虑不同的因素，其中，第五个因素涉及"是否制定了企业合规计划及其充分性"（Thompson，2003）。

　　最近，美国司法部发布了一份关于企业合规计划评估的指南，重点关注三个问题：一是企业合规计划是否设计合理；二是企业合规计划是否真正实施；三是企业合规计划在实践中是否有效（美国司法部，2020 年，第 2 页）。这些问题的共同答案是通过制定一系列标准来回答的，这些标准是美国司法部从自身调查实践中提炼出来的，也得益于美国的其他机构以及经合组织长期以来制定完善的一系列指导方针。

　　该指南提供了有效合规计划所需内容的详细清单，进而提供了企业制定和完善合规计划的明确指引。发现和补救非法行为的能力是用来验证合规计划在实践中是否有效的标准之一，"如果合规计划确实有效识别了不法行为，包括允许及时补救和自我报告，检察官应将该事实视为合规计划有效运行的有力指标"（美国司法部，2020 年，第 15 页）。这样一来，发生犯罪就不应该成为该合规计划存在不足的依据，企业对犯罪行为的补救应对也必须在合规计划有效性评估中得到积极考虑。此外，值得注意的是，司法部的评估具有"横向"特征，因为该指南旨在协助检方决定是否起诉企业，确定制裁金额与调整"任何企业刑事判决中包含的合规义务"的相关方面（美国司法部，2020，第 1 页）。

　　企业的配合态度和采取补救挽损措施的意愿在企业量刑中的核心作用也源于目前美国司法部高度重视起诉个人的态度，正如已经指出的那样，对企业犯罪中个人相关性的关注近年来不断上升。舆论压力对 2015 年耶茨备忘录的影响尤为明显，耶茨备忘录在该方向上往前推进了一步。备忘录指出，追究相关自然人的刑事责任是打击企业犯罪最有效的方式之一，与此同时，这一做法能够促进并确保公众对司法系统的信心（美国司法手册，9-28.010）。耶茨备忘录规定，在检控企业时，应首先找到对犯罪行为负责的个人。因此，企业必须提供与参与犯罪的自然人相关的信息。

学者们强调了这一趋势会如何给企业带来巨大压力，如要求企业放弃"律师—客户特权"，以及在更普遍的层面上，这可能会在企业内部传播怀疑文化（Beale，2016；Copeland，2017）。美国司法部副部长罗森斯坦（Rosenstein）的讲话略有差异，他部分重新定义了提供个人责任相关信息的重要性，承认企业在收集员工和中层管理人员有关有用信息时遇到的困难（Rosenstein，2018）。

最近在反腐败领域开展的试点项目使得美国司法部赋予企业更大的豁免权（Weissman，2016，Woody，2018；Vozza，第 14 章）所谓"不起诉并缴纳违法所得"（declination-with-disgorgement）是一种新式的审前分流机制，是介于典型不起诉与 N/DPA 之间的中间道路，需要企业密切配合。该机制鼓励企业在发生不法行为时主动提供与调查相关的所有事实，保存和收集证据，让员工和高管接受质询等。企业这些积极配合的努力会得到检方不予起诉的回报，对于企业来说，这比和解更为有利（参见现行美国司法手册，sec.9-47.120）。

因此，美国司法部在评估公司合规性方面拥有广泛的权力，其中很大一部分取决于企业对非法行为的反应及其在面对执法机构时的合作态度。此外，基于这些评估，司法部会调整企业在达成和解时必须遵守的条件事项，以及刑事罚金与赔偿数额。这些条件通常旨在改革公司的内部结构：检察官使用这些制度工具来监管"(i) 企业合规计划的框架和内容；(ii) 董事会和管理监督委员会的结构和组成；(iii) 对企业事务外部监督的形式和限度（例如，强制性对企业进行监督）；(iv) 公司经营业务范围"（Arlen，2016，第 199 页）。因此，检察官可以"从内部"改革企业。从一段时间以来检察官通过和解程序对企业施加的改革影响可见，检察官要求企业"重组高管薪酬"或"分离董事会主席和首席执行官的职位"（see pp.202—203 in Arlen 2016），这些具体措施均以相关企业的特殊性为基础，并植根于对其合规性的评估。

一些学者认为，和解对企业犯罪的反应过于宽松，因此企业得以避免传统上因刑事定罪带来的声誉受损（Garrett，2014；Laufer，2014；Uhlmann，2013）。与此同时，检察官权力的扩张也受到批评，原因是这可能与法治冲突，以及检察官对和解协议的内容缺乏充分的司法控制等（Arlen，2016；Garrett，2007）。

从刑法与合规之间相互作用的角度看，和解协议本身是一个"不透明"的工具：通过将合规性评价置于刑事审判之外，改变了刑事判决传统的"瞬时性"特点，鼓励检察官与企业建立一种长期的"历时"关系。事实上，对合规性的评估不仅涉及企业的预防犯罪能力，主要还涉及其补救挽损能力。这样一来，刑事起诉和定罪起到了通过潜在的刑事诉讼手段迫使企业进行合规的威慑作用。如此，企业不再以确定刑事责任，而是以履行行政/监管职能为导向采取相应行为，因为企业追求的目标是恢复生产经营（Parker，2009）。恢复性补救挽损措施、配合调查、提高合规性是企业追求这一目标的手段。

因此，虽然刑法至少部分吸收了合规范式，但同时合规也改变了传统刑法的一些主要特征。检察官与自然人当事人之间的协商是在诉讼中适用自由裁量权的典型表现；然而，与认罪协议不同，和解协议不需要当事人作出任何认罪表示（Gilchrist，2019）。同样，需要监督被起诉或者被定罪的当事人在判决后的行为表现，是缓刑等刑罚措施的典型特征。尽管如此，缓刑是一种制裁形式，而不是定罪的替代品，还要求缓刑官等特定人员监管被制裁方的行为，而在和解中，履行这一职责的是检察官。

和解协议允许定制具体措施以提高企业的合规性；从这个角度来看，这些措施明显是"个性"和"恢复性"的。与此同时，和解协议由检察官主持，检察官还必须监督其有效实施，"这是一项艰巨的任务，检察官可能缺乏相应能力"（Garrett，2007，第926页）。这项任务能否有效完成值得怀疑。检察官可以强制企业采用外部监管者来监督其合规工作，这并非偶然。因此，监管代表了一种让人乐于接受的观点，可以从中调查将合规作为事后措施实施时产生的潜力和关键问题。

4. 监管机构在监督企业补救挽损中的作用

任命企业监督专员来监管企业履行和解协议是一个新兴现象，尚处于理论论证的早期（Root，2016，第113页；Ford and Hess，2008—2009）。但是，利用第三方力量协助司法机关履职则由来已久。实际上，监督可以被认为"在当今社会中无处不在"（Root，2021，第 1 页）。

从美国的经验来看，与当前和解监督机构最接近的先例是根据 1970 年《反勒索及受贿组织法》（RICO）（Garrett，2007，第 869ff.页）提起的公法诉讼和工会腐败案件（RICO）（Garrett，2007，第 869ff.页）。在这些案件中，引入外部第三方的目的是监督学校、监狱、警察部门和精神卫生机构等公共机构的改革工作。

根据 RICO 任命的一个知名监督机构是新泽西州卡车司机国际兄弟会（Internationaa Brotherhood of Teamsters of New Jersey），这是一个受到黑社会渗透的工会。美国司法部于 1988 年对其提起的民事诉讼导致了一项旨在"净化"工会，使其免受黑社会影响的托管。诉讼达成了一项协议，要求选举官员"监督工会主席和其他国际工会官员的公平民主选举"（Jacobs and Portnoi，2009，第339—340 页）。改革工会内部文化的目标表明，监督专员可能需要达到的广泛目标。不出所料，这一决定引起了工会的激烈反应，工会认为被提名的人是不必要的，而且薪金太高（Jacobs and Portnoi，2009；Jacobs，2007）。

关于企业强制执行，FSGO 承认企业缓刑是一种企业制裁形式，监督专员可以是缓刑令的一部分（Lofquist，1993，第 161 页）。特别是，FSGO 规定，如果有必要执行补救令，或者企业没有有效的合规和道德计划，再或者如果这样的判决"有必要确保企业组织内部做出改变，以减少未来犯罪行为的可能性"，则法院应裁定缓刑（FSGO，§8D1.1.）。当前企业缓刑令常见于企业认罪协议，缓刑企业的数量近年持续增长（Garrett and Ashley，2020）。

有学者强调指出，"早期关于企业缓刑的批评与认可意见映射了当前关于企业监管的争议"（Ford and Hess，2008—2009，第 687 页）。尽管和解协议中的监督与诉前程序相关，但二者会出现相同的问题，尤其是涉及公共权力评估企业内部实际改进状况的真实能力，这一问题本质上与企业合规是否得到正确评估有关。关于缓刑的学术辩论指出了以内部激励而非外部强加的方式企业改革的可能性。如此，新的合规措施将更适合企业的需求，由于企业人员参与了合规计划的制定，新的合规计划将更有效（Gruner，1988）。

这些考虑因素与基于和解协议而任命的企业监督专员尤其相关。监管专员的职权范围因时而异，不断扩大。1994 年保诚（Prudential）案中的"独立监察专员"可以被视为首例现代企业监管实例，独立监察专员的任务是担任企业董事会和合规委员会成员，并向政府、企业的董事会和审计委员会报告企业内部合规制度的实施情况，包括犯罪行为嫌疑人情况等（Garrett and Ashley, 2020）。2012 年，汇丰银行签订了一份为期 5 年的 DPA 协议，同意任命一名监管专员，其任务包括提供"设计合理的建议，以提高汇丰集团确保遵守反洗钱法的合规计划的有效性"（Root, 2016，第 128 页）。

如后一个案例所示，企业监督专员的职责不能局限于监督企业遵守协议规定的条件。事实上，监管专员可以在企业补救挽损工作中提供更广泛的帮助，同时评估这些工作是否有效。通过这种方式，监管者可以向政府和公众提供关于企业以合规方式行事意愿的保证（Root, 2016，第 130 页）。例如，在世通案的最终判决中，拉科夫法官特别概述了监督专员职权范围的逐步扩大，"虽然设置企业监督专员最初目的是防止企业在变乱后发生劫掠和文件销毁事件，但在各方均一致同意的情况下，其职权范围不断扩大，如今企业监督专员不仅发挥金融监管作用……而且在企业内部控制与公司治理方面发挥了很大的积极作用"（Root, 2016）。显然，企业监督专员履行着（1）评估企业对强制执行义务的履行情况，以及（2）引导企业为自身复兴而厉行改革的双重职能。DOJ 致力于该目标的第一份备忘录明确，"企业监督专员的主要责任是评估和监测企业是否遵守专门旨在解决和降低企业不法行为再次发生风险的协议条款，而不是进一步惩罚性目标的实现"（Morford, 2008，第 2 页）。

2018 年 Benczkowski 备忘录重申了企业监管的复兴与非惩罚性功能，该备忘录明确地将企业监管方式与增强企业合规的必要性重新联系起来。的确，监督专员被认为是"降低潜在的企业刑事犯罪风险和合规失效再次发生风险的有效手段"（Benczkowski, 2018，第 1 页）。与此相一致的是，合规性评估在 DOJ 决定是否任命一名独立监督专员时至关重要。在新近备忘录中列出的四个关于实施监督的潜在利益中，有两个与合规有关。刑事律师应考虑其他因素，如"企业是否对其企业合规计划和内部监管系统进行了重大投资和改进"，以及"针对合规计划和内部监管漏洞的改进是否经过测试，从而能够证明其可以有效防范或及时发现类似不法行为"（Benczkowski，2018，第 2 页）。因此，当企业合规实施不力时，任命企业监督专员被认为是改进企业合规的适当方案。

这些因素为评估和解协议所显示的合规与刑法之间的关系增添了一层新的复杂性。企业监督专员目前的职能主要包括通过制定改善企业内部合规所需采取的措施来帮助企业复兴。至少在目前情况下，DOJ 的授权具有开放性，因为其无法事先准确预设，正如 Morford 备忘录明确提到的，"无论是企业还是公众，都不会因为雇用一个角色定义过于狭窄（因此，监督者无法有效评估各方打算进行的改革）或定义过于宽泛的监督者而受益（因此，导致监督者从事的活动无法促进企业实施各方计划的改革）"（Morford，2008，第 5—6 页）。然而，监管者的"首要目标……是向企业和政府提供建议，旨在协助企业努力改善其合法性和监管合规性"（Root，2016，第 131 页）。为实现这一目的，其必须调查企业合规失败的原因。

这一趋势与利用企业诉讼来改革企业合规的想法是一致的。有了企业监管的专门机构，对企业实施的外部控制便会达到极致。有学者认为，企业合规监督专员作为独立第三方而不是公共权力的代理人的履职方式，与 RICO 案件中采用的和解协议（consent degree）模式有异曲同工之处（Garrett，2007，第 853ff.页）。尽管如此，在企业治理中植入"外来"因素以恢复企业合法商业活动的做法看起来像是一种"企业基因工程改造"，必须审慎为之。

Morford 备忘录强调，有必要考虑任命企业监督专员所需的成本和对企业经营活动的影响。最近的 Benczkowski 备忘录更进一步规定，要平衡企业因设置监督专员所产生的经济负担及由此产生的利益。这一规定显然是为了将监督专员的设置与使用限制在最为必要的情况下。与此同时，备忘录还对监督专员的选任过程提供了更详细的规则指引，以确保能够选拔出高素质人员，并在这一过程中增强公众对合规监管的信心。然而，监督专员的选任仍然对相关人选应具备何种能力提出了具有挑战性的问题。离职检察官和前政府雇员经常被选为监督专员，这是出于他们具有在该领域的相关经验，以及 DOJ 更愿意与认识和信任的人合作的事实，以及企业希望表明其愿意认真进行内部改革的意愿。这一选择引发了人们对可能出现的潜在利益冲突的担忧，这与学者所表述并为公众所熟悉的，离职法官、离职检察官与企业律师事务所之间的职业"旋转门"案件中的担忧如出一辙（Zheng，2015）。

此外，从合规的角度看，更有意思的是，人们很可能会怀疑这类专家是否能够真正在改革与复兴企业的过程中发挥作用。这些专家缺乏企业治理方面的专业知识，并且习惯于从"刑法"的角度来处理合规问题（Ford and Hess，2008—2009，第 713ff. 页），这与最近的趋势形成鲜明对比，后者建议加强基于诚信和道德的企业合规（Paine，1994；Tyler，2014，2018；Langevoort，2018 and Chap. 10；see also Rotolo，第 11 章）。尽管有学者警告称，这有"对企业文化改革抱有太大希望"（Miller，2017，第 444 页）的风险，但从基于法律的合规方法转向基于价值的合规方法确实越来越成功。因此，目前的观点是应该让不同类型的专业知识参与到有效合规的过程中，部分放弃命令与控制的合规范式。如果企业监管专员的选择符合此类标准，企业监管就可能以企业恢复正常经营为目标（Ford and Hess，2008—2009，2011）。

从这个角度看，放眼美国之外，意大利的经验具有重要意义。意大利 2001 年第 231 号法令规定，当禁止企业经营可能影响社会基本服务或公共利益，包括保障特定区域的就业时，将适用一种司法委托形式（Mongillo and Parisi，2019）。在此类案件中，刑事法官会提名一位外部人员来管理企业，并采取有效的合规计划或加强现有的合规制度。因此，一家应当对严重犯罪负责的企业，通常会受到停止其全部或部分经营活动的制裁，只有在采取有效合规计划的情况下，该企业才能在合格代理人的监督下继续其业务。然而，到目前为止，该机制鲜有应用。

相反，在打击黑社会犯罪的行政预防措施领域，意大利立法机构引入了一种新的企业监督机制，该监督机制专门针对涉嫌受黑社会影响，但并非完全由其控制的企业（Visconti，2019）。这种监督机制适用于那些偶尔为黑社会成员的活动提供便利，游走于合法与非法之间的"灰色地带"的企业（Visconti，2014）。在这种情况下，有理由采取专门旨在"净化"企业，使其免受黑社会影响的有效合规计划，以利于企业继续开展商业活动。在非法中介和工作剥削（所谓的 caporalato）的情况下，也可以实施这种监督。最近，米兰法庭撤销了此前对一家荷兰跨国企业的意大利子公司实施的此类措施，该公司在食品配送领域开展业务，撤销监督措施主要是基于其内部合规性的显著改善。

因此，即使在怀疑企业受到黑社会影响的情况下，合规也被认为是改变企业的一个有价值的工具，因此与美国企业监管中已经描述的"企业基因改造工程"有很多相似之处。然而，在意大利的案例中，这一目标似乎更具挑战性，因为它旨在铲除黑社会势力。黑社会所涉罪行的严重性导致意大利立法机构将对"灰色"企业的监管纳入旨在控制黑社会的行政预防措施，这一举动并非偶然。该项合规监管措施可在怀疑企业受到黑社会影响（但无实际证据）的情况下，独立于刑事诉讼程序适用。意大利学者传统上对这种合规方式持批评态度，认为其不符合无罪推定和个人罪责原则（Palazzo，2018）。如果和解协议代表了一种可以避免审判的审前分流机制，那么反黑社会的合规监督就是一种与刑事诉讼平行的行政解决方案。无论如何，这是一个更进一步、更有说服力的案例，该案例可以证明合规措施能在无需事先评估涉案企业法律责任的情况下，作为企业复兴的制度工具。近期，合规在打击工作剥削方面的作用证实了其巨大的潜力。

企业刑事合规制度发展的当前阶段似乎具有自相矛盾的性质。企业合规的刑事化趋势推动了旨在进行企业改革的庭外和解协议的普遍适用，而这就要求外部监管机构协助企业改进合规性。这些改进似乎是有效且持久的，尤其是如果这些改进是基于企业价值观且是企业自发进行的话。由此可见，企业监管可以成为企业复兴的有力工具，同时，其使用需要受到适当的制度约束。因此，学者们在提及监管缺失的同时提到和解协议鲜有应用就不足为奇了（Garrett，2014）。

此外，尽管目前通过和解协议任命企业监督专员是常态，但也存在其他几种不同方式选任的监督专员，监督专员可以履行不同的职责。无论如何，鉴于设置监督专员的目标是为了提高企业的合规性，那么就出现了确定企业监督专员所需达成的具体目标、实现这些目标的方法以及以最佳方式评估其监督活动的问题。学者们在这些方面提出了不同的建议（Ford and Hess，2011；Khanna and Dickinson，2007；Root，2016），包括设立解决问题的专门法院（Parker，

2009）。鉴于合规所施加的公共权力与企业之间的长期互动关系，企业监督专员在制定和监督企业实施事后补救挽损措施方面的重要性尤为突出。

5. 补救性合规与企业重整：刑法视角下的若干结论性意见

本文强调了合规与（企业）刑法之间关系的问题性质。虽然合规经历了一个刑事化过程，因此现在从刑法角度对其"解读"，但合规同时也促成了刑法和刑事诉讼程序的深刻变化。

正如我们所看到的，公司诉讼已成为刺激被起诉企业内部结构改革的手段，推动企业进一步加大内部合规力度，更加积极配合执法机构的调查工作。虽然这种通过刑事诉讼履行的行政监管职能并不是新现象，在自然人诉讼中或多或少也出现过，但其在企业犯罪领域的应用已经达到了更高的水平。然而，这样的结果是可以预见的，或者至少一点也不出人意料。如前所述，合规源于监管法，该法的首要任务是在不伤及企业的经济与社会效益的情况下激励企业的合规行为。尽管为了预防企业犯罪，合规职能被公共权力所"吸收"，这一特征仍然存在。

这一趋势引发了公众担忧，尤其是对检察官权力扩张，更普遍地来说，对公权力越来越多地介入私营企业监管的担忧。尽管企业和个人一样，可通过诉讼分流机制免受刑事诉讼或定罪带来的声誉损失，但它们必须在未经确定刑事责任前接受严苛的监管条件。此外，随着对个人起诉的关注度越来越高，出现了一些个人可能成为企业"替罪羊"以作为企业达成和解协议条件的严重风险。

另外，加强企业补救挽损措施，无论这些措施是企业自愿实施还是检察官强制施加的，应允许公共执法者根据被起诉企业的个体情况进行必要的结构性改革。从这个角度来看，这一趋势与何为最恰当的企业制裁方式的研究有关。除了要求企业支付罚款和赔偿金外，还可以要求企业自行重组。这对企业复兴的关注表达了一种面向未来的态度，这种态度在传统刑法领域长期被忽视，但似乎值得更多的肯定。

企业通过履行各种补救挽损措施，"折抵"了企业因其行为所产生的罪责。

然而，对企业施加的制裁形式显示出一种非常"个性化"的特征（Donini，2018；Gruner，1988）。通过这一方式，企业复兴"提供了一个框架，在这个框架内，对企业实施制裁不必假设其具有防止再犯和塑造良好企业公民身份的人类心理属性，即可实现企业复兴的目标"（Diamantis，2019，第 78 页）。

总之，采取企业补救挽损措施的必要性源于合规范式的采用，而合规范式又与诉讼外和解协议方式的大量采用密切相关（Parker，2009）。尽管出现了一些关键性问题（涉及权力分立、尊重法治以及适用于企业的罪责原则），但这一现象具有创新性，值得积极肯定。尤其是根据被诉企业的具体特征，实施事后合规可以发挥这一措施对企业的复兴作用，既能保证对企业非法行为的补救，又能保证企业经营活动依法继续进行。

然而，对企业实施的结构性改革则必须是确定性的，并得到正确评估。有观点认为，目前仍缺乏适当的标准来评估合规计划的有效性，"合规游戏"本身是由那些并不愿全力投入合规的各方推动的，这一批评既适用于企业本身，也适用于执法机构（Laufer，2017，第 7ff.页）。

一方面，尽管近年来企业在合规方面的支出显著增长，但企业合规仍存在众所周知的风险，即企业出于营造守法人设的目的，只进行表面上的合规努力，并从其享有的良好企业公民声誉中获益（Krawiec，2003；Laufer，1999；see also Centonze，第 3 章）。

关于企业合规性的司法标准的缺失助长了这一趋势，因为如果企业的合规努力在司法层面无法被法官"看到"，企业可能会对于在合规方面是否需要进行充分投入持怀疑态度（Soltes，2018）。另一方面，尽管企业合规在理论和政治层面受到越来越多的关注，但正如新近某位知名学者指出的，用于调查和起诉企业犯罪的公共资金似乎不足以有效执行企业合规，企业犯罪仍在受到严厉惩罚（Coffee，2020；Garrett，2020；Laufer，2017）。

在这种情况下，再加上"采取科学的方法，通过测试来规范遵守情况，其中遵守情况的数据必须公开，并经过经验验证"的主张（Garrett and Mitchell，2020），增强企业的补救能力，至少在一定程度上，可以平衡评估被诉企业可能采用的合规计划的有效性的困难。在实施赔偿、进行补救与配合调查等各项事后补救挽损措施中，以企业复兴为目的的企业治理与合规制度改革可能是一个更易实现的目标，因为这一做法可以从之前对犯罪发生时和企业发现犯罪后实施的企业合规制度的评估中受益。在这一情况下，可以在先前和现有合规计划的基础上加强与改进未来的合规制度。

如前所述，这一解决方案将改变传统的、以过去为导向的刑事实体法及刑事诉讼程序立场，转而支持旨在恢复被诉（或有罪）企业的经营活动的、动态的、以未来为导向的合规范式。因此，这种方法可适用于不同的企业犯罪解决方案之中，不一定仅在本文所述的和解协议中适用。实际上，刑事法官可以在缓刑令或认罪协议中规定并监督执行具有企业复兴内容的合规计划，而这也代表了一种新的制裁形式。无论如何，关于如何确定在管理与监督合规计划时适用的最合适方法，需要进一步讨论，因为基于刑事视角构建新的合规框架（现任企业监督专员，通常是前任检察官），以及对私营企业无限扩张的公共控制，都存在严重风险。不同利益相关者之间的正确平衡，以及确定有效实施合规计划的最合适方法是企业合规研究领域长期面临的挑战，现在我们可以从略有不同的角度进行研究。

参考文献

Alldridge，P. 2012. The UK Bribery Act：The Caffeinated Younger Sibling of the FCPA，Ohio State Law Journal 73（5）：1181—1216.

Arlen，J. 2016. Prosecuting Beyond the Rule of Law：Corporate Mandates Imposed through Deferred Prosecution Agreements，Journal of Legal Analysis 8（1）：191—234.

——. 2017. Corporate Criminal Enforcement in the United States：Using Negotiated Settlements to Turn Potential Corporate Criminals into Corporate Cops. NYU School of Law，Public Law Research Paper 17-12/17-09. https://doi.org/10.2139/ssrn.2951972.

Arlen，J.，and M. Kahan. 2017. Corporate Governance Regulation through Nonprosecution，The University of Chicago Law Review 84：323—387.

Ayres，I.，and J. Braithwaite. 1992. Responsive Regulation：Transcending the Deregulation Debate，Oxford：Oxford University Press.

Baer，Miriam Hechler. 2009. Governing Corporate Compliance，Boston College Law Review 50：949—1020.

Beale，S. S. 2016. The Development and Evolution of the U. S. Law of Corporate Criminal Liability and the Yates Memo，Stetson Law Review 46：41—69.

Benczkowski，B. A.，2018. Selection of Monitors in Criminal Division Matters. October 11，2018.

https://www.justice.gov/opa/speech/file/1100531/download.

Braithwaite, J. 1982. Enforced Self-Regulation: A New Strategy for Corporate Crime Control, Michigan Law Review 80 (June): 1466—1507.

——. 2002. Restorative Justice and Responsive Regulation, New York: Oxford University Press.

Centonze, F. 2014. Public-Private Partnerships and Agency Problems: The Use of Incentives in Strategies to Combat Corruption. In Preventing Corporate Corruption. The Anti-Bribery Compliance Model, ed. G. Forti, S. Manacorda, and F. Centonze, 43—67. Cham: Springer.

Coffee, J. C., Jr. 1981. 'No Soul to Damn: No Body to Kick': An Unscandalized Inquiry into the Problem of Corporate Punishment, Michigan Law Review 79: 386—459.

——. 1990. 'Carrot and Stick' Sentencing: Structuring Incentives for Organizational Defendants. Fed. Sent'g Rep. 3: 126—129.

——. 2020. Corporate Crime and Punishment: The Crisis of Underenforcement. New York: Berrett-Koheler.

Colacurci, M. 2018. Corporate Criminal Liability and Negotiated Justice in Italy: Something New under the Sun? Rev. Int'l Dr. Pén. 1: 135ff.

Copeland, K. B. 2017. The Yates Memo: Looking for 'Individual Accountability' in All the Wrong Places, Iowa Law Review 102 (5): 1897—1927.

Cunningham, L. A. 2014. "Deferred Prosecutions and Corporate Governance: An Integrated Approach to Investigation and Reform." Fla. L. Rev. 66: 1ff.

Davis, K. E. 2019. Between Impunity and Imperialism: The Regulation of Transnational Bribery, New York: Oxford University Press.

de Maglie, C. 2011. Societas delinquere potest? The Italian Solution. In Corporate Criminal Liability, ed. M. Pieth and R. Ivory, 255—270. Dordrecht: Springer.

Delmas-Marty, M. 2004. Le flou du droit: Du code pénal aux droits de l'homme, Paris: Presses Universitaires de France.

Diamantis, M. 2018. Clockwork Corporations: A Character Theory of Corporate Punishment, Iowa Law Review 103: 507—569.

——. 2019. An Academic Perspective. In The Guide to Monitorship, ed. A. S. Barkow, N. Barofsky, and T. J. Perrelli, 75—88. London: Global Investigation Research.

Donini, M. 2018. Compliance, negozialità e riparazione dell'offesa nei reati economici. Il delitto riparato oltre la restorative justice. In La pena, ancora: fra attualità e tradizione. Studi in onore di Emilio Dolcini, ed. C. Paliero, F. Viganò, F. Basile, and G. L. Gatta, 579—606. Milan: Giuffrè.

Filip, M. 2008. Principles of Federal Prosecution of Business Organizations. 28 August 2008. https://www.justice.gov/sites/default/files/dag/legacy/2008/11/03/dag-memo-08282008.pdf.

Fisse, B., and J. Braithwaite. 1993. Corporations, Crime and Accountability, New York: Cambridge University Press.

Ford, C., and D. Hess. 2008—2009. Can Corporate Monitorships Improve Corporate Compliance? Journal of Corporation Law 34 (3): 679—738.

——. 2011. Corporate Monitorships and New Governance Regulation: In Theory, in Practice, and in Context, Law & Policy 33 (4): 509—541.

Gabel, J. T. A., N. R. Mansfield, and S. M. Houghton. 2009. Letter vs. Spirit: The Evolution of Compliance into Ethics, American Business Law Journal 46 (3): 453—486.

358

Garapon, A., and P. Servan-Schreiber. 2013. Nouveau modèle global ou extension de la puissance américaine? In Deals de justice. Le marché américain de l'obéissance mondialisée, ed. A. Garapon and P. Servan-Schreiber, 187—192. Paris: Presses Universitaires de France.

Garrett, B. L. 2007. Structural Reform Prosecution, Virginia Law Review 93 (4): 853—957.

——. 2011. Globalized Corporate Prosecutions, Virginia Law Review 97 (8): 1775—1875.

——. 2014. Too Big to Jail: How Prosecutors Compromise with Corporations, Cambridge, MA: Harvard University Press.

——. 2020. Declining Corporate Prosecutions, American Criminal Law Review 57: 109—155.

Garrett, B. L., and J. Ashley. 2020. Corporate Prosecution Registry, Duke University and University of Virginia School of Law. http://lib.law.virginia.edu/Garrett/corporate-prosecution-registry/index.html.

Garrett, B. L., and G. Mitchell. 2020. Testing Compliance. Duke Law School Public Law & Legal Theory Series No. 2020-14, Law and Contemporary Problems (10 February). https://papers. ssrn.com/sol3/papers.cfm? abstractid = 3535913.

Gibbson Dunn. 2020. 2019 Year-End Update on Corporate Non-Prosecution Agreements and Deferred Prosecution Agreements. 8 January 2020. https://www. gibsondunn. com/2019-year-end-npa-dpa-update/.

Gilchrist, G. M. 2019. Regulation by Prosecutor, American Criminal Law Review 56: 315—355.

Gruner, R. S. 1988. To Let the Punishment Fit the Organization: Sanctioning Corporate Offenders through Corporate Probation, American Journal of Criminal Law 16 (1): 1—106.

——. 2007. Preventive Fault and Corporate Criminal Liability: Transforming Corporate Organizations into Private Policing Entities. In International Handbook of White-Collar and Corporate Crime, ed. H. N. Pontell and G. Geis, 279—306. New York: Springer.

Haugh, T. 2017. The Criminalization of Compliance, Notre Dame Law Review 92 (3): 1215—1269.

Hodges, C. 2015. Law and Corporate Behavior: Integrating Theories of Regulation, Enforcement, Compliance and Ethics, Oxford: Hart Publishing.

Holder, E. H. Jr. 1999. Bringing Criminal Charges Against Corporations. 16 June 1999. https://www.justice.gov/sites/default/files/criminal-fraud/legacy/2010/04/11/charging-corps.PDF.

Huff, K. B. 1996. The Role of Corporate Compliance Programs in Determining Corporate Criminal Liability: A Suggested Approach, Columbia Law Review 5: 1252—1298.

Jacobs, J. B. 2007. Mobsters, Unions, and Feds: The Mafia and the American Labor Movement, New York: New York University Press.

Jacobs, J. B., and D. D. Portnoi. 2009. Combating Organized Crime with Union Democracy: A Case Study of the Election Reform in United States v. International Brotherhood of Teamsters, Loyola of Los Angeles Law Review 42 (2): 335—425.

Khanna, V., and T. L. Dickinson. 2007. The Corporate Monitor: The New Corporate Czar? Michigan Law Review 105 (8): 1713—1755.

Khoeler, M. 2012. The Story of the Foreign Corrupt Practice Act, Ohio State Law Journal 73 (5): 930—1013.

Krawiec, K. D. 2003. Cosmetic Compliance and the Failure of Negotiated Governance, Washington University Law Quarterly 81: 487—544.

Langevoort, D. C. 2018. Behavioral Ethics, Behavioral Compliance. In Research Handbook of Corporate Crime and Financial Misdealing, ed. J. Arlen, 263—281, Cheltenham: Edward Elgar.

Laufer, W. S. 1999. Corporate Liability, Risk Shifting, and the Paradox of Compliance, Vanderbilt Law Review 52: 1343—1420.

——. 2006. Corporate Bodies and Guilty Minds: The Failure of Corporate Criminal Liability, Chicago: Chicago University Press.

Laufer, W. S. 2014. "Where Is the Moral Indignation Over Corporate Crime?" In Regulating Corporate Criminal Liability, edited by D. Brodowski, M. Espinoza de los Monteros de la Parr, K. Tiedemann, and J. Vogel, 19—31. New York: Springer.

Laufer, W. S. 2017. The Missing Account of Progressive Corporate Criminal Liability, NYU Journal of Law & Business 14 (1): 71—142.

Lofquist, W. F. 1993. Organizational Probation and the US Sentencing Commission. The ANNALS of the American Academy of Political and Social 525 (1): 157—169.

Markoff, G. B. 2013. Arthur Andersen and the Myth of the Corporate Death Penalty: Corporate Criminal Convictions in the Twenty-First Century, University of Pennsylvania Journal of Business 15 (3): 797—842.

Miller, G. P. 2014. The Compliance Function: An Overview. NYU Law and Economics Research Paper 14—36.

Miller, G. P. 2016. The Law of Governance, Risk-Management and Compliance. New York: Wolters Kluwer.

——. 2017. Compliance: Past, Present and Future. U. Tol. L. Rev. 48 (3): 437—452.

Mongillo, V., and N. Parisi. 2019. L'intervento del giudice penale e dell'autorità amministrativa nella gestione societaria, tra impresa lecita, 'socialmente pericolosa' e mafiosa: alla ricerca di un disegno. Rass. Econ. 2019: 167ff.

Morford, C. S. 2008. Selection and Use of Monitors in Deferred Prosecution Agreements and Non-Prosecution Agreements with Corporations. 7 March 2008. https://www.justice.gov/sites/default/files/dag/legacy/2008/03/20/morford-useofmonitorsmemo-03072008.pdf.

Nieto Martín, A. 2008. Americanisation or Europeanisation of Corporate Crime? In Les chemins de l'harmonisation pénale—Harmonising Criminal Law, edited by M. Delmas Marty, M. Pieth, and U. Sieber, 327ff. Paris: Société de législation comparée.

Nieto Martín, A., et al., eds. 2015. Manual de cumplemiento penal en la empresa. Valencia: Tirant Lo Blanch.

OECD. 2019. Resolving Foreign Bribery Cases with Non-Trial Resolutions. Settlements and Non-Trial Agreements by Parties to the Anti-Bribery Convention. OECD website. Paine, L. S. 1994. Managing for Organizational Integrity, Harvard Business Review 72 (2): 106—117.

Palazzo, F. 2018. Per un ripensamento radicale del sistema di prevenzione ante delictum. DisCrimen. 12 September 2018. https://discrimen.it/wp-content/uploads/Palazzo-Per-un-ripensamento-radicale.pdf.

Paliero, C. E. 2018. La colpa di organizzazione tra responsabilità collettiva e responsabilità individuale. Riv. trim. dir. pen. econ. 1—2: 175ff.

Parker, C. 2002. The Open Corporation: Effective Self-Regulation and Democracy, Cambridge: Cambridge University Press.

——. 2009. Negotiating Enforcement and Sanctioning in Regulatory Capitalism: The Need for Problem-Solving Courts. Draft paper，31 July 2009. http：//ssrn.com/abstract＝1527317.

Pitt，H. L.，and K. A. Groskaufmanis. 1990. Minimizing Corporate Civil and Criminal Liability：A Second Look at Corporate Codes of Conduct，Georgetown Law Journal 78：1559—1654.

Root，V. 2016. Modern-day Monitorship. Yale Journal on Regulation 33：109—164.

——. 2021. Third Party and Appointed Monitorship. In Cambridge Handbook on Compliance，ed. D. Sokol and B. van Rooij. Cambridge：Cambridge University Press. https：//papers.ssrn. com/sol3/papers. cfm？abstract_id＝3585725.

Rosenstein，R. J. 2018. Remarks at the American Conference Institute's 35th International Conference on the Foreign Corrupt Practices Act. 9 November 2018. https：//www.justice.gov/opa/speech/deputy-attorney-general-rod-j-rosenstein-delivers-remarks-american-conference-institute-0.

Simpson，S. S. 1987. Cycles of Illegality：Antitrust Violations in Corporate America. Soc. Forc. 65 （4）：943—963.

——. 2002. Corporate Crime，Law and Social Control. New York：Cambridge University Press.
Smith，R. B. 1993. An Underview of the Principles of Corporate Governance. Business Law 48 （4）：1297—1311.

Soltes，E. 2018. Evaluating the Effectiveness of Corporate Compliance Programs：Establishing a Model for Prosecutors，Courts and Firms，NYU Journal of Law & Business 14：965—1011.

Søreide，T.，and A. Makinwa. 2020. Negotiated Settlements in Bribery Cases：A Principled Approach，Cheltenham：Edward Elgar.

Thompson，L. D. 2003. Principles of Federal Prosecution of Business Organizations. Memorandum，20 January 2003，US Department of Justice. https：//jenner. com/system/assets/assets/4982/original/Principles.pdf？1320340597.

Tyler，T. 2014. Reducing Corporate Criminality：The Role of Values，American Criminal Law Review 51：267—292.

——. 2018. Psychology and the Deterrence of Corporate Crime. In Research Handbook on Corporate and Financial Misdealing，ed. J. Arlen，11—39，Northampton：Edward Elgar.

Uhlmann，D. M. 2013. Deferred Prosecution Agreements and Non-prosecution Agreements and the Erosion of Corporate Criminal Liability，Maryland Law Review 72 （4）：1295—1344.

——. 2016. The Pendulum Swings：Reconsidering Corporate Criminal Prosecution. Un. Cal. 49：1235—1283.

US Department of Justice，Criminal Division. 2020. Evaluation of Corporate Compliance Programs. June 2020. https：//www.justice.gov/criminal-fraud/page/file/937501/download. US Department of Justice，Office of Public Affairs. 2017. "Rolls-Royce plc Agrees to Pay $ 170 Million Criminal Penalty to Resolve Foreign Corrupt Practices Act Case." 17 January 2017. https：//www.justice.gov/opa/pr/rolls-royce-plc-agrees-pay-170-million-criminal-penalty-resolve-foreign-corrupt-practices-act.

US Sentencing Commission. 1995. Corporate Crime in America：Strengthening the 'Good Citizen' Corporation. Proceedings of the Second Symposium on Crime and Punishment in the United States，Washington D. C. 7—8 September 1995. https：//www.ussc. gov/sites/default/files/pdf/training/organizational-guidelines/special-reports/wcsympo.pdf.

US Supreme Court. 1909. New York Central R. Co. v. the United States. https：//supreme.justia. com.

Visconti，C. 2014. Strategie di contrasto dell'inquinamento criminale dell'economia：il nodo dei rapporti tra mafie e imprese. Riv. it. dir. proc. pen. 57 (2): 705—737.

———. 2019. Il controllo giudiziario 'volontario': una moderna 'messa alla prova' aziendale per una tutela recuperatoria contro le infiltrazioni mafiose. In Le interdittive antimafia e le altre misure di contrasto all'infiltrazione mafiosa negli appalti pubblici, ed. G. Amarelli and F. Sticchi Damiani, 237—253. Turin: Giappichelli.

Walsh, C. J., and A. Pyrich. 1995. Corporate Compliance Programs as a Defense to Criminal Liability: Can a Corporation Save its Soul? Rutgers Law Review 47: 605—666.

Weissman, A. 2016. The Fraud Section's Foreign Corrupt Practices Act Enforcement Plan and Guidance. 5 April 2016. https://www.justice.gov/archives/opa/blog-entry/file/838386/download.

Will, S., S. Handelman, and D. C. Brotherton, eds. 2013. How They Got Away With It: White Collar Criminals and the Financial Meltdown, New York: Columbia University Press.

Woody, K. 2018. Declinations with Disgorgement' in FCPA Enforcement, University of Michigan Journal of Law Reform 51 (2): 269—311.

Yates, S. Q. 2015. Individual Accountability for Corporate Wrongdoing. 9 September 2015. https://www.justice.gov/archives/dag/file/769036/download.

Zheng, W. 2015. The Revolving Door, Notre Dame Law Review 90 (3): 1265—1268.

索 引 *

A

Abnormal charismatic traits，异常的魅力特质，221

Accountability，问责，293，294，303

Administrative liability，行政责任，318

Administrative state，行政状态，6，7，9，10

Administrativisation process，行政程序，327

Advertising，广告业，41

Algorithmic decisions，算法决策，278

Alien Tort Statute，《外国人侵权法》，83

American economy，美国经济，198

American Law Institute's Project，美国法律学会项目，18

American subsidiary，美国子公司，205

Anti-corruption，反腐败，314

    compliance programmes，合规计划，315，316，321

    and economic modernisation，和经济现代化，321

    legislative systems，立法制度，314

    obligations，义务，315

Anticorruption clauses，反腐败条款，81

Anti-corruption compliance programmes administrativisation process，反腐败合规方案

---

* 索引中的页码为原著对应的页码。

行政程序，327

　　from an ex ante perspective，从事前的角度来看，326—327

　　from an ex post perspective，从事后的角度来看，327—328

Anti-corruption law DPAs（see Deferred Prosecution Agreements（DPAs））dynamics
　　of enforcement，反腐败法 DPA 见延期起诉，协议执行动态，316

　　FCPA（see Foreign Corrupt Practices Act）UK Bribery Act 2010，FCPA（参见
　　《反海外腐败法》）英国《2010 反贿赂法》，316，320

　　　UK Bribery Act Guidance，《英国反贿赂法指南》，320

Anti-corruption strategies，反腐败战略，315，316

Anti-delegation doctrine，反授权原则，6

Anti-mafia monitorship，反黑手党监督，355

Anti-money laundering gatekeepers，反洗钱看门人，116—117

Antitrust Act，《反托拉斯法》，119

Antitrust compliance，反垄断合规，31

Article L225-102-4，文章 L225-102-4，29

Artificial intelligence，人工智能，269，280

　　opacity of AI-powered algorithms，人工智能算法的不透明性，266

Artificial intelligence（AI），人工智能，261

Artificial neural network（ANN），人工神经网络（ANN），265

Attorney-client privilege，律师—客户特权，16，128

Audit firms，审计公司，131

B

Bank Secrecy Act（BSA），《银行保密法》（BSA），5，10—14，199

Banking Act of 1933，1933 年《银行法》，5

Behavioral compliance，行为合规性，23

　　compliance metrics，合规性指标，227—229

　　in global perspective，在全球视野中，231，232

　　predictive compliance，预测合规性，218—221

reaction, remediation, and adjustment, 反应、补救和调整, 225, 226

surveillance, 监视, 224, 225

teaching and preaching, 教学与传道, 222—224

trust and moral agency, 信任和道德代理, 229, 230

Behavioral economics, 行为经济学, 201

Behavioral research, 行为研究, 226

Board of directors, 董事会, 20, 22

compliance investments, 合规投资, 122, 123

Breach of duty of care, 违反注意义务, 202

Bureaucratisation, 官僚主义, 331

Business judgment rule, 商业判断规则, 33

Business-to-business (B2B) compliance, 企业对企业（B2B）合规性, 129, 130

C

Canadian Ombudsperson for Responsible Enterprise, 加拿大负责人监察员企业, 147

Caremark decision, Caremark 决定, 20

Celestial Emporium of Benevolent Knowledge, 仁心天坛知识, 22

Certification bodies, 认证机构, 293

Chevron principle, 雪佛龙原则, 6

Chevron v. Natural Resources Defense Council, 雪佛龙诉自然资源保护公司理事会, 6

Chief Compliance Officer, 首席合规官, 27

Chief executive officers (CEOs), 首席执行官（CEO）, 54—59, 61

Civil and Commercial Procedural rules, 民事和商事诉讼规则, 128

Civil liability, 民事责任, 319

Clean Air Act of 1963, 1963 年《清洁空气法》, 5

Clean Companies Act, 《清洁公司法》, 119

Clean Water Act of 1972, 1972 年《清洁水法》, 5

Codes of Corporate Governance, 公司治理准则, 122

Cognitive abilities，认知能力，221

Cognitive rationalizations，认知合理化，226

Colombian and Peruvian arbitral awards，哥伦比亚和秘鲁的仲裁裁决，132

Commercial extortion，商业勒索，125

Commercial organisation，商业组织，320

Community intervention，社区干预，306

Compliance administrativisation and criminalisation，顺从行政管理和刑事定罪，314

    affirmative defense，平权辩护，17，18

    banking and financial sector，银行和金融部门，32

    behavioral compliance，行为依从性，23，24

    best practices，最佳实践，17

    black box effect，黑匣子效应，268，269

    classification，分类，33

    contemporary law of compliance，当代合规法，313

    decision-making processes，决策过程，251—253

    deference，尊重，240—242

    definition，定义，25

    directors incentives for，董事激励措施，38—40

    role of，角色，35—38

    effectiveness of compliance programs，合规计划的有效性，22

    final rules，最终规则，26

    forward compliance，远期合规性，278，279

    judging to administration，判断到管理，5—9

    legitimacy and adherence，合法性和遵守，250，251

    management of compliance on board of directors，董事会合规管理董事，20

    meta-rules，元规则，26

    morality-based law-abiding behaviors，基于道德的守法行为，253

    normative levels of corporate compliance，企业规范水平合规性，243

procedural justice and restorative justice，程序正义与恢复性正义，254

procedural justice theory，程序正义理论，331

purely voluntary company，纯自愿公司，32

risk and，风险和，27—31

role of compliance officers，合规官的作用，18

role of incentives，激励的作用，21，22

stakeholder protection，利益相关者保护，26，27

voluntary but incentivized one，自愿但有激励的，32

Compliance 2.0，合规 2.0，3，17

Compliance advisory activities，合规咨询活动，100

Compliance defence，合规辩护，317，324，326

Compliance events，合规事件，226

Compliance failures，合规性故障，45—48

Compliance function，合规职能部门，92，93，100，101，103—107

Compliance mandates，法规遵从性授权，344，346

Compliance models，合规模型，175

Compliance officers，合规官，18，19

Compliance programs，合规计划，289，295，297

effective implementation，有效实施，328

ex post facto adoption，事后收养，320

implementation，实施，313

institutional reform，机构改革，299—301

stakeholders，利益相关者，297，298

STAR segment，STAR 段，319

Compliance response，合规性响应，9，11—14，16，17

Compliance's periodic risk assessments，合规部的定期风险评估，101

Compliance strategy and tactics，合规战略和策略，225

Compliance task force，合规工作组，301

Compliance unit，合规部，300

Computer mechanisms，计算机机制，272

Consultation，咨询，188

Contemporary law of compliance，当代合规法，313

Contractual obligations，合同义务，205

Contraloria General de Union（CGU），联邦审计总署，122

Cooperative compliance，合作合规，296

Corporate "conscience"，企业"良知"，294，295，299

Corporate compliance，企业合规，185，198，200，203，204，314

    amendment and improvement，修正和改进，357

    and corporate criminal liability，以及公司刑事责任，341

    criminal law，刑法，342

    direct benefits of，的直接利益，198—201

    dynamic and future-oriented nature，动态和面向未来的自然，342

    evaluation，评估，348，352

    history，历史，344

    indirect benefits of，的间接利益，203，205，206

    monitors，监视器，352，353

    sanctioning，制裁，341

Corporate crime，公司犯罪，115，116，119，129，134，135，170，181，205，313，343，346，347

Corporate criminal law，公司刑法，343

Corporate criminal liability，公司刑事责任，131，316，321

Corporate culpability，企业罪责，342，356

Corporate culture，企业文化，180

Corporate genetic engineering operation，企业基因工程运营，355

Corporate governance，公司治理，289，293—295

    codes and corporate legislation，法典和公司立法，297

and corporate law，和公司法，297

    intervention，干预，305

    supervisory bodies，监督机构，298

    traditional，传统，300

Corporate liability in Latin America（see Latin America）Corporate liability regime，公司责任拉丁美洲（见拉丁美洲）公司责任制度，313

Corporate malfeasance，公司渎职，314

Corporate mandates，公司授权，344

Corporate monitorships，公司监控，344，351，352，354，355

Corporate personality，企业法人，344

Corporate probation，公司试用期，351

    orders，订单，351

Corporate prosecution，公司起诉，348，349，353，356

Corporate punishment，公司处罚，291

Corporate rehabilitation，企业康复，343，346，353—357

Corporate remedial activity，企业补救活动，352

Corporate remediation，企业补救，342，343，348，357

Corporate sanctions，公司制裁，345，346，351，356

Corporate settlements，公司结算，344

Corporate social responsibility（CSR），企业社会责任（CSR），68，141，175，288，289，292—294，296—299，302，303，306，307，325

Corporate training programs，企业培训计划，222

Corporate violence，企业暴力，172，181

Cosmetic compliance，化妆品合规性，121，219，313

Cost-benefit analysis，成本效益分析，327，330，332

Coverage bankers，保险银行家，92

COVID-19 crisis，新冠肺炎危机，210

Criminal division attorneys，刑事部门律师，353

Criminal law，刑法，288，296，297，299，304，305，341—344，346，350，356，358

Criminal liability，刑事责任，287—289，297，307，318

Criminal malpractice，刑事渎职，200

Criminal Organizations Act,《犯罪组织法》，119

Criminal proceedings，刑事诉讼，343，347，348，355，356，358

Criminal sanctions，刑事制裁，287，289，341

Cross-border provision of investment services compliance role as second line of defence function，跨境提供投资服务作为第二道防线的合规角色函数，104，106，107

   internal control system，内部控制系统，99

   legal and internal audit，法律和内部审计，107—109

   national treatment approach，国民待遇方法，94，95

   need for compliance programme for management，合规计划的必要性管理，103

   passporting，护照，97

   recognition，认可，95—97

   regulatory strategies for global banks，全球银行的监管策略，98

   3LoD compliance role，3LoD 合规角色，100—103

   internal control system，内部控制系统，98，99

   three main paradigms of，三个主要范式，93，94

C-suite，高管，27

Cultural economics，文化经济学，232

D

Data privacy，数据隐私，126—128

Decision-making process，决策过程，268，277，294—296

Decisive players，果断型选手，54，57—59

Deep learning，深度学习，268

Deferred Prosecution Agreements（DPAs），延期起诉协议，317，318，320—322，324，327，328，332，333

Delaware Court of Chancery，特拉华州衡平法院，20

Delegitimization，非法化，288—291，305

Digital compliance and emerging risks，数字合规性以及新出现的风险，262，264

 in financial sector，金融部门，259

 risk-based approach，基于风险的方法，260，261

 rise of Fintech，金融科技的崛起，261，262

Digital economy，数字经济，29

Digital innovation，数字创新，278，281

Directive 2014/95，指令 2014/95，30，149

Disclosure of crimes，披露罪行，117，119，131

Disclosure of non-financial information，非财务信息披露，150

Documentation system，文件系统，304

Dodd-Frank Act of 2010，2010 年《多德—弗兰克法案》，5

Domestic jurisdiction，国内管辖权，77

Duty of communication，通信义务，160

E

Economic power，经济实力，293

Economic risk，经济风险，294

Economic sector，经济部门，211

Effective compliance，有效合规，22，23

Eighth Amendment to the US Constitution，美国宪法第八修正案，8

Employee training program，员工培训计划，11

Endogenous factors，内源性因素，172

Enforcement，强制执行，8，9，13，18

Environmental management，环境管理，176

EU Directive 2012/29，欧盟指令 2012/29，174

European bank，欧洲银行，104

European Commission，欧盟委员会，160

European Commission Action Plan 2018（EC2018），欧盟委员会 2018 年行动计划（EC2018），29

European Federation of Financial，欧洲金融联合会

European Parliament，欧洲议会，206

European Parliament Resolution，欧洲议会决议，279

European Public Prosecutor's Office（EPPO），欧洲检察官办公室（EPPO），69

European Union，欧盟，174

Ex ante regulatory mechanisms，事前监管机制，328

Ex post explanatory approach，事后解释方法，276

Ex post facto behavior，事后行为，342，350，351，355，357

F

Facilitation payments，手续费，78，124

Fault-based regimes，基于故障的状态，121

FCPA Corporate Enforcement Policy，FCPA 公司强制执行政策，318

Federal judges，联邦法官，7

Federal Reserve Board，联邦储备委员会，228

Federal Sentencing Guidelines for Organizations，联邦量刑指南，199，201

Fifth Amendment to the US Constitution，美国宪法第五修正案，14

Financial institutions，金融机构，130

Fintech revolution，金融科技革命，281

Foot-in-the-door or gradation technique，门槛效应或分阶段渐变技术，241

Foreign Corrupt Practices Act（FCPA），《反海外腐败法》（FCPA），5，199，316，317

Foreign imposition，外国征收，121

French Anti-Corruption Agency（AFA），法国反腐败机构（AFA），321

French Commercial Code，《法国商法典》，29

French law model，法国法律范本，321

French legal model，法国法律模式，326

French model，法国型号，147

Functional equivalence，功能等效，77，79，84，120

Fundamental human rights，基本人权，146

G

G20 Financial Stability Council，G20 金融稳定委员会，164

General Data Protection Regulation（GDPR），《通用数据保护条例》（GDPR），
272—275

Global banks cross-border compliance risk（see Cross-border provision of investment
services）Global Financial Crisis，全球银行跨境合规风险（参见投资服务）全
球金融危机，91，261

Global Reporting Initiative（GRI），全球报告倡议（GRI），303

Great Depression，大萧条，5

H

Health，safety，and environmental（HSE）management systems，健康、安全和环境
（HSE）管理系统，169

Homogeneous individual rights，同质个人权利，204

HSE management systems，HSE 管理体系，181，187

Human rights，人权，148

I

Illicit corporate behaviour，非法企业行为，313

ILO Tripartite Declaration of Principles，国际劳工组织三方原则宣言，175

Incentive-based voluntary compliance programmes，基于激励的自愿合规方案，327

Incentives，激励措施，21，115—117，120，121，129，130，133，323

Incentives，directors，激励措施，董事，38，39

Independent monitoring body，独立监测机构，319

Independent monitorship，独立监督，318

Informal sanctions，非正式制裁，343

Integrity framework，完整性框架，133

Inter-American Development Bank（IADB），美洲开发银行，124，132

Internal compliance，内部合规性，343，347，348，352，353，355，356

Internal control system，内部控制系统，99，185

Internal Control—Integrated Framework of the Committee of Sponsoring Organizations of the Treadway Commission，内部控制——赞助委员会 Treadway 的组织委员会，33

Internal enforcement，内部执行，239

Internal factor，内部因素，179

Internal monitoring organizational model，内部监控组织型号，201

Internal organizational plan，内部组织计划，208

Internal regulation，内部法规，249，250

Internal regulation and enforcement，内部监管和执行，239

Internal Revenue Service，美国国税局，21

Internal substantive rules，内部实质性规则，70

International Business Transactions，国际商业交易，80

International capital mobility，国际资本流动性，93

International Criminal Court（ICC），国际刑事法院，69

International financial institutions，国际金融机构，92

International humanitarian law，国际人道主义法，69

Interstate Commerce Act,《州际商业法》，5，198

Interstate Commerce Commission，州际商务委员会，5，198

Intervention penalties，干预处罚，307

Interviews, criminal courts，刑事法庭访谈，128

Intra-corporate rules，公司内部规则，46，48，49，51，53，61

Investigating incidents，调查事件，188

J

Joint Comprehensive Plan of Action（JCPOA），联合全面行动计划（JCPOA），209

Judicial accusations，司法指控，189

Judicial authority，司法机关，321

Judicial model of regulation，监管的司法模式，5—7

Judicial Public Interest Agreement（CJIP），司法公共利益协议（CJIP），322

L

Large and complex corporations，大型复杂公司，34，35

Larry Fink letter of 2020，拉里·芬克 2020 年的信，29

Latin America B2B compliance audit firms，拉丁美洲 B2B 合规性审计事务所，131

    financial institutions，金融机构，130，131

    mergers and acquisitions，并购，131

    competing plea bargain institutions，相互竞争的辩诉交易机构，129

    compliance investments in Brazil，在巴西的合规投资，122，123

    compliance programs outside Brazil commercial extortion，巴西以外的合规计划商
      业勒索，125

    enforcer's guidelines，执法者指南，123

    facilitation payments，手续费，124

    gifts, hospitalities, and travel expenses，礼物、住院和旅行费用，125

    political contributions，政治捐款，125

    public procurement，公共采购，124

    risk assessments，风险评估，124

    compliance structures functions，合规结构职能，134

    corporate whistleblowing，企业告密，129

    high-profile corruption cases，备受关注的腐败案件，132

    IADB，132，133

legal challenges within internal investigations data privacy，内部法律挑战调查数据隐
    私，126，128

interviews, criminal courts，刑事法庭访谈，128

labor markets，劳动力市场，126

legal privilege，法律特权，128

legal transplants and local appropriation，合法移植和地方拨款，118，119，121

leniency agreements，宽大处理协议，133

    Odebrecht plea agreement，奥德布雷希特认罪协议，132

    OECD Convention，经合组织公约，116，118—120

    revolutionary shift，革命性转变，116，117

    zero-tolerance approach，零容忍方法，132

Law no. 2017-399，第 2017-399 号法律，29

Legal and Internal Audit，法律和内部审计，107—109

Legal incentives，法律激励，314，324

Legal judgement，法律判决，107

Legal obligations，法律义务，29，30，314

Legal particularism，法律特殊主义，75

Legal personality，法人，291

Legal privilege，法律特权，128，129

Legal rating，法定评级，31

Legal system and regulatory framework administrative laws and regulations，法律制度

    和监管框架行政法规，178

    constitutional rights，宪法权利，175

    international and national rules and guidelines，国际和国家规则以及指导方针，175

    lack of international criminal response，缺乏国际刑事对策，177

    victims' rights and needs，受害者的权利和需要，176

Legislative Decree 231/2001，第 231/2001 号法令，31

Legislative model，立法模式，200

Legitimacy，合法性，117，135

    challenges, business management，挑战，业务管理，288

    in corporate governance，在公司治理方面，294

    management，管理，302

Leniency agreements，宽大处理协议，122，123，133，134

Linear cause-effect process，线性因果过程，186

M

Machine learning，机器学习，264，265，268

Management，管理层，301

Mandates，授权书，343，344，350，352，353

Mandatory compliance，强制性合规，315，324

    and ex ante anti-corruption audit，和事前反腐败审计，330—331

    French legal system，法国法律体系，314

    under AFA monitorship，在 AFA 监督下，322

Mandatory compliance-inspired systems，强制性合规激励系统，329

Mandatory corporate compliance，强制性企业合规，323

Mandatory reform of compliance in settlements and ex post monitorship，强制性合规改革在和解和事后监督，331—333

Marginalization，边缘化，299

Mega-corporations，大公司，200

Mergers and acquisitions，合并和收购，131

Meta-regulation，元调控，296，297

Mitigating factors，缓解因素，317，326

Mitigation，缓解措施，189

Modello di organizzazione e gestione，组织管理模式，79

Modern compliance，现代合规性，3，4

Modus operandi，作案手法，103

Monitoring and testing activities，监测和测试活动，101

Monitorships，监控，350，351，355

Multinational corporations（MNCs），see Multinational enterprises（MNEs），跨国公司（MNCs），参见跨国企业

Multinational enterprises（MNEs），跨国企业

    compliance in corporate liability，遵守公司责任，69，70

compliance programs public-private partnership，合规计划公私合作，70

home country and host country standards，母国和东道国标准，75—80

private and public international standards for criminal compliance，私人和公共国际标准刑事合规，82—84

supranational enforcement，超国家执法，67—69

third-country standards for criminal compliance，第三国刑事标准合规性，80—82

undercompliance and overcompliance，不符合性和过度复杂度，72—75

N

National treatment approach，国民治疗方法，94，95

New Deal，新政，6

Non-financial information，非财务信息，150，153，160—162，303，304

Non-financial reporting，非财务报告，152

Non-Prosecution Agreements（NPAs），不起诉协议，317

Non-trial resolutions，非审判决议，115

Notebooks Scandal，笔记本丑闻，132

O

Odebrecht plea agreement，奥德布雷希特认罪协议，132

OECD Guidelines for Multinational Enterprises，经合组织多国准则企业，175

Office of Foreign Assets Control（OFAC），外国资产管制办公室（OFAC），81

Operations management community，运营管理社区，180

Organizational behavior，组织行为，219—221

Organizational learning and adjustment，组织学习和调整，226

Organizational models，组织模式，148

Organizational myopia，组织性近视，50

P

Paris Agreements，《巴黎协定》，152

Passporting，护照，97

Penalties，处罚，5，7—9，14，15，17，290—292

Personal data，个人数据，277

Points-based driving license，基于积分的驾驶执照，291

Political contributions，政治捐款，125

Post-investigation action plan，调查后行动计划，190

Predictive compliance，预测合规性，218—221

Price movements，价格变动，206

Principles of Federal Prosecution of Business Organizations，联邦起诉商业组织原则，14，15，30

Prison treatment，监狱待遇，290

Private conversations，私人对话，128

Private law，私法，293

Privatization of justice，司法私有化，120

Professional secrecy，专业保密，128

Progressive Era，进步时代，5

Progressivism，进步主义，292

Proportionality，比例，290，307

Psychological and cultural forces，心理和文化力量，228

Psychological biases，心理偏见，227

Public agency，公共机构，300

Public penalty，公开处罚，203

Public procurement，公共采购，124

Public-private partnership contracts，公私合作合同，132

Punishment as delegitimization，惩罚作为非法化，289—292

Q

Quality management，质量管理，176

Quasi-criminal liability，准刑事责任，78，329

Quasi-mandatory compliance，准强制性合规，324

Quasi-voluntary compliance，准自愿遵守，324

R

Rationalization，合理化，221

Recognition，认可，95，97

Regulation theory，调节理论，294—297

Regulatory compliance，法规遵从性，302

Regulatory fragmentation，监管碎片化，91

Rehabilitation，康复，342，356

Rehabilitative function，康复功能，344

Reinforcement learning，强化学习，265

Remuneration regulations，薪酬条例，40

Repeated victimization，反复受害，185

Representation，代表，292，294，299

Reputational damage，声誉损害，288，291

Re-socialization，重新社会化，290

Restorative penalties，恢复性处罚，306，307

Rulemaking process compliance programs，规则制定过程合规计划，50—52

 implementation difficulties，实施困难，49

 inefficiency of perfect corporate compliance，完美企业的低效合规性，52—54

 intra-corporate norms，公司内部规范，49

S

Sanctions，制裁，305，307

Sanctions compliance program（SCP），制裁合规计划（SCP），82

Sarbanes-Oxley Act，《萨班斯—奥克斯利法案》，5，199

SEC v. Chenery Corp.，SEC 诉 Chenery Corp.，6

Second line of defence cross-border provision of investment services compliance role，第
 二道防线跨境提供投资服务合规角色，104，106

Securities and Exchange Commission，美国证券交易委员会，6，21

Self-deception，自欺欺人，221

Self-organization，自我组织，289

Self-regulation，自律，306

compliance，合规性，237—239

cooperative strategy，合作战略，247，248

differentiated and integrated approach of，差异化和一体化方法，248

internal regulation，内部法规，249，250

legitimacy，transparency and accountability，合法性、透明度和问责制，293

meta-regulation，元调节，296

models of，型号，244，245

standardization，标准化，293

voluntary，自愿，292

voluntary self-regulation，自愿自律，246

Self-regulation risk management systems，自律风险管理系统，169

Self-reporting，自我报告，320，321

Self-responsibility，自我责任，288

Senior managers，高级管理人员，222

Sentencing Commission，量刑委员会，14

Sentencing guidelines for organizations，《联邦量刑指南》，13—16

Serious Fraud Office，严重欺诈办公室，80

Settlements，定居点，343

cases of corporate crime，公司犯罪案件，343

compliance and criminal law，合规与刑法，353

corporate compliance，企业合规性，350

corporate monitors，企业监督员，352

criminal proceedings，刑事诉讼，348

monitors，显示器，351

postponement，延期，348

progressive criminalization of compliance，逐步刑事定罪合规性，355

renunciation，放弃，348

Small-and medium-sized entities（SMEs），中小企业，48，59，60

Social delegitimization effect，社会非合法化效应，290

Social responsibility，社会责任，291，302

Socialization，社会化，299

Societas delinquere non potest，无潜力社会，117

Spanish National Survey on Health and Safety Management in Companies（ENGE），
西班牙全国健康与安全调查公司管理（ENGE），181

Specially Designated Nationals and Blocked Persons（SDN），特别指定国民和封锁人
员（SDN），81

Stakeholder capitalism，利益相关者资本主义，294

Stakeholder democracy，利益相关者民主，295

Stakeholder interests，利益相关者利益，294—304

Stakeholder-oriented compliance，以利益相关者为导向的合规性，297，307

Stakeholders business operations，利益相关者业务运营，141

    compliance and liability，合规与责任，159—165

    CSR, ESG, and sustainability issues，CSR、ESG 和可持续性问题，146—153

    environmental and climate emergency，环境和气候紧急情况，141

    environmental, social, and governance（ESG）环境、社会和治理，141

    ESG and sustainability issues，ESG 和可持续性问题，142

    ESG investments，ESG 投资，155—158

    mandatory rules，强制性规则，144

    non-financial information and duty of directors，非财务信息和责任董事，143，144

    non-financial information and risk management，非财务信息与风险管理层，153—
    155

    voluntary choice by company，公司自愿选择，142，143

Stakeholders' compliance programs，利益相关者合规计划，297，298

Stakeholders' democracy，利益相关者的民主，298

Standardization，标准化，293

STAR segment，STAR 段，319

Statistical techniques，统计技术，227

Stewardship theories，管家理论，295

Strict liability regimes，严格的赔偿责任制度，121

Structural limits of corporate compliance compliance failures，公司合规性的结构限制
合规性故障，45—47

    inability to prevent crime in SMEs，无力预防中小企业犯罪，59—61

    internal rules（see Rulemaking process）preventing illegal conduct，decisive player，
内部规则（参见规则制定过程）预防违法行为，果断球员，54—59

Supervised learning，监督学习，265

Supervisory body，监督机构，298，300，306，307

Supervisory compliance system，监管合规系统，300

Supranational enforcement，超国家强制执行，67—69

Supreme Court，最高法院，6

Sustainability Accounting Standards Board（SASB），可持续发展会计准则委员会
（SASB），164

T

Task Force on Climate-related Financial Disclosures（TCFD），环境相关财务披露工作
组（TCFD），153

Team production，团队制作，295

Theory of regulation，监管理论，295，296，299

Three lines of defence（3LoD）model，三道防线（3LoD）模型，92

    cross-border provision of investment services compliance role，跨境提供投资服务合
规角色，100，103

    internal control system，内部控制系统，98，99，103

Training，delivery of，培训，交付，100

Transnational private regulation，跨国私人监管，129

Transparency，透明，293，294，296，298，302—304，306

    development，开发，302

Transparent business management，透明的业务管理，161

Tribunale Amministrativo Regionale（TAR），Amministrativo Regionale 论坛（TAR），
    271

U

UK Bribery Act 2010，英国《2010 反贿赂法》，80，316，320

UN Guiding Principles on Business and Human Rights，联合国商业和金融指导原则
    人权，175

Undercompliance and overcompliance，不符合和过度符合，72，74，75

United States Sentencing Commission，联邦量刑委员会，13

United States Sentencing Guidelines，联邦量刑指南，30

Unsupervised learning，无监督学习，265

US Department of Treasury，美国财政部，81

US Foreign Corrupt Practices Act（FCPA），美国《反海外腐败法》（FCPA），80

US Securities Exchange Act of 1934，1934 年《美国证券交易法》，94

USA PATRIOT Act of 2001，2001 年《美国爱国者法案》，5

V

Victimization corporate criminal activities，受害公司犯罪活动，169

    criminal proceedings，刑事诉讼，171

    data analysis，数据分析，170

    HSE management systems，HSE 管理体系，182—184

    lack of identification and recognition，缺乏识别和认可，170

    primary victimization，主要受害，172

    repeated victimization，反复受害，172，185

    risk of repeat victimization，再次受害的风险，170

    secondary victimization，二次受害，172

    self-regulation risk management systems，自律风险管理系统，169

Victims' rights，受害者的权利，174

Vigilance Plan，警戒计划，29

Violating agreements，违反协议，197

Voluntary compliance，自愿遵守，324

   vs. mandatory，与强制性，323

W

Wells Fargo Banking Scandal，富国银行丑闻，59

Workers' human rights，工人人权，151

Working Group on Bribery（WGB），贿赂问题工作组，118

World Bank，世界银行，124

World Bank Group（WBG），世界银行集团，84

World Economic Forum，世界经济论坛，276

图书在版编目(CIP)数据

企业合规全球视野 ：合法性与有效性 ／（意）斯特
凡诺·马纳科达（Stefano Manacorda），（意）弗朗切斯
科·森通泽（Francesco Centonze）编；林竹静，詹可
译. -- 上海 ：上海人民出版社，2024. -- ISBN 978-7
-208-19020-7

Ⅰ. D913. 991

中国国家版本馆 CIP 数据核字第 2024XD9841 号

责任编辑　夏红梅
封面设计　夏　芳

企业合规全球视野
——合法性与有效性
［意］斯特凡诺·马纳科达　编
［意］弗朗切斯科·森通泽
林竹静　詹　可 译

出　　版　上海人民出版社
　　　　　（201101　上海市闵行区号景路 159 弄 C 座）
发　　行　上海人民出版社发行中心
印　　刷　上海商务联西印刷有限公司
开　　本　720×1000　1/16
印　　张　25.5
插　　页　2
字　　数　371,000
版　　次　2024 年 6 月第 1 版
印　　次　2024 年 6 月第 1 次印刷
ISBN 978 - 7 - 208 - 19020 - 7/D · 4358
定　　价　98.00 元